看不见的影响力
社会心理学

[美] 金伯莉·J.达夫（Kimberley J. Duff） 著

宋　文　李颖珊 译

THINK
SOCIAL PSYCHOLOGY

中国人民大学出版社
·北京·

我很荣幸能将这本书呈现给中国的读者。《看不见的影响力：社会心理学》能被翻译成中文是一件很幸运的事情，学生、教育工作者和对社会心理学感兴趣的人都可以考虑阅读一下这本书。

我们都生活在社会心理学的世界里，这意味着我们都会遇到无数可能影响我们思考、行动以及待人接物的情境。社会心理学研究有助于我们理解和预测我们为什么会以特定的方式去感受并考量自身和周围的人。社会心理学是一门令人兴奋的学科，因为我们可以将社会心理学的概念运用到日常生活中，并为社会带来积极的影响。社会心理学家研究诸如自我感知、印象形成和社会影响等主题。社会心理学反对无目的的研究，其宗旨是通过运用社会心理学研究的成果带来社会变化。例如，我们可以更好地了解哪些因素能促使人们在紧急情况下伸出援手，应该怎样避免针对群体的刻板印象，或如何形成对他人的更为准确的判断，等等。社会心理学能让我们更好地理解自己与他人的交往，并促进社会和谐。

作为社会心理学的奠基人之一，库尔特·勒温认为："没有行动，就没有研究；同样，没有研究，就没有行动。"在本书中，我努力向读者提供寓学于行的具体方式。读者可以自行探索社会心理学的技巧，并研究这些技巧对个人生活所造成的影响。同时，读者也可以打下关于研究方法论的坚实基础。本书提供了复制和实施创新科学研究的机会，以便让读者验证社会心理学的观点。

对于社会心理学这门学科来说，当下正是令人激动的时期。中国和世界其他地区的社会心理学家都投身于文化特异性研究，并在有关文化对认知和行为的影响的项目中进行合作。我希望通过本书的翻译，这种国际合作可以得到进一步的推进。

在这里，我要感谢本书的整个项目团队；感谢我家人和朋友长久以来的鼓励和支持；感谢 Jessica Mosher，Amber Mackey，培生教育出版集团的团队，以及 Words & Numbers 教育集团的朋友。最后，我还要向中国人民大学出版社，以及译者宋文和李颖珊表达诚挚的谢意。

金伯莉·J. 达夫

致谢

我衷心感谢所有评论者的反馈意见：Claudette Jackson（麦克伦南社区大学），William Goggin（南密西西比大学），Darla Rocha（圣哈辛托学院北校区），Nathan Arbuckle（俄亥俄州立大学），Luis Vega（加利福尼亚大学贝克尔斯菲校区），Suzanne Kieffer（休斯敦大学），Elizabeth Rhodes（佛罗里达国际大学），Kimberly Fairchild（曼哈顿大学），Kari Terzino（洛瓦大学）。你们的深刻评论为最终成书做出了很大贡献。

感谢 Jessica Mosher 给予我的支持和鼓励。在成书过程中，我非常有幸能够和 Susan Hartman 共事。我还要感谢 Jeff Marshall 给予我的反馈意见。Amber Mackey 的指导让我受益良多，我非常珍惜这段合作经历。感谢 Paige Clunie 在写作过程中一直陪伴着我。感谢我的助理 Jessie Osuna，她为本书搜集了相关文献。

感谢培生市场团队的成员为本书所做的贡献：Jeanette Koskinas，Nicole Kunzmann，Shauna Fishweicher。

特别感谢培生出版团队，他们的努力使本书得以出版：Liz Napolitano，Patrick Cash-Peterson，John Christiana，Naomi Kornhauser。

Words & Numbers 教育集团的成员也参与了本次合作。Staci Wolfson 拥有很强的抽象思维能力，我很怀念他每周五给我发的邮件。我还要感谢 Salimah Perkins 的指导。还有很多人为本书做出了贡献：Michael Egolf，Darrell Walker，Matt Skalka，Adam Noll，Russ Hall，Ashley Johnson。

金伯莉·J.达夫

喜瑞都学院

目 录

什么是社会心理学

- 什么是社会心理学？

- 社会心理学的根基是什么？

- 社会心理学有哪些与众不同的视角？

- 社会心理学仅仅是常识吗？

1968 年， 来自艾奥瓦州莱斯维尔的珍·艾略特老师（Jane Elliott）通过在小学三年级学生中发起群体极化活动证明了偏见产生的任意性。马丁·路德·金遭到暗杀的事件使艾略特组织了这一活动。由于不知道要怎么向她的学生解释马丁·路德·金所代表的立场以及他为什么会被暗杀，艾略特决定让她的学生（全部都是白人）体会被歧视是一种什么样的感觉。艾略特根据学生眼睛的颜色对他们进行了分组，一组学生的眼睛是蓝色的，而另一组学生的眼睛是褐色的。蓝眼睛的学生被指定为是高人一等的，而褐色眼睛的学生则被指定为是下等的。作为低人一等的组别，褐色眼睛的学生被告知相比起蓝眼睛的同学，他们既没有那么聪明，也没有那么重要，同时艾略特还不断地贬低他们。最终，蓝眼睛的学生加入歧视的行列当中，对褐色眼睛的同学妄加评论，并表现出仇恨情绪。而到了第二天，艾略特把实验的设置反转过来，她指定褐色眼睛的同学是高人一等的，随后褐色眼睛的同学也表现出同样的歧视行为（Tozer，Violas，& Senese，1993）。

歧视和偏执在你的生活中扮演着什么样的角色？你是否成为过歧视或偏执的受害者？你实施过这样的行为吗？如果你是某个少数群体的成员，你也许有时候会觉得自己没有得到社会其他成员的公正对待。如果你是某个多数群体的成员，你也许会在其他的少数群体成员的面前表现得高人一等。在社会中，我们自然而然地假定挑起多数群体和少数群体之间偏见的是种族、性别或者其他的重要因素（诸如白人和黑人、男人和女人、同性恋和异性恋等）。我们的社会规范（social norms）也支持这个观点，但是社会心理学家认为歧视所根据的因素是完全随意并且毫无意义的，如身高、发色，甚至是鞋子的码数等。虽然看起来无关紧要，但是这些因素跟肤色和性别一样，同样可以轻易地就引发歧视。艾略特的实验突出地表现出歧视可以多么的随机，并且如此强大。蓝眼睛的学生迅速将他们的优越感具体化，而褐色眼睛的学生却也欣然接受他们的次等地位。

虽然艾略特的活动看起来更像是一个演示，而不是研究歧视的实验（她所使用的方法在伦理上值得质疑，这同样是社会心理学家需要解决的问题），但这一活动的确暴露了歧视的非理性本质。偏见可能产生于很多被广泛误解的概念，社会心理学家试图查看并分析这些不同类型的概念，使我们得以开始理解自己行为背后的动机和原因。

 # 什么是社会心理学？

是什么让几百年前的探险者执意离开自己的国家去横渡几乎是未知的海域？为什么美国空间计划的成员会如此热切地把自己送到地球外未被探索的区域？如果你是一位心理学家，你也许会认为找到新资源的可能性以及作为新事物的发现者所代表的创新性是背后的动机。

如果你是一位社会学家，你也许会认为是人类好奇的天性使然，正是这些人对未知事物的兴趣驱使他们去探索新领域。然而如果你是一位社会心理学家，你可能认为行动的动机源于每一位探索者所处的独特的文化背景。克里斯托弗·哥伦布踏上他的探险之路是因为西班牙人民希望通过发现新贸易路线从而在欧洲获得政治和经济权量。尼尔·阿姆斯特朗以及阿波罗 11 号的船员们则是为了满足美国想要在科学和探险事业上称霸的野心，同时也是为了巩固美国在工业社会中超级大国的地位。

这些解释都没有对错之分，它们只是源于不同的思想流派。心理学、社会学和社会心理学可以被看成处在一个连续体上，心理学在其中的一端，社会学在另外一端，而社会心理学则处于中间的某个位置上。社会学家关注的焦点在于整个群体，或者说是在社会层面上；而社会心理学家则对个体之间的互动以及某些特定情景下的互动感兴趣。社会心理学的关注焦点主要集中在三个方面：社会知觉、社会影响和社会互动。此外，社会心理学家也会把他们的研究应用于理解和解决其他领域的问题，这些领域包括法律、商业和健康保健等。

社会知觉是指人们形成对他人的印象并且诠释有关于他人的信息的过程。例如，当我们看到一个人开着闪亮的跑车时，我们也许会觉得开车的人很富有，此人过着成功的生活。**社会影响**是指人们影响他人的思想或行为的过程。人们也许会在决定自己应该追求怎样的职业生涯时体验到社会影响。某人之所以会选择成为一名医生不仅仅是因为他对医学感兴趣，同时也因为他的父母是医生。这样的选择也可能是因为在我们的社会中医生被视为崇高而受人尊重的职业。社会影响是社会互动的结果。**社会互动**是指两人或者多人之间所存在的关系。这是社会心理学家分析的基础，他们由此努力去理解和解释人们的思想、情感和行为是如何受他人影响的，这时候的他人可能是真实在场的，也有可能是人们想象出来的，又或者只是潜在在场而已（Allport，1954）。

正如社会心理学和社会学之间相互补充和互动，社会心理学也和其他众多的心理学分支有交集。例如，社会心理学家和人格心理学家都研究个体的行为、思想和情感。人格心理学家试图理解是什么使一种人格从根本上区别于另一种人格，而社会心理学家则补充考虑到情景因素的作用。

类似地，认知心理学家研究心智过程，如思维、推理、记忆以及习得等过程，而社会心理学家则通过思考社会如何影响思维过程来强化前者的发现。研究精神失常的临床心理学家也可以从社会心理学的研究中获益，因为这些研究也许可以解释情境性和社会性因素是如何有助于心理健康或影响心理健康的。

社会知觉：人们形成对他人的印象并且诠释有关于他人的信息的过程。

社会影响：人们影响他人的思想或行为的过程。

社会互动：两人或者多人之间所存在的关系。

社会心理学的根基是什么？

　　社会心理学是一门相当年轻的学科，它直到 20 世纪才从心理学的领域中分离出来。实际上，多温·卡特赖特（Dorwin Cartwright）曾在 1979 年声称 90% 的社会心理学家至今仍然健在（Cartwright，1979）。虽然定义社会互动、社会影响等概念的行为从人类开始生活在这个地球上就已经存在了，但对这些概念进行研究的坚实平台却是直到西方文明开始发展的时候才搭建好的。有人甚至会精确地指出这一切始于现代美国文化的发展。当心理学家戈登·奥尔波特（Gordon Allport）在 1954 年把社会心理学介绍给美国新生代研究生的时候，他说道："虽然社会心理学根源于整个西方传统，但它如今的繁荣却被认为是一种典型的美国现象。"（Farr，1996）

　　一项最为早期的社会心理学正式研究发生在 19 世纪末期。1898 年，印第安纳大学的诺曼·特里普利特（Norman Triplett）教授做了一项研究，他提出的问题是："当一些个体加入另一些个体时会发生什么变化呢？"作为自行车爱好者，特里普利特发现竞争意识强的选手比赛时的表现会比在独行时表现得更为优秀。他测试了选手们在无人领骑时所花的时间，并与选手们在他人处于领先时所花的时间进行比较（Triplett，1898）。

　　为了理解与其他人齐头并进和竞争是对个体表现产生影响的机制，特里普利特安排了一个实验，这个实验评判了 40 名儿童在做一个简单游戏时的表现。实验的结果表明，儿童在一起做游戏的时候比他们单独完成游戏时表现得更好。这被认为是社会心理学领域中首个记录了**社会助长**（social facilitation）概念（即个体的表现会因他人在场而得到强化）的研究。你或许会在学术生活中感受到这种社会助长。例如，导师让你完成一项你很擅长的任务（如阅读一篇用外文写的文章），那么你在课堂中完成这项任务时就会比你单独完成时要表现得更好。

　　社会助长：当他人在场时，个人的某一得体表现得到增强。

虽然不只特里普利特的研究证实了社会助长的存在，这个结论在当时却不符合之前一项关于表现评价的研究结果。1883 年，一位名叫马克斯·林格尔曼（Max Ringelmann）的法国教授主持了一项研究（研究结果直到 1913 年才发表），结果发现个体的表现会因为他人在场而变差。林格尔曼让被试单独拉绳子或跟别人一起拉绳子。他发现当被试在单独拉绳子的时候比和其他人一起拉的时候更尽力。事实上，团队里人越多，每个人付出的力量就越少。

从表面上看，林格尔曼和特里普利特的研究结果是相矛盾的，但当我们进行仔细考察后，我们会发现这样的结果实际上是突出了人类两种不同类型的行为模式。在骑自行车的研究中，每个个体的贡献都是可以被辨别的，但是在拉绳子的任务中，每个个体的贡献却是不能被有效识别的，这意味着不管被试付出努力与否，观察者都不会注意到。

林格尔曼的研究诠释了**社会懈怠**（social loafing）的概念，这一概念指的是以下现象：在个体达成某一目标的过程中，他 / 她单独完成时会比在处于群体中和其他人一起完成时更为努力。你很可能已经有过亲身经历：当你要完成课堂上的某项任务时，小组里的某些成员根本不努力，你会称他们为"偷懒鬼"。社会懈怠不只发生在个体身上，一个大单位中的小群体也会有社会懈怠的行为。如企业中的某个部门没有对企业的成功做出足够的贡献，而让其他部门去收拾烂摊子。

另一些早期的社会心理学家也对这个领域产生了重大的影响。在 20 世纪 30 年代，当人们开始认识社会偏见的时候，凯茨和布雷里（Katz and Braly）这两位研究者提出了刻板印象这一概念的雏形，时至今日的社会心理学家也还在继续对此概念进行研究。他们要求普林斯顿大学的 100 名毕业生分别写出关于 10 个种族群体的 5 项"典型特征"，然后发现即使被试没有和这些群体的成员有任何接触，他们也会对每个群体形成想法（Katz & Braly，1933）。

> **社会懈怠**：个体试图达到某个群体的特定目标时，会比其试图达到个人目标时付出的努力降低的现象。

另一项里程碑式的研究案例是理查德·拉皮埃尔（Richard LaPiere）关于个体态度和行为间不一致的实证研究。拉皮埃尔和一对外国夫妇在美国境内旅行，在他们到访的 350 家餐馆和酒店中，只有 1 家拒绝接待这对外国夫妇。但是在旅程结束后拉皮埃尔进行调查时，92% 的问卷回答者表示不会接待外国人（LaPiere，1934）。这个关于态度和行为之间关系的题材成为后来社会心理学家继续研究的重要主题之一。

◎ 20 世纪的社会心理学

到了 20 世纪初，社会心理学开始设置单独课程以及成立专门机构，从而使自己成为一门独立的学科。社会心理学课程发展中一个重要的里程碑是教材的出版。最初两本以社会心理学为主题的教材出版于 1908 年，一本是爱德华·罗斯（Edward Ross）的《社会心理学》，而另一本是威廉·麦克杜格尔（William McDougalc）的《社会心理学导论》。这两本教材都为社会心理学进行深入研究奠定了基础。1924 年，心理学家弗洛德·奥尔波特（Floyd Allport）完成了《社会心理学》的第二版，这是一本非常注重实验研究的教材。有别于麦克杜格尔认为本能是人类行为的主要动力的观点，奥尔波特在书中陈述的很多理论都把重点放在外在影响上。（Katz，1979）这样的对比给社会心理学带来了前所未有的深度和新的思考方式。首次出版于 1935 年的《社会心理学手册》如今已经出了第五版，它被视为社会心理学领域中最具精髓的参考指导书。

1936 年，弗洛德的弟弟戈登·奥尔波特和其他一些社会心理学家成立了社会问题心理学研究协会（Society for the Psychological Study of Social Issues，SPSSI），目的在于把美国关注社会的心理学家汇聚起来共同解决社会和经济问题，把社会心理学研究应用在社会问题的解决和公共政策的制定上。这个组织把理论和实践的重点放在群体的、社区的和国家层面的社会问题上。自成立之后，社会问题心理学研究协会对心理学这个学科和整个社会产生了重大的影响，它的出版物——《社会问题期刊》——刊登了很多改变心理学家以及其他关注社会问题的人们理解人类行为方式的研究。该组织致力于通过研究和倡导去影响社会政策和鼓励公共教育。如今，社会问题心理学研究协会已经成长为拥有 3 000 多名心理学家、相关科学家、学生和其他学术人员的国际组织，他们都对重要社会问题心理学层面的研究有着共同的兴趣（Society for the Psychological Study of Social Issues，2010）。社会心理学的学术刊物还包括《基础和应用社会心理学》《应用社会心理学》《实验社会心理学》《人格》《人格和社会心理学》《社会心理学期刊》《人格和社会心理学学报》《社会认知》《社会心理学季刊》，以及众多其他可供社会心理学家发表研究的刊物。这些研究涉及的主题非常广泛，如表 1-1 所示。

第二次世界大战的影响

正当社会心理学在 20 世纪中期进入更具有现代性的形态时，全球事件也开始对这个学科的发展产生重大影响。第一次世界大战对全球的社会和政治格局影响显著，但真正改变社会心理学结构和方向的是第二次世界大战和纳粹对欧洲的占领。事实上，卡特赖特（Cartwright）在 1979 年写给《社会心理学季刊》的文章里说道："如果要我说谁对这个领域的影响最为深远，那个人将会是阿道夫·希特勒。"

一个人怎么会对整个学术领域有如此重大的影响呢？希特勒所带来的法

表 1-1 社会心理学的主题

社会知觉 理解我们如何看待自己和他人	相比坐车，为什么我们更担心坐飞机的安全呢？（第 3 章） 文化对你看待自我的方式有什么影响？（第 4 章） 你是怎样知道别人正在对你撒谎的呢？（第 5 章）
社会影响 理解我们是怎么相互影响的	为什么有时候你的态度和行为并不相符？（第 6 章） 为什么当我们处于良好的情绪状态时会更倾向于同意某事？（第 7 章） 你对他人的服从会到什么程度？（第 8 章） 竞争是如何影响表现的？（第 9 章）
社会互动 理解我们为什么会以某种方式与他人互动	种族偏见在减少吗？（第 10 章） 睾丸激素对攻击行为有什么影响？（第 11 章） 异性真的会相互吸引吗？（第 12 章） 为什么帮助别人能让你感觉良好？（第 13 章）

西斯主义兴起和纳粹执政在欧洲几所学术机构里掀起了巨大的反犹太主义和反知识分子浪潮，这迫使欧洲大陆上一些杰出的社会科学家 [如库尔特·勒温（Kurt Lewin）、弗里茨·海德（Fritz Heider）和所罗门·阿希（Solomon Asch）] 迁移到美国以躲避迫害。

> 没有行动，就没有研究；同样，没有研究，就没有行动。
>
> ——库尔特·勒温

　　当美国参加第二次世界大战时，它利用了本国拥有大量的本土和移民社会心理学家的优势。在美国注意到不同的国家和文化都心甘情愿地接受法西斯式的思维方式后，政府官员把目光投向了社会心理学，以寻求有关人类行为和政治宣传力量等问题的答案。社会心理学家运用自己的知识和从政府资助的研究中得出的成果，发展了一系列战时计划，包括选拔战略情报局官员、建立如今中央情报局的前身，以及操控敌人的信心和斗志等等。人们渐渐开始尊重社会心理学的科学性，社会心理学在解决第二次世界大战期间产生的现实问题中发挥了巨大作用，这一切都证实了极具影响力的社会心理学家勒温的观点："没有行动，就没有研究；同样的，没有研究，就没有行动。"勒温是如今互动主义视角的先驱，这个视角把内在因素（人格心理学）和外在因素（社会心理学）结合起来。勒温和他的同事们曾经研究过领导风格。他们发现，当一群孩子分别被专制的、民主的和放任自由的领导者领导时，孩子们在民主领导的情况下表现得最好。

　　在希特勒和第二次世界大战使得从众行为备受关注前，从众就已经是社会心理学研究的主题。1936 年，土耳其社会心理学家穆扎费尔·谢里夫（Muzafer Sherif）成为第一位研究社会影响这一复杂的概念并把科学研究方法运用于其中的人（我们将会在第 8 章中继续深入讨论）。运用自动效应（即在黑暗的房间里静止的亮点看起来像是在运动的幻觉），谢里夫要求被试估计亮点移动的距离。当有其他被试在场的时候，被试改变了自己的估计——增加或者减少了自己的估计值，以接近其他最为集中的估计数值。

　　第二次世界大战后，社会心理学成了了解某些社会变化发生原因（尤其是纳粹意识形态是如何被德国人和其他欧洲人所广泛接受的）的研究中不可分割的一部分。二战之后出现了很多成为现今社会心理学核心的理论。例如，所罗门·阿希在 1951 年展示了人们多么容易地就接受了由多数人提供的、明显是错误的答案，后来斯坦利·米尔格拉姆（Stanley Milgram）又在 1963 年说明了人们是如何为了服从而牺牲个人价值观的。我们将会在第 8 章里详细地讨论社会影响这一强大的概念。

里昂·费斯廷格（Leon Festinger）进一步深入研究了从众的概念并且发展出认知失调理论（1957），这一理论认为人们的态度经常与行为不符（详见第 6 章）。他还发展出社会比较理论（1954），这个理论解释了人们是如何以他人为标准来感知自我的（详见第 4 章）。社会心理学中另一个重要的理论是由弗里茨·海德在 1958 年提出的归因理论，这主要研究人们解释自身行为和他人行为的原因和方式（详见第 5 章）。在这些由谢里夫、阿希、米尔格拉姆、费斯廷格和海德提出的基本理论的基础上，现今的社会心理学家继续阐发了他们的观点，并且从中提出了新的问题和理论。

当**社会心理学基础研究**（即关于行为和认知过程的最基本观点的研究）和**应用研究**（即运用社会心理学的观点去处理其他领域的问题）共同繁荣起来的同时，争论也此起彼伏。其中一项争论是关于实验研究的，很多人认为实验研究的情境是人造的，既不适用于实验室外的情境，也不适用于美国之外的国家（实验研究在当时主要存在于美国）。实验研究和非实验研究的优点和缺点将会在第 2 章中进行详细的讨论。第二个关于研究伦理的争论（也将会在第 2 章进一步展开）也在这个时候成为热门话题，例如米尔格拉姆关于服从的实验。在这个实验中，被试被要求向他人施以被认为是可能致命的电击，而事后被试才会知道真相并非如此。正是由于类似的实验，现在才有了保障被试权益的严格的伦理准则。

从 20 世纪 50 年代中期到 20 世纪 60 年代，研究的主题转移到社会关系和社会互动上来，例如刻板印象和偏见。戈登·奥尔波特（参见第 10 章，他于 1954 年研发出偏见量表）、拉坦纳和达利（Latane & Darley，参见第 13 章，他们于 1969 年研究了利他行为和亲社会行为）以及克拉克夫妇（他们

社会心理学基础研究：关于行为和认知过程的最基本观点。

社会心理学应用研究：运用社会心理学的观点去处理其他领域的问题。

1947 年的研究影响了美国最高法院在 1954 年对于实行种族隔离制度的学校的决议）等社会心理学家进一步奠定了社会心理学的基础。攻击和吸引也在这个时期受到高度关注，这些主题将分别在第 11 章和第 12 章阐述。

到了 20 世纪 70 年代和 80 年代，认知革命影响了整个心理学界，这当然也包括了社会心理学。费斯廷格的认知失调理论（1957）是其核心，同时丹尼尔·卡尼曼（Daniel Kahneman）和阿莫斯·特瓦斯基（Amos Tversky）阐发了启发式的概念（即人们无意地运用心理捷径去理解周围的世界）（1973，1974，1982）。卡尼曼和特瓦斯基的发现将在第 3 章中阐述。这些观点改变了研究者在研究诸如刻板印象、人际关系和助人行为等主题时所采用的方式，而如今众多的研究者都采用了社会认知的视角去理解行为。

社会心理学一般被认为是一门由西方文化主导的学科，记住这点很重要。事实上，75% ~ 90% 的社会心理学家生活在北美（Smith & Bond，1993）。然而，到了 20 世纪 90 年代，由来自其他文化的社会心理学家主导的研究开始得到更多的关注，同时文化的影响也变成了一个热门的研究主题（Triandis，1994）。譬如，社会心理学受到个体主义文化和集体主义文化的影响。个体主义文化关注的是独立的个体，就像在美国的情况；而集体主义则强调个体与其周围的人的关系。你将会在第 4 章中知道更多文化层面上的个体主义和集体主义。

社会心理学有哪些与众不同的视角？

所有的心理学家都在研究中运用科学的方法，但是由于没有任何一个单一的视角能解释所有的人类行为和思维，所以他们在检验假设时会使用几种不同的理论视角。现代社会心理学的视角认为前期的学习经历和内心的力量（如无意识的力量），以及社会和文化背景共同塑造了人类行为和心智过程。**社会文化视角**关注的是社会行为与文化之间的关系。这个视角很重要，因为它强调了人类行为不仅受到与其关系密切的同伴的影响，同时还会受其所处文

社会文化视角：关注社会行为与文化之间的关系的视角。

化的影响。例如，本章开头中所描述的蓝眼睛 / 褐色眼睛实验中的孩子不仅是因为老师和同学的影响而表现出偏见，影响他们的还有来自小镇的狭隘文化。

进化视角采取了稍微不同的方式，其关注的焦点在于全人类所共有的、普遍的心智特征的生物基础。采用进化视角的心理学家的兴趣在于解释普遍的心智策略和特征，回答如我们如何吸引异性、我们为何要说谎、为什么我们喜欢运动等其他类似的问题。进化视角涉及从进化生物学和查尔斯·达尔文的关于自然选择理论中发展出来的原理，并且把重点放在使人类存活下来的身体方面和生物方面的素质（Boyd & Richerson，1985）。**自然选择**是指个体的某些特征由于能更好地适应环境，于是它们在后代身上能更为常见地被表达出来的现象。因此进化视角会这样回答"我们为何要说谎"：说谎在某种程度上有助于我们的祖先存活下来，并随着时间的推移，说谎的特征被广泛地表达在人类身上，所以说谎在当今社会中很常见。

社会文化视角 人们偷窃是因为我们的文化过于强调物质生活。	**进化视角** 人们偷窃是因为得到某些资源（即使是通过偷窃的方式得到的）能增强其存活能力。
社会学习视角 人们偷窃是因为他们从"榜样"身上得知偷窃是可取的行为。	**社会认知视角** 人们偷窃是因为他们压根儿就不觉得偷窃是错误的行为。

△ 图中是各种现代社会视角对偷窃原因的看法。虽然每种视角的解释方式不一样，但它们可以共同解决问题。

进化视角： 关注使人类存活下来的身体因素以及生物因素的视角。

自然选择： 个体的某些特征由于能更好地适应环境，于是它们在后代身上能更为常见地被表达出来的现象。

　　社会认知视角和**社会学习视角**则是接受并且扩展了条件反射理论的观点（即认为学习和行为之间的直接相关）。社会认知视角建立在行为理论的基础之上，并说明了个体的认知过程和与之相关的行为之间是相互影响的关系。而社会学习视角则强调特定的、通过社会奖惩进行学习的能力。

　　阿尔伯特·班杜拉（Albert Bandura）在 1977 年提出的社会学习理论是理解众多社会心理学核心概念的关键理论，其认为人们除了从所处环境的结果中学习之外，还会相互学习。人们通过观察他人的标准行为而受到影响的过程被称为观察学习。

◎ 社会心理学与其他学科

　　社会心理学家并不是在自己的领域中单独工作的。经济学家、商界领袖甚至神经学家也会引导并受益于社会心理

社会心理学家并不是在自己的领域中单独工作的。经济学家、商界领袖甚至神经学家也会引导并受益于社会心理学家的研究工作。

健康保健	商业
某些人会追随大众对健康的观点，虽然他们本身并不一定同意这些观点。	某些员工会遵照企业的标准办事，即使这些标准与其个人准则是相违背的。
消费科学	政府
某些消费者会执意购买受欢迎的商品，即使这些商品并不能满足他们的需求。	某些选民会选择民意所属的政策，即使个人并不同意这些政策。

（中央圆圈）阿希 经典的 从众实验

△ 图片表现了社会心理学和其他学科的关系。社会心理学家可以和其他领域的人士合作，共同进行互利的研究。

社会认知视角：建立在行为理论的基础之上，并说明了个体的认知过程和与之相关的行为之间是相互影响的。
社会学习视角：这种视角通过社会强化和惩罚，从而强调学习的特殊力量。

学家的研究工作。由于社会心理学家对于激发某种特定行为（如购买商品）的原因深感兴趣，所以经济学家会和社会心理学家进行合作以更好地了解特定人群的消费习惯。同样地，商业领袖也会向社会心理学家寻求帮助，以更有效地了解并管理员工的行为。例如，企业都希望能使社会懈怠最小化，社会心理学家可以帮助企业改变评估员工的方式。同样地，不同学科的专业人士也可以通过创造研究工具和研究平台来帮助社会心理学家。

神经学家通过发展磁共振成像技术（MRI）和正电子发射扫描成像（PET）帮助社会心理学家深入研究人类的大脑。这些工具使得社会心理学家和神经学家得以观察被试在思考或者执行某项行动时（如解决问题和从事刻板印象）的脑部活动。社会神经学是一个正在蓬勃发展的领域，它把生理机制和社会心理学的视角结合起来（Cacioppo et al., 2007）。社会心理学同其他领域和行业的互动也是无穷无尽的。

 # 社会心理学仅仅是常识吗？

当你在阅读本章导读中艾略特的蓝眼睛/褐色眼睛实验时，你也许并不会对孩子们表现出来的偏见感到惊讶。事实上，你很可能已经预料到结果。这种反应不仅存在于艾略特的实验中——你对其他某些重大社会心理学实验的结果也可能会有同样的感觉。

例如前文所提到的阿希经典的从众实验，它也有着看似可预测的结果。阿希对被试实施了一个口头视觉测试（实验详见第8章），被试中有**研究者同谋**，他们是研究队伍的一部分，被置于试验中扮演特定角色。在这项实验中被试被要求即使在正确答案显而易见的情况下也要故意错误地回答问题，然后看

> 常识是一个主观的概念，人们依靠常识来解释行为会产生问题。

研究者同谋：属于研究队伍的一部分，被置于试验中扮演特定角色的个体。（后文简称"同谋"）

被试是否会服从大多数人的意见。研究结果显示 37% 的被试服从了众人的意见。阿希得出的结论认为，人们之所以服从显然是错误的答案，是因为他们害怕被嘲笑，同时也因为他们想要融入群体（Asch，1956）。这个结论对于你来说是否是不言而喻的呢？你在结果揭示之前就猜到结果了吗？你也许会回答"是的"，因为你早就知道人们想要融入群体——这是常识。但是如果常识能告诉我们所有类似问题的答案的话，社会心理学又何必存在呢？

常识是我们对事物的朴素理解。我们之所以有时认为社会心理学是常识，是因为人们对某些研究主题已经很熟悉。我们相信自己很自然地就能了解人类行为，但是现在社会心理学家已经推翻了很多常识。例如，很多人同意"异性相吸"的观点，但是 2005 年发表在《人格与社会心理学》的一项研究结论表明，与随机配对在一起的两个人相比，已婚夫妇在宗教信仰、政治态度以及价值观等方面都有着更高的相似性（de Vries，2005）。研究还发现，与在焦虑、逃避、平易近人以及责任心等人格特征上不相似的夫妇相比，有着以上相似人格特征的夫妇的婚姻生活更为美满。这个发现支持了"物以类聚，人以群分"，而不是"异性相吸"。

心理学家不能依靠常识，因为他们必须在证据的基础上经过严密谨慎的研究后才能下结论。通过这样的研究，心理学家形成可以对行为进行预测的理论。而在人们运用常识的时候，他们所谓的"预测"实际上是在行为发生后才产生的。这种预测的发生是因为存在**后见之明偏差**（hindsight bias），即人们认为自己一直都知道某些事情会发生。例如，如果你一直都支持奥巴马，那你是否认为自己早就知道奥巴马会赢得 2008 年的总统选举呢？

虽然通过常识得出的观点通常是良好判断的结果，但是它们也有可能对行为产生有歧义或者是相矛盾的解释。我们假设你的一位朋友正疯狂地爱着她的男友。正当她在准备去巴黎留学的时候，她很担心要怎样和男友保持关系，因为她的男友将会留在美国等她。你安慰她，说他们的关系会跨越距离上的障碍，因为你相信"分离情更浓"。然而在他们分开两个月之后，你的朋友告诉你她爱上了一位名叫皮耶尔的艺术家，并且她想留在法国。你会

后见之明偏差：人们认为自己一直都知道某些事情会发生的倾向。

想："我早就知道事情会这样。毕竟巴黎是个浪漫的城市，而且当爱人不在身边的时候，感情就会慢慢变淡了。"但是如果你朋友的感情经受住分离的考验，那你就很有可能会说"我早就告诉你会没问题的"，而从不质疑自己最初的判断。

◎ 不是每个人都会同意我们的意见吗?

你是否曾经认为某人缺乏常识? 就像说："艾玛在学习方面很聪明，但是她缺乏常识。"当你还是个小孩的时候，你的父母会在你做了愚蠢的事情后（如没有看清楚就过马路）质疑你的常识。但其实你这样做的时候并没有忘记常识，只是你和父母对危险的认识不一样。常识是一个主观的概念，依靠常识来解释行为会产生问题。一个人认为是常识的东西对于另一个人来说却并不一定如此，这是因为常识的假设通常是基于个人的观察和经历而非确凿的证据，因此偏差成了影响因素。

例如，常识告诉我们男人比女人更为专制，是吗? 你之所以会这样认为，也许是因为你成长在一个男性主导的家庭里。但如果你成长在一个女性更为权威的环境中，那么你的想法就会大为不同了。个人的价值观、原则和倾向会使人们对自己在多大程度上与其他人持有相同观点的认知中形成偏差（Ross，Greene，& House，1977）。

错误共识效应

错误共识效应发生时，人们会认为他人跟自己的观点是一致的。当情境允许**差异性解释**，即允许以不同的方式进行判断时，错误共识效应会更为经常地发生（Gilovich，1990）。例如，你也许认为大家都知道在工作场所中穿夹脚拖鞋是不合适的，但实际上这是一个见仁见智的问题，而不是事实。多方可以就职场中能体现专业性的衣着形成不同的看法。错误共识效应会在很

错误共识效应：一种致使人们认为他人跟自己的观点一致的现象。
差异性解释：以不同的方式对情境进行判断的行为。

多场合中造成问题，如在制定公共政策的时候，如果当选官员或者委员会认为大部分的成员都赞同在枪支管制等问题上实行强硬规定，他们就有可能通过实际上并不代表公众意愿的立法。

◎ 如何使偏差最小化？

后见之明偏差以及错误共识效应告诉我们有偏差的想法和行动是如何形成错误结论的。但有时候结论本身反而会形成有偏差的行为或想法。假设你刚刚搬到了一个新地方，想结识新朋友。你在一份主要报纸上看到了一篇报道，这篇报道引用了一项研究，说穿鲜艳衣服的人比穿中性色调衣服的人更为友好。当你在当地的一个活动中和人们交流的时候，你发现这项研究的结论是正确的——你所遇到的穿鲜艳衣服的人确实明显比穿中性色调衣服的人更为友好。但你没有意识到的是，当你读到这项研究的结论时，你就形成了一个偏差，这个偏差会使你下意识地表现出可以确认你的想法的行为。例如，由于你认为穿着鲜艳的人是更善于交际的，所以你也许在和他们交谈时表现得更放松，因此你相对容易地就和他们进行友好的对话。这种只注意能证实自身观点的信息，而忽视驳斥信息的倾向被称为**确证偏差**。

社会心理学家是如何在研究的过程中消除偏差的呢？这个问题的答案很复杂，因为至今为止仍没有办法可以彻底消除人为执行过程中产生的偏差。但是社会心理学家致力于用科学的方法使得这些偏差最小化。**科学方法**是指在思考的过程中进行系统的观察、测量以及实验去收集信息。这个方法也被科学界的其他成员，如化学家、物理学家、生物学家和其他心理学家在最小化偏差和减少错误的过程中使用。在你不断学习这门课的过程中，你需要把科学方法应用在每天的思考当中。我们将会在第 2 章里详细地讨论科学方法。

社会心理学不仅仅是神经学家、其他科学家以及医学领域的人才会关注

确证偏差：只注意能证实自身观点的信息，而忽视驳斥信息的倾向。

科学方法：进行系统的观察、测量以及实验去收集信息的思考方式。

的。理解人的行为，尤其是行为是如何与社会和文化层面相联系的，这对于几乎所有领域的人来说都是有好处的。所以说，社会心理学这个年轻的学科将会在我们这个时代变得越发有用，继续成长并变得成熟。在我们继续学习社会心理学的旅程中，我们将会更为详细地探讨更多类似的想法。

社会心理学作为一门科学

- 研究方法如何影响你的日常生活?

- 社会心理学家是如何寻求真理的?

- 描述性研究方法能告诉我们什么呢?

- 实验研究方法能告诉我们什么呢?

你是否想过为什么自己会以某种方式思考问题？各种想法貌似在我们的大脑中自由进出，但控制它们是否也同样容易？

在重要考试前夕，你的肚子突然疼得很厉害，你可能会跟自己说："尽量不要去想。"正处于减肥时期的你在一家餐厅里闻到炸薯条的味道，你很可能还是跟自己说："尽量不要去想。"每个人在某个时候都尝试过排除某种想法。然而这个策略有什么用呢？有时候尝试不去想的做法不仅是徒劳的，甚至是反效果的。为什么会这样呢？

这正是研究的介入点。研究有助于我们更为准确地评估并且解释我们的思维过程。譬如在对思维抑制进行研究的时候，社会心理学家会把研究方法应用在对种种问题的考察上。研究者发现，一般说来，当被告知不要想某件事的时候，人的大脑反而会被有关那件事的想法淹没（Wenzlaff & Wegner，2000）。"某件事"可以是任何事情。在一项调查中研究者发现，当人们努力不想巧克力的时候，他们实际上可能会吃更多的巧克力（Erskine，2008）。而在另一项研究中，被试如果努力抑制刻板印象的干扰，刻板印象反而会更为频繁地固着在他们的头脑中（Macrae，Bodenhausen，Milne，& Jetten，1994）。

以上的例子告诉我们，社会心理学这门科学有助于我们客观地考察我们的思想和行为，当然，这是通过研究实现的。这一章将会帮助你认识到社会心理学研究的重要性，理解研究的过程和技巧，以及学习如何把研究的结果运用在日常生活之中。

研究方法如何影响你的日常生活？

思维抑制仅仅是社会心理学研究尝试解释和理解的领域之一。为什么你会喜欢你所喜欢的东西而不喜欢其他的东西呢？这是社会心理学家尝试回答的众多问题之一。在《应用社会心理学杂志》上发表的一篇研究调查了餐厅服务员恭维客人的行为对客人给小费习惯的影响。这项研究观察了一家餐厅里的两位服务员和 94 对客人。服务员就在客人点餐的时候对客人说了恭维话或者是没有说。结果显示，受到恭维的客人给的小费明显多于没有受到恭维的客人所给的小费，这说明恭维客人的服务员更受欢迎（Seiter，2007）。

对研究的理解有助于你批判地审视在文化环境中呈现给你的信息。一旦你达到了这一层次的理解，你就能在生活的各个方面作出周全的决定。我们每天都在努力做出正确的选择。虽然一般来说这个过程很困难，但是我们都会认为自己选择了能使自己感到最幸福的选项。然而事实却并非总是如此。

哈佛大学的心理学家丹尼尔·吉尔伯特（Daniel Gilbert）指出，我们的大脑经常对什么能使我们幸福做出错误判断。在他的著作《被幸福绊倒》中，他解释道，人们总是认为自己能准确地知道自身行为的后果，认为最后必然是积极的结果。但是我们生活中的大多数抉择与其说是有关获利与否以及利益价值的客观变量，不如说是关于这一切的主观变量，而大多数人都极不善于评估这些变量。

人们在估计概率的时候往往是受过去经验而不是事实的影响，因此他们的估计会发生倾斜。假设一个人被要求估计感染 H1N1 病毒（2009 年暴发的一种流行病）的可能性。如果这个人最近刚刚看了一则关于猪流感在当地一所学校暴发的新闻报道，那么他 / 她可能猜感染的概率为五分之三。相反的，一个甚少读到或者听说过 H1N1 病毒的人的估计也许仅为五十分之一。根据疾病控制与预防中心（CDC）的数据，实际上感染 H1N1 病毒的概率是十分之三。

研究还表明，价值估计对于大多数人来说是富有挑战性的。吉尔伯特引用广告（如零售店里的暂时降价或者清仓销售）作为价值膨胀的一个主要例子。例如，一位顾客看见一台从199美元降到125美元的蓝光唱片播放器和另一台原价就是125美元的蓝光唱片播放器，她也许会因为第一台唱片播放器的原价更高就认为它更有价值。吉尔伯特解释道，人们常常关注的是过去的价值，而不是可能的价值。

吉尔伯特的理论指出了人类在决策过程中的一个主要缺陷：我们低估我们目前收益的概率而高估未来的价值（Gilbert，2006）。如果人们学会依据事实而不是情感来解释信息，这种缺陷就可以得到避免，并且每个人反过来都能在他们的个人生活、职业生涯和学术生涯中做出更好的决定。假设你要买一辆新车，决策受客观数据影响而不是被华丽的媒体信息蛊惑，这不是最好的吗？或者想象你被课程测验的其中一道多项选择题难住了，你根据事实而不是感觉来分析每个选项，这难道不是最有可能获得正确答案的方式吗？

"猪流感期间"，39名海军遭到隔离。	虽然民众一般称之为"猪流感"，但H1N1病毒实际上与使得北美猪感染的病毒并不一样。
"疑似猪流感病例的出现使得校园处于警备状态。"	虽然猪流感确实可以使某些患者入院治疗甚至死亡，但是大多数病人并不需要医学治疗就能痊愈。
"来自墨西哥的男婴成为美国第一例死于猪流感的患者。"	2009年里，超过70%因H1N1而入院治疗的成年人在患上与流感相关的并发症前就已经出现病况。
"猪流感暴发：怀疑造成160人死亡，2 498人感染。"	

资料来源：Centers for Disease Control and Prevention（2010）. *2009H1N1 flu("swine flu") and you,* from http://www.cdc.gov/h1n1flu/qa/htm.

Wayland, M. (2009). Today's swine flu headlines. *NBC San Diego,* from http://www.nbcsandiego.com/news/local-beat/New-Today-on-Swine-Flu.html.

请对H1N1病毒进行谨慎的思考。为了吸引观众和读者，媒体经常会利用误导人的炒作手法，正如在2009年H1N1病毒暴发时的情况一样。

◎　常识并不是总能站得住脚

理解社会心理学研究重要性的第一步是要认识到它不仅仅是常识而已。很多人认为，研究人类行为的研究者所得出的结论都是平常人已经知道的。一些心理学研究确实支持了人们普遍都了解的概念，但是更多的研究结论并不为人们所熟知。例如，很多人认为女性比男性更快地陷入恋爱当中，但是研究表明这种观点是错误的。事实上，男性会比女性更快地陷入恋爱当中。比起男性，女性尤其会被过去恋爱关系遗留的包袱束缚，因此她们在接触新对象时会更花时间、更为谨慎（Alexander，2006）。直觉还告诉人们对员工实施奖励能提高绩效，但是研究表明相反的情况才是事实：奖励会破坏固有的积极性（Amabile，Hennessey，& Grossmans，1986）。

虽然直觉有可能会把我们导向错误的结论，但是直觉还是有其价值的。我们不需要阅读了消防安全的研究之后才知道不应该在窗帘旁边点蜡烛，常识足以告诉你这样做是很危险的。然而，常识也许不会告诉你在屋里吸烟也是同样危险的。美国防火协会在 2008 年进行的一项研究揭示，吸烟是导致市民在家庭火灾中死亡的头号原因，这个例子说明研究可以告诉我们世界是如何运转的（National Fire Protection Association，2008）。

◎　把研究应用在我们的生活中

常识是从过去的经验发展而来的。有时候即便是因为我们自己的原因而没能阻止不愉快事情的发生，我们也还是会倾向于认为事件本身就是不可避免的。例如，当楼市在 2008 年崩盘的时候，一些金融专家，甚至一些普通的民众都说自己预测到它的到来。后见之明偏差是指把已经发生的事情看成在其发生之前就被预测到的倾向（Fischhoff，2007）。这种倾向印证了"事后诸葛亮"这句俗话，即警报迹象在事前似乎都很模糊，而事后这些迹象则变得无比清晰。大多数人都在生活中的某个时期经历过这种现象。

一位老师在课上进行突击测验，你是否觉得自己早就知道这会发生呢？你突然之间记起你的老师曾经说过某些信息在"将来"会很有用。你的后见之明偏差使你认为自己在测验之前就预知到它的到来，但如果事情果真如此，你就会做好准备了。你是否有过明明"知道"会下雨，但是仍被困在雨中，懊悔自己没有带雨伞的经历？

后见之明偏差会在我们回忆和解释信息的过程中导致错误。这并不是因为常识必然是错的，而是因为描述已经发生的事情总比预测将要发生的事情容易得多（Slovic & Fischhoff，1977）。心理学研究是我们用于预测未来的最为充分的资源，但即使最为完备的研究也无法保证某事或行为一定会发生（Slovic & Fischhoff，1977）。诺贝尔物理学奖得主尼尔斯·玻尔（Niels Bohr）曾经嘲讽道："预测是很困难的，尤其是关于未来的预测。"预测未来甚至对最具有直觉的和见识广博的人来说也是很难的。为了避免这种情况，社会心理学家会在进行检验之前先陈述他们的预测。

另一个导致错误假设的因素是错误共识效应（即高估其他人跟我们具有共同的信念或行为的程度的倾向）。这种现象通常发生在受控环境（contained environments）中，小至朋友之间的小群体，大至整个国家。假设在 2008 年美国总统大选的时候你住在伊利诺伊州的芝加哥，你很可能认为参议员贝拉克·奥巴马会以绝对优势取胜。毕竟周围都是他的海报，当地的新闻节目时刻跟踪他的一举一动，并且你身边大多数人都打算投票支持他。然而，如果你是居住在亚利桑那州的凤凰城，那你很可能出于同样的原因认为你们州的参议员约翰·麦凯恩也有胜出的机会。错误共识效应会产生危险的后果，因为它会导致人们认为某些行为是"正常的"，而事实上这些行为却是不正常的甚至会对人们的健康和福祉都具有危害。

1988 年，由萨斯、王和桑德斯（Suls，Wan，& Sanders）主持的一项研究发现，在一个由男性大学生组成的样本里，有不健康或者不良生活行为的个体倾向于高估具有相同行为的人的数量。而另一方面，没有不健康或者不良生活行为的个体则倾向于低估具有不健康或者不良生活行为的人的数量。错误共识效应会制造出人为的对于潜在危险行为（如大学校园里的酗酒行为）的错误认识。一位一周喝酒四五次，有时候甚至一天喝酒六次的男学生也许会认为这对于大学生来说是"正常的"，因此如此饮酒对他的健康并不构成威胁。志同道合的朋友再加上媒体对酗酒行为的美化也将不必要地支撑这一错误共识效应，但事实上这并非常态。

人们要怎样避免后见之明偏差和错误共识效应呢？由于这些都是人类行为的常见后果，所以要彻底避免是很困难的，但是对研究价值的认识可以使人成为依靠能被科学支持的事实而不是直觉去做出决策的、具有批判意识的思考者。想想本章开头阐释的关于思想抑制的缺陷。知道这些信息可以促使你使用其他的方法来跟踪饮食或者减少刻板印象。当我们在下一部分探索研究过程的步骤时，你可以想想把研究应用于日常生活的其他方式。

社会心理学家是如何寻求真理的？

要理解社会心理学家检验假设的方法，首先要像夏洛克·福尔摩斯而不是西格蒙德·弗洛伊德那样思考。就像侦探为破案采集证据那样，社会心理学家先要收集了证据才能回答问题。为了对自己的结论有信心，优秀的侦探会尽可能地多收集证据。最有力的证据通常是有形的，如 DNA、指纹以及证人的证词和不在场证明等。类似地，为了能充满信心地回答关于行为和心智过程的问题，社会心理学研究要运用各种方法（如自我报告法、自然观察法、问卷调查、相关性研究和实验设计等）从众多不同的源头收集信息。每一种方法对应不同类型的问题，而且每一种方法都有各自的优势和局限性。因此，就像侦探那样，一个研究者必须运用多种方法从不同的渠道收集尽可能多的证据，以达到对行为的最佳理解。

◎ 研究过程的步骤

是什么促使心理学家开展研究呢？再一次，就像侦探那样，一位心理学家也许想知道社会中的某类事件、发展趋势或者行为发生的原因和方式。他 /她可能会对简单的和复杂的问题都进行思考，简单至"为什么企业要用名人来推销产品"，复杂至"他人的期望将如何改变我们的行为"。在社会心理学家寻找证据之前，他们很可能已经形成了理解某个概念的理论或一个大体的框架，使他们可以描述、解释以及预测行为。**理论**是一个框架，它把现

理论：理解某个概念的大致框架，这个框架帮助我们描述、解释以及预测行为。

存的、对未来事件和行为进行预测和检验的想法联系起来。理论可以解释一系列的观察，而且当更多的数据被纳入以支撑预测的时候，理论就能更为完善。好的理论会尝试去解释行为，产生可被检验的模型，并使用不同的方法。例如，社会学习理论认为攻击行为是从他人身上学习而来的（Bandura，1977）。研究人员可以在这个理论的基础上展开以解释其他的行为模式，并且这些观点都是可以用多种方法进行检验的。

你有关于人类行为的问题或理论吗？你的疑问可以变成**研究问题**，这是研究过程的第一步。任何信息，从第一手的观察资料到最近的新闻故事，都可以激发出研究问题。例如，在 2009 年，一位来自加利福尼亚州的 15 岁青少年在一个高中同学聚会会场外遭到多人对其实施的性侵犯和殴打，在场有20 多位目击者，他们有的在嬉笑和拍照，而其他的则安静地观看，但是没有任何一个目击者尝试去阻止或者是报案（Chen，2009）。很多人都想知道这是为什么。对于社会心理学家来说，由这个情境产生的研究问题是："大群体是怎样影响个体对犯罪行为的反应的？"

研究问题一旦形成，研究过程的下一步就是梳理已有的相关文献。这样做可以为研究主题提供背景信息，得出更为广阔的背景的同时，主题的局限性也会浮现出来。在开始研究之前，科学家要确认相关的关键词。以加利福尼亚州这起案件为例，有用的关键词也许是"群体"、"影响"、"助人行为"和"犯罪"。在其他科学家发表的期刊文章和出版著作中寻找这些关键词，可以得到很多有用的信息。记住，虽然维基百科、个人博客和网站看起来更容易使用，但是这些信息既不一定准确，也没有经过**同行评审**（即由相关领域的专家对各自的研究共同进行审阅和评议），因此并不是可靠的。

梳理文献之后得到的材料可以用来形成有待检验的**假设**。假设是可以被数据证实或者证伪的解释。它必须可以通过**变量**（即具有不同取值的刺激或

研究问题：作为研究过程第一步而提出的疑问。

同行评审：由相关领域的专家对各自的研究共同进行审阅和评议的过程。

假设：可以被数据或者观察结果证实或者证伪的假定解释。

变量：具有不同取值的刺激或特征，如人们之间的吸引程度或者年龄。

特征）进行检验，而且它还务必是可以被证伪的。可以被证伪并不意味着假设是错的，这只能说明数据不能予以支持。例如通灵者实际上并不一定能知道你在想什么，但是除非她承认自己错了，你是没有办法反驳她的说法的。

应用**操作化定义**，或者对某事件指定一个或者几个特定的操作条件然后再确定测量的方式，以上的做法都能使得变量具体化。一个可能需要调整的假设是："良好的网页布局设计能让人更便捷地浏览网站。"由于"良好的网页布局设计"和"更便捷地浏览网站"都很模糊抽象，因此无法就网站的布局设计来证实或者否定读者能便捷地浏览。这个假设的改良版本是"如果网站的导航条是水平的而不是垂直的话，人们就能更便捷地浏览网站"（Wu，2007）。在这个例子中，研究人员可以把浏览的速度作为一项操作条件，并使用计时器去测量被试浏览不同网站时的速度。操作化的定义必须是有**效度**的（指变量能测量应该测量的内容）和有**信度**的（指测量具有一致性），这点很重要（Robinson，2007）。有效性和可靠性在假设中很关键，因为只有达到这两个检验标准，验证假设的愿望才会实现。正如美国心理学家戴维·道格拉斯（David Douglass）所说："如果事实与预测相反，那么不管预测多么具有吸引力，它终究还是错的。"

可被检验的假设一旦形成，研究就被提上日程了。若要进行研究，研究者必须确定最佳的收集数据的方法。这包括选择**样本**，即选择将要被检验的人或对象，以及向这个特定的群体描述检验的理由。

每一年，《人物》杂志都会公布世界上最性感男人的名单，类似地，《时尚先生》也会公布世界上最性感女人的名单。享有这个头衔的人，如约翰尼·德普和杰西卡·贝尔，一般都被认为是极具魅力的。但是世界上最性感的男人或女人？谁说的？杂志编辑的观点很可能和世界上其他人的观点都不同，尤其是研究表明不同文化关于有魅力的人的观点是不一致的。非裔和拉

操作化定义：对某事件指定一个或者几个特定的操作条件，然后确定测量方式的定义。

效度：当一个变量能测量应该测量的内容时，就认为它具有效度。

信度：指测量具有一致性。

样本：要被检验的人或对象。

在一种文化中被认为是有魅力的人在另一种文化中却不一定如此。

丁裔的人普遍认为有曲线的女性更有吸引力，而白人和亚裔人士则会为身材苗条的女性所吸引（Fox，1997）。

为使实验有效，很重要的一点是研究者必须考虑文化变量，检验结论是否在不同的文化中都成立，但这可以通过对象与他们所在群体的不同关系来进行解释（Bond & Smith，1996）。例如，一项研究显示日本人的从众程度和美国人是不一样的（Frager，1970）。文化的微妙影响不能被忽视。

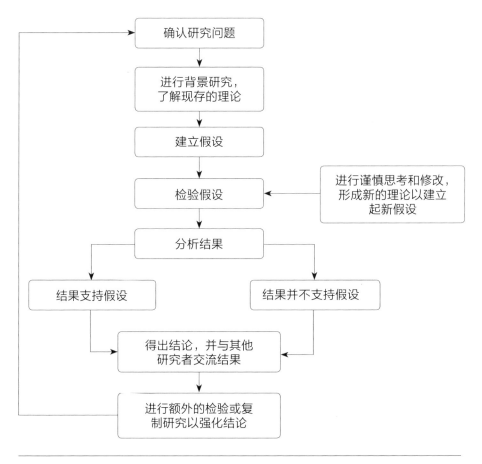

∧ 科学研究的方法：科学研究是一个循环的过程。

◎ 复制研究

当我们谈到研究过程的时候，我们可以通过复制研究把一项研究的基本发现应用于另一项类似的研究中。复制是指重复一项研究以核实作用效果的过程，通常是用另一个被试样本来确定原来的发现是否对其他变量也同样适用。例如，想要研究暴力卡通片对学龄女童的影响的研究者也许会沿用前人在研究暴力卡通片对学龄男童的影响时所用的操作化定义和数据收集方法。在某些情况下，研究者会把之前的实验精确复制下来，以强化原发现的可靠性（King，1995）。

任何人都可以用科学的方法来解决问题。如在《婴儿床里的科学家》这本书里，艾莉森·哥普尼克（Alison Gopnik）和她的同事描述了以下一项研究：婴儿是怎样产生并检验他们对周围环境的理论的（Gopnik，Meltzoff，& Kuhl，1999）。你也会这样做，只是没有意识到而已。在严寒的早晨，你会使用不同的方法去启动你的汽车。或者设想你在一个重要的考试中只得了 C。如果你使用科学的方法进行思考，你会尝试解释这个分数。你也许会假设自己没有在学习上花费足够的精力。但是如果在考前的两周里你每天都在复习呢？那么你就会修改之前的假设：可能考试并没有涉及你复习的内容，也可能是因为评分并不准确，又或者是你的焦虑造成的。你可以通过在教授的办公时间和他／她交流来检验你的假设，总结导致这个令人不满意的分数的原因。

 寓学于行

社会心理学家不能仅依靠常识，他们必须把想法付诸检验。你也许认为人们在公共场合扔垃圾的情况是很少发生的，或仅仅是某些人才会这样做。但已有的研究表明，情境会对我们的行为产生重大影响。环境会影响我们参与破坏行为（Zimbardo，1969）或乱扔垃圾的可能性（评论详见 Cialdini，2003）。

一项研究发现，当被观察者发现他们的车上贴有传单时，38% 的人会直接把传单扔在地上，而且如果周围的环境已经被弄脏的时候，人们就更有可能这样做。然而当研究队伍中的一员，即研究者同谋把传单扔进垃圾桶或适当的回收容器时（由此形成理想的行为模式），只有 4% 的被观察者会乱扔传单

（Cialdini，Reno，& Kallgren，1990）。

复制研究是验证研究发现的关键。你会在自己的生活中发现类似的结果吗？选择一个公共环境来观察人们的扔垃圾行为并做好记录。再通过把垃圾扔在合适的地方或者回收垃圾来树立榜样，然后看看这将会如何影响被观察者的行为。你观察的结果是跟之前一样还是有所不同呢？你要怎么把这个计划变成真正的实验？跟朋友分享你的发现和大致经历。一旦你亲眼目睹了自己的行为对他人造成的影响，你就会更加意识到回收垃圾和不乱扔垃圾的重要性。

你将会从这项计划中学到什么呢？

1. 知道如何开展研究项目。

2. 了解复制在科学研究中的重要性。

3. 防止人们乱扔垃圾，并鼓励有利于生态的行为。

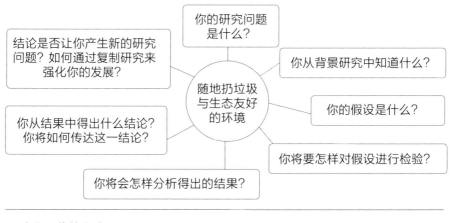

 废品回收的实验
运用这个图示来组织你关于寓学于行计划的想法。

描述性研究方法能告诉我们什么呢？

在这一章里，我们已经陈述了研究过程中的标准步骤，然而方法不是只有一种，记住这点很重要。在研究中使用的技巧因研究问题、研究的可行性以及潜在资源而异。没有方法是完美的，每一种方法都有优点和缺点。然而，如果使用多种方法都产生类似的结果，那么我们就能对结论更有信心，同时对被研究的行为有更好的理解。

在心理学中使用描述性研究方法是很常见的。**描述性研究**被用来收集有关某个总体或现象的信息，就变量或特定情境中的人物、事件、时间、地点以及研究问题进行描述。例如，描述性研究有助于心理学家确定男性是否比女性更容易受同辈压力的影响，也有助于心理学家了解成人对工作压力最为常见的反应。描述性研究涉及从观察到个案研究的一系列方法（Key，1997）。所有描述性研究方法的共同点在于它们的目的是描述一个现象，或者是两个或多个变量之间的关系。在这一部分，我们将讨论研究者在检验假设时会用到的不同的描述性研究方法。

◎ 观察法

假设你想理解跳舞，但并不是想学恰恰舞或者华尔兹。相反，你是想要知道跳舞有哪些社会影响。人们跳舞的频率有多高？孩子跳舞比成年人多吗？人们跳舞的原因是什么？你可以通过发放问卷调查 50 个人的跳舞行为来回答这些问题。虽然通过这个方法可以获得一些有趣的答案，但不一定能得到最为准确的数据。接受调查的人也许不清楚自己跳舞的频率，也不能准确地描述促使他们去跳舞的原因。问卷调查可以获取人们自我报告的想法，然而它不一定能准确地反映正在发生的行为。对于这个特定的主题，观察法是更为适合的研究方法，因为它并不是通过对象自我报告观点（这些观点可能是有偏差的）来收集信息，它依靠的是研究者自己的眼睛和耳朵。

观察可以在受控环境或自然环境中进行。受控环境（如实验室）在某些变量需要保持一致的情况下是很有用的（Evans & Rooney，2008）。例如，研究

就像观察动物一样，有时候在自然环境中观察人类是最佳做法。

描述性研究：用于获取有关某个总体或者现象目前状况的信息，以描述人物、事件、时间、地点，以及对情境中的变量和状况提出问题的研究。

者可能把被试置于一个人为的派对情境中，然后研究酒精饮料将如何影响被试的跳舞意愿。然而即使整个氛围很真实，情境中的某些元素还是可能会改变被试的感受和行为，由此破坏了研究的有效性。为了避免这种情况，自然观察法是更为合适的选择。

自然观察是指在现实世界的场景中展开观察。我们可以通过录像、录音或者纸笔来记录观察。我们可以在婚礼或生日派对中观察人们的跳舞行为，同时记录相关的人、事和原因。

◎ 自我报告和问卷调查

在网上购物后，你是否收到过让你评价网购经历的问卷呢？或者在餐厅服务员给你账单的时候，他是否会随之附上一张评分卡呢？如果你曾经填写过这样的文件或表格，那么你就参与了名为自我报告法的研究方法。**自我报告法或调查法**是收集数据的方式，被试被要求为他们的行为和精神状态（例如，很满意、不满意、没有意见）评分或者进行描述。这种研究方法通常是通过访谈或者问卷的形式进行的。

◎ 档案研究

档案研究需要从现存的记录中筛选有效信息，这些记录包括杂志文章和网站分析等。档案研究吸引人之处在于研究人员可以在较长的一段时间中寻找数据，同时他们也能避免对资料含义的不自觉修改。假设一位研究者想定义美国人和欧洲人关于美的标准之间的差异，那他就可以分析一段时间里的美国杂志和欧洲杂志的内容。

自然观察：在现实生活中对行为进行观察的研究。

自我报告法或调查法：收集数据的一种方式，被试被要求为他们的行为和精神状态评分或者进行描述。

档案研究：一种从现存的记录中筛选有效信息的研究方法，这些记录包括杂志文章和网站分析等。

◎ 相关关系

你是否想过，你无法找到约会对象跟你那差得可怜的时尚感有关？而你那令人失望的分数跟睡眠不足有关？从描述性研究中得出的数据也许会让研究人员注意到相关关系。**相关性研究**（通常是调查的第一个层次）目的在于探索两个变量之间是否存在关系。例如，一项相关性研究也许会发现不良睡眠习惯和成绩低下之间存在关系，但这并不意味着不良睡眠习惯导致学习成绩低下。

2007 年，费尔德曼等人研究了荷尔蒙催产素在母婴亲密关系形成中的作用，这是一个没有对任何变量进行控制的相关性研究。他们发现母亲体内催产素的水平与她们和婴儿建立亲密关系的行为（如爱抚等）之间存在正相关（Feldman，Weller，Zagoory-Sharon，& Levine，2007）。这一发现和其他类似研究的发现使有的人把催产素命名为"爱之药"或者"液态的信任"。催产素与爱和信任之间存在关系的事实也许会改变医学领域和社会情境中使用荷尔蒙进行治疗的方式（Childs，2008）。

相关性研究的局限性和优点

相关性研究在确定两个或者多个变量之间是否存在关系方面是有用的，但从相关性研究中得出的结论是存在局限性的。最常见的错误结论就是认为其中一个因素导致了另一个因素（如催产素可以使人更容易相信他人）。相关关系并不意味着因果关系。两个变量之间可以有相关关系，但不一定就是原因—结果的关系。例如，穿蓝色袜子的男性也许会跟高收入男性之间存在相关关系，但是并不是说穿蓝色袜子就可以提高收入。

在前面所提到的睡眠习惯和学习成绩的相关关系中，由于没有对变量的控制，所以要推断其中一项导致了另外一项是不可能的。忽视睡眠的人可能也忽视他们的学业，因为他们可能忙于玩电子游戏或者和朋友们混在一起，而这些才是导致他们成绩差的罪魁祸首。

> **相关性研究：**研究者不对变量进行控制，而观察变量之间是否存在相关性的研究。

导致难以从相关性研究中得出因果推断的原因有两个：一是**第三变量**问题，二是方向问题。第一个是指存在第三变量，即任何可能引起所观察到的现象的其他因素。例如，当我们听说攻击行为和看电视之间存在相关关系的

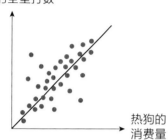

虚假相关

上图显示主队打出的全垒打数越多，球迷们吃的热狗就越多。但这是否意味着更多的全垒打导致热狗的消费量上升，或热狗消费上涨导致全垒打数量增加？

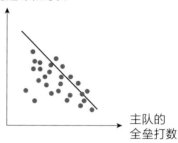

负相关

主队打出的全垒打数越少，比赛的时长就越短，而且比赛的趣味性也越低。

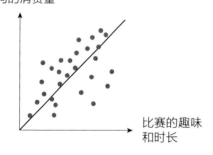

正相关

在现实生活中，比赛越长、越有趣味，热狗的消费量越高。

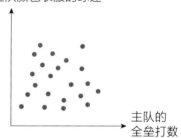

无相关

穿主队颜色衣服的球迷数量与主队的全垒打数量之间不存在相关关系。

⋀ **相关关系的类型**

热狗的销售量会导致全垒打，或者全垒打会影响热狗的销售量吗？还是更可能的是其中存在第三变量？相关显示的是两个变量之间的关系，但这种关系并不一定是因果关系。

> **第三变量**：任何可能引起所观察到的现象的其他因素。

时候，一个可能的第三变量是缺乏监管。当孩子们无人看管时，他们就有可能观看更多的暴力电视节目。

为了避免第三变量，研究者可以通过使用配对样本来选择研究的被试。**配对样本设计**是指在研究中设置两组或者多组在第三变量上是相同的或相配对的个体。例如，在把睡眠时长和学术成绩联系起来的研究中，研究者可以选择在学习上花费同等时间的对象。把每周学习 40 小时的人和每周只学习 5 小时的人放在一起比较是没有意义的。配对样本是研究者得以保证研究具有有效性和客观性的措施之一。

方向问题就像是鸡和鸡蛋的谜题：我们怎样才能知道哪个因素在前呢？在相关关系中，我们不知道哪个变量先发生。观看过多的暴力电视节目会导致攻击行为吗？还是孩子本身就具有攻击性，致使他们观看了更多的暴力电视节目？

相关性研究不能确定某事件或行为的确切原因，但并不意味着它不能提供有用的或有趣的信息。我们还是可以根据相关的强度来进行预测。譬如，如果个人的信用评分与其工作表现之间存在正相关，那么在雇人的过程中就能预测哪位候选人能胜任某项特定的工作。但由于信用评分和工作表现之间的关系不一定是因果关系，因此信用评分不是影响工作表现的唯一的考虑因素，记住这点很重要。

要对相关关系和因果关系进行区分本来就已经很困难了，而新闻媒体又只会运用误导人的新闻标题来使得两者之间的边界更加模糊。设想《早安美国》中的晨间头条如下："经济衰退导致青少年恋爱关系中的暴力行为增加。"这一头条表明正在走下坡路的经济使处于恋爱关系中的青少年使用暴力，暗示着高二学生鲍勃由于经济不景气而迁怒于女友。虽然这是可能的，但是这个情景发生的概率不大。然后新闻的主体才解释道，在过去一年经历了经济困境的家庭中，过半的青少年目睹了他们的父母相互虐待对方，随后这些青少年在自己的恋爱关系中模仿这些虐待行为（Sintay & Ibanga，

配对样本设计：在研究中设置两组或者多组在第三变量上是相同的或相配对的个体的研究设计。

2009）。其中可能涉及多种因素，相关性研究的设计并没能把原因分离出来，这样的新闻标题也不能像上述标题那样吸引眼球。下次当你再看到声称在两个变量之间建立起关系的新闻标题时，你应该更为谨慎地进行批判的思考。如果研究只是基于相关性数据，那么你就知道这个标题仅仅是在表明相关关系而已。

实验研究方法能告诉我们什么呢？

虽然描述性研究方法常常能提供有价值的数据，但很多研究是从实验研究方法中获益的。**实验研究**尝试控制所有可能影响结果的因素（如潜在的第三变量）。通过控制这些因素，研究者可以确定事件或者行为的确切原因，由此可以预测未来的事件或行为。在中学的时候，你也许曾经制作过微型火山模型，同时被问到为了能让"火山"更为猛烈地爆发，是应该多放醋还是多放小苏打。你假设当小苏打是醋的两倍时化学反应是最彻底的，然后你会尝试用不同剂量的小苏打来进行实验。最后你可能得出的结论是：小苏打越多，"火山"爆发得越猛烈。

确定因果关系的能力使得实验研究方法和说明相关性的描述性研究方法区分开来。一旦研究者保罗·扎克（Paul Zak）建立起催产素和信任之间的关系（数据来自测量被试在进行资金转账之后的催产素水平）（Zak，Kurzban，& Matzner，2005），他就可以用实验方法进一步分离出原因。要确定人们从催产素中获得信任感的真实原因，扎克在实验中控制了被试获得的催产素的剂量，并测量他们对陌生人的慷慨程度。结果显示，与体内催产素处于正常水平的情况相比，体内催产素的人为增加使得 80% 的被试对陌生人表现得更为慷慨（Claremont Graduate University，2010）。因为扎克控制了催产素的水平，所以他可以使结论超越单纯的相关性——催产素的增加是导致信任感上升的潜在原因。总的来说，相关法和实验法相辅相成，增强了催产素有助于建立信任的

> **实验研究**：尝试控制所有可能影响实验结果的因素（如潜在的第三变量）的研究。

结论。

我们经常随意地使用"实验"这个词。你也许会说自己正在进行一项"实验"——你故意不提起某个快要到来的纪念日,看看你的另一半是否记得。但在社会心理学中,实验有非常具体的组成部分,包括对被假设为原因的变量的控制、自变量,以及随机分配被试到不同的实验条件之中。

社会心理学的实验可以在实验室或自然环境中进行。在自然场景中进行的实验(与田野观察类似),被认为具有高度的**外部有效性**(即结果可以推广到一般总体的程度)。而实验室中的实验则是为了满足**内部有效性**(更关注某个特定的实验,因此能更好地检验潜在的因果关系)。内部有效性和外部有效性之间通常存在着利弊权衡:如果你提高其中一项,那么通常另一项就会下降。实验室里的实验具有高度的内部有效性是因为研究者可以施予更多的控制,但是由于实验室的环境是人为的,所以外部有效性就会降低。相比之下,在自然环境下进行的实验有着高度的外部有效性,但一旦离开了实验室,内部有效性就会受到影响。

◎ 自变量和因变量

如果没有了对自变量的控制,那么研究就不再是实验研究了。**自变量**是实验中可以被控制和改变的变量,而**因变量**是在实验中不被控制的变量,被用来测量自变量的变化是否存在影响。在扎克的实验中,自变量是向每个被试注入的催产素水平,因变量是随后被试对陌生人的慷慨度。被主要处理或者控制的组(在这里是被注入催产素的组别)被称为**实验组**,而没有被处理

外部有效性:结果可以推广到一般总体的程度。

内部有效性:推断原因和结果的能力;受控的变量是唯一在各种条件中有所变化的因素,因此这是被观察到的现象的原因。

自变量:实验中被控制或改变的变量。

因变量:实验中不被控制的变量,被用来测量自变量的变化是否存在影响。

实验组:实验中被主要处理或者控制的组别。

一个记住两种变量之间差异的简单方法是：记住因变量依赖于自变量，即被控制的变量的水平。

的则是**控制组**，是用来跟实验组进行比较用的。

你可以在生活中运用自变量和因变量来进行实验。在做饭的时候，你往意大利面酱里加入更多的大蒜，看味道是否变得更好。在这个实验中，大蒜量是自变量，酱的味道是因变量。一个记住两种变量之间差异的简单方法是：记住因变量依赖于自变量，即被控制的变量的水平。或者可以把自变量看成原因，而把因变量看成结果。

◎ 随机分配

真正的实验的第二个组成部分是**随机分配**。随机分配是实验中必不可少的技巧，有了它才能够推断出因果关系。每个被试被分到实验中任意一组的概率都是相等的。斯坦福监狱实验（一项关于囚禁对人的心理影响的模拟研究）是典型的、体现随机分配重要性的例子。在实验过程中，研究者把 24 个来自斯坦福地区的、自愿参与的男性大学生聚集起来。经过初审后，所有的被试都被认为是健康的、聪明的，而且他们都具有正常的人格。一半的学生被随机指定为守卫，剩下的一半学生成了囚犯。"囚犯"被警车押送到一个模拟得很真实的监狱里，他们到达的时候头被蒙住，并且戴上了手铐。每一位"囚犯"都经过系统的搜身，他们被扒光了衣服，并被喷上了看似消毒剂的液体——这些都模拟了真实监狱中囚犯受到的羞辱。同时"囚犯"还要穿上囚服，戴上锁链。

而另一方面，"守卫"并没有接受任何关于如何履行职责的具体训练。他们可以在一定限度之内做任何他们认为可以维护监狱制度的、必要的事情。他们收到了警棍、制服和特别的太阳眼镜，以树立起"硬汉"的形象。常规的监狱活动，如点名、俯卧撑惩罚、集体进食、做杂工和限制使

控制组：实验中没有被处理的组别，是用来跟实验组进行比较用的。

随机分配：实验中用来推断因果关系的必不可少的技巧，每个被试被分到实验中任意一组的概率都是相等的。

用厕所的时间等都被严格执行。当实验进行还不到 36 小时的时候，开始出现了第一位情绪严重波动的"囚犯"——他思维混乱，哭泣不能自已。类似的精神崩溃也发生在其他"囚犯"的身上，他们还伴有攻击和挑衅行为（Zimbardo，1971）。这个实验结果突出了囚禁会使个体产生精神紧张感。囚犯组是通过随机指派而形成的这一事实表明，囚禁对每一个普通的个体都会产生不良影响，而不仅仅是丧心病狂的犯罪分子。随机分配使得每一组都包括了同类型的个体，因此结果更为可靠。如果分组是根据某项特征进行的，那么结果就可能是有偏差的。

◎　混淆变量

为了使实验有效，自变量必须是唯一能区分实验组和对照组的变量。如果这两组之间还存在其他差别，那么就不可能知道是否是自变量对因变量产生了影响。社会心理学家把任何夹在实验组和对照组中除因变量之外的差异称为**混淆变量**。

被试偏差

研究者可以尽最大的努力去控制实验的每个方面，但是当打交道的对象是人的时候，想控制一切是很困难的，所以研究者要对实验可能产生的失误有所准备。当被试对研究的猜疑、期望或假设影响结果时，**被试偏差**就产生了。例如，如果参加厄斯金（Erskine）思想抑制研究的某位被试猜测研究者是在测量她吃巧克力的数量，那么她就可能会控制食量以免"掉进陷阱"。这样的被试会使结果产生偏差，导致不可靠的结论。

另一个使结果解读复杂化的问题是**安慰剂效应**。安慰剂效应是指不是

混淆变量：任何夹在实验组和对照组中除因变量之外的差异。

被试偏差：指当实验被试对研究的猜疑、期望或假设影响结果时产生的偏差。

安慰剂效应：不是由被施予的药物或其他任何处理引起的，可以被测量到或被观察到的健康上或行为上的改善。

由被施予的药物或其他任何处理引起的，可以被测量到或被观察到的健康上或行为上的改善。在拉丁语中，"placebo"的意思是"I shall please"，用日常生活的话来说就是"伪造的"意思。你可能听说过糖丸，它是一种由糖、盐或者其他一些无活性物质制成的药片，其效果类似于活性药物。在某些情况下，糖丸确实可以产生跟活性药物一样的效果。不列颠哥伦比亚大学的研究人员通过研究帕金森病患者发现，安慰剂可以产生跟实际药物一样的效果——大脑中多巴胺显著增加。研究人员总结道，多巴胺的释放与对回报的期望有关，而在这个情景中对回报的期望是对治疗效果的期待（Graham，2001）。安慰剂效应使研究工作变得更加困难，但就像这个例子一样，它的影响有时候反而是有益的。

单盲研究

进行单盲研究是避免安慰剂效应的一种方式。在**单盲研究**中，两组被试都不知道自己得到的是真正的药物还是糖丸，因此他们并不知道自己处于哪个组。将安慰剂纳入研究当中是很重要的，因为只有这样才能使没有得到有效治疗的组不被发现。设想你处于一项戒烟研究中，你被告知只有一组被试会得到可以抑制吸烟欲望的药物。如果你所在的组得到了药物而另一组被试没有得到任何东西，那么毫无疑问大家都知道是哪一组在接受有效治疗。但是当一组服用真实的药物而另一组服用糖丸时，被试就无法识别自己是否接受了真正的治疗。

单盲研究减少了被试的期望，因此也减少了安慰剂效应，但还是给偏差留有余地——这次的偏差来自执行研究的人员。如果执行者知道哪一组被试接受了真正的处理，那么他们就可能无意识地改变他们对待被试的行为，因此影响了被试对处理的解读。又或者研究者会潜意识地在对结果的评价中表现出偏差，希望以此得到理想的结论。

> **单盲研究**：两组被试都不知道自己得到的是真正的处理还是糖丸，因此他们并不知道自己处于哪个组的研究。

这种潜在的混淆效应被称为**实验者偏差**，是罗伯特·罗森塔尔（Robert Rosenthal）和莱诺尔·雅各布森（Lenore Jacobson）在 1968 年研究的主题。这个研究就要求一组老师实行一项名为"哈佛技能获得变化实验"（The Harvard Test of Inflected Acquisitions）的智力测试，并被告知这个测试可以确定学生的智力水平以及鉴别出在将来学习成绩会突飞猛进的学生。在下一学年开始之前，老师们收到了获得"高分"学生的名单，但这些名单实际上是由罗森塔尔和雅各布森随机选择得到的。到了第二年，被指定为在学业上可能会很突出的学生在智力测验中果然得到了更优秀的成绩和较高的阅读分数，老师们甚至认为这些学生表现得比前一年好。罗森塔尔和雅各布森总结道，学生们的行为和学习表现的变化是源于老师们强加的自我实现预言。由于老师们被告知这些学生具有潜力，因此他们无意中在这些被视为"聪明的"学生身上花了更多的时间，甚至对他们表现得更为友好。正是老师行为的变化使得学生们认为自己更具有才能，并将这些才能相应地表现出来（Rosenthal & Jacobson，1968）。

双盲研究

被试偏差和实验者偏差都可以通过**双盲研究**得到避免。在双盲研究中，实验者和被试都不知道哪一组是实验组哪一组是控制组。双盲研究被认为是研究中的黄金标准，因为它可以提供最可靠的、不受任何一方偏差干扰的结果。然而，我们并不总是具备条件实施双盲研究。虽然操作过程可能很复杂，但研究者还是可以使用这一技术来防止对结果的无意识的篡改。

◎ 研究伦理

想想以下社会心理学家进行的研究，然后考虑一下你是否愿意参加：被

实验者偏差：由于实验执行者知道哪一组被试接受了真正的处理，因此可能无意识地改变对待被试的行为而形成的偏差。同样的情况还发生在研究者潜意识地在对结果的评价中表现出偏差，希望以此得出理想结论的时候。

双盲研究：实验者和被试都不知道哪一组是实验组哪一组是控制组的研究。

试曾被要求大声唱国歌，被要求从办公室的抽屉里偷钱，被要求写下支持自己实际上并不赞同的政客的声明，被要求说谎以及众多其他的特殊要求。1963 年，斯坦利·米尔格拉姆（Stanley Milgram）博士通过**欺骗**，或者说是向被试提供了错误的或不完整的信息，实行了一项如今被认为是经典的关于服从的研究。他给实验被试一台机器，这台机器可以向墙另一边的个体实施电击，实验被试看不见这些人，但是能听见他们的声音。每当另一边的人不能正确回答问题时，被试就被命令实施越来越危险的电击。被试能听见另一边痛苦的呼喊甚至是最终的沉默，但是大部分的被试都坚持服从研究者的要求，继续向另一边的个体实施电击——即使电击到达了最大的限度（Milgram，1963）。当然，另一边的个体其实并不会真正被电击，同时被试也会得到**事后解说**，即他们会得到关于正在被检验的假设、欺骗被试的步骤以及欺骗原因的全套解释。然而想想我们今天实行的指导方针，这项研究还会有可能被批准吗？如果你参与了这项研究，你会作何感想？它符合伦理道德吗？不同的研究者至今仍对此争论不休。

国家保护生物医学和行为研究的人类主体委员会（National Commission for the Protection of Human Subjects of Biomedical and Behavioral Research）在其《贝尔蒙特报告》（Belmont Report）中概述了三项基本研究伦理准则。这些影响了美国心理学协会的准则分别是慈爱、自治和正义。慈爱要求研究者在将被试利益最大化的同时，将可能的损害最小化，从而避免对被试造成伤害。自治是指尊重被试，要做到知情同意。在研究开始之初，研究者应该向被试提供关于研究的足够详细的情况，包括风险和收益等，使得潜在被试可以清醒地决定是否参与研究。最后，正义要求研究所带来的利益和负担之间有合理的分配（National Commission for the Protection of Human Subjects of Biomedical and Behavioral Research，1974）。

进行科学研究的机构必须要有**伦理审查委员会**（Institutional Review

欺骗：向被试提供了错误的或不完整的信息。

事后解说：实验后对被试进行关于正在被检验的假设、欺骗被试的步骤以及欺骗原因的全套解释。

伦理审查委员会：审核并监督涉及人类和非人类被试的研究计划的委员会。

Boards，IRBs），以审核研究计划，确保研究符合保护人类和非人类被试的三项基本伦理准则。但为了维护研究的完整性，有时候欺瞒研究被试是必需的。例如，当研究者在测试被试是否知道艺术品真迹和仿制品之间的差异时，被试就不应该知道哪件艺术品是假的。

米尔格拉姆在他的研究中同样进行了欺瞒：他让被试确信自己是在伤害别人，而实际上他们却没有。在进行欺瞒的时候，一定要在研究开始之前就告知对象尽可能充分的关于研究参与的信息，以让他们决定是否参加，这就是所谓的**知情同意**。被试并不需要知道哪些信息被省略或者被更改——研究的细节不能被百分百地公开。被试会在研究完成之后才被告知关于研究的完整细节。

一旦数据被收集起来，研究者就可以对结果进行分析并发展成为结论。结论一定要回答最初的研究问题，接受或推翻原假设。在对结果进行分析的时候，研究者一定要注意可以进一步进行研究的领域和整个过程的局限性。如果结果表明原假设或理论存在重大缺陷，研究者可以对原假设进行修改，并重新开始研究过程。

对研究方法的了解将有助于你对社会心理学家研究的不同主题进行探索。重要的是，学习这门课程以及获得与研究方法有关的知识可以让你在日常生活决策中成为更优秀的信息消化者，同时还能使你获得进行批判性思考和评估现实生活问题的能力（Vander Stoep & Shaughnessy，1997）。

> 研究者不必向被试透露实验中的每个细节，但是必须把这一点告知被试。

知情同意：在研究开始之前，被试就被告知尽可能充分的关于研究的信息，以让他们决定是否参加。

	实验方法	定义	优点和局限性	研究案例	问题的类型
描述性研究方法	自然观察法	在现实生活中对行为进行观察	• 可以对发现进行概括（外部效度） • 难以形成因果关系推断（内部效度）	西欧等地方的生活速度比经济相对不发达的国家——如墨西哥或巴西——要快（Levine & Norenzayan，1999）	人们在自然环境中是如何行事的
	自我报告/调查法	收集数据的方式，被试被要求为他们的行为和精神状态评分或者进行描述	• 可以从个体身上获取丰富的数据。 • 个体在作答的过程中不一定完全诚实	在20世纪60年代末，大学生认为形成有意义的生活哲学比经济上的富裕重要。然而20世纪90年代大学生的态度正好相反（Astin，1998）	人们是如何看待自己的态度、观点和行为的
	档案研究	查看纵贯时间内的材料，以找出其中的意涵	• 研究者不会对数据的收集造成影响 • 可利用的数据可能是不完整的	研究者对过去几十年的美国小姐和花花公子的理想身材类型进行调查（Singh，1993）	历史潮流告诉我们什么
实验研究方法	实验室实验	在受控环境中对变量进行控制的实验	• 可以明确行为的原因 • 发现有可能是不真实的，而且研究者不可能对一切变量都进行控制	当房间冒烟的时候，如果房间里还有他人，人们更倾向于不报告有烟雾；而当人们单独在房间时，人们则更有可能报告有烟雾（Latane & Darley，1968）	受控制的变量是否导致被测量行为的变化
	田野实验	在非受控环境中对变量进行控制的实验	• 可以形成因果关系结论，而且被观察的行为会更自然 • 控制比在实验室环境中要少	因身着万圣节服装而不会被他人认出来的儿童会比公开自己名字的儿童拿走更多的糖果（Diener, Fraser, Beaman, & Kelem，1976）	受控制的变量是否导致被测量行为的变化

∧ 研究方法一览

社会心理学家运用多种方法去支撑或者否决他们的发现。每种方法都有各自的优点和缺点，因此使用的方法越多越好。

阅读材料　绝大多数人都不是"怪异的"

作者：约瑟夫·亨里奇（Joseph Henrich）、史蒂文·J.海因（Steven J.Heine）、阿拉·诺伦萨扬（Ara Norenzayan）

发表于 2010 年 7 月 1 日出版的《自然》，第 466 卷，第 29 页。

很多关于人类行为和心理的研究都假设人们具有共同的、最基本的认知和情感过程，而且从一个总体中得出的发现可以推广到其他总体。但越来越多的证据显示事实并非如此。

不同学科的实验发现表明，不同领域的（如视觉感知、分析推理能力、公平、合作、记忆以及智商的遗传性等）人群之间存在相当的变异性[1,2]。这样的发现与人类学家一直倡导的观点是一致的：来自西方的、受到良好教育的、工业化的、富裕的和民主的（Western, Educated, Industrialized, Rich 和 Democratic，即 WEIRD，在英语中是"怪异的"意思）社会的人，尤其是美国的大学生们，是世界上在心理方面最为不寻常的人[1]。

因此，大部分研究都使用了"WEIRD"被试的事实向理解人类心理和行为提出了极大的挑战。2008 年一项调查顶尖心理学杂志的研究发现，96% 的研究被试来自西方工业化国家——他们只代表了世界总人口的 12%[3]。然而奇怪的是，这些研究论文都如例行公事一般认为自己的结果具有广泛代表性，很少会加上关于他们的发现在多大程度上具有普遍性的提示脚注。

说明不同人群之间存在基本认知和动机过程差异的证据已经越来越难以被忽视。举个例子，很多研究显示相对于非西方国家的人来说，美国人、加拿大人和欧洲人都更多地依赖于分析推理策略（即把目标从其背景中分离出来，仅仅依靠规则来解释和预测行为）。研究还表明，美国人比欧洲人更多地运用分析思维。相比之下，亚洲人倾向于从整体上进行推理，例如根据人们所处的情境考虑他们的行为[1]。然而众多存在已久的关于人类感知、范畴化和记忆的理论都只强调了分析思维的中心地位。

与公正和公平有关的社会行为研究也是同样的情况。在这些研究中，研究者经常使用一次性的经济实验（如最后通牒博弈，即一位玩家要决定给第二位玩家的金钱的数量，第二位玩家可以接受或拒绝，但是如果第二位玩家拒绝了，那么两位玩家就什么都得不到）。来自工业化国家的被试倾向于把钱均分，同时拒绝过低的价码。而来自非工业化国家的被试则表现得不一样，尤其是仅存的非市场化社会（如非洲和南美洲的原始部落）的人既不倾向于把钱均分，也不会惩罚出价过低的人[4]。

进化生物学、神经科学以及相关领域的近期发展指出，这些差异源于不同人群为适应多样化的文化建构环境而采取的不同方式。在亚马逊流域的部落中，如皮拉罕部落，人们的语言中不包含超过 3 的数字，因此相比起其

根据你在第1章和第2章中学到的关于社会心理学发展以及实验的设置过程的知识，你觉得为什么"WEIRD"社会中的人是研究中最为常见的被试？

在这本书里，你将会学习个体主义文化和集体主义文化的差别。个体主义文化（如美国的文化）站在个体自身背景的角度，认为个体与其他任何人都是无关的。而集体主义文化（如很多亚洲国家的文化）则站在每个人与其周围人的关系的立场上。

他使用大数计数系统部落的人，他们不擅长以计数的方式来辨别大数量，但是他们估计数量的能力跟其他人是相近的。这表明人们从小开始使用的计数系统会影响他对整数的思考方式[1]。

代价高昂的一般化概括

使用非一般的人群作为研究被试，有可能会产生严重的实际后果。例如，经济学家一直都在结合心理学和社会科学的视角来发展决策理论（如如何设置工资），以及考察如何将这些理论转化成为政策[5]。研究者和政策制定者应该意识到不同人群在呈现偏见方面以及经济决策的模式和偏好方面都有着相当的差异[1]。这样的差异可能会影响诸如资深投资者对股票市场作出决策的方式等[6]。

我们提出以下四项措施，以使有关人类行为和心理的理论能拥有更为坚实的实证基础的措施。第一是编辑和评审人员应该敦促研究者用证据来支撑所有的一般化概括。第二，审批机构、评审人员和编辑应鼓励研究者去对比不同的、不容易接触到的人群。第三，审批机构应把跨学科、跨文化研究置于优先地位。第四，研究者必须努力评估自己的发现是否适用于其他人群。有几种短期的低成本应对方法，其中一种是选择一些已经被用来检验某些领域的"普遍性"的人群作为被试，如选择生活在有限的计数系统的社会中的被试来检验关于数字知觉的理论[1,2]。

一项关键的长期目标是要建立起一套可供研究者把变量从心理学普遍方面中区分出来的原则。建立这样的原则仍然是很困难的，除非行为科学家通过使用大量的方法，建立起对不同人群进行长期研究的国际学科交叉研究网络。

在最大程度上承认人类的多样性并不意味着放弃对人类本性的探索。相反地，这样的认识照亮了对人类本性进行探索的旅程——这一过程比起之前所猜想的来得更令人兴奋、更复杂，同时从根本上来说更具重大意义。

三位作者如今都在不列颠哥伦比亚大学的心理学系任教，其中约瑟夫·亨里奇同时也是经济学系的教师。

e-mail: joseph.henrich@gmail.com

这说明了为什么第2章中讲述的随机分配对我们分析任何实验结果都是如此的重要。设想一下，如果联邦政府只根据蒙大拿州居民的认知过程来做决定的话，结果会怎样？然后想想这样的决策过程将如何在全球层面上影响整个世界。

当你在运用第2章中所讲述的方法时，你怎样确保自己挑选了具有多样性的被试样本？

请你对这四项建议进行评价。你认为它们能解决这篇文章所讨论的问题吗？根据在第2章中学到的，你有要补充的建议吗？

---

1 Henrich, J., Heine, S.J. & Norenzayan, A. *Behav. Brain Sci.* doi:10.1017/S0140525X0999152X(2010).
2 Henrich, J., Heine, S.J. & Norenzayan, A. *Behav. Brain Sci.* doi:10.1017/S0140525X10000725(2010).
3 Arnett, J.Am. Psychol.63, 602-614(2008).
4 Henrich, J. et al. *Science* 327, 1480-1484(2010).
5 Foote, C.L., Goette, L. & Meier, S. *Policymaking Insights from Behavioral Economics* (Federal Reserve Bank of Boston, 2009).
6 Ji, L. J., Zhang Z.Y. & Guo, T.Y. J. *Behav.Decis.Making* 21, 399-413(2008).

第
3
章

社会认知：思考社会

- 图式如何指导我们理解周围的世界？

- 心理捷径有效吗？

- 社会认知中偏见的其他来源有哪些？

完成了一起银行抢劫后，三个黑衣抢匪跳进停在门口的一辆汽车。"快开车！"他们的头儿朝女司机吼道。于是，女司机以最快的车速驶离了停车场。她在大街上开得越来越快，惊讶于一路上都没有看到警察。两个坐在后座的抢匪紧张地四处张望。警察一定在追他们的路上！他们随时都有可能听到警报声，看见闪烁着的警报灯。

随着汽车不断地加速，他们经过了一家小餐馆。他们几乎没有看到在柜台旁边有个人影：这是一位警察。他拿着一大杯热气腾腾的咖啡，正在大口吃着一个覆着粉红色糖霜的甜甜圈，完全没有察觉到正在逃跑的坏人。

在一个黑暗的电影院中，观众因为上面的这出场景爆发出阵阵笑声。回想所有你曾经在电视或者电影上看过的类似的场景——它至少总会把你逗笑，不是吗？不知怎么的，我们就已经将警察和甜甜圈、咖啡等联系在一起。

实际上，你可能想起你注意过（甚至告诉过你的朋友）警察吃甜甜圈。你是否也同样地注意过警察手里没有甜甜圈的情况？也许没有，因为观察这些需要更多受控的、要付出努力的认知过程。

我们的大脑并不是总有资源来投入这个层次的加工过程。为了节省时间和精力，我们会依靠心理捷径，比如警察和甜甜圈的联系。有时候它能作出一个精确的判断，但是它也经常使我们走向有偏差的认识。这些信息的集合——包括我们的知识和对于特定刺激的期望——被称为图式，而它们是我们的大脑试图理清思绪和理解世界的方式之一。

图式如何指导我们理解周围的世界？

图式是自动形成的认知框架，有助于指导我们思考和理解世界。可以把图式看成关于某个特殊概念的所有信息，它可以指导你对将来的信息进行有效加工。

设想一下当你去看电影时会发生什么。你会在柜台买票（或者看一眼排着的长队，转而决定用你的智能手机上网买一张票），然后你会买爆米花和饮料。在进电影院之前，你将票出示给检票员，他会把票撕成两半，并且示意你进去。你知道自己一进电影院就会在正式观看电影之前看一些商业广告和一些电影短片。如果你去一个从来没到过的新城市看电影，你仍然完全知道怎么做，因为你有了指导如何去电影院看电影的图式。

图式存在于人、地点、事件或者其他你可能在社会世界中遭遇的事物中。虽然图式有助于准确有效地组织信息，但是它们也能在我们思考和记忆信息时导致一些错误。图式会影响我们注意什么，寻找什么，记忆什么。当你遇到一些不符合图式的事情时，图式可能会导致加工错误。你是否曾经看到在电影院的售票柜台前排着长长的队，而一些自动售票机却处在无人使用的状态？许多人都没有注意到自动售票机，即使使用它们能为人们节省十分钟的排队时间。这仅仅是因为自动售票机没有进入他们看电影的图式中。

图式通过经历被创造出来。当你遇到相似的经历、人、社会角色等的时候，你就发展出这些事物的图式。当去过电影院很多次以后，你清楚了解了这个过程，于是有了一个关于这个经历的完整的图式。回想本章开头吃甜甜圈的警察。你认为媒体在图式的形成方面起着什么作用呢？

一旦就绪，图式就会通过刺激被激活。你去电影院，那么去电影院的图

图式：一个自动形成的认知框架，以辅助我们思考和理解我们身边的社会。

式就会被激活，或者说被**启动**。你去找医生看病，那么你关于就医经历和医生行为的图式就会被激活。在大多数情况下，这些行为是或多或少不自觉地出现的。被激活的图式会影响我们注意什么，寻找什么和记忆什么。我们会经常注意和记住那些符合已经形成的图式的信息，而不太可能注意那些和我们的图式不一致的信息。对图式的依赖能使得我们更容易地组织信息，但是它也能引起一些问题。

按照确认偏差，被激活的图式影响着我们如何加工获取的信息。它将会保持被激活的状态，直到出现一个与这个图式相关的行为表达机会。看完一部恐怖电影后你感觉如何？当你上车的时候，你可能回头张望很多次。马路似乎也变得更黑，甚至如果有人突然跳到车前你都不会感到吃惊。当你准备去睡觉时，你可能会打开你房间的每一盏灯。你很紧张，无论你告诉自己多少次，"这仅仅是一场电影"。

一个图式一旦被激活，它会影响到我们对后续信息的解释。如果你刚刚经历了一个能激活你处于危险情景或者感到害怕时的图式的事件，那么你就很有可能用相似的方式去认识随之而来的经历。图式会给我们的思考方式带来巨大的影响，甚至当原先激活图式的刺激被移除之后仍然如此。

希金斯、罗斯和琼斯（Higgins, Rholes, & Jones, 1977）最先展示了图式的启动对我们形成关于他人的印象的影响。作为这个实验的一部分，被试首先阅读一个单词表，上面包含"勇敢、大胆、独立"或者"鲁莽、愚蠢、粗心"等单词。

在另一个被试以为是独立实验的部分中，他们被要求读一份资料，上面讲述的是一个人爬过高山然后游过大西洋的经历。被试之前阅读的单词的类型影响了他们对这个人的认知。虽然所有的被试读到了同样的描述，但是相比起阅读消极单词的被试，阅读了积极单词的被试形成了关于这个人的更为正面的印象。

刻板印象——我们即将详细地讨论——是图式类型之一。甚至在一个不相关的情况下，刻板印象竟然也能够持续地影响一个人对行为和互动的

启动：通过刺激激活某个图式。

解释。刻板印象的激活有时候能以一
种非预期的方式影响持这种观点的人
的行为。在约翰·巴赫和他的同事们
（Bargh，Chen，& Burrows，1996）主
持的实验中，被试通过完成一些包含被

> 甚至在一个不相关的情况下，刻板印
> 象竟然也能够持续地影响一个人对行为和
> 互动的解释。

打乱的词语的句子练习（句子里包括类似小心、睿智、无助以及其他与老年
人有关的单词）启动了关于老年人的刻板印象，与此同时他们也习得了与这
些刻板印象相关的特点。在实验结束后，相比起那些没有启动这一刻板印象
的被试，这些启动了刻板印象的被试在走廊走路的速度更慢。没有一个被试
相信单子上的单词对他们的行动有任何影响，他们也不认同任何一个单词与
老年人的刻板印象是相关的。这个研究给出了另外一个关于图式和刻板印象
的重要意涵——它们经常在你不自觉的情况下形成和被激活！

◎ 图式的麻烦

如果我们遇上某个不符合图式的特殊刺激，我们要么过滤掉它，要么会
在心理上把它作为"证明某项规则的例外"来归档。你的大脑希望在你的图
式之内的感觉信息是一以贯之的，因为这会使你的大脑加工和检索信息更加
简单。当然，仅仅因为有效信息与已发展的图式不一致就把它过滤掉，这是
图式扭曲我们看待世界的方式的渠道之一。

刻板印象

图式一旦形成就很难被改变。图式在遇到不能支撑其自身的信息时仍会
保持不变，这种趋势叫作**坚持效应**。这在之前提到过的图式类型之一——刻
板印象——中扮演着很重要的角色。**刻板印象**指的是某个人或事物的特点根
据人们对其所属的群体的认识而被一般化。

坚持效应：某个图式保持不变的倾向，甚至在其遇到质疑的信息时仍如此。

刻板印象：我们以个体所属的群体为基础，将普遍的信息施于这一个体的图示。

设想你的朋友被安排与某人相亲（blind date）。第二天你约她喝咖啡，聊起了她的约会经历。你的朋友情不自禁、滔滔不绝地说起了她的约会对象。他很有趣、很迷人，也很健壮。"我原以为这次约会将会很无聊，"她承认，"但是他真的不像那些乏味的数学专业的学生！"

相比于承认她关于数学系学生的图式可能是不完整的或者不正确的，你的朋友相反地把这个男生归入"数学系学生"的一个亚类。她继续认为所有其他数学系学生都是无聊的，而只有这个特殊的个体是不同的。在第 10 章讨论刻板印象和子类型化时，我们会继续讨论图式的概念。

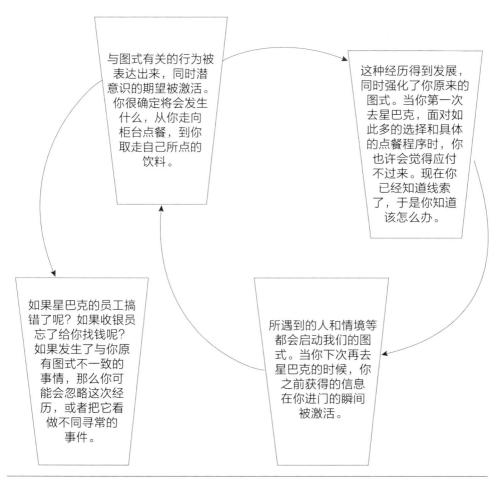

∧∧ **对星巴克的图式**
图式是通过经历而得到发展和强化的。

自证预言

与刻板印象相关的事实是：图式也能引发由罗伯特·默顿（Robert Merton，1948）提出的**自证预言**，即使自己成真的预言。许多研究已经发现图式越强大越发达，我们越会把更多的注意力放在与这些图式相符的信息和特征上。同时，我们的心智自动过滤那些与图式不一致的特征和信息（Allen，Sherman，Conrey，& Stroessner，2009）。在通过把更多注意力放在符合既定图式的信息上，图式的正确性也得到了确认（尽管我们不得不过滤很多不支持图示的信息来达到这种确认）。

选择性筛选导致自证预言能通过另一种方式实现。因为图式包括对于某种经历的预期，我们会无意识地塑造我们的行为以符合预期。设想你不得不去你讨厌的一家商店。你关于商店的图式包括这家店很挤，店员不友好、粗鲁等的预期。因此，你害怕进去，但是这是当地唯一一家有你喜欢的冰淇淋的商店。

甚至在你踏进商店之前，你已经准备好在店里会有一个很糟的经历。你可能已经神经紧张，过道尽头一点小小的凌乱可能都使你开始冒冷汗。当你走近店员，而她却没有对你微笑时，你更有可能认为她是粗鲁的。也许你甚至会做出批评店员的行为。你的态度被你关于这家商店的图式所指导，以确保你会经历你所预期的糟糕的遭遇。你能控制自己的图式来推翻这样的经历吗？

自证预言能够导致很严重的后果，正如罗伯特·罗森塔尔和莱诺尔·雅各布森（Robert Rosenthal & Lenore Jacobson，1968）的实验所证实的。他们访问了一所公立小学，告诉老师他们将用一种名为"哈佛技能获得变化实验"的方法来准确地预测他们的学生中哪些将会成为"天才"。当然，其实并不存在这种测试方法，研究者随机挑选了这些"天才"小学生。这个研究显示，老师的预期充当着自证预言的作用。毕竟，这些学生之间的唯一区别只存在于老师们的头脑中。果不其然，在学年末学生们参加一个智力测试时，被视

自证预言：使其自身变成现实的预测。

选择性筛选：更关注符合某个特定图式的信息，同时过滤不一致的信息的做法。

为是"天才"的孩子（得到了老师很高的期许）比他们的同学表现出更明显的智力增长。

同样地，自证预言也能很容易地在现实世界的事件中被利用。想象一下股票市场的破产。情况很糟的消息慢慢传播开来，人们感到惊慌，于是开始卖掉他们的股票，然后会发生什么事？股市情况确实变坏了，散户们甚至不明白正是他们自己疯狂的抛售导致了大崩盘。如今互联网在制造恐慌和引发自证预言方面扮演了重要的角色。在 2008 年，一个网上谣言声称苹果 CEO史蒂夫·乔布斯心脏病发作。这个消息一散播开来，一个奇怪的事情发生了——苹果公司的股票下跌了超过 2%，到达了当时 17 个月内的最低点。为什么？因为乔布斯作为苹果的首脑，被认为是不可替代的。人们认为没有了他，苹果公司将会遭受重创。苹果公司所遭受的损失其实部分来源于自证预言所造成的恐慌（Thomasch & Paul，2008）。

◎ 自动加工与受控加工

依靠图式来理解社会将导致问题，个中原因在于自动加工和受控加工之间的区别。**自动加工**指我们匆忙地加工信息，不费工夫地使用图式和心理捷径，甚至我们的意识都觉察不到。另外，**受控加工**需要花费细致的思考和努力。当决策和行动的过程必须被谨慎地权衡时，受控加工就会发挥作用。

科学家已经发现，虽然这两种加工类型在同一个过程中都会被使用，但它们似乎被置于大脑中的不同区域。研究者认为自动加工更多地受情感驱使，而**边缘系统**则被认为对情感加工具有决定性的作用，所以自动加工大部分发生在大脑的边缘系统中。在一项研究中，当被试面对被赠予直接报酬的选择时，边缘结构被激活（Cohen，2005）。

> 科学家已经发现，虽然这两种加工类型在同一个过程中都会被使用，但它们似乎被置于大脑中的不同区域。

自动加工：运用图式作为捷径匆忙加工信息的过程。

受控加工：认真对决定和行动进行有目的的思考的心智过程。

边缘系统：大脑中与情感处理和记忆至关重要的区域。

> **自动加工**
> - 快速、依靠直觉
> - 不需付出努力
> - 受情感驱使
> - 与大脑中的杏仁核以及大脑边缘系统有关

> **受控加工**
> - 符合逻辑，仔细严密
> - 需要脑力工作
> - 当经历与已有图式不符时就会介入
> - 与大脑中的前额叶有关

自动加工与受控加工
自动加工不需要付出努力，而受控加工则需要脑力工作。

杏仁核——处于在大脑的颞叶的小结构——涉及自动加工。这个结构与情感习得以及恐惧制约相关——这两者，正如你猜想的，与自动加工有很强的关系。考虑一下自动种族偏见，一种基于种族的无意识判断。在用显示潜意识的照片来研究这种偏见时，与这种偏见有关的行为测量和杏仁核的激活相关（Cunningham, Johnson, Gatenby, Gore, & Banaji, 2003）。进一步的研究显示，杏仁核在受控加工中并不起作用。杏仁核受损的人们在恐惧的条件作用下不能作出自动反应，但是他们可以成功地进行受控加工（Cunningham et al., 2003）。

受控加工比自动加工需要更多的心智工作，这一过程和大脑的**前额叶**有关。在高阶思维中前额叶扮演了一个重要的角色。前额叶受损的病人在进行受控加工时存在困难。虽然前额叶在受控加工中扮演着主要的角色，但它也仍然被认为能在自动加工中起到一点作用（Cunningham et al., 2003）。

因为我们每天要接触大量的信息，所以我们在大部分时间里必须依靠自动加工。如果不这么做，我们甚至都不知道早上穿什么，早餐吃什么！如果某种情况与图式相符，那么在评估新情况时这个图式也会被沿用。举个例子，如果你遇见一个陌生人，你可能依靠这个人所属类型的图式就你是否喜欢他/她做一个快速的决定。大部分时间里，我们处于"自动导航"模式，但是当有必要时，我们就会处于需要花费努力的意识加工过程。

> **杏仁核**：一个在大脑边缘系统的内侧颞叶里的小结构，与自动加工和情感有关。
> **前额叶**：大脑中负责高阶思维（如判断、决策过程和评价）的部分。

有时候我们被迫不能进行自动加工。如果一个新的经历不能与我们的任何图式相符，我们必须思考得更小心、更有逻辑性。想象一下：你关于去餐馆的图式很可能包括被告知菜牌上每一道菜要多少钱。在 2010 年，著名连锁面包店（Panera Bread Co.）的前 CEO 开了一家咖啡店（St. Louis Bread Company Cares Café）。参照犹他州盐湖城的另一家咖啡店（One World Everybody Eats Café）的经营模式，到这家咖啡店的顾客按自己认为合理的价格付款。来消费的顾客会被告知菜单上的每一道菜的"价格级别"，但是菜的具体价格取决于每一位顾客支付多少。如果某人不能接受建议价格，他 / 她可以通过在这家咖啡店做志愿工作的方式来为他 / 她所点的食物付款（Volkman，2010）。

现在，去这家咖啡店会如何使你放弃自动加工而使用受控加工？相比起让别人告诉你要支付多少钱和支付现金或者信用卡，你实际上不得不思考你需要支付多少。你将会按建议价格支付吗？付更多还是更少？美联社在餐馆开张不久后报告 60%~70% 的老顾客支付了全额的建议价格，15% 支付的更多，15% 支付的更少甚至不给。报告也称，许多人在面对这家咖啡店独特的经营模式时感觉十分疑惑（Leonard，2010）。这似乎表明这家新式的咖啡店在挑战图式方面已经变成了一项十足的实验！

在过去的几年里，相似的方法也被几个摇滚乐团使用了。在 2007 年，英国摇滚乐团"电台司令"在网上公开了他们的唱片《在彩虹中》（In Rainbows），允许粉丝们按照他们希望的价格来下载唱片——多付或少付。当然，这引起了很大的争议，尤其是自从它被公开以来，许多粉丝仍然愿意花正常的价格来购买。另外，像"绿洲"和"杰米罗奎"等乐队歌手随后声明他们将用相似的模式来出售即将发行的唱片（Wallop & Cockcroft，2007）。这会不会导致我们关于购买唱片的图式的转变呢？

 # 心理捷径有效吗？

想象你的朋友要求你载他去飞机场。你帮助他从汽车上卸载行李，然后给了他一个拥抱，并且说："一路平安！"为什么人们经常向别人说一路平安？如果你问人们遇上飞机坠毁和车祸的可能性哪个更大，大部分人可能选择前者，尽管实际上是遇到车祸的可能

> 虽然统计数据告诉我们事实正好相反，但是比起坐车，我们仍更担心坐飞机。

性更大。统计表明，一个人在车祸中死亡的概率大约是在飞机坠毁中死亡的1 000 倍（Bailey，2006）。所以实际上，你的朋友希望你从飞机场回家的路上一路平安比你希望他一路平安更为合适！

虽然统计数据告诉我们事实正好相反，但是比起坐车，我们仍更担心坐飞机。这可以用**启发式**来解释——一种减少心智努力，以允许我们快速作出决定和判断的简单法则。在这里，我们将讨论四种启发式，它们是被以色列心理学家阿莫斯·特瓦斯基和丹尼尔·卡尼曼（Amos Tversky & Daniel Kahneman）在 20 世纪 70 年代首次提出的，即便利性启发式、代表性启发式、锚定和调整启发式以及框架启发式。它们在减少做决定的时间上的确有用，但是每一种都会给那些决定带来偏差。

◎ 便利性启发式

想一下字母 R 和所有含有 R 的单词。你认为字母 R 大部分占据这些单词中的第一个位置，还是第三个位置？你认为这两种情况的比例是多少？

特瓦斯基和卡尼曼在 1973 年的一项研究中用这个问题阐释了**便利性启发式**。被试都拿到一个关于英语中五个辅音字母 K、L、N、R、V 的问题。在 152 名实验对象中，105 人回答这些辅音字母会更经常地出现在单词的第一个位置，而其余的 47 名回答它们更经常地出现在第三个位置。总之，被试估计字母出现在第一个位置和出现在第三个位置的比例大约是 2 比 1。实际上，相比起出现在第一个位置，这些所有列举出来的辅音字母在单词中出

启发式：可以使人们减少心智努力并且让人们快速决策或作出判断的简单法则。

便利性启发式：一种以回忆起某一事件的难易程度来评估同类事件发生的可能性的启发式。

现在第三个位置的频率更高。

特瓦斯基和卡尼曼（1973）将便利性启发式描述为用于估计一个特定事件发生的可能性的法则，而这个可能性是基于一个人回想起这类事件的例子的难易程度。为什么那些人错误地认为这五个辅音字母在单词中更多地出现在第一个位置而不是第三个位置？因为在单词中，相比起以这些字母出现在第三个位置的单词，人们更容易想到的是以 K 或 N 打头的单词。使用便利性启发式，被试随着这个简单的回想得出了更多单词是以这些字母打头的结论。

我们经常使用便利性启发式来保护自己。2001 年"9·11"恐怖袭击事件之后，坐飞机出行急剧减少了。虽然在美国的恐怖袭击是很少的，但是持续的关于"9·11"恐怖袭击事件的新闻媒体报道和人们心中对袭击的清晰记忆使得恐怖袭击的例子很容易被想起。所以，这个情况展现了一个运用便利性启发式的重要例子：人们避免飞机旅行，因为恐怖袭击似乎更有可能发生。

然而，这也可能会导致意想不到的甚至是悲剧的结果。在 2004 年的一项研究中，德国研究者格尔德·基格仁泽尔（Gerd Gigerenzer）发现在 2001 年最后的三个月中，美国人死于车祸的人数比那四起劫持飞机事件中死亡的总人数更多。基格仁泽尔将恐怖袭击描述为令人恐惧的风险（dread risk）——可能性很小的事件但是会导致很严重的结果。人们畏惧这种风险，并且试图避免它们。他认为对这种风险的担心在"9·11"恐怖袭击事件之后在人们的脑中是如此清晰，以至于更多的人依靠汽车旅行，尽管在车祸中死亡的可能性远比在恐怖袭击中死亡的可能性更大。

按照基格仁泽尔的观点，在这个案例中，便利性启发式的运用可能已经付出了生命的代价。最后，他把 350 人的死亡归因于 2001 年最后三个月汽车旅行的增加。实际上，他把这些死亡视为"9·11"恐怖袭击事件造成的、"未被注意的"第二次生命损失。

一旦你了解了便利性启发式，用它来影响决策制定就比较容易了。在他们的书《助推》（*Nudge*）中，理查德·H·塔勒（Richard H. Thaler）和卡斯·R·桑斯坦（Cass R. Sunstein，2008）指出便利性启发式会把人们"推"

向某个特殊的决定。如果你想增加对于坏结果的担心，就提醒人们各种与之相关的、所有事情都不对劲的情景。如果你想使人们感觉对决定更加有信心，就提醒他们与之相关的、一切都很顺利的情景。

让我们假设你和你的妹妹正在一家便利店，她说她想买一注彩票。这是便利性启发式能发挥作用的场景。你提醒她最近三次她买彩票但都没有赢得任何东西，以至于她花了整个晚上来抱怨浪费钱的经历。当她的脑海里有了这个印象之后，她很有可能决定这次不买彩票了。

然而，要是你提醒她有一次她赢取了 50 美元，而且她为此非常兴奋，那结果会如何？当这种积极的情景被唤起，她就更加愿意购买彩票，自信地认为自己将再一次获得好运。使用便利性启发式涉及我们是否能在脑海中轻易地唤醒各种各样的事件或结果。当然，你新获得的便利性启发式的力量只应该被运用在好事上！

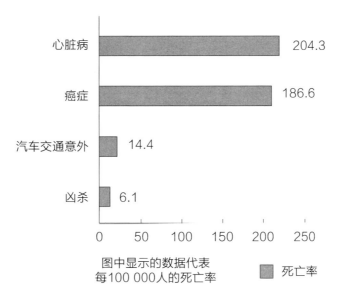

资料来源：Jiaquan, X., Kochanek, K.D., Murphy, S.L., & Tcjada-Vcra, B. (2010).Deaths：Final data for 2007. *National Vital Statistics Reports*,58(19).

死亡与便利性启发式
虽然相比起死于凶杀来说，人们更有可能死于心脏病，但便利性启发式使得人们对凶杀感到更为恐惧。

◎ 代表性启发式

想象一下你收到来自朋友莎拉的一封邮件。邮件的主题是："周五晚上出去吗？"莎拉一直以来都是很安静、很成熟的。在课间的时候，她总能被发现在树下看书，而且她在人群中也从不张扬。所以你认为莎拉是想做什么呢——是去市区的咖啡馆里看某个歌手／歌曲创作者的表演，还是去夜总会通宵跳舞？

当你运用**代表性启发式**的时候，你会根据事件在多大程度上符合你对此类事件的模型（通常是对此类事件的刻板印象）来估计其发生的可能性。如特瓦斯基和卡尼曼所描述的，你所判断的对象 A 属于范畴 B，事件 A 是过程 B 的结果，过程 A 会导致事件 B——所有的这些都是基于 A 看起来在多大程度上能代表 B。在上述的例子里，莎拉的性格（A）更符合去咖啡馆（B）。所以，当你打开邮件时，你有可能会对莎拉问你是否愿意和她一起去通宵跳舞感到惊讶。代表性启发式也许有助于判断新情况，但它又确实很有可能引发错误。

虽然有用，但是代表性启发式很有可能导致错觉。假定连续抛硬币，人们会期待其中有多少次正面朝上和背面朝上以符合他们所认为的随机事件。另外，假定有一系列的随机事件，人们常常会探寻其中的模式，但实际上这些模式是不存在的。连续抛硬币三次，如果每次都是正面朝上，你也许会感到奇怪或者会想这枚硬币是不是有问题。然而如果你多次抛硬币，你并不会惊讶于有连续三次正面朝上。但是，那三次抛币并且每次都是正面朝上的情况并不符合我们对随机事件的认识，因此我们感觉这不可能是随机事件。

同样地，错误地认为随机事件序列被某种原因操控，也可以通过篮球比赛中的"手热"现象来加以说明。粉丝们倾向于认为球员手气很旺——球员更有可能在投进一球后再进一球，而不是在前一球投进后下一球却失误了。当然，分析得分记录的结果显示这种认为能连续进球的想法只是错觉，事实上这种连续的进球是随机的（Gilovich，Vallone，& Tversky，1985）。这两

> **代表性启发式**：用以评估某个事件的可能性的法则，其依据是这一事件在多大程度上符合我们对这类事件的模型的期望值。

种启发式的差异如表 3-1 所示。

表 3-1　　　　　　　　　　　便利性启发式和代表性启发式

启发式	定义	例子	缺点
便利性	一种以回忆起某一事件的难易程度来评估同类事件发生的可能性的启发式	在"9·11"恐怖袭击事件之后更担心搭乘飞机	重视更为可怕的、鲜活的事件，而不为其他更常见的情况担心
代表性	一种以某事件在多大程度上符合我们对这类事件的模型的期望值来评估这个事件发生的可能性的启发式	因为珍戴眼镜，并且她被认为很内向，从而判断珍是图书馆管理员	忽视了其他更重要的信息

基率谬误

　　假设你第一次跟你朋友的新女友艾琳见面。你跟她搭话，发现她很热衷于女权问题和政治。现在假设你要猜测艾琳的专业。她更有可能是性别研究专业的学生还是数学专业的学生呢？基于你和艾琳的简短接触，你有可能猜她是性别研究专业的学生。这也许是对的，但是你忽略了这个谜题的一个重要部分，那就是在你的学校里数学专业的学生比性别研究专业的学生要多得多。因此，事实上艾琳更有可能是数学专业的学生。

　　基率指的是某种行为或特征的普遍性。当我们没有考虑基率而仅仅运用代表性启发式来得出结论的时候，我们就犯了**基率谬误**。当你在判断艾琳更有可能是性别研究专业还是数学专业的学生时，你不能只考虑她与这两个类别的其他成员的相似度，你必须也要考虑基率。事实上在你的学校里，性别研究专业的学生很少。

　　假设你获知了关于某个人的描述。这个人要么是工程师要么是律师。你得知总共有 100 条描述，其中 50 条是关于工程师的，50 条是关于律师的。基于这项信息，你得到关于律师的描述的几率有多大呢？描述的内容会影响你的判断吗？答案看起来很明确，你拿到关于律师的描述的概率是 50%。

> **基率谬误**：没有考虑基础比例，仅使用代表性启发式而得出的错误结论。

特瓦斯基和卡尼曼（1974）在一项研究中用了同样的设置来检验代表性启发式（及其缺点）。他们向被试提供了关于几个人的性格描述，并且告诉他们这些描述来自一个由工程师和律师组成的 100 人的样本。被试被分为两组，同时被要求判断每一条描述是属于"律师"还是属于"工程师"的。在第一组的被试得知有 70 名工程师和 30 名律师。而第二组的被试则得知有 70 名律师和 30 名工程师。

在第二组里，某一条描述是关于律师的概率要高得多，是吗？每出现七个律师相应地也会有三个工程师——而第一组则是相反的情况。所以，当被试在把描述分类的时候有考虑到这些比例吗？

令人惊讶的是，被试没有考虑这些比例。两组被试都给出了相当一致的可能性判断。被试都根据描述在多大程度上符合他们对工程师或律师的刻板印象来进行评估，而没有注意样本中工程师和律师的基率。然而当他们没有得知这些描述时，他们又能正确运用基率来进行判断。例如，第一组的被试正确地估计出样本中的任意一人是工程师的概率是 70%。

当研究者加入一条描述后，这种符合逻辑的思考就不再存在了，即使这条描述并不包含任何指引信息。例如，特瓦斯基和卡尼曼向被试提供了以下这样一条描述：

迪克今年 30 岁，已婚但是没有子女。他有着很强的能力和动力，在他工作的领域里相当成功。他的同事都很喜欢他。

特瓦斯基和卡尼曼在设计这条信息的时候并不包含任何关于律师或者工程师的信息，所以迪克是工程师的概率应该等于他所属组别的工程师的比例（70% 或者 30%，取决于他属于哪一组），对吗？但是被试们忽略了这个事实，认为迪克是个工程师的概率是 50%，由此犯了基率谬误。

◎ 锚定和调整启发式

这是你的大好机会。在拍摄过程中你不断地跳上跳下大声叫喊，然后你终于听到你想听的话："下来吧！"很快地，你发现自己正面对着你最喜欢的游戏——名为"价格竞猜"的奖金游戏。四份奖品排列在你面前，每个奖品上都贴上了错误的价格标签。给你的挑战就是判断每份奖品的实际价格是比标签显示的价格高还是低。

当你开始游戏的时候，你会盲目竞猜然后期望自己就这样得出正确的答案吗？当然不会。玩这个游戏是有方法的。每份奖品所给出的错误价格给了你估计实际价格的起点——你大概知道每份奖品相对于错误价格来说应该要花多少钱。在脑海中，你会根据你所知道的信息（不正确的价格）去调整，直到你得到一个满意的答案为止。当你这样做时，你就在运用**锚定和调整启发式**，即在这个过程中已知的信息被用作起点，而后不断修正直到得出结论。

在这个奖金游戏的例子中，不正确的价格就是锚点，当你在考虑真正价格是多少的时候，你就在作出调整。这种由特瓦斯基和卡尼曼在 1974 年首次提出的启发式当然也有它的缺陷。首先，存在一个调整不足的问题。在一个研究中，当人们使用自发形成的锚定值时，一旦达到一个合理值，他们就倾向于立刻停止调整。从本质上来说，当他们得到一个"足够好"的答案时，他们就会停止寻找出一个更为准确的结果（Epley & Gilovich，2006）。

在另一个研究中，特瓦斯基和卡尼曼要求被试估计联合国中非洲国家所占的比例等类似的问题。对于每一个问题，研究者都会给出一个由转盘决定的介于 0 到 100 的数字（这就成了一个锚点）。被试被要求判断那个随机的数值是高于还是低于锚点，然后根据锚点向上或者向下移动来表示他们所估计的比例。对于锚点是 10 的被试，他们所估计非洲国家占联合国国家比例的中位数是 25%；而对于锚点是 65 的被试，他们估计值的中位数是 45%。研究者由此认为，即使锚点是任意选取的，也会对最终的调整结果有重大影响。

塔勒和桑斯坦（2008）也在一个以他们的学生作为被试的实验中验证了这个任意的锚点会影响最终结果的奇特效应。每个学生被要求算出他们各自电话号码的末三位加上 200 后的结果。然后学生被要求思考匈奴王阿提拉洗

锚定和调整启发式（初始化和调试）：指我们用某个数字作为起点来锚定我们的判断的启发式。

劫欧洲的年份和他们用电话号码所得出的数字的关系。每个学生要决定目标数值是比他们计算出来的数值大还是小。

当然，匈奴王阿提拉的行动跟那些在电话号码上的部分数值加 200 后得出的随意数值没有任何关系。他洗劫欧洲是在公元 411 年。但是当塔勒和桑斯坦在做这个实验的时候，他们发现从高锚定值出发的学生得出的答案要比从低锚定值出发的学生的答案晚 300 多年。

锚定也有可能会影响你的情绪和对生活的展望。在一个研究中（Thaler & Sunstein，2008），大学生被问及一个由两个部分组成的问题：你有多幸福？你的约会频率有多高？如果按照这个次序提问，两个问题看起来并不相关（相关系数是 0.11）。然而，当研究者把提问的顺序调过来就不是这样一回事了。突然之间两者的相关系数提高到 0.62。当关于约会的问题变成锚点时，学生对关于幸福与否的答案也相应地被调整。学生突然得到了一个关于他们的幸福的参考框架。他们也许会想"我没有约会……所以我不幸福"（或者是相反的情形）。当获得了关于幸福的锚点时，他们的情绪变得依赖于那个锚点。

◎ 框架启发式

想象一下你的医生让你尝试一种新的药物。他告诉你有 75% 的成功率。你觉得这听起来值得一试，所以接受了处方。现在，想象同样的情景，如果你的医生只是告诉你药物的失败率是 25%，你会改变主意吗？

同时面对这两种情形，你也许会说："不，这两种是一样的。"但是你应该考虑到，研究者发现在几种情形下，产品的陈述会极大地影响到你是否购买这个产品。碎牛肉标注含有 75% 的瘦肉，而不标注含有 25% 的脂肪是有原因的。这是因为向消费者呈现商品的负面属性会导致消费者产生负面的联想。

当要求被试去评价牛肉时，他们更倾向于选择标注了瘦肉含量而不是标注脂肪含量的牛肉，即使这两个比例指的是相同的瘦肉和脂肪比（Levin & Gaeth，1988）。当你根据某个情形或者事物所呈现的框架来作出结论时，你就是在使用**框架启发式**。

 ## 社会认知中偏见的其他来源有哪些？

我们总是认为自己是非常有逻辑的人。当我们考虑决策时，我们想象自己会仔细权衡情况的各个方面并作出明智的决定。但事实并不总是如此。想象一下为了作出如此周全的决定所要投入的脑力，再想象一下你日常生活中的每一个决定都要花费这样的脑力。这会使人筋疲力尽，更不用说这是非常低效的。

当然，我们不能在做每个决定的时候都依据十全十美的模型。因此，我们必须依靠一些捷径（如图式或者启发式），但有时候这也会引来麻烦。使用这些捷径会招来偏差，当我们偏向捷径而远离了理性思考时，我们的社会认知会产生某些倾斜以致引发严重的错误。

其中一个可能的倾斜是**控制错觉**（Langer，1982；Thompson，1999）。这是指认为无法控制的事件可以以某种方式被控制，我们自认为可以影响实际上是完全依赖运气的事情。这种错觉可以被用来解释赌博行为。在一个研究中，被试要么被指定了一个号码，要么被要求去选择一个号码，然后看被试是否愿意出卖他们的彩票。自己选择号码的被试出价是指定号码的被试所出价格的四倍。在另一个关于运气的研究中，研究者发现比起面对充满信心的选手，人们在面对看起来很紧张或者笨拙的对手时会下更大的赌注。即使这些赌博的结果完全取决于运气，但是人们还是会想方设法地觉得自己控制了局面。

◎ 消极偏差

想象一下你带着你的约会对象第一次去一家新餐馆，一切都很美好。食

框架启发式：根据情境或物件呈现的框架来进行决策的规则。

控制错觉：误认为不可控的事情是可控的感觉。

物很棒，服务员很细心，你们之间的交谈也很顺利。接着，有些事情发生了。也许是服务员拿账单过来的时候慢了一点，也许是对面那桌夫妇说话声音有点大，反正只是小事，但是足以破坏了整个约会。这是一个**消极偏差**的例子（Fiske，1980；Rozin & Royzman，2001）。

负面信息往往给我们留下深刻的印象。我们更关注负面信息，并且对此更为敏感。比起正面信息，我们更有可能注意并记住负面信息。研究者发现比起正面的信息，负面信息会对我们关于人和情况的评价产生更大的影响。这种情况在印象形成的过程中最为明显。在一项研究中，被试被要求给出关于别人的正面或者负面的描述，结果显示人们更关注的是负面的特征而不是正面的特征（Ito，Larsen，Smith，& Cacioppo，1998）。

集中关注负面信息（通常是下意识地）有什么价值吗？有些人说有。从进化论的观点来看，这种消极偏差是有道理的。如果我们要保护自己免遭危险，那么我们就要更加注意潜在警示而不是正面信息。举个例子，比起识别积极的面部表情，你知道我们能更快、更准确地识别消极的面部表情吗？这个研究证实我们有能力回应负面刺激，所以我们更有可能过滤正面的信息（Ohman，Lundqvist，& Karolinska，2001）。

◎ 积极偏差

这是5月里阳光明媚的一天，学校里的人都欢聚一堂参加毕业典礼。这些年来的辛勤努力，没完没了的论文，各种严格的考试，终于在这一天有了回报，应届毕业生们被他们喜气洋洋的家人包围着。在台上，一位很受欢迎的教授正在讲述她为所有站在她面前的学生而感到无比的自豪。当学生听到这些话的时候，他们会想起如今不景气的就业市场和找工作的艰辛吗？他们会想到为还清他们的助学贷款而要作出的挣扎吗？当然不会！他们会沉浸在这天的兴奋和对未来的憧憬中。

> **消极偏差：**人们对负面信息更敏感，更有可能注意并记住负面信息，由此影响人们对他人和情景的评价。

在我们的生活中，我们一般会期待事情最终会有圆满的结果，即便是统计或者数据显示相反的情形更有可能出现。我们觉得不幸更有可能发生在别人身上，而我们自己则更有可能经历好的事情。这种"玫瑰色眼镜"的观点是消极偏差的对立面，被称为**积极偏差**（Armor & Taylor，2002）。研究表明，大多数的人会认为坏事更有可能发生在别人身上而好事则更可能发生在自己身上。当你在设想未来的时候，你很可能会想到让你幸福的事情，例如你对人生的计划和目标。

这听起来其实没有那么糟糕，不是吗？设想自己生活中会有积极的结果，你会觉得这是一种健康的想法。当然，在很大程度上它确实是，但是积极偏差也有缺点，其中之一就是过度自信屏障。**过度自信屏障**指的是我们对自己的判断或者对情况的受控程度有过度的信心，而实际情况却并非如此。

当然，有信心是好事，但是过度的自信可能导致一些很严重的后果。例如，对自己经济状况的过分自信会让人承担远非自己能承受的债务，因为他相信自己在将来有能力还清。因为存在过度自信屏障，他不会设想到自己有可能会失业或者得重病，相反，他只会想一切都会好起来的。在第 4 章里，我们会进一步探讨在社会互动中过度自信屏障所带来的负面影响。

◎ 反事实思考

这是你一直在担心的时刻。考试要出成绩了，你不认为自己会喜欢你将要看到的分数。不幸的是，你是对的。当你看到眼前的 72 分时，你的第一个想法是："要是我花更多的时间在学习上，我会得到一个更高的分数。"这种被称为**反事实思考**的想法是自动发生的，它意指想象某个事件的替代性结果的倾向，尤其会在糟糕事情发生的时候产生。这种反事实思考会对个人在面对某个事件或者某种状况时的情绪化反应有重大的影响。

> **积极偏差：**认为坏事会发生在别人身上，并认为自己更可能经历好事的想法。
> **过度自信屏障：**对自己对某种情境的判断和控制过度自信，并认为这种认识是正确的。
> **反事实思考：**想象某个事件的替代性结果的倾向。

很多情况下，如果你总是想象一个更好的结果（例如得到 97 分而不是 72 分），那么反事实思考会对你的情绪有消极影响。你有可能对你的表现很不满意，或者是羡慕那些得到高分的同学。这种想象事情朝好的方向发展的想法被称为向上反事实思考（Roese，1997）。现在你想象以下的哪种情况会让你更难过呢，是你得到 75 分的时候还是 79 分的时候？虽然你有可能觉得自己会因为 75 分而更难过，但是，梅德夫和萨维特斯基（Medvec & Savitsky）在 1997 年发现处于临界线（即 79 分）的人会更为难过，因为 79 分比 75 分更接近 B 等。

然而有的时候，反事实思考可以让你对某个情景感到更乐观一些。如果你把现实生活和更不尽如人意的结果作比较，这样的反事实思考可以让你的心情变好。重新设想你在考试中得到的 72 分，只是这次你想象自己在考试的时候是多么的迷茫以致觉得自己完全考砸了。在这种情况下，你的反事实思考是"情况有可能更糟"，这就会使你对实际分数感觉好点了。这种设想更坏的结果的想法被称为向下反事实思考（Roese，1997）。

研究者以奥运会获奖者作为对象展现了向上反事实思考和向下反事实思考之间巨大的情感差异。在某一项赛事中，你认为铜牌获得者还是银牌获得者会更满意结果呢？你也许会觉得是银牌获得者，因为他们获得了更高的成就。然而 1995 年的一项研究（Husted，Madey & Gilovich，1995）发现相反的情况才符合实际。对于银牌获得者来说，他们觉得最具有说服力的反事实情境是获得金牌。这种向上反事实思考导致他们比起铜牌获得者来说更不满足，因为铜牌获得者觉得自己很可能是什么奖牌都得不到。

反事实思考常常被用来推卸责任。如果凯伦原本应该为她家的房子买防洪保险，可是她却没有买，当房子真的被淹的时候会怎样呢？洪水暴发是凯伦的过错吗？但是有时候我们的思考就自动想到那里了。我们看到实际上并不存在的因果联系，如果凯伦买了防洪保险，那么这一切就很有可能不会发生了。这听起来很不理智，但是我们的思考就会自动想象出这样的一个相反的结果：凯伦购买防洪保险与否跟房子是否被洪水淹有关系。

反事实思考也可以用来解释为什么当听到有些人在错误的时间出现在错误的地点而发生意外的时候，我们会感到如此难过。我们都听过这样的事情：某个空服人员因为跟朋友换班而搭上了最后坠毁了的航班，或者是某人下班比平时早了一个小时，却遇上了交通意外。在这些情况下，我们会更容易假想这些人像平常一样就不会发生灾难的情景，毕竟这才是应该会发生的事情。

也许这不会立竿见影，但是反事实思考也可以很有用。设想"理应发生的情况"可以让我们更好地进行计划，以及为未来相同的事件做准备。由于觉得如果投入更多的时间去学习的话就可以得到 A，你现在得到的 72 分就会激发你在下次的测试前做更多的准备。通过设想理应发生的状况，你也能想象自己达到目标的情形，由此，你会计划好让目标实现。

市场营销和反事实思考

设想在夏季里炎热的一天。"妈妈！我们感到很无聊！"两个看起来楚楚可怜的孩子倒在沙发上。时间慢慢地过去，妈妈被惹怒了，但是她就是不知道该怎么办。当她吼着孩子们让他们出去找点事情做的时候，一个声音不知道从哪里冒出来，告诉她战胜这种仲夏里的郁闷的方法：她所要做的就是带孩子们去看马戏！

突然之间，我们可以想象到事情可以多么不一样：孩子们在放声大笑、妈妈的笑容、马戏团里的大象是如何扯掉小丑的帽子……如果他们买了马戏团的票的话，这家人是可以多么地高兴。

看了半个小时的电视节目后，你就会发现很多运用反事实思考来向你兜售商品的例子。如果你用对了正确的除臭剂，你就会有约会的对象了；如果你给你的客人提供了合口味的意大利面食，你的客人就会觉得这顿饭有趣很多。广告正是利用了我们的反事实思考以及我们对反事实思考的情绪反应。

情绪对认知的作用

我们使用启发式的方式和我们思考的方式，都与情绪有很大的关系。当你心情好的时候，那些令人讨厌的小事就没有那么烦心了，不是吗？不愉快的说说就过去了，日子看上去过得很顺利。

这种现象可以被**情绪一致性效应**所解释。事实上，当处于积极情绪状态时我们更可能记住正面的信息，而当处于消极情绪状态时我们则会记住负面的信息（Bower，1987；Myers，2000；Forgas，Bower，& Kranitz，1984）。

这不是唯一的情绪影响我们思考的途径。情绪同样可以影响我们从记忆中提取哪些特定的信息，这叫做**记忆的情绪依存性效应**（Eich，Macauley，& Ryan，1994）。这是指在某种特定的情绪中我们的记忆会被之前处于这种情绪中习得的东西所影响。你考试的时候会紧张吗？你会觉得在考试的时候脑袋一片空白，可是几小时后当你放松了你就记起来了吗？想象你学习时候的情绪状态，如果你学习的时候很平静，那么记忆的情绪依存性效应原则告诉我们：当你平静的时候你就更有可能提取出你学习的内容。如果你在考试的时候很紧张，那么很有可能平时学习的时候保持紧张的状态会有利于你在考试的时候回忆起内容来。

保持好心情是否总是一件好事？这听起来是一个荒谬的问题，对吗？那当然是一件好事！但是事实上却并非如此。当你处于好心情的时候，你会倾向于依赖启发式、刻板印象以及更容易被别人说服（我们在第 7 章会进一步讨论）。这听起来也许很奇怪，但却是有道理的。回想一下你所学到的关于自动加工和受控加工过程的内容。

当我们在面对一项艰巨的任务或者不熟悉的事件时，我们的大脑会更努力地工作。不然的话，我们就会倾向于依靠自动加工的"自动导航模式"。当你处于好心情的时候，你不会有动力去尽力评估来袭的信息。相反，我们会依靠启发式或者其他的思维捷径，以免从好心情中分心。

情绪一致性效应：指当我们处于积极的情绪状态时将更可能记住积极信息，而当我们处于消极情绪状态时更容易记住负面信息。

记忆的情绪依存性效应：当我们尝试回忆某种信息时，我们得知信息时的情绪可以作为检索线索的事实。

寓学于行 宣传炒作行为

　　社会认知不仅只是关于我们自己的社会经历。影响我们人际交往的偏差同样会影响我们认识这个世界的方式。观看新闻的时候你会听到很多关于负面事件的耸人听闻的报道，但是有多少如实地反映这个世界的事实真相呢？一位学者发现，如今主要新闻媒体的网站一周内的头条新闻中有 66% 是负面题材的，由此他认为这会导致人们觉得在美国生活并不安全。但是当他把媒体关注的焦点——谋杀案、强奸、绑架等——和美国司法统计局的数据作对比时，他发现 2005 年的暴力犯罪率实际上是近 30 年来最低的。那么为什么我们还会被这些可怕的新闻报道所淹没呢？是什么在这里面起作用呢？

　　多年来，研究者都致力于研究偏见如何影响新闻报道的方式和公众的反应。考虑到公众会依靠新闻媒体获得可靠信息，研究者都强烈要求更为负责任

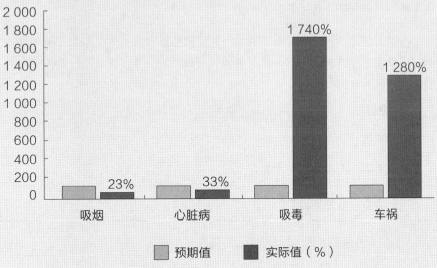

资料来源：Frost, K., Frank. E., & Maibach, E. (1997). Relative risk in the news media: A qualification of misre-presentation. *American Journal of Public Health*, 87(5), 842-845.

媒体对主要死亡原因的报道
新闻媒体严重扭曲了不同主要死亡原因的普遍程度。这一现象如何反映媒体的偏差？这会对公众产生什么影响？

的报道。一项研究发现，新闻媒体严重歪曲了致人死亡的危险因素及其发生率（Frost，Frank，& Maibach，1997）。一些原因——如吸烟——很少被报道，而其他的原因（包括交通意外）则被大肆宣扬。排在最常见致死因素第 11 位的谋杀跟排在第 1 位的心脏病有着相同数量的报道。

这有什么大不了的呢？好吧，想想便利性启发式。如果我们经常在新闻上看到某些事件，我们就会认为这是对世界上发生的事情的真实反映。如果谋杀和心脏病同样受人关注，那么我们关于自己成为被杀对象的可能性的看法就会发生扭曲。从统计上讲，你更有可能成为心脏病的受害者，而不是被杀害的对象。但是由于你经常观看新闻，所以你很担心你会被害。

在本章中，你已经知道启发式和其他形式的偏差会如何影响我们的社会互动了。现在，你将会发现它们是怎样影响我们与媒体的关系的。想一下某条在当下充满争议的新闻，找出两条有关这条新闻的不同的描述性报道。使用你在本章中学到的知识，去辨别报道中出现的偏差。这些偏差在两篇报道中各有什么作用？这些偏差看起来对谁更有利？

然后，重写一篇更为客观的报道。和你的朋友分享你所学到的。跟他们讨论一下我们认知中的启发式以及其他形式的偏差。思考这些偏差会怎样有助于你更好地消化理解信息。

你会通过这个行动计划学到什么呢？

1. 辨别媒体使用的启发式和其他形式的偏差。

2. 从新闻中分离出客观的事实。

3. 鼓励更负责任地消化媒体信息。

第
4
章

我是谁？他人是如何看我的？

- 什么是自我概念？它从哪里来？

- 在哪些情况下，我们对自尊的需求可以激发行动？

- 印象管理：我们如何向他人呈现自己？

想象一下你被要求解释自己是谁（即你如何定义自我）的情境。这可能发生在求职面试的过程中，也会发生在你第一次和伴侣的父母吃饭的时候，还可能是你在写日记时扪心自问，又或者是你在跟父母坦率交谈时。想想你在以上的每一个场合中分别会说什么，但是不要考虑太久——只是回答脑海中形成的第一想法就可以了。

回答这个问题的方式有很多，而你采用哪种方式回答很可能取决于具体情况、谁在提问以及当下正在影响你的生活情境。从文化背景来说，我，金伯莉·达夫，拥有苏格兰人的血统，但我出生在英格兰，而现在是一名美国公民。然而通常情况下当人们问起时，我只会回答我来自加利福尼亚，这也是我目前居住的地方。我在英国长大，11岁的时候移民到美国。我从来没有意识到自己有口音或"与众不同"，直到我来到美国。突然之间，我变成一位来自英国并带有口音的女孩。在我的美国朋友看来，我穿衣的风格、我所听的音乐以及我的态度都是我身为"英国人"的一部分。但是有趣的是，我的家人却觉得我很像美国人，因为我从美国朋友身上习得了他们的习惯和态度。对于我来说，要对自我概念下定义是很困难的，因为这有时取决于当下的情境以及跟我互动的人是谁。

想想你的自我描述方式是如何根据之前所说的情境而发生变化的。你的回答会相差多少呢？是什么因素在你的回答中起了最为重要的作用？你认为哪一种自我描述是最准确的？这一章的内容将会帮助你回答这些问题，而且它会引导你去发现影响身份认同的多种因素以及你向他人呈现自我的方式。你也将会知道这些感知和呈现有时候是具有欺骗性的，此外你还会了解到某些关于自己的事情是如何比想象中更具有启迪意义。

什么是自我概念？它从哪里来？

对于每一个人来说，自我意识都会受到文化因素、个人因素（如性别、动机等）和社会因素（即相对于我们看待他人，我们是如何看待自己的）的影响。如果你擅长体育活动并且乐在其中，那么你可能会把自己看成一名运动员。如果你是家里或者朋友圈中唯一一个从事体育运动的人，你就更可能在自我认同中包括"运动员"这一项，因为它能把你从身边的人中区分开来。

自我概念，即自我在心智上的表现或总体感觉上的自我，是由自己对自己所持有的各种各样的想法所构成的。当你需要对自我进行描述的时候，你可能会识别出"外向的"、"聪明的"和"有趣的"等特征，也会识别出"学生"、"哥哥"、"好朋友"或"音乐家"等构成自我概念的角色。每一种关于自我认同的观点都是自我图式，它们可以有助于组织处理有关自我的信息。**自我图式**就像是一块一块的拼图，要组合在一起才能创造出整体的自我概念（Markus，1977）。当然，有的图式会比其他的图式更为重要，正如对于不同的人来说不同图式的重要性也各有差异一样。例如，对于有的人来说时尚是很重要的自我图式，他们把自己看成，也希望别人把他们看成"时尚达人"。对于这些人来说，日常生活中和服装有关的事物，如卖衣服的商店，收看《改头换面》（一档关于时尚服饰的电视节目），甚至是观察周围的人的穿着都能引发他们关于自我的想法。他们会想："我的穿着符合这个场合吗？其他人穿得比我好吗？我是否错过了当下的潮流？"而在另一方面，很多人并不关注时尚，时尚并不是他们生活中的重要组成部分，因此他们不会将时尚

自我概念：自我在心智上的表现或总体感觉上的自我。
自我图式：关于自我认同的各个方面的观点，它们可以有助于组织处理有关自我的信息。

我们在不同情境下会投射出不同的自我。名人八卦杂志和小报经常通过向读者保证揭露现今大明星的公共生活和私生活来吸引读者。

和关于自我的想法联系起来。

各个图式的重要性也因具体情境而异。我们都有私底下的"自我"和处于公众场合时的"自我"。例如，相比起和公司同事在一起时的情境，当你和好朋友或者家人在一起的时候，你发现自己的某些特质会凸显出来。自我概念很复杂，从某种程度上说是"流动的"。它与生活经历有关，并因具体的环境、情境、情绪和社会情况而异。

有时候，重大事件（如亲密关系破裂）会改变人们的自我概念。在一项以美国西北大学的本科生为主体的研究中，研究者发现亲密伴侣之间通过共享活动、社交群体和目标塑造彼此的身份（Slotter，Gardner，& Finkel，2009）。而在亲密关系破裂后，被试称自我概念遭到破坏，由此产生困惑感，情感压力上升。

不管你是否意识得到，人际关系都在很大程度上塑造了自我的概念。社会学家查尔斯·H. 库利（Charles H. Cooley）于 1902 年提出"镜中我"，意指他人就像是一面镜子，而我们从这面"镜子"中感知自我。为了解释这个观点，乔治·赫伯特·米德（George Herbert Mead）在 1934 年进一步阐述道，自我概念并不基于他人是怎么看待我们的，而是基于我们对此的想象。研究人员也认为，"自我"是关系化的，与生活中重要人物的关系会极大地影响我们的行为、自我评价和自我定义（Andersen & Chen，2002）。我们所确信的他人看待我们的方式会作用于我们看待自己的方式，同时也会影响我们获取成功的能力。

一项最近的研究发现，当儿童视将来的自己会从事基于大学教育（如法律或医学）的职业而不是与学位无关的行业（如流行音乐或体育）时，他们在学校就会表现得更为出色（Destin & Oyserman，2010）。完整的自我意识能提高**自我效能**。自我效能是指个体对自己具有克服困难并达成目标的能力的信念。这是心理学家阿尔伯特·班杜拉在 1977 年研究的一个中心概念，

自我效能：个体对自己达成目标的能力的信念。

他发现自我效能高的人会把困难看成他们能够克服的挑战，而不是他们应该躲避的威胁。其他研究则肯定了当我们对自我效能抱有积极看法的时候，我们就更有可能达成目标（Lent，Brown，& Larkin，1984；Zimmerman，Bandura，& Martinez-Pons，1992；Pajares，1996；Schunk，1995）。其中一项研究发现，相比起自认为自我效能低的青少年，自认为自我效能较高的青少年更有可能达成个人的健康目标，如积极参加运动（Luszczynska et al.，2010）。

◎ 生理影响

　　自我概念来自何处？虽然自我概念可以由各种外部因素塑造，但是我们形成自我概念的能力却源自大脑。当大脑严重受创时，人们的自我概念可能发生改变甚至遭到彻底摧毁。以克莱夫·维尔林（Clive Wearing）为例，他于 1985 年感染疱疹性脑炎，这种疾病损坏了维尔林大脑中的大部分海马体（一种与储存记忆有关的结构），不仅使他失去了几乎一切关于过去的记忆，同时也阻止新记忆的形成（维尔林的新记忆只能维持若干秒）（Sacks，2007）。维尔林原来是一位熟知作曲和乐谱的音乐家，但在感染疾病之后他只记住了仅有的几位作曲家，而忘记了他曾经熟悉的曲子。他不知道女儿和妻子的名字，也不记得自己曾经去过的地方，甚至忘记了大部分他曾经在意的事物。然而让人惊讶的是，他仍可以弹奏乐曲，他能认出自己的妻子，并且能完成很多日常生活的琐事。但由于没有记忆为事物提供有意义的背景，维尔林已经彻底丧失了自我的概念。

　　当我们获得新信息或学会新技能时，大脑中的突触会记录并保存这些信息。但是如果这些突触无法记录信息，正如维尔林的案例那样，我们就丧失了形成记忆的生物性方法（Shors & Matzel，1997）。我们看待自己的方式，我们关于他人是怎么看我们的观点，以及我们关于如何应对不同情境的知识基本上都通过经验习得并储存在记忆当中的。在 2002 年出版的《突触自我》

> 我们看待自己的方式，我们关于他人是怎么看我们的观点，以及我们关于如何应对不同情境的知识基本上都是通过经验习得并储存在记忆当中的。

（*Synaptic Self: How Our Brains Become Who We Are*）中，作者约瑟夫·勒杜（Joseph LeDoux）认为记忆就像是胶水，让我们得以形成一致的自我概念。

脑部成像技术表明，当我们在思考自我的时候，大脑中的某些部分会被激活（Craik，Moroz，Moscovitch，Stuss，Winocur，Tulving，& Kapur，1999；Gusnard，Akbudak，Shulman，& Raichle，2001）。例如，研究人员发现当被试看见自己的照片时，被试大脑中的某些部位会变得活跃，但是当被试看的是他人的照片时，这些部位却不会被激活（Morita et al.，2008）。虽然这个领域的研究仍在继续进行，但是自我占据着大脑中独一无二的部位以及大脑受损将会改变自我等观点都已经是不争的事实。

虽然自我概念的根基存在于大脑当中，但是很多生理学家都相信自我识别（即站在镜子前能认出是自己的能力）反映的是社会关系在自我概念形成过程中的影响（Boysen & Himes，1999）。在一项经典实验中，戈登·盖洛普（Gordon Gallup）在黑猩猩的笼子外面放了一面全身镜，以确定黑猩猩是否能意识到镜子里面是自己的影像（Gallup，1977）。一开始黑猩猩表现出社会行为，就像镜子里的是另一只黑猩猩一样。但是几天过后，它们开始表现出以自己为导向的行为，如照镜子给自己打扮。

为了进一步证实他的发现，盖洛普在麻醉了黑猩猩后在它们的前额点上红点。没有镜子的时候，黑猩猩并不知道这个红点的存在，但是当它们看见自己在镜中的成像时，它们会伸手触摸前额上的红点。有趣的是，这个现象只发生在成长于社会环境中的黑猩猩身上。在隔离环境中长大的黑猩猩并不能认出自己在镜中的成像，说明自身与他人的关系是自我观念发展过程中的重要组成部分。

◎ 社会影响

本章开篇强调了自我感知是如何随着时间的推移和环境的改变而发生变化的。某些思考自我的方式甚至会与另一些方式发生冲突，因此哪一个"你"才是最真实的你？你是怎么进行判断的？事实上，没有任何一种自我定义会比其他的自我定义更为准确。每一种定义反映的都仅仅是自我的一部分而已。

我们的自我意识总是与他人相关的（Chen，Boucher，& Tapias，2006）。根据**社会认同论**，我们对自己的认同与特定的社会群体有关（Tajfel & Turner，1986）。在个体认同和社会认同这个连续体里，我们可能会很极端地只关注能将自己与群体中的他人区分开来的特质。例如，你也许会把自己描述成"冒险的"或有"艺术气质的"，因为你自认为比朋友和身边的人更具备冒险精神和艺术特征。当然，这些感知会随着参照群体的改变而发生变化。在家里，你认为自己是厨师，这是因为你比其他人都更擅长烹饪。然而如果你进入烹饪学校，相对于你的老师和同学来说，你就可能仅仅是个业余厨师而已。群体成员资格会导致内群（我们认为自己所属的群体）和外群（我们所不属于的群体）的区分（Tajfel & Turner，1986）。一旦我们把各种群体区分为内群和外群，我们就会产生"我们对他们"的心态，偏好内群以增强自我意识。

而当我们关注这个连续体的另一端，即社会认同的时候，我们则会肯定自己与某个群体所共有的并且能与其他群体区分开来的特质。以我在本章开篇讲述的经历为例，在我的成长过程中，当我和美国人一起时，我会把自己看成英国人，因为我拥有英国人的特征和口音，这使我有别于美国人。然而长期生活在美国之后，我被新文化同化了，于是美国人的群体变成了我的内群。根据社会认同理论，我们可以拥有不同的群体身份，并与新群体结合。

性别是另一种社会认同。如果你是男性，你也许会以与其他男性所共有的特征来看待自己。你不会认为自己拥有与女性有关的特征，这可以进一步强化你的男性身份认同，并使你有别于女性。

有时候，你把自己置于个体认同—社会认同这个连续体上的哪个位置是视具体情形而定的。然而，大量的研究表明文化对此有重大影响。在西方文化，诸如美国文化中，人们倾向于强调**个体主义**，视自己独立于他人，并更为重视个人目标。人们追求与众不同，鼓励发掘并且乐于接受能使自己独

社会认同论：认为我们从群体成员资格中获得对自我认同的理论。

个体主义：在整个文化层面上视自己独立于他人，并更为重视个人目标。

一无二的特征。美国俗语"会哭的孩子有奶吃"（the squeaky wheel gets the grease）就很形象地说明了这个观点。这种个体主义文化是在美国典型的都市化、财富和大众传播媒体的标准中茁壮发展起来的（Triandis，1994）。

另一方面，很多的非西方文化则强调**集体主义**，人们认为个体之间是相互依赖的，而且自我是由与他人的联系定义的，这里的他人是与个体具有紧密关系的人，如家庭成员和朋友（Brewer & Chen，2007；Kitayama & Markus，1995）。任何个体的才能和观点相对于其各种成员资格来说都是次要的。正如一句俗语所说的那样，"枪打出头鸟"（the nail that sticks up gets pounded down）（Markus & Kitayama，1991）。然而事物并不是非黑即白的，类似地，也没有任何文化是单纯强调个体或集体的。事实上，每一种文化都是介于这两者之间的，只是在程度上有差别而已（Oyserman et al.，2002）。

库恩和麦克帕特兰（Kuhn & McPartland，1954）的**20 句测试**（Twenty Statement Test，TST）是用以测量自我感知差异的常用方法（Bond & Cheung，1983；Rhee，Uleman，Lee，& Roman，1995）。这项测试要求个体写下 20 句回答"我是谁"这个问题的陈述，并从中分析个体自我感知的内容。一项研究发现，美国学生更多地回答个人特征的描述，而中国学生则更多地回答所属的群体（Trafimow，Triandis，& Goto，1991）。虽然这项测试表明社会群体在形塑自我的过程中起着强大的作用，但研究也发现个人因素也有着重要影响。

◎ 个人影响

你最近做了什么决定？你是怎样作出这个决定的？不管这是一个重大决定（如接受某个暑期实习机会还是去找一份带薪工作），还是一个相对不重要的决定（如中午吃寿司还是吃三明治），你都会有个抉择的过程。你是会认真考虑利弊，还是只相信自己的直觉？作出决定之后是什么感觉？你对选

> **集体主义**：强调个体之间相互依赖，而且认为自我是由与他人联系的紧密程度，尤其是与亲密他人的联系所定义的文化。
>
> **20 句测试**（TST）：要求个体回答"我是谁"从而对自我进行测量的测试。

择满意吗？研究的发现也许会让你很惊讶，因为结果表明通常依靠直觉作出的决定会更让人满意（Gilbert & Ebert，2002）。原因跟内省有关，因为内省的结果并不总如我们所想。接下来，我们将会讨论内省以及其他个人因素是怎样影响自我概念的。

内省

自我启发类的书籍经常建议我们在面对挑战或者艰难抉择时扪心自问，专注于自己的想法和情感直到我们终于理解了自己的内心状态，毕竟没有人会比自己更了解自己了，对吗？

这个**内省**的过程，即思考自己的想法的过程，并不真的如传统智慧所说的有用。事实上，一些研究显示这个过程常常会误导我们。在大量的研究中，当人们被要求分析自己为什么会持有某种态度时，他们报告的态度与实际行为并不相符。这说明我们并非总是善于预测和理解自己的情感（Wilson，1990；Wilson & Schooler，2008）。这就是为什么比起仔细分析，我们依靠直觉作出的决定反而会更好。当学生要依据自己的偏好对大学课程排序时，仔细分析偏好的学生反而不怎么同意专家的意见，而直接回答问卷的学生则表示更为同意（Wilson & Schooler，2008）。

而当我们要预测事情对自己的情感和态度将会产生的影响时，我们也不怎么明白自己的内心。想想你向往已久的工作、轿车和房子，如果有人今天可以突然满足你以上所有的愿望，你认为五年后的自己将会是什么感觉呢？很可能的是，你不会如自己现在想象的这般快乐。这是因为我们所进行的**情感预测**（即预测未来的事件会对自己的整体情感产生的影响）通常都是不准确的。

我们总是倾向于高估自己情感反应的强度和持续时长（Wilson & Gilbert，2005）。例如，丹尼尔·吉尔伯特（Daniel Gilbert）和同事要求学生预测如果将来他们和自己的女朋友或者男朋友分手了，那么分手后两个月自己会是什么感觉（Gilbert et al.，1998）。参与的学生猜想自己在很长的时

内省：思考自己的想法的过程。

情感预测：预测未来事件对自己的整体情感产生的影响。

间内都会很伤心，但是在现实生活中，当学生真的经历了分手时，他们的情绪和其他没有分手学生的情绪基本一致。

当现实我和理想我不相符的时候

在某些时候，我们都会希望自己采取了不一样的措施，或者希望跟如今的自己有所不同。我们都会拥有跟实际的自我不完全相符的理想我（Higgins，1987；Markus & Nurius，1986）。也许这个自我更自信、更健美或更有幽默感。根据**自我偏离论**，自我概念受现实我和理想我之间的差距的影响（Higgins，1987）。如果你感觉两者之间差距甚大，那么你的自我感觉通常就会更为消极。例如，如果你自认为是优等生，然而你只得到一个 C 的成绩，那么比起获得相同成绩但是把自己看成后进生的人来说，你的自我感觉会更为糟糕。

然而一些研究人员认为我们并不总能意识到现实我和理想我的差距，但如果我们经历了**自我意识**增强的过程，那么我们就会获得动机去改变自己的行为以符合个人标准。你是否看过自己演讲、表演或进行展示时的视频？它是否让你知道了不曾意识到的缺陷？人们常常在这些场合中进行录像，好让自己在将来有所改进。照镜子、站在观众前和听自己的录音等做法都是增强自我意识的方式。在一项经典研究中，研究者在万圣节时在自己家的前廊上放了一罐糖，并在旁边放置了让孩子们一人只拿一颗糖的提示（Beaman et al.，1979）。结果显示，当糖罐后面还放了一面全身镜时，只有 12% 的孩子拿了不止一颗糖，而当镜子不存在时，34% 的孩子拿了不止一颗（Beaman et al.，1979）。而在一项近期的研究中，当研究者在办公室茶水间里的捐赠箱上方挂了一张画有一双眼睛的图片时，职员会往捐赠箱里投放更多的咖啡钱（Bateson，Nettle，& Roberts，2006）。

自我意识的增强可以引导人们做到言行一致，但有时候反而会让人躲

自我偏离论：认为自我概念受现实我和理想我之间的差距影响的理论。

自我意识：当注意力集中在自我上时。例如，当我们在照镜子、站在众人面前或听自己的录音时的情境。

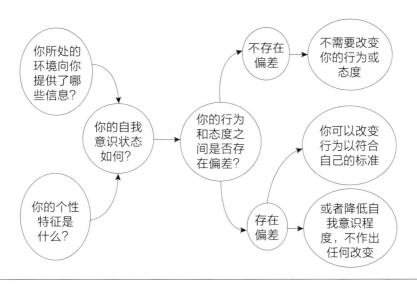

∧∧ **自我意识理论与偏离**

自我意识的提升使得人们更能意识到现实我和理想我之间的偏离，从而使人们改变自身行为，以使得现实我与理想我更为相符。而在另一方面，情境却可能使人们逃避自我意识。

避不及。在一项由赫尔和杨（Hull & Young）主持的研究中，比起在 IQ 测试中获得正面评价的人，得到负面评价的人在接下来的品酒会中会喝更多的酒，这意味着人们想要逃避伴随负面评价而来的不愉快情绪（Hull & Young，1983）。其他的大量研究也得出类似的结论：人们经常以喝酒作为逃避自我意识的方式。

罗伊·鲍迈斯特（Roy Baumeister，1991）认为暴食、自杀甚至是看电视都会使自我意识减弱。为了考察人们是否会逃避自我意识，莫斯卡兰科和海涅（Moskalenko & Heine，2003）操控了被试所收到的关于他们智力水平的反馈。在测量了被试的现实我和理想我之后，研究者发现比起收到正面评价的人，收到负面评价的人在实验室里花了更多的时间看电视。

行动是如何反映自我的呢？

你是否注意到，你会根据他人的行为模式来推断他们的态度和偏好？如果你每次邀请室友一起去吃比萨饼时他都拒绝，你就会推测他不喜欢吃比萨饼（另一方面，如果每次你不管邀请他做任何事情他都拒绝，你就会推测他不喜欢你）。根据达里尔·贝姆（Daryl Bem）的**自我感知论**，如果我们并不确定自己所持有的态度时，我们会参照自己的行为并由此推断出态度，就像一位旁观者一样（Bem，1972）。例如，在长大的过程中你从来没有接触过爵士乐，因此你自认为不喜欢爵士乐。然而，如果朋友说服你去参加一场爵士音乐会，你也许会发现自己实际上挺喜欢爵士乐，以前以为自己不喜欢只是因为从来没有接触过而已。这种正面经历会使自我感知发生转变，同时也让你变成爵士乐的忠实爱好者。

因为我们在笑，所以就能说明我们很高兴吗？还是因为我们很高兴，所以才笑？与自我感知理论类似，**面部表情反馈假说**认为面部活动可以影响我们的情绪。根据这一假说，微笑，即便是在你根本不想笑的时候也能有助于改善心情。所以人们经常说"笑一下吧，你会觉得好一点"是有道理的，因为微笑确实能引发积极情绪。在第一项检验这个假说的研究中，詹姆斯·莱尔德（James Laird，1974）在研究被试的脸上连上电极，然后指示他们观看卡通片的时候微笑或者皱眉。当人们被要求微笑而不是皱眉的时候，他们会认为节目更为有趣。你可以尝试一下这个方法，看看微笑和皱眉是否会影响你的感受。

要是我们不能改变自己的表情呢？我们还会有情绪上的变化吗？最近的研究表明，面部活动损伤也许会是一个障碍（Havas et al.，2010）。当人们由于接受肉毒杆菌治疗而导致无法皱眉时，他们需要更多的时间去消化所读到的会让人感到生气或悲伤的材料。这说明面部活动受损的被试失去了对情绪的回应能力。面部表情反馈假说背后的机制是什么呢？

包括莱尔德在内的一些研究者认为，这是一种自我感知的形式：我们从自己的行为中推断出自己的情绪（即如果我在笑，那么一定是因为我很高兴）。另一些研究者（Izard，1990；Zajonc，1993）则是认为面部表情会导致大脑

自我感知论：如果我们并不确定自己所持有的态度时，我们会参照自己的行为并由此推断出态度，就像一位旁观者一样。

面部表情反馈假说：认为面部表情改变可以影响随后情绪的假设。

发生生理变化，而这种变化能改变情绪。面部表情反馈假说甚至可以延伸到非语言动作，如耸肩或点头。事实上，布诺和帕蒂（Briñol & Petty，2003）发现，如果能让听众坚定地点头，那么他们就会更认同演讲者所讲述的内容。

动机

想想你所学的专业。为什么你要选择这个专业呢？动机——驱使我们完成任务或达成目标的力量，也是自我感知的一部分。如果你很喜欢所学的课程并对专业很感兴趣，这很可能是因为你受到**内在动机**驱使。当我们采取某项行动是因为我们乐在其中时，我们就会更投入、更好奇，也更快乐。

同样的道理，当我们的行动被**外在动机**驱使时——我们为了回应外部的压力和义务，为了躲避惩罚，或为了获取外在利益（如金钱、成功、认可）等而采取的行动，那么我们总体的福祉和幸福感就会受到负面影响（Sheldon，2005）。有趣的是，位于芝加哥大学的全国民意调查中心发布的报告显示，美国前十种最为幸福的工作者（这些从业人员对其职业生涯表示非常满意）包括了神职人员、艺术工作者、消防员和心理学家（Smith，2007）。这些职业既不一定能带来高收入，也不算是富有声望，但是它们所带来的好处都是内在的，包括得以帮助他人或具有原创性等特征。这也支持了以下观点：人们偏好从事由内在动机驱使的行动。

在一项研究动机对行为的影响的实验中，马克·莱珀（Mark Lepper）和同事让幼儿园的孩子们画画，这是孩子们喜欢完成的任务（Lepper et al.，1973）。第一组孩子被要求为研究人员画画，并被告知在完成之后会受到奖励。第二组孩子也要画画，但是不会受到奖励。第三组的孩子则是在完成任务后将收到作为一份惊喜的奖励。第二天在孩子可以自由活动的时候，研究人员记录了所有孩子花在画画上的时间。他们发现，第一组得到外部奖励的

内在动机：我们采取某项行动是因为我们乐在其中，并因此更为投入、更有好奇心以及更享受。

外在动机：我们采取某项行动是为了回应外部的压力和义务，为了躲避惩罚，或为了获取外在利益。

> 如果获得的回报是一份惊喜，那么人们就会从中获得满足感，因为他们仍然会认为自己是为任务本身而完成任务的。

孩子在画画上花费的时间是全部时间的8.6%，而第二组和第三组分别是16.7%和18.1%。他们总结道，当人们从事某项任务并且知道会因此而获得回报时，他们就不再认为自己是为了任务本身而执行任务。这种被称为过度合理化（overjustification）的现象会导致人们对任务失去兴趣，尤其是外在动机在起作用的时候。但如果获得的回报是一份惊喜，那么人们就会从中获得满足感，因为他们仍然会认为自己是为任务本身而完成任务的。

动机也会受到文化因素的影响。艾扬格和莱珀（Iyengar & Lepper，2000）发现，当美国的白人儿童（他们来自重视个体主义的文化背景）参与自己选择的任务时，他们的行动动机是最为强烈的。相比之下，当亚裔儿童（他们来自重视相互依赖的文化背景）参与的是他们信赖的权威人物或同伴选择的任务时，他们的动机是最强烈的。在艾扬格和莱珀的研究中，他们要求白人儿童和亚裔儿童完成猜字谜的任务。在每一组中，个别儿童可以从不同类别中选取任务，剩下的儿童则被告知是他们的母亲为他们作出了选择。结果发现，当白人儿童自己作出选择时，他们表现得更优秀，而亚裔儿童则在被告知是其母亲作出选择的情况下更为出色。

在哪些情况下，我们对自尊的需求可以激发行动？

你的自我感觉怎样？**自尊**包含了你对自己的态度，诸如自认为的聪明程度和健康程度，等等。虽然自尊在很大程度上来说是稳定的，但是它也可

自尊：个体对自我价值的评价。

以因社会环境而瞬间发生变化；剩下不变的，是人类对自我感觉良好的天生渴望。

莫里斯·罗森伯格（Morris Rosenberg，1965）研发的自尊量表可以测量人们的自我感觉。该量表由十项能反映个体对自我的总体感觉的陈述组成，从代表很同意的 1 分到代表很不同意的 4 分。由于对自尊的需求是生活中如此强大

 寓学于行　　保持积极的自我

保持积极的自我是我们在一生里成功达到目标和体会幸福的关键。比起自我感觉很差的人，拥有稳定、高度自尊的人能更为经常地体验到愉快的情绪，此外，他们得抑郁症的概率也会比较低（Tennen & Affleck，1993）。当谈及目标时，毫无疑问自信的人更可能达成自己定下的目标（Parker et al.，2010）。而当我们怀疑自我并对自己的态度和能力都不看好时，我们就很可能会失败（Crocker，2002；Crocker & Luhtanen，2003；Kernis，2003）。

以上都是自证预言的例子，即人们会实现他人自己的预想。例如，老师并不看好的学生会相信老师的观点，因而这位学生将更有可能遭到失败（Jussim，1986）。而另一方面，如果我们拥有积极的自我观念，那么我们就能达到预期目标。研究人员发现，如果我们自认为是讨人喜欢的，那么他人就真的更可能喜欢我们（Stinson et al.，2009）。拥有积极自我观念的大学生在遇见新朋友时会表现得更为热忱，因此反过来新朋友也会更容易接纳他们。

当你知道这点之后，你就会了解为什么对于人们来说采取措施以维持积极的自我观念很重要。运用社会心理学的原理，设计一段用于公益服务的广播，向大家展示如何保持积极的自我。想想自我概念是怎么定义的，并向你的听众举例说明自我概念来自何处、自我由何组成。从本章中选取两个例子说明它们是怎样影响自我概念的。最后，跟大家分享至少一条有助于改善自我观念的技巧。

你将会从这项行动中学到什么？

1. 识别社会心理学家思考自我的方式。

2. 发掘行为、态度和偏差对自我概念的真实影响。

3. 学习如何建立并帮助他人建立积极的自我概念。

的内在因素，因此自尊看起来对我们的总体幸福感甚至是毕生的成功都有着直接影响。

然而，罗伊·鲍迈斯特（Roy Baumeister）和他的同事（2003）发现，虽然积极自尊与良好的学习成绩和工作表现、受欢迎程度以及健康等都有关，但这仅仅是相关而已，并不能由此推断出因果关系，正如我们在第2章里讨论相关关系那样。珍妮佛·克罗克和罗拉·帕克（Jennifer Crocker & Lora Park，2004）以及其他研究者（Taylor & Brown，1988）发现一味地增强自尊会产生负面影响，因为努力地保持并提高自尊可能导致焦虑感、逃避感、忽视他人以及由压力引起的健康问题。

对自尊的不断追求有时还会使我们忽视批评意见或将原本应该受到谴责的行为正当化。此外在很多情况下，我们甚至不会意识到看待自己的想法是有偏差的。当然，有时候我们确实会觉得技不如人，觉得他人比自己更聪明、更受欢迎、更具有吸引力（Leary，1998，2004，2007；Zuckerman & Jost，2001）。同时，也有人会和自尊做合理的斗争；但从总体上来说，自尊更多的是作为行动背后的动机因素而存在的（Leary，2004，2007；Tesser，1988）。

◎ 记忆偏差

你是否曾经和某位家庭成员一起讨论某段共同的回忆，却发现她的记忆和自己的不一样？也许你非常确定两年前的生日那天下雪了，但是你的母亲却坚持那天没有下雪。我们都知道记忆并不总是可靠的。事实上，扭曲记忆以迎合自己的偏好是大脑经常的把戏，因为这样有助于维持积极的自尊。多项研究发现，在回忆曾经作出的选择时，我们倾向于认为自己的选择具有正面特征，而被自己排除的选项则具有负面特征（Mather，Shafir，& Johnson，2000；Henkel & Mather，2007）。设想人们要在两位求职者中作出选择，两人都具备差不多的优点和缺点，但在选择过后，人们可能会记住更多关于入选者的优点，而认为被淘汰的那位缺点甚多（Mather & Johnson，2000）。

◎　自助偏差

心理学家卡罗尔·德维克（Carol Dweck）在其关于人类动机的研究中发现，对持有固定智力理论（a fixed theory of intelligence）的人，即认为智力是不能被改变的人承担某类风险的能力更低，因为他们认为失败会对自己与生俱来的能力产生不良影响。相比之下，认为智力是可以通过不断挑战自我得到提高的人则会为自己设立目标并勇于面对挑战，因为这样有助于提高智力（Dweck，1999）。

德维克和她的同事克罗地亚·缪勒（Claudia Mueller）一起进行了一项研究，研究人员表扬了孩子们在测试中的优秀表现，并告知孩子他们的成绩与智力有关（Mueller & Dweck，1998）。在此之后，孩子们开始消极地应对挫折，因为他们认为困惑和失败源自不可控制的智力缺失。同样的道理，认为智力水平是固定的孩子不会乐于接受挑战，因为他们担心失败会确证他们能力的缺失。然而，由于付出努力而不是智力因素受到表扬的孩子则更可能从失败中恢复过来，因为他们把失败归因于暂时的能力不足，而不是智力上的缺陷。正是因为这些孩子把失败归因于可变的因素，他们也会倾向于寻求并享受挑战。

归因（即确定什么人或者原因应该对事件结果负责的过程）是另一种应对失败和回应成功以维持自尊的方式（Heider，1958）。海德认为，在某些时候是可以明辨特定结果是由个人天生能力导致的还是由其付出的努力程度导致的。例如，身高只有四英尺（1 米约为 3.28 英尺）的五年级学生无法灌篮并不是因为他不够努力，而是因为他确实不够高，够不着篮筐。然而在更多情况下，事情的原因是不清晰的。海德认为，在不清晰的情况下，个人的需要或者私心将会决定原因是什么（Heider，1958）。也就是说，我们的偏见将会引导我们选择一个能让自己感觉良好的解释。我们将会在第 5 章里进一步讨论人类其他行为的归因。

归因：确定谁或者什么原因应该对事件结果负责的过程，也是一种应对失败和回应成功以维持自尊的方式。

自助归因

设想一下，你约了一位同学在下课之后见面，而这天他刚好知道了自己生物课的考试成绩。当你问他考得怎么样时，他告诉你他得了 D，但很快就解释说助教对其中一些题目的评分不合理。此外，他在考试那天还生病了，而且考试前一天还和女朋友吵架了。所以他并没有以正确的心态去迎接考试。

你可能在过去已经听过类似的针对考试成绩不理想的解释。**自助归因**，即以有利于自身的方式看待自己的倾向，会导致我们对行为作出有利于自己的归因。自助归因是一种自我保护的策略，让我们相信是外部因素，如不合理的评分或环境的不合适等导致我们的表现不尽如人意（Campbell & Sedikides，1999）。同样的道理，如果我们获得成功，那么我们就会倾向于把结果归因于内部因素，如自身的智慧或才干。如果你的朋友考得很好，那他就可能告诉你他善于考试或生物是他最拿手的科目。

其他的研究则发现，当病人提前终止治疗的时候，理疗师也会倾向于把责任归咎于病人或外部情境，而不是他们自身的能力（Murdock et al.，2010）。发生车祸的司机则把意外归因于外部因素，如道路状况不佳；而目击者和乘客则把车祸同时归因为内部因素和外部因素的结合（Bordel et al.，2007）。类似的还有当团队项目进展顺利时，每个组员都会归因于自己的努力；然而当项目失败时，组员就会把原因归结于是其他组员的问题（Fast & Tiedens，2010）。

错误共识

当年轻的吸烟者被要求估计他们这个年龄段吸烟者的比例时，他们的答案会比真实比例高 20%（Cunningham & Selby，2007）。而另一项在水资源保护危机期间进行的研究则发现，虽然洗澡禁令生效了好几天，但还是会有人不顾禁令继续洗澡，而这些人也会高估忽视禁令的人数（Monin &

> **自助归因**：一种自我保护的策略，当我们表现不佳的时候，我们偏向于认为表现不佳是由外在因素导致的。

Norton，2003）。这些现象都表明我们曾经在第 2 章中讨论过的错误共识效应。当我们做了让自己愧疚的事情或执行任务失败时，我们常常会选择保护自己的自尊，或者推断他人也不外如是来使自己的行为正当化。而当谈及自身的观点时，尤其是针对争议性话题所发表的意见，我们会高估他人与我们持有共识的程度。例如，研究表明，当我们持有带偏见的态度时，我们会认为有很多人也持有相同的态度，从而使自己看起来并不带有偏见（Watt & Larkin，2010）。

根据罗宾·道斯（Robyn Dawes，1990）的观点，错误共识效应的产生可能是因为我们倾向于和自己熟悉的人在一起。跟我们有很多共同点的人也许跟我们有着同样的行为和观点，所以道斯认为我们对多数人看法的感知受我们接触的人有限这一事实影响。很多的研究也支持了这一可能（Krueger & Clement，1994；Marks & Miller，1987；Ross，Greene，& House，1977），例如在某些极端团体中，活跃于网络社区的成员更可能高估跟他们持有相同观点的人数（Wojcieszak，2008）。

不切实际的乐观主义

乐观主义，即以积极的态度对待事件和情况的倾向，也可能导致我们产生偏差进而以过于积极的方式看待自己。**不切实际的乐观主义**是指以下的倾向：同样的结果，相比起有利于他人，人们会认为更有利于自己。举个例子，某个高中生会认为自己比朋友们更有机会邀请到同去毕业舞会的舞伴。维拉·霍伦斯（Vera Hoorens）和她的同事（2008）发现，即使接受的教育相同，大学生们仍然认为自己会比同学更有可能找到好工作并在经济上更为富裕，这说明人们对自己的未来抱有不切实际的乐观主义的倾向。这种倾向同样也解释了为什么人们会不厌其烦地购买彩票，相信自己总有一天会中奖。同时，不切实际的乐观主义还解释了为什么我们总是觉得自己会比同伴幸运，不会遇上负面事件。例如，"9·11"恐怖袭击事件后的几个月，勒纳

> **不切实际的乐观主义**：同样的结果，相比起有利于他人，人们会倾向于认为情况更有利于自己。

（Lerner）和他的同事（2003）要求研究的被试估计意外发生在自己身上和发生在他人身上的可能性。结果表明，被试预测比起自己，他人会更可能受到暴力犯罪或恐怖袭击的直接影响。

虽然乐观更多的作用是促进自我效能，引导人们走出挫折和抑郁，但不切实际的乐观则具有众多的潜在危害。其中一个问题就是它会导致我们对未来准备不足。例如，比起自认为能力不足的学生，具有同等能力但过分自信的学生则会因为不为考试做准备而导致学习成绩更低（Norem & Cantor，1986）。认为"事情不会发生在自己身上"的态度也适用于不切实际的乐观主义。大学生并不认为自己会遇到威胁生命的问题或重大疾病，所以这种态度反过来会致使学生不对众多危害健康和生活的潜在威胁进行防范（Weinstein，1982）。另一项研究发现不切实际的乐观主义还会让人酒后驾车，因为人们认为自己不会像他人那样失去对车辆的控制（Causse et al.，2004）。类似的研究也发现，不认为自己会因为酗酒而出问题的大学生实际上更可能经历与酗酒有关的重大问题（Dillard et al.，2009）。

◎ 与他人进行比较

当你还在高中的时候，你很可能会把自己的经历及表现和同学进行比较。例如，如果你为自己在一个特别难的突击测验中表现不好而感到难过，那么你也许会跟同学交流看看他们的感觉如何。知道同学们都认为测验很难后，你可能就会觉得好一些了。不管你实际得到的分数如何，知道测验对于每个人来说都很难而且你并不比同学差就能让你很高兴了。

社会比较论描述的正是这种评价方式。根据这一理论，由于在不同的情境下并没有给定的标准去衡量自己的能力和观点，于是我们会把自己和他人进行比较（Festinger，1954）。然而，虽然他人可以作为参照框架，但我们在比较过程中并不总是会保持客观的态度。对良好自我感觉的渴望会压倒对自己的成就和能力进行准确评价的需求（Sedikides & Gregg，2003）。

> **社会比较论**：由于在不同的情境下并没有给定的标准去衡量自己的能力和观点，于是我们会把自己和他人进行比较。

向下社会比较

其中一个通过社会比较来让自己感觉良好的方式是跟能力比自己差或者情况比自己糟糕的人作比较。这个被称为**向下社会比较**的过程也许就是电视脱口秀和真人秀会那么受欢迎的原因（Nelson，2003；Frisby，1999）。看着亲密关系破裂或者家庭不完整的人会让你觉得自己很幸福，而且看着人们出丑或者对他人不善会让你对自己的行为感到满意。在婚姻关系和恋爱关系中，热衷于跟其他夫妻（情侣）作向下社会比较的夫妻（情侣）会更容易对自己的亲密关系表示满意（Buunk et al.，2001）。此外，近期经历了学术挫折的大学生在和其他学生作向下社会比较后，他们的自我感觉会有所好转（Aspinwall & Taylor，1993）。

沾光

1988 年，本·约翰逊（Ben Johnson，一位出生在牙买加的加拿大籍短跑运动员）在奥运会中获得了金牌，但随后由于被检测出服用禁用药而被取消资格。心理学家莫妮卡·斯戴泽尔（Monika Stelzl）和同事发现，当加拿大媒体首次报道约翰逊获得金牌的时候，他们把他看成加拿大人，但是当媒体在后来报道约翰逊被取消资格时，他们又开始标榜他是牙买加人。受到这些发现的启发，斯戴泽尔等人设计了一项研究，他们向加拿大籍的被试提供了关于一位虚构的、具有加拿大和美国双重国籍的运动员的信息。研究发现，当被试被告知这位"运动员"失败了的时候，被试更多的是把"运动员"看成美国人；但当被试知道"运动员"赢了的时候，他们就把他看成加拿大人（Stelzl et al.，2008）。斯戴泽尔观察到的现象被心理学家称作"**沾光**"（basking in reflected glory，BIRGing），是指我们把自己与成功人士等同起来从而强化积极的自我概念的一种策略。例如，你很可能在自己喜欢的球队赢得比赛而不是输掉比赛后穿上印有球队名字的衣服，你甚至会在和其他球迷讨论的时候兴奋地喊"我们赢了！""沾光"现象同样也发生在我们

向下社会比较：将自己与能力比自己差或者情况比自己糟糕的人作比较的过程。

沾光：人们把自己与成功人士等同起来从而强化积极的自我概念的一种策略。

把自己和成功人士在种族、宗教信仰或外貌等方面联系起来的时候（Cialdini et al., 1976）。

我们也会采取与"沾光"刚好相反的做法，即让自己**与失败者脱离关系**（cutting off reflec-tive failure，CORFing）。"沾光"和与失败者脱离关系通常都与体育人物和球队有关，但它们也会发生在其他各种情境中，如政治事件。2008 年美国总统大选后，一项研究发现比起支持约翰·麦凯恩的民众，支持贝拉克·奥巴马的民众会更长久地保留悬挂在院子里或窗户上支持奥巴马的标志（Miller，2009）。

自我设限

如果你曾经故意耽搁自己的学年论文，或者在重要考试的前一晚决定跟朋友一起去玩，那么你很可能已经尝试过**自我设限**。自我设限是指在完成任务前先设定一个障碍，以便在自己表现不好的时候能有个现成的借口。尤其当我们在对某项重要行动倍感紧张或不确定时，我们就会倾向于自我设限。譬如，对即将举行的钢琴演奏会感到紧张的小孩可能会决定停止练习，好让自己在表现不好的时候可以对众人说是因为缺少练习。类似地，研究发现学生会以在工作的时候听音乐，在参加考试前使用药物或者酒精，或避免一起学习等方式进行自我设限（McCrea，2008；Leonardi & Gonida，2007）。

 # 印象管理：我们如何向他人呈现自己？

你希望他人如何看待你？你最看重的是自己的哪项特点？这项特点如何反映出你所希望的他人看待你的方式？从某种程度上说，我们可以通过强调那些可以突出自己某些特征的信息来控制他人对我们的印象。例如，如果你

与失败者脱离关系（CORFing）：人们把自己与失败者或表现不佳者脱离开来的策略。

自我设限：人们在完成任务前预先设定一个障碍，以便在自己表现不佳时能有个现成的借口。

希望人们把你看成一个勤奋的人，你也许会提及自己花在工作上的时间之长，或者是你为论文所做的充分调研。如果你希望大家认为你是一个懒散的人，你

> 做你自己，其他人都已经被占据了。
> ——奥斯卡·王尔德

就会让他们知道你在本应紧张起来的情况下仍然吊儿郎当，或者是你根本就不在意进度如何。当然，你呈现自我的方式会因具体的情境和情境中的人物而发生改变。当你参加求职面试的时候，你很可能会选择强调责任心、组织能力和动机等个人品质。而当你第一次约会的时候，你则是展现自己的魅力和幽默感。

当我们希望别人对我们总体上持有好印象时，我们可能会采取另一种不同的印象管理方式。在工作环境中的个人可能会通过恭维管理层，同意他们的观点，或者表示对他们的支持来努力提高自己的影响力和受欢迎程度（Appelbaum & Hughes，1998）。这些都被称为**奉承**，是一种通过对别人谄媚来控制别人对我们的印象的方式。一项实地研究的结果显示，餐厅里选择恭维客人的服务生会比不恭维客人的服务生明显得到更多的小费（Seiter，2007）。

当然，由于我们希望维持自尊，所以我们会愿意相信他人赞美我们的话，这也是奉承会如此奏效的原因。一般说来，当情境中有额外的人在场时，相对于没有受到恭维的人来说，受到恭维的人会更容易对奉承自己的人产生好感（Vonk，2002）。但是奉承也会有缺点：如果人们觉得我们在获得他们承认的过程中并不真诚，那么这一策略就会适得其反（Vonk，2002）。

虽然我们一般都会投入大量的时间和精力向他人呈现自我，但是我们应该知道他人并不会如我们所想那样予以足够的重视。譬如，当你在做陈述的时候，一开始你会很紧张，因为你担心他人会看出你的紧张。但实际上听众很可能没有注意到你的手心在冒汗或者你的手在微微颤抖。这种认为我们的行为、外貌甚至是内心状态对于他人来说都是显而易见的想法被称为**聚光灯效应**。

奉承：一种通过对别人谄媚来控制他们对我们印象的方式。

聚光灯效应：认为我们的行为、外貌甚至是内心状态对于他人来说都是显而易见的想法。

当穿着让你很不自在的时候，你是什么感觉？你很可能觉得不自信、像是暴露在众人前面——就像站在聚光灯下一样。吉洛维奇、麦维琪和萨维斯基证明了聚光灯效应的存在，他们要求大学生在穿了一件让人尴尬的巴瑞·曼尼洛 T 恤后进入一间挤满了人的房间（Gilovich，Medrec，&Savitsky，2000）。由于心中充满了尴尬感和自我意识，大学生们都大大高估了注意到自己穿着的人的数量。

在进行网络互动的时候，我们又是怎样呈现自我的呢？如果你有Facebook 或者 MySpace 的账号，那你很可能已经明白为什么在填写个人资料的时候我们将更容易控制他人对我们的想法——因为人们只能看见我们希望他们看见的信息。一项研究（Madel & Muncer，2007）表明，很多人都偏好发短信或在网上进行互动（如发电子邮件和即时消息等），而不是面对面的接触或打电话。这是因为在接触没有那么直接的情况下，我们更能控制他人对我们的想法。在后面部分我们将会阅读到有关于网络恋爱情境下呈现自我的方式。

◎ 自我证实

如果你自认为是个诚实的人，但是你的一位朋友却认为你并不诚实，那么你就可能会想办法让他看到你诚实的一面。但如果你自认为很懒惰，而朋友却觉得你很勤奋，你还会尝试改变朋友对你的印象吗？一些研究表明，你确实会这么做（North & Swann，2009；Evans & Stukas，2007）。根据**自我证实论**，我们希望他人能以我们看待自己的方式来看待我们，甚至在我们拥有消极的自我观念的情况下，我们仍然希望他人能对我们有准确的看法（Swann，SteinSeroussi，& Gieslder，1992）。自我证实，即便是对负面特征的自我证实，也可以让我们产生认为自己掌握控制力的幻觉或者确定某种程度的可预见性，从而让我们感到安心。在与重要他人的长期交往中，我们需要不断地自我证实以获得安全感，进而发展出亲密关系（Kraus & Chen，

自我证实论：我们希望他人能以我们看待自己的方式来看待我们，甚至在我们拥有消极的自我观念的情况下，我们仍然希望他人能对我们有准确的看法。

2009）。由于自我证实能减少焦虑感并带来和谐的互动，我们会偏好与可以强化自我观念的群体或社会组织来往（Seyle & Swann，2007）。

◎ 自我监控

虽然呈现自我是人们都关注的问题，但有些人更可能会根据所面对的环境和社会群体而改变呈现自我的方式。有些人会努力使自己与所处的情境相匹配（Snyder，Berscheid，& Glick，1985）。**自我监控**者会改变自己的观点和行为以符合当时的环境。马克·施奈德（Mark Snyder，1974）的自我监控量表可以通过要求人们判断一些陈述是否符合自己来测量人们的自我监控程度，这些陈述包括："在派对或社交场合中，我不会为了投他人所好而说话或行动"或者"当和他人一起观看喜剧的时候，我会笑得更多"等。

施奈德等人（Snyder，Bers-cheid，& Glick，1985）假设高度自我监控的人会比其他人更在意在外貌上具备吸引力的对象，并由此进行了一项实验。他们要求男性大学生在两位女性之间选择一位去约会。第一位女性被描述成在外貌方面极不具备吸引力（7 分的吸引力量表她只得了 1.87 分），但她奔放外向，也很幽默，此外她还是一位忠实的倾听者。而另一位女性则有很强的外貌吸引力（她得了 5.75 分），但她害羞、以自我为中心，而且很情绪化。正如研究者所假设的那样，被确认为自我监控度低的被试更可能选择第一位女性，说明体型外貌并不是他们择偶时的主要标准。而另一方面，自我监控度高的被试则多数选择了具有外貌吸引力的对象。

在网络恋爱的情境中，自我监控也起到一定的作用。正如前文所说，在创建个人信息的时候，在如何呈现自我方面，我们有更多的选择。在交友网站上填写信息时，人们可能就他们的年龄、薪水和体重等问题（对于潜在对象来说这些信息能反映出自己的吸引力）提供虚假的答案，这已经不是让人大为吃惊的事情了。那么人们在交友网站上的谎言是否具有一定的模式呢？

> **自我监控：**人们调整自身行为以使得旁人对他们有良好的印象。自我监控程度不高的人在不同情境中的行为方式会保持一致，并根据自己的观点行事；而高度自我监控者则会随时随地根据所处情境监控自己的行为，以及调整自己的反应。

汉考克（Hacock）、托马（Toma）和埃里森（Ellison）猜想，当人们在交友网站填写信息时，他们会采取自我监控的行动。由于注意到男性总会寻找外貌上具备吸引力的年轻女性，而女性则更为关注男性的社会地位（受教育水平和职业等），研究人员设想女性更可能在年龄和体重等因素上说谎，而男性则在身高因素（人们常常把身高与地位和权力关联起来）上虚报。最后他们的发现证实了这种自我监控确实存在：虽然欺骗的程度不高，但女性通常是少报自己的体重，而男性则是高报自己的身高（Hancock，Toma，& Ellison，2007）。

"你是谁？"这一问题看似简单，然而自我明显是复杂的和多层次的。自我通常会受到外部因素和环境的严重影响，但对自我感觉良好的内在需求也会使理解自我变得模糊不清和极具挑战性。在这一章里你学到了关于自我的什么呢？在下一章里，我们将会把目光转移到他人身上，看看我们是如何觉知社会环境中的他人的。

社会感知：我们是如何感知他人的？

- 我们如何对他人的行为进行归因？

- 我们如何确定他人是什么样的人？

- 非语言沟通：我们如何在不使用语言的情况下进行沟通呢？

2009 年

年底，美国人诧异地发现看似形象良好的高尔夫球超级巨星"老虎"伍兹（Woods）对他的妻子不忠了。而且不仅仅是不忠而已，报道事情已经到达了一发不可收拾的地步。刹那间，为数众多的女人走出来对公众讲述了很多关于伍兹出轨的淫秽细节，而对于这些事情，伍兹的模特妻子艾琳（Elin）却浑然不知。

不久之后，电视名人和摩托车制造商杰西·詹姆斯（Jesse James）被揭露背着他的演员妻子桑德拉·布洛克（Sandra Bullock）发生了多次的婚外情。这两个男人的情人继续不断涌现，而且对这两个男人的出轨报道则是铺天盖地般地出现在报纸、电台广播和电视节目中，几乎贯穿了 2010 年一整年。

关于这两个男人行径的谣言在几个月里都是大众茶余饭后的话题。你是怎么想的呢？"老虎"伍兹和杰西如此异乎寻常地背叛妻子是不是因为他们本身存在着极大的问题，以至于他们真的无法控制自己呢？这是一种病吗？还是你认为他们做出这样的事情是因为他们本质上就自私至极，关心自己的需求远多于关心他们所爱的人的需求呢？你有考虑过情景因素的可能性吗？可能在"老虎"伍兹和杰西出轨的时候，他们跟妻子的关系就已经破裂了。也可能是作为名人的压力导致他们做出这些出格的事情。

是什么原因使人们像如今那般行事？我们为什么又会选择相信他们？为什么你的一位朋友认为"老虎"伍兹本质上就是个很可怕的人，而另一位朋友又会为他感到难过？这一章将会探讨我们感知他人的多种方式以及背后的心理学理论。

我们如何对他人的行为进行归因？

你的两位朋友对"老虎"伍兹和杰西·詹姆斯的所作所为有着截然不同的观点。在埃文看来，他们俩就是坏人。为什么呢？因为他认为他们自私并且丝毫不真诚。这种解释属于**特质归因**。埃文认为他们的行径是他们人格中的固有部分导致的。然而你的另一位朋友娜塔莎却对此存在疑问。她认为是本来就已经破裂的婚姻关系使得他们出轨。这种解释是**情境归因**。两种方式可以看作对行为的内部归因和外部归因：某人的某种行为是源于他／她内在固有的因素还是源于外在因素。

◎ 对应推理论

为什么人们会做出某种推理而不是其他方式的推理？一些理论对此进行了解释，而其中一种就是**对应推理论**（Jones & Davis，1965）。这一理论认为，人们会基于三个因素而将人们的行为归因于其人格。第一个因素是行为是否是自由选择的。如果行为是被迫采取的，那么人们一般不会将其归因于行动者的特质。然而如果某人本可以以另外的方式行事，但他仍旧选择这样做，那么人们就会做出特质归因。譬如，如果一位银行职员向顾客微笑是因为银行对职员有这一要求，那么这一行为并不能说明职员的任何人格特征，因为她仅仅是不得不这样做。然而如果银行并没有这样的规定，那么这位职员就可能被判断为是个友善的人。

特质归因：推断个人的特质或内在固有部分导致其行为的归因方式。

情境归因：推断个人所处的情境或外在因素导致其行为的归因方式。

对应推理论：认为人们基于他人的行为是否是自由选择、行为在某种情境下是否可被预期以及行为产生的后果这三项因素推断他人行为原因的理论。

第二个因素是行为在某种情境下是否是可被预期的。例如，某人对长者很友好、很尊重，但有的人就会认为这并不能说明此人特别友好，因为这是应该做到的。相反，如果此人无缘无故地朝着老人大吼，那么他人就会觉得此人很刻薄。

第三个因素是某种行为会产生怎样的后果。如果行为会导致一系列正面的结果，那么要分离出单一的原因是很困难的。相反，如果行为只产生了一个积极结果，那么一般情况下这个结果就可以推断为原因。例如，如果一盒微波炉快餐很难吃，但其卡路里数很低，我们就会推断顾客也许是因为正在减肥所以选择了这款低卡路里的快餐。毕竟，谁还会选择如此难吃的食物呢？然而如果这款快餐很美味，那么顾客购买的原因就变得不清晰了，所以不能推断出关于顾客的信息。

◎ 共变理论

另一个解释人们归因行为的理论是共变理论。**共变理论**（Kelley，1972；**Kelley & Michela，1980**）关注的是当某些行为发生时与之相伴的，但当行为不发生时就不会出现的因素，即与行为共变的因素。跟对应推理论相似，这个理论也有三方面的考虑因素。第一方面考虑因素是人们对行为的共识。也就是说，如果大多数人在此情此景下都会如此行事，那么这个行为就不能反映出行动者的特质。例如在本章开头的例子中，如果社会中大多数的人都对伴侣不忠心，那么"老虎"伍兹和杰西·詹姆斯的行为就没什么值得注意的。然而，由于出轨并不是被广泛接受的行为，所以它能反映出行动者的个人特质。

第二方面的考虑因素是特异性。这是指比起其他情境，个人某种行为在特定情境下的特异性。如果"老虎"伍兹只跟一个女人出轨了一次，那么很可能是当时的情境引发了这种行为。但如果他只要一有机会就出轨，那么这就很可能是他的个性使然。

> **共变理论**：认为人们基于人们对行为的共识、行为的特异性以及行为在不同情境中的一致性这三项因素推断他人行为原因的理论。

第三方面也是最后一方面的考虑因素是一致性。一致性是指个体在不同情境下对同一个被反复经历的刺激的反应。如果个体在不同情境下对相同刺激的反应方式总是一样的，那么这种行为就可以归因于个体的内部特质。但如果反应不一，那么行为就可以归因于外部环境。譬如，如果杰西每次遇到潜在情人的时候都会出轨，那么他就可能具有不忠的性格。相比之下，如果他只在和桑德拉的一次吵架后出轨了，那么不管这种行为的对与错，情境确实对他的行为有影响。

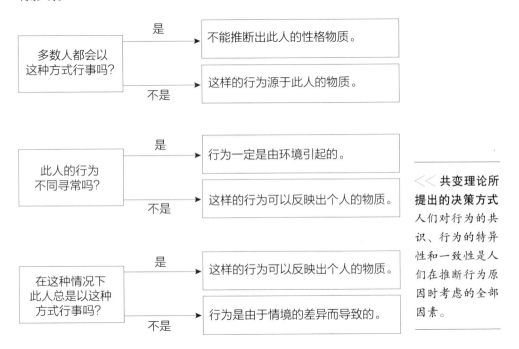

<< **共变理论所提出的决策方式** 人们对行为的共识、行为的特异性和一致性是人们在推断行为原因时考虑的全部因素。

◎ 偏差是如何起作用的？

以上两种理论都假定人们在对行为进行归因时是具有逻辑性和理性的。然而，就像任何社会心理学现象一样，人们的行为和认知在含有理性一面的同时也会有出现偏差的一面。当人们在判断个体的行为是由其内在特质还是外部情境导致的时候，结论通常在一开始的时候都会因为人们只站在自己的角度而带有偏差。当我们在执行某种行动时，我们并不是在看自己，我们是在盯着外部世界和我们的环境。因此，我们所处的情境是最具有显著性的。

相比之下，当我们在观察他人的行为时，这个人对于我们来说才是最为显著的，我们甚至不会觉察到这个人所处的整体情境。因此，当我们是行动者时，我们会把自己的行为归因于情境；而当我们是观察者时，我们则把他人的行为归因于其特质。我们称之为**对应偏差**，或更普遍的叫法是**基本归因错误**（Ross，1977），因为这种偏差在人们进行判断的过程中是如此频繁地出现，至少在个体主义文化中是如此。

这种偏差对于正在被评判的对象来说有好也有坏。例如，在我们看电视的时候，新闻的主播通常看起来都非常聪明而且消息灵通，因为我们把他们看作聪明的人，这是特质归因。然而，我们忽略了这些人是在扮演特定的角色，并且他们有提示卡的帮助。虽然他们可能确实很聪明，但是他们只是在做好本职工作而已。不管外表看起来怎样，新闻主播跟其他任何人群都一样，都会在智力上有差异。一项持续 20 年的纵向研究显示，不管是 CNN 还是福克斯的新闻评论员，他们对重大事件的预测（如总统竞选结果或未来经济情况等）都并不特别准（Tetlock，2005）。

我们总是会假定扮演聪明才智角色的人就会比常人更有胆识——但这并不一定就是事实。

"基本归因错误"一词最早出现在琼斯和哈里斯（Jones & Harris，1967）的一项研究中。研究者要求被试阅读一篇关于卡斯特罗对古巴进行统治的文章，然后让他们判断文章作者对古巴的态度。这篇文章可能是支持卡斯特罗的，也可能是反对卡斯特罗的，而更重要的是，文章有的是学生自由创作的，因而观点也是学生自己选择的，而有的则是有限制的，其中的观点是老师选定的。意料之中的是，当文章是自由创作而成时，实验被试认为作者的态度跟文章中的观点是一致的。然而，当文章是在指导下完成时，被试仍然认为那是作者所持有的观点。尽管知道作者的立场是被指定的，被试还是对文章进行了特质归因。

对应偏差：人们把他人行为归因于其特质的倾向。

基本归因错误：对应偏差的更为普遍的叫法。科学界如今倾向于使用"对应偏差"这一术语，以避免暗示这样的归因推断从根本上来说是错误的。

由李·罗斯和他的同事（Ross，Amabile，& Stein-metz，1977）进行的后续研究在另一个情境下也证实了这一效应。研究被试被随机分配到出题的小组或者回答问题的小组。提问者写下了一系列来源于自己的知识库的问题，而回答者的准确率总体上都不高。随后，要求被试评估双方的常识。不管被试身处哪一组，他们都一致地认为提问者比回答者拥有更为丰富的常识。回答者的智力被认为比一般学生稍差，而提问者则被认为要聪明得多。两组被试都没能考虑到，提问者之所以知道所有答案是因为问题是他们出的。事实上，随后的测试表明所有被试的常识都是相当的。

这种把事情归因于他人的特征并且忽略具体情境的过程是自动发生的。即使我们没有被要求对他人进行评判，也没有任何动机要这样做时，我们仍然会推断他人的特质，哪怕只是萍水相逢的人（Uleman，1989；Uleman，Newman，& Moskowitz，1996）。这一现象被称为**自发特征推断**（spontaneous trait inference）。乌勒曼等人（Uleman，Saribay，& Gonzales，2008）要求学生记住关于目标人物的信息——这些信息能反映个体展现出来的具体行为的陈述。这些陈述可能是："他把身边的女性推开，以便自己能挤上地铁。"随后学生们迅速而又无意地推断出被描述的人的特质，如认为此人很自私等等。的确，当只给我们提供了单个词汇作为记忆的触发物时，那么句子中最为有用的就是那些能反映出个人特质的词汇，而不是传达其他信息的词汇。譬如，"自私的"或"刻薄的"就比"通勤者"或"地铁"有用。

个人的文化背景会影响人们归因的方式吗？一方面，在个体主义文化（我们在第 1 章里首次讨论过）里，如在美国和英国的文化中，人们往往更关注个人的需求和欲望，强调个体之间为了成功而进行竞争以及依靠自己的努力获得成就和幸福。另一方面，集体主义文化，如日本和印度的文化，则注重群体的需要和诉求，把群体的目标置于个人目标之上。因此相比起个体主义文化，集体主义文化更少地以人格特征去定义他人（Miller，1984；Morris & Peng，1994）。相反，集体主义文化中的人则更可能会把行为归因

自发特征推断：自发地从他人行为中推断他人的性格特征的过程。

于情境因素而不是个人特质，这与个体主义文化中犯基本归因错误的人是截然相反的。

值得注意的是，这样的文化差异会随着人们年龄的增长而变得更为明显，说明持续暴露在文化及其规范当中可以造成解释行为的方式的差异（Miller，1984）。另外的研究（Duff & Newman，1997；Newman，1993）也表明，集体主义取向的个体会自然而然地推断行为的情境因素，而不会像个体主义取向的人那样自发地对他人的内在特质进行推测（Duff & Newman，1997）。因此文化差异确实存在，即使人们并没有被要求去直接作出判断。

认知资源

如果你在个体主义文化中长大，这是否就意味着你会自动地并自然而然地迅速对他人作出特质推断？如果情况确实如此，那么为什么即便埃文和娜塔莎在同一个社区里长大，他们对"老虎"伍兹和杰西·詹姆斯的看法还是如此不同呢？

吉尔伯特等人（Gilbert，Pelham，& Krull，1988）在**归因三阶段模型**（three-stage model of attribution）中解释了认知。在这个模型里面，观察者首先会自动地把行为特征化，然后自动地把行动归因于行动者的特质，最后如果观察者有足够的认知资源，他／她将会有意识地注意情境因素进而修改原有的归因。如果观察者具备时间、精力以及动机，他／她将会重新衡量自己在解释情境时所考虑的因素（Gilbert & Malone，1995）。

例如，你也许看过一篇关于一位少年因打劫当地的便利店而被捕的新闻报道。初读这篇报道的时候，你就在想，他怎么能那么自私暴力呢？偷东西总是不对的，不是吗？如果他真的需要钱，那么他应该找份工作，就像你在高中的时候做服务生一样。然后你也许就会把报纸扔了，毕竟你已经将此人

归因三阶段模型：一种归因模型，认为观察者首先会自动地把某个行为特征化，自动地进行特征推断，然后自动地把行动归因于行动者的特质，最后如果观察者有足够的认知资源，他／她将会有意识地注意情境因素进而修改原有的归因。

的行为特征化了，并且把这种行为归因于这位少年的特质。

　　但是如果你继续读下去呢？你得到了新的信息，而且这些信息给予你认知资源以调整你对这一事件的评价。你发现这位少年确实有份工作，但由于他同时是全职学生，所以他只有少量的收入。这是不够的，因为他的父亲得了重病不能工作，而他的母亲则刚刚失业。再加上还有两个弟妹要供养，这位少年终究作出了错误的决定，因为他希望能帮助父母维持生计。现在你有什么想法呢？这时就是归因三阶段模型中的第三阶段起作用的时候。

偏差和认知需求

　　也许有人会说，诸如对应偏差等"错误"的发生，是因为人们并没有努力去理解他人行为背后的真实原因。然而有的人有着高度的**认知需求**，即解决问题的动力。他们享受思考，喜欢仔细地分析一切，并希望能准确地理解世界（Cacioppo et al.，1996）。那么这些人是否同样容易产生对应偏差呢？

　　在一项验证这一问题的研究中，要求被试阅读一篇支持或反对堕胎合法化的讲稿。所有的被试都被告知讲稿作者的观点是被指派的，因此作者并没有选择的余地。认知需求低的被试表现出典型的对应偏差，认为讲稿反映的确实是作者的真实态度。相比之下，认知需求高的被试考虑到作者没有选择的余地，因此并没有断言讲稿的观点与作者的真实态度一致（D'Agostino & Fincher-Kiefer，1992）。这一较新的研究补充了琼斯和哈里斯原有的发现，说明如果个体有足够的动机对信息进行仔细查看并揭示真相的话，对应偏差是可以被克服的。

　　不仅努力和动机可以影响人们的归因行为，价值观和意识形态也可以改变我们在解释社会问题时所采取的归因方式。虽然自由主义者和保守主义者在一开始的时候都倾向于特质归因，但是当推断偏离了他们的意识信念时，如果考虑情境因素后所得出的结论能与他们对这个世界的信念更为相符的话，他们都会对自己之前的归因作出修改（Skitka et al.，2002；Morgan，Mullen，& Skitka，2010）。例如，当想到艾滋病病人时，保守主义者倾向于

认知需求：个体对思考、解决问题以及准确理解世界的需求。

对病人的困境进行特质归因，而自由主义者则会由一开始的特质归因慢慢调整到情境归因上来，或者甚至是不予以评论（Skitka et al.，2002）。同样的，虽然本应该是自由主义者才会倾向于对社会问题进行情境归因，但是如果应对的是军队和警察的不端行为时，保守主义者反而会更多地把原因推到具体情境上（Morgan，Mullen，& Skitka，2010）。

行动者-观察者效应

虽然在个体主义文化中人们的认知需求普遍都比较低，但也存在不产生对应偏差的例外情况，这种情况发生在人们为自己的行动进行因果解释的时候，而这个现象被称为**行动者-观察者效应**（Jones & Nisbett，1971）。当我们是行动者的时候，我们知道所有影响着最终决定的因素，这些因素包括我们所处的环境。然而当我们是观察者的时候，我们就会只专注于他者本人，不仅没有渠道，也不会注意会影响他者的环境因素。因此，我们会把责任推到他人的性格特质上。

进一步来说，如果行动者是我们内群的一员，那么我们也会倾向于进行情境归因；而如果行动者是外群成员，那么我们就很可能进行特质归因。格雷汉姆等人（Graham，Weiner，& Zucker，1997）用前橄榄球星辛普森的案件说明了这一现象。他们的研究表示，黑人被试比白人被试更容易把辛普森的谋杀指控怪罪于其前妻的行为，而不是辛普森的嫉妒。辛普森作为参与研究的非裔群体内群成员之一，他从同胞身上得到了更多的情境归因。

公正世界信念

我们在心理上都会愿意相信他人的不幸是他们罪有应得，毕竟如果情境真的不能控制的话，厄运就有可能降临在我们每一个人身上。因此，我们有动机去相信事情是因为公正的原因而发生的——好人有好报，恶人有恶

> **行动者-观察者效应**：人们对他人的行为进行特质归因，而对自己的行为进行情境归因的倾向。

报。也就是说，我们有着**公正世界信念**
（Lerner，1980）。因此，由于我们明显
都是好人（在自己看来是这样的），于
是只有好事才会发生在自己身上，我们
总是会远离伤害，也不需要担心未来。

> 我们在心理上都会愿意相信他人的不
> 幸是他们罪有应得，毕竟如果情境真的不
> 能控制的话，厄运就有可能降临在我们每
> 一个人身上。

在读完了上一段话之后，你可能已经感觉到人们相信公正世界的程度
是因人而异的。某些人，尤其是有焦虑症或抑郁症的人，确实会对将来感到
害怕（虽然公正世界信念已经在帮助他们应付关于未来的焦虑）。然而，大
多数人在一定程度上都会以相信这是一个公平世界的方式来作为自我保护机
制。这一信念越是坚定，人们就越会认为遇到危机的人是自食其果。

我们把他人的行为归因于性格特质还是归因于情境很重要，不仅仅是
因为这关乎我们如何看待他人，更是因为这有着非常严肃的实际意义。如果
我们觉得他人是自食其果，那么我们就不会就此提供帮助。相反的，如果我
们认为是情境惹的祸，那么我们就会伸出援助之手。倘若某人得了肺癌，而
我们相信这是因为他吸烟导致的，那我们就既不会为此感到难过，也不会提
供协助。但如果我们认为他得癌症是因为偶然性、基因缺陷或受二手烟的迫
害，我们就会感到非常难过并提供一切可能的帮助。

 # 我们如何确定他人是什么样的人？

印象不是人们经过谨慎思考后才会产生的，也不是只在人们暴露于他
人的行为后才会形成。实际上，印象的形成过程几乎只需要一瞬间（详见乌
勒曼等人 1996 年的研究）。社会心理学研究表明，形成对他人的印象往往
只需要十分之一秒的时间（Willis & Todorov，2006）。阿姆巴蒂和罗森塔尔
（Ambady & Rosenthal，1993）要求研究被试根据一段关于某位老师的无声

公正世界信念：人们相信世界是公平的，并且通过断定恶人有恶报、好人有好报
来调整其他信念以保持这种立场。

短片对这位老师作出判断，从而证明了第一印象的重要性和相关性。研究者发现这些快速判断与在学期末时学生们对老师重新进行评价和主要项目的评分都非常一致，说明第一印象是可以持续存在的。

为了让你亲身感受自己是如何基于少量信息就对他人的人格进行快速推断的，请试试以下这个练习。某人被描述为聪明的、灵巧的、勤奋的、热情的、坚定的、现实的以及谨慎的。花一分钟的时间在脑海中勾勒出这个人的形象，写下对此人的直观想法，即你对这个人的第一印象。你希望跟他合作吗？

现在想想另一个人。这个人被描述成聪明的、灵巧的、勤奋的、冷酷的、坚定的、现实的以及谨慎的。继续迅速写下你对此人的想法和印象。你希望跟这个人合作吗？

这两个人在你心中的总体形象很可能是非常不同的，然而他们之间唯一的区别就是第一位是"热情的"，而第二位是"冷酷的"。这两种特征之所以会产生影响是因为它们更接近人格的核心，而其他的品质则是关于人们某一特征的具体描述。"热情的"通常都被认为是能包含个体整体人格的词汇，因此，仅仅一个形容词之差就能对他人产生大为不同的总体印象。这就是所罗门·阿希（Solomon Asch）在他关于印象形成的经典研究中的发现。他通过把对某人的描述从"热情的"变成"冷酷的"，从而极大地改变了被试对此人的想法（Asch，1946）。

此外，即便是在刚刚认识某人的头几分钟里，此人表现出来的第一项特征也是至关重要的。在阿希的一项早期研究中，被试要为一位被描述为妒忌的、固执的、批判的、冲动的、勤奋的和聪明的人打分。而其他的被试则要为被描述为聪明的、勤奋的、冲动的、批判的、固执的和妒忌的人打分。也就是说，所包含的信息是完全一致的，只是排列的顺序刚好相反而已。结果显示，先知道了关于此人正面特征的第二组比先知道了负面特征的第一组的评分更高（Asch，1946）。

此外，当阿希检查每一个单词的相对影响时，他发现第一个单词在人们形成对他人印象的过程中是最为重要的，这个现象被称为**首因效应**（Asch，

首因效应：一系列信息中第一条信息对我们的判断最具影响力的现象。

1946）。这一效应认为，一系列信息中第一条信息在印象形成中是最具冲击力的。第二条信息和第三条信息也会有一定的影响，但影响是不断减弱的。这表明第一印象可以通过信息呈现的顺序得到某种程度的修正。

值得注意的是，还存在着另一种名为**近因效应**的现象，即最后呈现的信息在人们记忆中将更为清晰，由此对印象形成也会产生影响（Thorndike，1935）。于是有人认为首因效应可以由此被消除，但事实并非如此。近期信息的影响会在信息被呈现后迅速产生于印象当中，但是它并不会像首因效应那样产生长期作用。近期的信息确实能影响他人现在对你的看法，但由此形成的第一印象则会影响他人日后对你的看法。

这些印象在引导人们进行社交中起着至关重要的作用，了解某人对他人持有的第一印象可能会产生深远影响。要对他人关于我们的印象进行监控是极为困难的，因为这不只是视我们的行为而定的。例如某些人扮演的角色就在很大程度上决定了对于他们来说什么才是积极的特征。当然，这并不总是一件坏事。我们希望自己的母亲是热情的并充满关爱的，但对电工就不需要这样的期待了，毕竟他们只要做好本职工作就足够了。

> 要对他人关于我们的印象进行监控是极为困难的，因为这不只是视我们的行为而定的。

然而，这些对他人的期待可能会导致歧视。其中一个例子发生在男性和女性都在求职或谋求晋升的时候。符合男性性别的角色通常要求聪明、自信以及有领导力，这通常也是公司对经理所提出的标准。相比之下，符合女性性别的角色一般意味着温柔、善于照顾他人和服从，而这些特征与管理人员的特征是大相径庭的。不遵照女性性别角色行事的女性通常会受到同辈们（包括男性和女性）的负面评价，而且，就算她们具备管理人员的特质，她们也更少被雇用［详见海尔曼（Heilman）2001 年的评论］。所以申请管理职位的女性是如何行事的呢？由于角色期待，女性通常需要在两种角色要求中

> **近因效应**：相对于我们在中间过程接触的信息来说，我们所接触的最后一部分的信息对我们的决策有更强的影响作用。

艰难地保持平衡——一种是作为管理者的专业和睿智，而另一种是在面对同事时所需表现出的善于照顾的和亲社会的特质。因此，要掌控他人对我们的印象一点都不简单，而这些印象的内容又是极其重要的。

如此快速形成的印象在我们的日常生活中是举足轻重的。设想在你的生活中，这种印象产生的频率有多高呢？它们又在多大程度上与事实相关呢？在很短的时间内，雇主就要决定他们是否会雇用你，而且你也要决定自己是否愿意为他们效力。同样的，在相亲的时候，你觉得对面的那位男性或女性是你想要接近的吗？在第一次约会之后你还想进行第二次约会吗？在这些时候，我们几乎都没有意识到自己正在评价他人，而且他人也同样不了解我们。然而尽管如此，我们和他人都会基于极为有限的信息而对对方的个性作出判断。

事实上，第一印象是如此的强大，以至在我们都不在场的时候它们还是会起作用（Widmeyer & Loy，1988）。在凯利（Kelly）的一项早期研究中，学生被告知他们随后将会接触的演讲者是一个很热情的或者是很冷酷的人。然后所有的学生都会听到这位演讲者的中性演讲，并在结束之后和这位演讲者进行小组讨论。事前被告知这位演讲者很热情的学生认为这是一位相当实在的演讲者，并在多项指标上都给出了更高的评分。此外，这些学生还更可能积极参与讨论，参与率高达 56%，而事前被告知演讲者很冷酷的学生的参与率则只有 32%（Kelley，1950）。

他人外貌留下的第一印象也很重要，并且会影响我们对待他人的方式。他人的吸引力会使我们的行为产生巨大的偏差，这被称为**"美的就是好的"效应**（what is beautiful is good effect）（Dion，Berscheid，& Walster，1972）。虽然大多数的人并不是故意要把美丽的和好的等同起来，把丑陋的和坏的等同起来，但是从某种程度上说，这样的观念自动存在于我们的大脑中。当人们接触漂亮的肖像照片或面孔的时候，他们随后能更快地把积极的词汇归到积极的类别中，但如果他们接触的是不具吸引力的面孔，这个现象就不会出

"美的就是好的"效应：人们把美好事物和正面特征联系起来，或人们在看到美好事物时大脑中的积极事物就被激活的现象。

现（Olson & Marshuetz，2005）。这是因为漂亮的面孔可以使积极的事物变得更为易得，或更容易在人们的脑海中呈现出来，因此人们能更快地进行识别。相比之下，当人们看到的是漂亮的房子而不是面孔的时候，这个现象并不会发生，说明人的面孔具有某种特别强大的、关键的和正面的特征。我们将会在第 12 章讨论吸引力的时候再回到这个效应上来，而且我们还会在后面的章节中看到过分具有吸引力也会适得其反。

美人的作用并不只是激活我们大脑中的美好事物，它还会影响我们对他人生活状况的估计（Dion，Berscheid，& Walster，1972）。我们会预期有吸引力的人可以得到富有声望的工作。通常来说，这些人被认为是更为幸福和成功的。在美人面前，人们甚至会以有损自我的方式来呈现自己。在女性见过可能有机会结识的帅哥的照片后，如果传说这位男士比较传统保守，那么女性就会让自己看起来不那么聪明（Zanna & Pack，1975）。因此美丽的意涵是相当深远的。

虽然美貌对印象也许存在着尤为强大的影响，但是其他看起来不相关的方面也能触发对他人印象的形成。我们对他人 iPod 播放器里存放的歌曲的观点（Rentfrow & Gosling，2006），甚至对他人名字的看法（Young et al.，1993）也能影响我们对此人的判断。例如，如果某人的名字较为老气，年轻人就会觉得相对于名字更为普遍的人来说，此人不怎么受欢迎或者没有那么聪明（Young et al.，1993）。个人的行李、Facebook 的个人资料页面以及宿舍房间的布局都会被用来形成对个人的总体印象（Gosling，2008）。甚至说话的音调都会被用来推测某人的男性或女性气质（Ko，Judd，& Blair，2006）。

面部特征的影响并不只是否漂亮而已。某人面部特征的大小和形状也会影响他人对他／她的判断——此人是善良的还是刻薄的呢？如果某人拥有圆润的脸蛋、卷头发、长睫毛、大眼睛、短鼻子、饱满的嘴唇和朝上的嘴巴，我们就倾向于认为这人是热心肠的（Hassin & Trope，2000）。此外，如果某人的长相显得稚嫩，那么他／她就更可能受到人们的质疑，而且人们也倾向于认为此人是懦弱的、天真的和顺从的（Berry & Zebrowitz-McArthur，1988）。总之，人们总是很容易就根据众多无关的因素而对他人作出快速判断。

◎ 光环效应

一旦我们形成对他人的总体印象，我们就会据此来引导对其后续行为的解读。如果我们对他人已经形成正面印象，那么我们对此人就产生了积极内隐人格理论（positive implicit personality theory）所说的**光环效应**（halo effect）。随后不管此人的行为如何，我们都会予以积极评价。如果我们目睹了某种我们认为能代表美好品质的行为，那么我们就会推断此人还具备其他更多的美好品质。

在光环效应之下，人们会失去辨别他人众多行为的能力，并假定所有的这些行为都是正面的——例如，如果某人被认为是好员工，那么她所执行的计划和完成的工作都会更容易得到统一的正面反馈，即使在她有所疏漏的时候仍是如此。在众多维度上她都会得到积极的评价，诸如工作主动、勇于创新以及勤奋等等，虽然她的创新能力未必比得上她的勤奋程度。

在一项展示了光环效应的研究中，演讲者先是被树立起热情的形象，于是学生们在听完他的演讲之后赋予他更多正面特征，如具有吸引力、受人欢迎，甚至是说话的口音很好听等等（Nisbett & Wilson，1977）。然而如果演讲者被树立起来的是冷酷的形象，学生们的正面评价就会显著减少。重要的是，这些学生完全没有意识到为什么会对演讲者做出这样的评价，他们提出了其他的原因，而这些原因在这两种情况（即演讲者的形象是热情的还是冷酷的）下其实是无关紧要的。因此，他们无法解释这种效应。

◎ 确证偏差

设想你是一位死刑的忠实支持者。你认为死刑可以减少犯罪，而且这对于严重越轨者来说是公正的惩罚。假设你现在读到一篇研究论文显示死刑并不能减少犯罪，而且 70% 死于死刑的人在后来都被平反了。你会因此改变自己的看法，认为死刑就该被免除吗？还是你会觉得研究本身必定有缺陷？

> **光环效应**：当我们已知某人具有某项正面特征时，我们就会对此人产生总体上的正面评价，并推断此人还有其他正面特征的现象。

如果你认为是研究有缺陷，那么这确实是最为可能发生的情况。人们在面对强有力的驳斥证据时仍然会为自己的观点辩护，但他们是怎么做到的呢？就

> 人们在面对强有力的驳斥证据时仍然会为自己的观点辩护。

是通过有选择地只注意能支撑自己观点的信息，并忽略反对信息。这被称为"确证偏差"，正如我们在第 1 章里所看到的那样（Darley & Gross，1983）。

一项关于确证偏差的研究要求其被试观看一段视频，视频里一位名叫汉娜的 9 岁女孩正在回答学术问题（Darley & Gross，1983）。有的被试在观看之前就被告知汉娜来自上层社会的白领阶级家庭（激起被试对汉娜表现的高度期待），而有的被试则被告知汉娜来自底层社会的蓝领家庭（使被试对汉娜的期待不高）。没有观看视频的被试在他们对汉娜智力的评价中显示出细微的差异，但这些差异与他们期待的差异是相符的。而观看了视频的被试都目睹了汉娜可以正确回答某些难题，同时他们也看到她在一些简单的问题上犯错。在看完视频之后，期待值不同的被试忽略视频所提供的混合证据，而且他们对汉娜评价的差异变得更为极端：期待汉娜表现出色的被试认为她更为聪明，而对汉娜期望不高的被试则认为她不那么聪明。由此，被试只关注能支持他们对汉娜既有期望的表现，而不关注剩余的部分，因此在心里为自己已经持有的观点提供支持。

这种对证据有偏差的审视方式被称为证实假设检验。例如，在斯奈德和斯旺于 1978 年进行的研究中（Snyder & Swann，1978），研究被试被告知他们将会与自己从来没有见过的人进行访谈，以了解他们的访谈对象。研究者让被试相信自己将要会见的人要么是内向的，要么是外向的。然后他们被要求去选择一些将会用来询问这个人的问题。结果被试都倾向于选择能证实而不是驳斥自己的想法的问题。例如，期待外向受访者的被试会选择这样的问题："你会如何使派对变得气氛活跃？"——这样的问题显然会得到让人觉得回答者很外向的答案（Snyder & Swann，1978）。通过这种方式，我们既被动也主动地参与到**信念固着**当中，使自己在即使遇到驳斥证据时也能继续

信念固着：即使在面对驳斥证据时仍坚持自己的观点。

保持已有的观点（Ross，Lepper，& Hubbard，1975）。

◎ 自证预言

确证偏差认为，印象一旦形成，我们的期望将会影响对他人行为的感知方式和理解方式。这不仅仅影响着我们对别人的印象，还会影响我们如何对待这些人。重要的是，通过根据自己对他人的预期来采取行动，不管此人原本的行为如何，我们可能会无意地引起那些我们被预期的行为。

譬如，如果你要跟一位你认为很懒惰的同学一起工作，那么你就会认为她的贡献并没有很大的价值，并且更多地把工作揽在自己身上。而且不管这个同学是否真的很懒惰，由于她觉得你在负责大部分的事情，所以她会认为自己只是处于次要位置。这是自证预言所包含的前提，也就是说如果我们期待某些事情将会发生，那么我们就会以能实现自己期望的方式行事。我们拥有能帮助我们认识世界的认知架构，它们被称为图式。正如在第 3 章已经讨论过的那样，图式能够将关于某事物的信息整理组织起来，并赋予意义和结构。举个例子，与其将某个物体想象成明亮的、玻璃制的和小型的，我们会把这个物体看成电灯泡，由此所有与之相关的特征都可以一次性呈现在脑海中。我们构建图式来推断事物的面貌，例如好学生应该是怎样的，然后我们可以以此来推导出其他学生的信息。图式是引起自证预言的部分原因。

在一项研究中，小学生们进行了一项能预测他们来年智力增长的测试，至少老师们都相信测试可以得出这样的结果（Rosenthal & Jacobson，1968）。实际上，测试只是在评估学生的智商。老师们得到的是错误的反馈，也就是说，被认为有着极大进步潜能的学生其实是随机挑选出来的。在学年的最后，被认为有进步潜能的学生确实在智商方面表现出很大的提高。老师们在整个学年的课程里都对这些学生投入更多的精力，给他们更多具有挑战性的任务和更好的建议，并且向他们提供更多参与课堂的机会，以让自己对这些学生的期望变成现实。

然而值得注意的是，这个效应只发生在低年级学生（即年幼学生）的身上，在高年级学生身上并没有出现这一效应（Rosenthal & Jacobson，1968）。

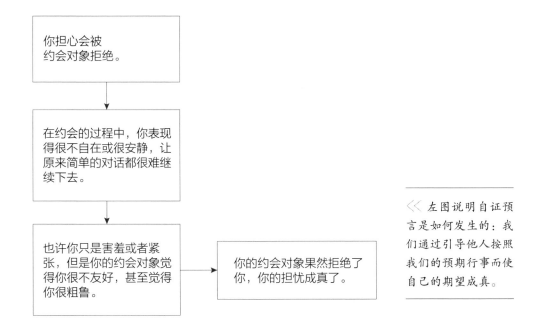

≪ 左图说明自证预言是如何发生的：我们通过引导他人按照我们的预期行事而使自己的期望成真。

可能的原因是老师并没有期待在这些年长一点的学生身上可以发生巨大的变化。也有可能是因为年长的学生已有稳定的形象，而且老师都知道，因此测试结果并不足以改变这些既有的期望。尽管老师的期望可以自我实现，在很大程度上他们的期望是准确的，而且老师的期望至少不会导致学生失败。但是这样的期望也不会是学生变成全班第一的原因（Jussim & Harber，2005）。不管原因是什么，这个发现说明自证预言并不是在所有情况下都会出现的。

◎ 在感知他人的过程中，我们如何才能做到准确呢？

这一章的内容尝试阐明人们感知他人的很多方式都是有缺陷的。在某种程度上，本章甚至让你觉得准确地感知他人是不可能的，但事实并非如此。例如，通常情况下，当我们面对的是自己熟悉的人时，我们的感知会更为准确（Kenny，2000）。诚然，我们对他人的感知总是混杂着偏差和准确性，偏差可以导致准确性的同时，准确性也会导致偏差。值得注意的是，假设他人跟自己相似在一般情况下可以增加我们在理解他人时的准确性（Kenny & Acitelli，2001）。

此外，当人们有动机想去准确理解他人时，他们确实也可以形成较为准确的印象（Kruglanski & Webster，1996）。社会假设检验理论认为，当人们持有高度的动机去获取准确性时，他们会进行广泛的检验，产生其他替代假设，并在做决定的时候考虑到这些假设（Trope & Liberman，1996）。由此，他们在就他人的行为形成结论前会思考种种可能的因素。再者，关注移情准确性（empathic accuracy，即感受他人思维和情感的能力）的研究表明，可以增强移情准确性的因素有很多，这些因素包括动机（lckes & Simpson，2004），目标人物就自己真实想法和情感而进行的反馈（Marangoni，Garcia，lckes，& Teng，1995），以及为了使积极的结果发生而对目标人物的依赖（Simpson，Oriña，& lckes，2003）。

 # 我们如何在不使用语言的情况下进行沟通呢？

在我们的社交环境中，很重要的一部分是理解他人的真实想法、情感和意图。这个过程是至关重要的，因为有关他人的这些认识对我们有着极为深远的影响。如果某人作出了承诺，那么我们就必须判断此人是否真诚，还是承诺的背后藏着其他的动机。而在我们需要帮助的时候，如果我们知道谁是最为合适的求助人选，那么我们就能获得自己想要的东西。谁的心情最好？谁最可能提供帮助？谁有这个能力？要做出这些决定是很困难的，因为我们看不见他人的真实内心，但是这并不妨碍我们对此进行推断。在理解他人的时候，我们会经常推测他们的想法和情绪。那么这些推测是建立在什么基础之上的呢？

要做出这些决定是很困难的，因为我们看不见他人的真实内心，但是这并不妨碍我们对此进行推断。

考虑到人们并不会经常公开自己的真实动机、想法和情感，我们必须使用**非语言线索**进行"解密"。但这并非事情的全部。甚至在我们无意了解他

> **非语言线索**：不用语言文字来传达思想情感的行为、姿势以及表达。

人，或者根本没有关注他人的行为时，我们还是会自然而然地对他人进行推断，并以此归类和赋予意义。这些推断都是自动地并在我们没有意识到的情况下发生的。对此，非语言线索同样也是最为重要的。非语言沟通的基本方式会导致对他人的推断，而不管这种推断是有意识的还是无意识的。

> "你走吧，我没事。"人们的非语言行为可以传达出与其话语含义相反的丰富信息。

◎ 情绪表达

人们使用的非语言行为有很多种，包括面部表情、眼部动作和身体姿态。例如，对沟通来说面部表情是最为基本的，有六种情感在跨文化中都是通过相同的表情进行表达的，它们是快乐、恐惧、伤心、愤怒、惊讶以及厌恶（Ekman，1994）。例如，西方文化和东方文化中的人都能识别皱眉和紧闭嘴唇都是在表达愤怒的情绪。

有人认为这样的恒定不变反映了以下的事实：这六种情感是核心，其他的一切情感都建立在它们的基础之上，如挫败感可以被视为愤怒和厌恶的结合。此外，跨文化的群体使用同样的表情来表达这些基本情感的事实，说明面部表情在非语言沟通中的首要地位。面部不同的肌肉都在各司其职，狡黠的笑容可以传达恶作剧，而上扬的眉毛则是在表达疑惑或者惊讶。这些表情都是自动被唤起的。例如，当你记起生活中的 某位自己喜欢的人时，你就很可能自发地露出正面的面部表情，即使你暴露在关于此人的消极信息之中（Andersen & Berk，1998）。虽然这些表情通常都是很短暂的，并且会被自我管理快速地掩盖起来，但它们是不能被完全制止的。因此，不管个体本身是否打算表现自己内在的感受和情绪，面部表情还是会把这些反映出来。

面部表情中值得关注的一方面是眼部的凝视和运动。如果没有眼睛的帮助，诠释他人的情绪将会变得非常费劲。如果某人跟我们进行眼神接触，那么她的动机在我们看来就会变得真切，而且我们也会觉得她很有自信。事实上，持续的眼神接触通常是积极重视和关注的标志。但尽管如此，有时坚定的凝视反而会很吓人。眼睛的刺痛感可能暗示个体很焦虑，而视线比较低的注视则是个体感到羞愧或内疚的表现。仅仅改变一个人凝视的视线方向或强度就可以对他 / 她想要借此进行的沟通产生重大影响。

我们剩余的身体部位也可以向他人传达我们的意图和情感。研究表明，动作姿势可以和言谈一起创造出意义（McNeill，Cassell，& McCullough，1994），因此动作姿势跟意义本来就是相连的。一种相当直接的身体语言跟动作的速度有关。如果某人坐立不安，快速地揉搓自己的手臂，还伴有其他反复而迅速的动作，那么我们很容易地就会推断此人被唤起了，不管这种唤起是积极的还是消极的。动作姿势可小可大，小至眨眼睛，大至整个身体的姿态。重要的是，身体不同部位传达的信息可能是不相符的，这很可能是因为个体在有意地管理自己的某个部位使它以特定的方式呈现，而其他部位则反映出个体的内在情感。

很重要的一点是，情境中的差异会使人们以不同的方式去解读同样的非语言行为。设想一下你的朋友正坐在旁边看书。你问她晚餐想点什么，然后她耸了一下肩。你会怎么解读这种行为呢？你很可能认为她拿不定主意，但也很平静。现在想象她是你的女朋友，你问她是否介意自己出去跟朋友吃饭而不陪她，她耸了一下肩。这次你会怎么解读这个动作呢？你也许会觉得相比起之前的情境，现在的这个动作更表现出她的敌对情感。动作是一样的，但是对动作的解读需要依靠当下的语境背景。动作和随之而来的解读也会因发出动作的人是谁而异。例如，如果一个孩子正在哭泣，人们通常会推断他很难过。但如果是一个男子在哭，很多人（很不幸！）都会认为他过于软弱和敏感。社会心理学在很大程度上建立在以下观点之上：我们对世界的理解综合了人物和情境因素的错综复杂的交互作用。

◎ 识别谎言

想象一下现在是暑假，你又要重新跟父母住在一起，直到秋季课程开始。你习惯随时去你想去的地方，但是现在你的父母想知道你做的每件事。你很想去听一场音乐会，但你找不到一起去的同伴，而你的父母是绝对不会让你独自一人出去的。音乐会当晚，你的父母问你会跟谁一起去。你会怎么做呢？你将会怎样让他们相信你真的会和朋友一起去听音乐会呢？

考虑所有不会让人意识到的交流方式，人们都认为自己相当擅长察觉别人的谎言。然而，情况却不见得是这样的（Ekman，2001）。我们准确觉察谎言的概率只刚刚超过 50%，也就是说，这仅仅略高于随机概率，或者就像我们掷硬币的概率一样。这是因为我们倾向于假设人们在一般情况下是诚实的，因此不会关注他人或许不诚实的可能线索。

考虑到我们经常说谎的事实，这个错误的观点是让人难以置信的。尽管我们不会平均地对每个人都说谎，人们在一天中至少说谎一次（DePaulo & Kashy，1998）；大部分情况下我们是对陌生人说谎，对家人和朋友的谎言则少得多。为什么会这样呢？我们说谎的原因有很多。其中一个原因是自我呈现——我们说谎是为了让他人以我们所希望的眼光来看待我们。然而，一旦我们对某人很了解，而且这个人也很了解我们的时候，要说出一个有说服力的谎言就变得很困难了。

此外，**自我证实**的需求可能占主导地位（Swann & Read，1981）——我们希望他人看到的我们就像我们看到的自己一样，正因为如此，我们故意表现得不诚实的可能性就会比较低（我们在第 4 章首次介绍这个概念）。另外，我们或多或少会更容易因自己用谎言来操控所爱的人而感到内疚。然而，这并不是说我们不会对所爱的人说谎，我们说谎可能是顾及他们的感受或者为了避免自己的不端行为所造成的影响。

如何识别谎言

人们已经识别出几种可以有助于识别谎言的非语言行为。其中一种是之前提到的短暂地显露出来的面部表情，如果它们与随后有意呈现的面部表情不一致的话，那么可能是此人在说谎的标志。另一种指标是某部分的肢体或姿态表现出来的情感不同于其他部分的肢体或姿态。如果某人正对着你报以灿烂的笑容，但是她的腿却在不安地移动，那么她可能并没有看上去那般平静。

我们所说的话也是我们是否在说谎的指标。由弗里杰等人（Vrij，

自我证实：个体使他人准确认识自己的动机，包括让他人认识自己的负面特征。

Evans，Akehurst，& Mann，2004）进行的研究显示，当人们在说谎的时候他们会使用不同的词汇，而且相对于说真话的人来说，说谎者在描述事件的时候很少提及细节，而且他们不能复述对话内容，也不能对图像进行描述。虽然，语言方面的线索可以指示谎言（它可以解释人们说谎与否这一方面67%的变异），但非语言线索并不是可以进行识别的指标。因此，即使非语言线索确实存在并且可以指示谎言，但是它们在现实生活的互动中并非真的能确证谎言。

此外，经常被以为可以指示谎言的非语言线索并不总是能明确指出欺骗。由曼等人（Mann，Vrij，& Bull，2004）进行的研究表明，即便被认为经验丰富的专家警员在识别谎言方面的准确率也只有65%，但已经远远高于一般的准确率。值得注意的是，常常被认为能指示谎言的非语言行为，如仇视的目光和坐立不安，与警察识别的准确率呈现出负相关；它们反而降低了准确率。相反，对识别谎言的信心与准确率则呈现出正相关，因此更多的信心能提高警员识别谎言的准确率。善于识别谎言的人更可能是使用了事件本身的线索，如被提供的、用以描述事件的细节的数量。

在众人每天都大量使用的互联网中，识别谎言同样重要。然而，在这种情境下识别谎言已经变得越来越难。虽然我们所使用的字词具有相当的重要性，但非语言线索的缺失会使辨别谎言变得尤为困难。网络骗子使用更多的字词，而且他们很少使用第一人称代词（如"我"），更多地使用第三人称代词（如"她"），以及更多地使用指代感觉的术语（如"看"）（Hancock，Curry，Goorha，& Woodworth，2008）。字词的增加看起来和说谎者不提供细节这点有所矛盾，但事实也许是说谎者在平常状况下确实会修饰自己，然而当他们成为罪案的疑犯时，他们就担心自己反而会说出可以揭露谎言的话来。尽管如此，在网上进行交流的人在多数情况下是不可能通过这样的线索来识别谎言的。

社会感知中的准确性是研究中的一块领域，大量的研究都旨在发掘有助于准确理解他人的因素。而就克服偏差这方面而言，偏差并不能被完全避免，不过有时它反而能提高准确性。你在这一章中所学到的知识可以使你意识到这些发生在自己身上的过程，从而让你知道如何纠正它们，提高自己的社会感知能力。让人们知道自己在社会感知中可能产生的偏差，这也可以使他们在感知他人的过程中做出改变（Lilienfeld，Ammirati，& Landfield，2009；Nisbett，Fong，Lehman，& Cheng，1987）。

运用社会心理学　　商业

想象一下自己在这样一家公司工作：午餐时间会为你提供免费美食，在你想喝饮品的时候给你一杯特制奶昔，有健身房、洗衣房、美容师和娱乐室，甚至当你觉得你的工作环境太紧张的时候为你提供按摩。工作还包含全面的健康保健计划，可观的薪酬和福利，你甚至有机会每天带着自己的宠物一起工作。那么一瞬间，你甚至不认为会有这样的工作。谷歌（Google）一直被《财富》杂志评选为顶级雇主之一，因为它为自己的员工提供了许多特权待遇。谷歌每天都会收到超过 3 000 份工作申请，从而能够挑选出全球最聪明和最具有潜力的员工，而且谷歌培养出一支忠诚而勤奋的劳动力队伍。正如谷歌创始人之一拉里·佩吉（Larry Page）所说的那样："这是一个常识：开心的人工作效率更高"（Lashinsky，2008）。

佩吉的哲学中包含了一些工业组织心理学（Industrial-organizational Psychology）的原理，这是心理学的一个分支，它致力于研究工作场所的生产效率以及相关问题，如员工的身心健康。社会心理学家和其他分支的心理学家都在专门研究这片领域，进行能回答以下问题的研究：申请者是如何选择工作的？什么特征能造就一位高效的领导者？什么因素促进人们努力工作？什么因素会影响人们对工作的满意程度？

一个被列入工业组织心理学范畴的常见话题是：相比起女性，男性是否被认为是更有效率的领导者。正如你将在第 9 章中领导力的讨论部分学到的那样，研究表明人们对女性领导者较少存在好感，从而导致她们容易被认为是缺乏效率的（Biernat，Crandall，Young，Kobrynowicz，& Halpin，1998）。一项研究发现，当女性领导者以典型的男性领导风格行事的时候（例如，表现得很决断或有着很强的适应性，熟练掌握人际关系技巧），或者当她们从事的行业在传统意义上是由男权掌控的领域时（例如大学体育、商业或者制造业），他们很可能会得到负面的评价（Eagly，Makhijani，& Klonsky，1992）。尤其当评价者是男性而不是女性时，这些负面的评价会变得更加显著。

尽管有着这些负面的态度，研究表明，女性领导者和男性领导者在效率方面是相当的，唯一不同的是她们的领导风格。女性通常会采取更为民主或者鼓励参与的领导风格，而男性则倾向于独断专控的方式（Eagly & Johnson，1990）。一些研究人员指出，这种性别特征会由于职位要求的不同而造成工作效率上的轻微差异——以任务为导向

> **然而，从总体上说，关于领导力和性别这一题材的众多研究表明，男性和女性领导者在工作效率方面并没有显著区别。**

的职位更适合男性领导者，而女性领导者则会在以人际关系为导向的角色上表现得更为出色（Eagly, Karau, & Makhijani, 1995）。然而，从总体上说，关于领导力和性别这一题材的众多研究表明，男性和女性领导者在工作效率方面并没有显著区别。

人员选拔与评估也是工业组织心理学的研究领域。想象一下一家公司的主管正在面试你。在你充满激情地回答问题期间，你碰倒了桌子上的一杯咖啡，咖啡洒在主管的大腿上。你认为有可能挽回你自己的表现吗？还是（假设你仍然在竞聘这个职位）你永远会被认为是绝不能委托去招待并赢得未来客户的笨手笨脚的呆子？不幸的是，正如你在第5章所学到的那样，我们永远没有第二次机会给别人留下第一印象。当我们在跟陌生人会面的时候，我们会根据少于30秒的观察来获得对他人相对准确而持久的评估（Ambady & Rosenthal, 1993）。一项近期研究发现了进行这种快速判断的神经过程。在应对社交场合时，脑中的两个关键区域会根据个人的和主观判断的重要性来整理信息，由此形成对他人的第一印象（Schiller et al., 2009）。这些印象通常是根据非语言线索和外貌特征形成的。当观察者看完123张以自然姿势（例如，微笑的表情或者精神抖擞的站姿）拍摄的陌生人全身照时，他们能够准确地评估出90%的人格特征，这些人格特征包括从随和性和情绪稳定性到宗教信仰和政治取向（Naumann, Vazire, Rentfrow, & Gosling, 2009）。

然而，第一印象并不总是准确的，而且管理人员和评估人员往往会被第5章中讨论的社会知觉的偏差所误导。在工作场合中，这样的社会认知偏差也许可以助雇员一臂之力，也有可能妨碍他们的职业进程。例如，研究表明，如果职员参加了最初的评估或者雇用过程，那么评估人员将更可能对雇员进行正面评估，即使在这个过程中他们知道了关于雇员的负面信息（Bazerman, Beekun, & Schoorman, 1982）。评估人员也很可能受光环效应的影响——失去对雇员不同方面之间差异的判断能力（Cooper, 1981）。光环效应的后果是，雇主会倾向于认为友好的且和善的雇员也可能成为有效率且有魄力的团队人员，而一个不擅交际的雇员常常会因为无关紧要的表现而得到较差的评价（更多关于光环效应的信息详见第12章）。研究人员发现当评估人员评估一些他们不太了解的人时，或者当延时影响了他们对雇员表现信息的收集时，光环效应就会变得尤为普遍（Kozlowski, Kirsch, & Chao, 1986; Murphy & Balzer, 1986）。

第一印象一旦形成，要摆脱是很困难的，因为我们有天生只注意可以支持预想刻板印象的信息而忽略反驳信息的倾向，这种现象被称做确证偏差（关于确证偏差进一步的讨论详见第10章）。所以，一旦雇主把某位雇员定性为懒惰的、聪明的、有才能的、有用的，或者笨拙的，这位雇主就只会注意到这个雇员所做的、可以支持雇主固有想法的行为。通过让雇主和雇员都意识到这些倾向以及其他以上所讨论的影响因素，社会心理学能够帮助我们知道怎样才能在工作中变得高产、有效率且快乐。

> " 第一印象一旦形成，要摆脱是很困难的，因为我们有天生只注意可以支持预想刻板印象的信息而忽略反驳信息的倾向。"

态度：对世界做出评价

■　态度是如何发展起来的？

■　态度会影响行为吗?

■　行为在什么情况下会影响态度?

2010 年，

全世界都目睹了一场发生在墨西哥湾的重大石油泄漏事故。确实，把它称为"泄漏"实在是轻描淡写了——它很可能是美国历史上最为严重的一次环境灾难。2010 年 4 月 20 日，英国石油公司位于墨西哥湾的钻井平台爆炸，造成了 11 人死亡。这次爆炸使得一条把石油从海底运输到钻井平台的管道折断。当钻井平台爆炸并且下沉的时候，它把这条管道也拽了下去，管道在海底被折弯扭曲。管道的好几个地方都破裂了，导致高压石油以每天 250 万加仑（1 立方米约为 264 加仑）的排量涌入墨西哥湾，前后持续了三个月。让事情更为糟糕的是，这次的灾难发生在海平面 5 000 英尺以下的地方，因此维修工作异常困难。科学家表示石油涌出而对环境造成的长期破坏依然是不可估量的。再者，对于当地依靠墨西哥湾的水源生存的民众来说，他们承受的经济损失也是难以计算的。

众多美国人都被这场前所未有的灾难激怒了，他们立即呼吁禁止近海石油开采，并对英国石油公司进行抵制。许多美国人和全球其他地区的民众都认为这场灾难对墨西哥湾的生态系统以及生活于这个生态系统的人们带来了即使不是永久的，也将会是持续的恶劣影响。有的人认为这家公司极其邪恶，它不仅没有采取足够的措施去阻止这场灾难，经营者们反而将精力花在推卸责任上。而对于另外一些人来说，英国石油公司的这起事故仅仅是一则新闻报道而已。他们看看电视上的报道，或者浏览一下新闻网站的头条，然后觉得"噢，这真可惜"，甚至都记不起这场灾难。

在多数情况下，这样的灾难能促使人们发生态度改变。原本对近海石油钻探持中立态度的人开始对此表示反感。但是这意味着他们会加入到写信抗议和清理事故的行列中来吗？不一定。正如你在生活中多次经历到的那样，你对某件事物的看法并不一定会和你的行事方式一致。在本章，我们将会着眼于影响态度发展的因素、能预测态度的因素，态度是如何发生改变的，以及态度是否能预测后续行为等问题。

态度是如何发展起来的？

社会心理学家以多种不同的方式定义**态度**，而且这些定义在这些年里发生了相当的变化（Schwarz & Bohner，2001）。然而为了我们讨论的方便，我们只使用其中的一种定义——对某刺激所持有的评价，它由情感的、行为的和认知层面的信息组成（Zanna & Rempel，1988）。正如你在第 5 章里看到的，形成对某人或某事的态度往往只需要一瞬间。事实上，你甚至不会知道你已经形成了某种态度，因为你的心智总是在不断地、不知不觉地对环境进行判断和分析。你很可能从个人经历中已经知道，态度在强度上是很不一样的。你也许很讨厌橄榄，甚至都不能忍受它们的味道。也许某个政治事件让你感到热血沸腾。而在另一方面，也许你不怎么喜欢某位演员，但如果你的朋友想去看他的电影时，你并不会拒绝。

态度也可能是模棱两可的。模棱两可（ambivalent）这个词也许并不为人熟知，但是你肯定知道这是什么感觉。假设，你被某所离家几百英里（1 千米约为 0.62 英里）远的学校录取了，你可能觉得离开家生活将会是一次令人兴奋的冒险。但与此同时也许你很多的朋友却计划在州内的学校上学。你感觉像被拉扯着——你渴望新经历，但又不想离开朋友。所以**矛盾态度**就是同时经受着强烈的、相反的情感或动机。

再想想英国石油公司在墨西哥湾造成的灾难。虽然很多人对受灾的动物和当地的居民表示同情，但一些人却并不确定该指责谁。你是怎么看的呢？你是否认为应指责英国石油公司，因为它们进行了错误的钻探，还是因为它们没有及时解决泄漏的问题？你是否指责政府，因为它并没有更为积极有效地参与事故的解决当中？你是否指责各政客，因为是他们允许近海开采石油的？也许你会指责消费者，因为是他们产生了近海开采石油的需要。你的态度可能是模棱两可的，而且你会经受关于责怪谁的矛盾情感。

> **态度**：对某刺激所持有的评价，它由情感的、行为的和认知层面的信息组成。
> **矛盾态度**：同时经受着强烈的、相反的情感或动机。

随着事态发展，你可能会循环经历这几种针对这一事件的态度。一些因为媒体报道而感到不知所措的人也许会把他们的注意力转移开来。这也是一种态度。微弱的或强烈的、正面的、中立的、负面的或模棱两可的——我们总是会对进入我们"雷达"范围内的事情形成态度，如表 6-1 所示。

表 6-1 如何对你的态度进行分类？

态度	积极的反应	消极的反应	例子
正面的	高	低	"我喜欢牛油果酱！那是我最爱的蘸汁！"
负面的	低	高	"我讨厌牛油果酱！我永远都不会尝的。"
中立的	低	低	"我从来没有试过牛油果酱，所以我没有意见。"
模棱两可的	高	高	"我喜欢牛油果酱，但是我对牛油果过敏！"

资料来源：Cacioppo, J. T., Gardner, W. L., &Berntson, G. G. (1997). Beyond bipolar conceptualizations and measures: The case of attitudes and evaluative space. *Personality and Social Psychology Review, 1*, 3-25.

◎ 态度的形成

很多时候，态度是自发形成的，并在我们没有意识到的情况下就被激活了——这种态度被称为**内隐态度**（Fazio & Olson，2003）。内隐态度是不受我们意识控制的。想想你小时候所持有的态度，然后想想它们是怎么发生改变的。例如，塔莎小时候怕狗，即使她从没有经历过跟狗有关的负面经历。当她见到狗的时候就是感到害怕。但当她长大之后，她改变了这种态度。塔莎告诉自己这种恐惧是不理智的，并且寻求跟狗接触的机会以努力克服这种恐惧。到了现在，塔莎很喜欢狗。这是一个**外显态度**的例子——这种态度为我们所辨别并能被我们控制（Gawronski & Bodenhausen，2006；Nosek，2007）。

心理学家劳丽·A.卢德曼（Laurie A. Rudman，2004）指出四种因素可以区分出内隐态度和外显态度。她把它们定义为早期经历、情感经历、文化偏差和认知一致性原则。很多社会心理学家认为内隐态度源自于早期的，甚至是被遗忘了的经历，而外显态度是通过与近期经历交互作用形成的。情感经历可能对内隐态度有着更深的影响，因为内隐态度与自动反应有关；而外

内隐态度：自发形成的，并在我们没有意识到的情况下就被激活的态度。
外显态度：为我们所辨别并能被我们控制的态度。

显态度则来自更受认知控制的头脑。出于同样的原因，相对于外显态度，文化偏差对内隐态度的影响更大。最后，认知一致性原则对态度的作用方式可以通过一个公式来说明："我喜欢 X，Y 跟 X 一样，所以我一定喜欢 Y。"例如，如果你喜欢喜剧，而且你被邀请去看一部喜剧，那你就很可能对这样的计划抱有积极的态度。

虽然态度基本上是评价性的（Eagly & Chaiken，1993），但内隐态度和外显态度都由三种不同的成分组成：情感、行为和认知。情感上的回应是基于感情的，如为墨西哥湾石油泄漏事件的受害者感到难过。你向某个救援组织捐款，这一行为表达了你对泄漏事故的态度。最后，你对英国石油公司没有对事故作出及时快速反应的负面看法反映出态度之下的认知，因为你在他们本该采取的措施和他们的实际举措之间进行了衡量。

你对英国石油公司泄漏事故的情感、行为以及认知
我们的态度由情感、行为和认知方面的信息组成，并通过这些组成部分得到表达。

当你在评价一个人、一个物体、一个事件或者一个想法的时候，你的头脑会权衡其中的正面信息和负面信息。然而研究表明负面信息对你的态度更具影响力。也就是说，在你对某个事件形成态度的过程中，相比起正面因素，你更容易记住负面因素。这被称为负面偏差（Kunda，1999；Fiske，1980）；想回顾负面偏差，详见（Rozin & Royzman，2001）。负面偏差源于我们加工信息的方式，因为相比起正面信息，负面信息对我们的生存更为重要，由此我们可以避免可能会遭遇到的众多危险。

为了确定这种倾向是不是固有的，研究者测量了被试在看正面照片（如法拉利、比萨饼等）、中性照片和负面照片（如一张支离破碎的脸、死猫等）的脑电波活动。测量反映的是大脑对这些刺激作出判断时的反应，即大脑在识别这些照片为正面、负面或者中性时的反应。结果表明，比起观看正面照片或中性照片，当被试看到负面照片时，他们大脑中有着更为强烈的脑电波，说明他们的大脑活动正在剧烈增加（Ito et al., 1998）。这说明当人的大脑识别出所看到的图片的性质时，相比起正面的和中性的信息，大脑对负面信息有着更为强烈的反应。

事实上，也许躲避危险以求生存是我们的本能，同时随着大脑的进化，我们发展出记住危险情景或事物以求在将来能避免它们的机制。负面偏差也许是为什么如今政治家总是依托"负面广告"，即指责对手只会攫取人们的金钱却不关注他们的利益。缺点会固着在观者的脑海里，他们很可能不再关注这位有着让人讨厌的缺点的候选人的正面特征。我们从自身经验中知道这种厌恶可以变得很极端，然而没有人会喜欢欺凌的行为。对他人的恶意袭击很可能适得其反，并给攻击者带来负面影响，而这种行为也会被人们记住。这些例子说明态度是如何基于评价而形成的，但我们还要进一步看看这种情况具体是怎么发生的。

经典条件反射

不管是积极的还是消极的态度，形成的方式之一是通过**经典条件反射**（要回顾这一概念，详见 Jones，Olson, & Fazio，2010）。经典条件反射是一种习得的方式，在这种方式中，一个中性刺激和一个能诱发反应的刺激配对，一旦条件反射通过反复配对后产生，那么仅仅是中性刺激就能诱发出第二个刺激带来的反应。

伊凡·巴甫洛夫（Ivan Pavlov）在他著名的以狗为对象的实验中发现了这种条件反射。每次给狗喂肉的时候，狗都会分泌唾液。肉是**非条件刺激**（UCS），而唾液的分泌是**非条件反射**（UCR），因为这并不需要学习就能自

> **经典条件反射**：一种习得的方式，在这种方式中，一个中性刺激和一个能诱发反应的刺激配对，一旦条件反射通过反复配对后产生，那么仅仅中性刺激就能诱发出第二个刺激带来的反应。
> **非条件刺激**：不需要学习就能自动引起反应的刺激。
> **非条件反射**：不需要学习就能自动对某些刺激产生的反应。

动发生。巴甫洛夫加入了第二个刺激——每次给狗喂肉的时候，他还会同时摇铃。果然，在重复测试后，狗在只听到铃声时就开始分泌唾液，即使此时并没有给它喂食。通过与非条件刺激的结合，铃声成了**条件刺激**（CS），而响铃时分泌唾液（此时并没有呈现食物）成了**条件反射**（CR）。

类似地，我们的态度也可以通过这种结合形成。例如你可能把自己亲爱的祖母的形象和烤面包的香味联系起来，所以每当你闻到烤面包香的时候，你就会被这种模糊而又温暖的回忆和情感所包围。这种反应之所发会发生，是因为多年来你反复地在闻到烤面包香的同时受到来自祖母的无微不至的关怀。你并不去需要花费任何意识的努力就能激发起这种反应——这是自动发生的。

经典条件反射是怎样影响态度的？ 在前面的例子中，关于祖母的正面联想很可能使你对面包持有正面态度。值得注意的是，这种联系并不是有目的的——它可以涉及两件完全是偶然同时发生的事情。在一项最新的实验中，被试先是看了一些正面图像（如鲜花、母亲和孩子等），与之配对呈现的是可口可乐或百事可乐（Gibson，2008）；随后被试又看了一些没有和正面图像配对的饮料品牌和负面图像配对出现。随后被试被要求记住一个八位数，每个数字都完全不相同，这是为了清除他们关于哪种可乐与哪种图像配对出现的记忆，同时也是为了模糊这项研究的目的。在这之后，当要求被试去选择一种可乐时，这些原来没有偏好的被试都选择了与正面图像一起出现的可乐品牌，而没有选择和负面图像一起出现的可乐品牌，即使他们根本记不起来哪种可乐是和哪种图像配对出现的。当然，类似的事情也发生在我们的日常生活中。举个例子，如果杰克在吃寿司的时候得知妈妈遇到车祸，那他从那以后很可能对寿司抱有负面态度，即使他自己并没有意识到，因为对于他来说，吃寿司也许和令人难过的负面情感有关。关联甚至可以影响我们对饮料和食物的态度。

关联并不一定要在两个事物之间——在我们熟悉的和感到正面情绪的事物之间，以及在我们不熟悉和感到负面情绪的事物之间本来就存在内在关联。

> **条件刺激**：一个能引起与非条件刺激相关的某种反应的刺激，这个刺激只有经常与这种反应的非条件刺激相伴出现之后，才能成为条件刺激。
> **条件反射**：对原本只是中性刺激的条件刺激的习得性反应。

这可能是源于我们保护自己免受未知事物危害的需要。这种现象被称为**单纯暴露效应**，是指仅仅使自己暴露于某个事物中就能增加我们对它的正面情感（Zajonc，1968）。当我们更多地接触本来只引起中性反应的人或事物时，我们对其的正面情感就会增加（Mita，Dermer，& Knight，1977）。当然，单纯暴露效应可能产生事与愿违的结果。你是否曾经由于多次观看一个广告以至于觉得很厌烦，甚至都不想知道产品的特征，就更不用说要去购买它们了？此外，单纯暴露效应不会发生在你本来就持有负面反应的刺激上。如果你从第一次听到某首歌曲开始就感到很讨厌，那么不管再怎么继续听，你也不会喜欢上这首歌曲。你将会在第 12 章里学习更多关于单纯暴露效应的知识。

最近一项能有力地证明单纯暴露就能增加正面情绪的发现是**"名字-字母效应"**（Nelson & Simmons，2007；Nuttin，1987）。研究发现我们偏好自己名字里的字母和名字的首字母，事实上，相对于其他的字母，我们更喜欢这些字母。这个发现被用来测量内隐自尊——如果我们自我感觉良好，我们会偏好自己名字的首字母，并且会无意识地寻找它们。然而，这既有优点也有局限性。如果你名字的首字母与打上良好绩效标签的名字匹配，那么你就可能表现得更好。例如，研究者发现名叫克里斯（Chris）或者德里克（Derek）的人的成绩可能比叫艾莉森（Allison）或者鲍勃（Bob）的人的成绩差（Nelson & Simmons，2007）。此外，名字的头一个字母很可能决定你所选购的商品或者你的住处（Jones et al.，2004；Brendl，Chattopadhyay，Pelham，& Carvall，2005）。比起莎拉（Sarah），塔尼娅（Tanya）很可能住在坦帕（Tampa）这个地方，并且开本田汽车（Toyota），而莎拉则可能选择萨拉索塔（Sarasota）这个地方居住并开斯巴鲁汽车（Subaru）。然而要记住，即使这些研究表明名字的首字母与某些结果有关，但是这仅仅表明了相关性而已。记得在第 2 章里，我们认识到不能认为是名字导致了这些结果，因为这种研究设计仅仅允许我们得出变量之间有关系的结论。当然，经典条件反射只是其

单纯暴露效应：指仅仅使自己暴露于某个事物中就能增加我们对它的正面情感的现象。

名字-字母效应：更为偏好自己名字里的字母，并偏好包含这些字母的刺激的倾向。

中一种关于态度是怎么形成的理论。接下来让我们看看另一种理论。

操作条件反射

如果每当你在考试中得 A 的时候，你就会得到一份贵重的礼物，如一台 iPad 或者价值 100 美元的购物卡，那你就会倾向于尽力获得更多的好成绩，是吗？然而，如果每当你在考试中得到 C 或者更低的分数时，你就会受到手机被没收的惩罚，那么你也会努力地获取好成绩。这是**操作条件反射**的一个例子，这是一种通过奖励受鼓励行为并惩罚不良行为的习得方式。这种方式首次被爱德华·桑代克（Edward Thorndike）发现，随后被心理学家斯金纳（B.F.Skinner）进一步阐述（1938）。

对良好行为的奖励使人们希望能经常表现良好。

操作条件反射是通过强化和惩罚的机制实现的，其中有积极和消极两种方式。积极强化是指添加某合意之物以强化和增加行为发生或重复的可能性。举个例子，你的父母提出如果你获得好成绩就会给予现金奖励。相比之下，消极强化是指移除让人不愉快的事物以增加行为重复的可能性——如果你成绩提高了，你就不需要再去上无聊的辅导班了。积极惩罚是指添加不合意的刺激以减少某种行为。体罚是其中一个例子。而消极惩罚是指移除某种令人愉悦的事物以降低某行为的频率（例如，由于你的成绩太差，父母没收了你的车）。

操作条件反射也可能影响态度。如果某种行为得到强化，那么我们对这种行为的态度就可能变得更为积极；而如果这种行为被惩罚，那么我们对此的态度就可能变得消极。这可以推广到我们感知他人的方式。例如，比起相互之间不存在太多奖励的情侣，两人之间会相互支持、帮助或赠送礼物的情侣在接下来的时间里更有可能继续在一起（Berg & McQuinn，1986）。值得注意的是，两人之间奖励的不平衡也可能预示着两人继续保持亲密关系的可能性降低，这从某种程度上是因为其中一方没有得到足够的强化，再者也是因为亲密关系中存在着不平等。

> **操作条件反射**：一种通过奖励受鼓励行为并惩罚不良行为的习得方式。

观察学习

观察学习（Bandura，1977）或树立榜样（mode-ling），是态度形成的另一种方式，人们根据他人如何行事而形成对事物或他人的态度，并由此形成与被观察者一致的看法。例如，如果一个女孩从小看着她的父亲不信任某个种族群体，那么她很有可能采纳了相同的观点。然而，通过这种方式形成的态度是可以被改变的，正如一项我们都希望能亲眼看到的实验所证明的那样：接连四天，本来害怕狗的孩子们都看着一个小男孩和狗在游戏围栏里玩耍 20 分钟。四天之后，67% 的孩子都可以爬到围栏里和狗玩耍，甚至是在众人都离开了房间的时候也是如此（Bandura，Grusec，& Menlove，1966）。仅仅看着别的孩子和狗玩耍就能帮助孩子们消除对狗的恐惧。

另一项最近的研究表明了观察学习的强大影响。九年级的学生观看了有人吸烟或者无人吸烟的电影片段（Pechmann & Shih，1999）。相比起没有观看吸烟片段的学生，看了吸烟片段的学生倾向于"欣赏"吸烟者的社会地位，并表现出吸烟的意愿。虽然这个发现支持了观察学习的作用，但如果学生在观看电影片段前先是观看了反对吸烟的广告，那么吸烟电影片段的不良效应就会得到克服。因此，虽然观察学习能直接影响人们对待事物和行为的态度，但如果在人们遭遇不良刺激前就运用教育技巧先形成健康的态度，观察学习效应就能被克制。

◎ 评估态度

通常情况下，你能分辨出朋友和熟人对某些人或事的想法。你知道戴维不喜欢蒂姆的女朋友，因为她每次说话的时候戴维都会翻白眼。明显地，梅根真的很喜欢肖恩，因为每次肖恩一走进房间的时候梅根都会热情地拥抱他。这些指标都可以让你知道戴维和梅根的外显态度。外显态度是指被我们知道并且通常也是为他人所知的态度。例如，在本章的开头我们探讨了人们

观察学习：人们根据他人如何行事而形成对事物或他人的态度，并由此形成与被观察者一致的看法。

对 2010 年英国石油公司泄漏事件的态度。人们的行动和言词让我们知道他们对待事件的态度如何。当人们参加游行示威，自愿去清理海滩或者写信给总统的时候，我们知道他们的态度很坚决。外显态度可以通过自我报告——询问被试的想法和感受的问卷——进行测量（我们在第 2 章里讨论过）。这种方法依赖于被试自愿并诚实地表达他们对某人或某事的看法。

另外，想要觉察人们对周围世界的所有态度是不可能的，事实上，人们甚至都不知道自己的某些态度是怎样的。这些内隐态度需要通过更为精确的方法进行评估。如果你都不知道自己对某件事是什么感觉，那么研究者又何以得知呢？答案是研究者需要伪装，并使用隐秘的测量方法去确定人们对某件事的潜在态度。一种可能的方式是非介入观察。

观察（同样在第 2 章中讨论过）可以深入了解外显态度和内隐态度。举个例子，如果马克正在参加一个派对，他和朋友分享了最后一块比萨饼，观察者可能认为马克重视与人分享。然而马克是真的重视分享呢，还是只是希望人们认为他重视分享？也就是说，马克的无私是内隐的，是当他看到朋友也想吃比萨饼时他的无私就被自动激活了，还是他需要付出努力去激活它，以给他人留下好印象？然而，如果马克和他的朋友在面对面吃饭时也发生了同样的事情，这就表明分享更可能是马克的内隐态度。不过有人总是会认为，任何行为从某种层面上说都是在说服自己去相信我们就是我们自己所想的那种人。

当然，要测量这些是非常困难的。一种并不受这些障碍影响的测量工具是名为**"内隐关联测试"**（Implicit Association Test，IAT）的自我报告测试（想回顾更多关于内隐态度的测量，详见 Fazio & Olson，2003）。你也许会想，关于态度的自我报告数据怎么可能有用呢？毕竟，难道人们不会为了使自己看起来更好而说谎吗？为了对此进行控制，提高自我报告数据的准确度，研究者使用了"伪造渠道"（bogus pipeline），即让被试相信有一台实际上不起作用的机器（当然，他们并不知道它是不起作用的）能预测他们的

内隐关联测试：考察我们在多大程度上容易把积极的或者消极的态度与某个范畴的内容联系起来的测试，这些范畴包括种族、宗教或对总统的态度等等。

答案。研究者会向被试演示这台机器是怎样运作的。在使用这种方法的研究中，人们根据社会期望作答的可能性降低，进而使得回答更为真实（Jones & Sigall，1971）。

内隐关联测试测量的是我们把正面描述或者负面描述和某个范畴的事物或人联系起来的容易程度。例如，一个人可能把印度裔美国人与聪明和高成就等特征联系起来，把非裔美国人和跳舞能力联系起来，把法国人和势利联系起来。人们甚至都不知道自己持有这些态度，而内隐关联测试是让我们得以洞察这些内隐态度的工具。如果你足够勇敢并且对了解自己很感兴趣，你可以在网上进行测试，这样不仅可以了解你对不同种族人群的内隐态度，还可以知道自己对其他事物的态度（如你对现任美国总统的看法）。你可以在https://implicit.harvard.edu/implicit/ 上找到这个测试。

内隐关联测试要求你迅速地把屏幕上显示的单词和面孔进行分类。例如，在一次试验中，你也许会被要求当出现正面词汇或者是白人面孔的时候就按 A 键，而当出现负面词汇或者黑人面孔的时候就按 L 键。如果你的内隐态度是把黑人和负面事物联系起来而把白人和正面事物联系起来，那么这样的配对就应该是很容易的，你可以很快地正确按键。然而，如果你持有这样的态度，而配对却是把负面事物和白人联系起来，把正面事物和黑人联系起来，那么你在按键的时候就会感到比较困难，相应的，反应速度也会变慢。要注意的是，反应时间的测量是精确到毫秒的，表明这些快速反应是在无意识控制的情况下发生的。

要记住，这些内隐态度反映的是不同概念之间的联系——当遇到某个范畴的事物时，相应的概念就会在无意识的记忆中被激活（详见可及性）。但是这并不意味着这些联系是个体所认同的，只能说明是个体在多次暴露于这些联系后产生的。所以如果你多次接触他人认为非裔美国人很懒散的刻板印象的话，即使你不一定认同这样的观点，这种关联仍很可能存在于你的记忆中。

正因为如此，内隐关联测试是有争议的。测试的反对者认为，既然这个测试仅仅是测量个体潜意识中把形容词和某个特定社会群体联系起来的关联，而不能反映个体的真实想法，那么这个测试就是没有意义的。即使你是亚裔美国人，而且你清楚地知道不是每个亚裔美国人都是天才，然而你还是可能在头脑中把"聪明"和亚裔美国人联系起来，所以它看起来是你的内隐态度。一位招聘经理也许并不认同这样的刻板印象，也不会因此而只聘用亚裔，但是当某个职位很需要聪明人时，他就更可能愿意聘用亚裔。正如在第5章中描述的一样，人们并不会知道刻板印象在引导他们作出决策，因为他们并不认同这些刻板印象，但是这终究会产生不良影响。在这个方面以及其他的很多方面，人类群体和记忆构建之间的联系是很重要的，即使这些联系并不一定被认同。

态度会影响行为吗？

我们几乎对所有的事情都有一大堆的态度，而且好像看起来如果我们持有某种信念，我们就会依此行事。但我们会这样做吗？我们假设你最好的朋友将会在周六晚上举办生日聚会，但是你周一要交一篇论文，而且你还没有开始写。这篇论文将需要大量的调查研究和时间。虽然学业是你要优先考虑的事情之一，但是你会不参加周六的聚会而待在家里吗？答案很可能是"不"。尽管你对学业的态度很积极，但它并不会影响你的每一个决定。在这个情境下，很可能你对朋友的态度更为积极。同样地，有人也许会强烈反对近海开采石油，以此希望阻止像英国石油公司泄漏事件那样的灾难再次发生。然而，这并不意味着她会飞往墨西哥湾去参与清理行动，她甚至都不会花上60秒打电话给国会议员表达她的沮丧。

◎ 在哪些情况下态度不能预测行为

由拉皮尔（LaPiere）在1934年进行的一项经典研究表明了态度和行为之间的分离。拉皮尔惊讶于当时在美国社会中盛行的针对中国人的偏见，因此他想进一步研究这种态度。碰巧的是，他刚好和一对年轻的中国留学生夫妻一起旅行，而他知道这对夫妻在寻找旅店的时候并没有遇上任何困难，即便是在充满偏见的地区。拉皮尔和这对夫妻走遍了美国，并且在他们进入各式各样的旅店或者餐馆的时候拉皮尔都隐藏了自己。他发现，在这对夫妻去过的 66 家旅店和 184 家餐馆中，只有一家拒绝接待他们。

六个月后，拉皮尔给这些旅店和餐馆寄去了问卷，询问他们是否愿意接待来自中国的夫妻。绝大多数问卷显示的回答是（92% 的餐馆和 91% 的旅店），即使他们之前确实接待过中国夫妇。拉皮尔指出，这对夫妇经常保持微笑，由此假设他们的微笑减少了他们所遇到的偏见，减轻了美国人的种族态度对其行为的影响。所以也许"用善意去消灭偏见"是奏效的！拉皮尔还认为，这对中国夫妇没有重音的英语发音降低了旅店和餐馆员工歧视他们的可能性。总的说来，这些旅店和餐馆员工的态度并不一定能预测他们的行为。然而，拉皮尔研究的缺陷之一是我们不知道回答问卷的员工和在接待过程中没有表现出歧视行为的员工是不是同一个人。

在另外一项表明态度和行为分离的经典研究中，一位名叫科里（Corey）的研究者在教育心理学课上测试了 67 名大学生（Corey，1937）。他先是实行了问卷调查以确定学生对作弊的态度，他们对作弊大致上表现出中等程度的厌恶。在接下来的五周里，每周学生们都会接受一个包含五道对错判断题的测试。学生把试卷返还给研究者，而研究者会暗中给测试打分，因此他们知道学生的真实分数，然后再把试卷发给学生让他们自己打分。这种情景能让学生可以偷偷修改答案以在自己打分的时候获得更高的分数。

科里发现在 76% 的情况下，学生都作弊了，而不管他们之前对作弊的态度如何。他们对作弊的态度跟他们是否会这样做没有关系，事实上，最能准确预测作弊行为的因素是考试的难度。这些学生看起来都可以侃侃而谈，但是他们中的大多数人都不能做出与自己对作弊态度相吻合的行为。

◎ 态度如何影响行为

态度并非不对行为造成影响，事实是，我们很容易就能回忆起在生活中态度影响行为的例子。更值得注意的是，有研究表明态度能对我们的生活产生巨大影响。乐观的态度被证实有助于免疫系统更好地运作。一项研究发现，相比起没有那么乐观的法学院学生，对自己的表现更为乐观的法学院学生的免疫系统运作得更好（Segerstrom & Sephton，2010）。他们的免疫系统可以对注入他们皮肤的异物（如病毒或细菌）进行更为强有力的抵抗。

此外，近期的研究发现，相比起持悲观态度的肺癌病人，抱有乐观态度的病人往往能活得更久（Novotny et al.，2010）。乐观的态度并不是在病发时才开始呈现，而且寿命的延长与癌症阶段或者病人吸烟与否都没有关系。此外，患病五年后的存活率对于乐观者来说是 32.9%，而悲观者只有 21.2%。研究者表示，差异可能在于悲观者在癌症治疗过程中所做的治疗决定并不明智。因此，你的态度有时确实可以影响你的行为。

你是否曾经再三斟酌之后才作出决定？假设一女子正陷于与她男友的情感纠葛之中，她在认真考虑是否要离开男友。也许她会列出关于离开他的利与弊，而且利（即为什么他们应该分开）远大于弊（即为什么他们应该在一起），因而她会看好离开他的前景。她想象着在意自己的人会怎么看待分手这件事情。妈妈当然会很欣慰，最好的朋友也会因为再也不用看着他们吵架而很高兴。这些都会使这位女子确信要离开她的男友，所以她下定决心要这么做。紧接着第二天她就结束了这段关系，她松了一口气：这事总算是做了。

这种理性过程的根基就是社会心理学家所说的**计划行为论**（Ajzen & Fishbein，1977，1980）。这个理论认为行为是由态度、社会规范以及个体对自身的感知控制导致的。人们对各种行为进行考量，衡量每一种选择所带来的后果，然后再决定如何行事。此外，计划行为理论还假定人们在承诺行动之前会考虑执行的可行性。

根据这个理论，行为产生于理性思考，并且与三方面的考虑有关——个体对行为的态度、他人对行为的态度以及个体对行为可行性的感知。在上述例子中，这位女子作出分手决定就是基于这三个方面的考虑：她自身对分手

> **计划行为论**：认为行为是由态度、社会规范以及个体对自身的感知控制导致的理论。

的赞成态度，她所在意的人对分手持赞成态度，以及她认为自己有能力执行这项行动。这三方面的考虑结合在一起时就促进了行为的发生。

为什么态度很重要

态度向我们提供了可以组织起我们的世界的框架。例如，如果你对大麻合法化持有某种强烈的态度，并且你接触了一些能支持这种态度的信息，那么你就会认为这些信息比与自己所持态度相反的信息更为可靠（Munro & Ditto，1997）。回忆一下我们在第 1 章里讨论过的确证偏差，即我们倾向于寻找并关注与自己所持有的态度或观点相一致的信息的现象。态度也会影响我们对自我的概念（正如你在第 4 章中所学到的）。对于我们来说很重要的态度有助于我们形成自我概念，对这些态度进行表达同时也是自我认同的一种方式，而这种自我认同则关乎我们的自尊。举个例子，如果某人对拒绝食用肉制品的态度很坚决，那么素食主义者就是其自我概念中的重要组成部分，同时穿着支持素食主义的 T 恤等行为反过来又会强化这种态度。

如果人们并没有认真对待某种观点，那么他们也不会据此行事。

我们所持有的并公开表达的态度会影响我们的社会互动，也会影响他人对我们的印象。因此，态度是依赖于情境的，这意味着我们对某种态度的坚决程度以及我们是否会在公开场合表态都取决于我们当时所处的社会环境（Schwarz & Bohner，2001）。例如，如果你正在一个房间里接受访谈，其他的几位受访者都对某位政治候选人抱有赞许的态度，那么即使你对这位候选人的态度是否定的，你也不一定会说出来。

◎ 评价行为时要考虑的因素

我们已经讨论了态度如何有助于计划行为，以及为什么在考量行为时态度很重要。而当我们在评价态度与行为是否一致时，我们需要考虑以下几个因素：态度的强度、具体性和可及性。

强度

你拥有不同的态度，而且它们的重要性各不相同。例如，如果你对环境保护持有强烈的态度，那么你就更可能据此行事。为什么会这样呢？有两个原因，即态度对个体的重要性以及态度基于直接经验而形成的程度。

大多数人都会认为儿童在学校里会学得更好。然而，如果他们的孩子在公立学校中学习的话，他们就会更为支持纳税以建立更好的学校的做法，这是因为事情与他们直接相关。这个例子意味着，如果某事对于你来说更为重要的话，那么它对你的行为就会产生更大的影响（Crano，1997；Visser，Krosnick，& Simmons，2003）。

此外，如果你在资金短缺的学校里亲眼目睹了孩子们所接受的教育质量之差以及资源之贫乏，那么你也更可能参与到支持改善学校的行动中来。例如，你会游说征收更高的学校税款。这是因为直接经历能让人感觉到事件的重要性，使人无法再忽视它。想想你见过的疾病慈善机构的发言人，他们的共同点是什么？就是他们或者他们所爱的人都曾经与病魔抗争。在这个例子中，患病既是个人的事也是被亲身经历的事，因此他们是你见过的最为热情、最为支持自己观点的人。

直接经历能让人感觉到事件的重要性，使人无法再忽视它。

具体性

态度在多大程度上能预测行为的另一个影响因素是态度的具体性。我们已经知道态度并不一定能预测行为，但是如果态度很具体，甚至是为你或某个情境量身定做的，那么它就能预测你的行为。如果你被问道："上大学对你来说有多重要？"你也许会回答说因为这能让父母高兴。然而如果你要回答的问题是："在这个学期中获得好成绩对你来说有多重要？"那么你的回答就会很不一样。总的来说，上大学也许很重要，但是你是否会就此把它转化为获取好成绩的动力则是另一回事。同样的，相比起询问人们对流浪者的总体看法，直接询问他们是否愿意向流浪者之家捐款能更好地预测其捐赠行为（Schwarz & Bohner，2001）。

为了证明具体性的作用，最近的一项研究询问了大学生们对使用避孕套的态度。绝大多数学生都表示出肯定的态度，但是他们的实际行动却不相符。然而，当问题变得更为具体，例如"对于你和伴侣在接下来的一个月里每次发生性行为时都使用避孕套的做法，你是怎么看的？"这时候学生们的回答则和真实行为更为一致（Sheeran，Abraham，& Orbell，1999）。当人们被迫去想象在某个特定时刻的具体行为时，他们就更可能报告与最终行为相一致的态度。

可及性

另一个干扰态度对行为的影响程度的因素是**可及性**（Fazio，Chen，McDonel，& Sherman，1982）。可及性是指某个概念在我们意识中的活跃程度（Higgins，Rholes，& Jones，1977）。概念因频繁接触或者近期接触而变得可得（Higgins & King，1981）。法齐奥等（Fazio，Ledbetter，& Towles-Schwen，2000）（回顾这一概念详见 Fazio，1995）认为，我们所持有的某些态度比其他态度更容易出现在脑海里。举个例子，如果我们正在参加一个政治集会，那么此时我们对于政治的态度就比我们对某个电视节目的态度更为可及。一项在 1984 年总统大选期间进行的研究显示，态度的可及性会影响人们的投票行为。态度相对容易可及的（源于观看候选人的电视辩论）人拥有着更高的态度-行为一致性（Fazio & Williams，1986）。

假设朋友去度假的时候你一直在帮忙照顾他的宠物蛇。和蛇相处一周半之后，如果你看见地上有一根形状奇怪的棍子，你很可能会以为那是一条蛇，这是因为"蛇"的概念已经在你的脑海里变得**长期可及**。可及的观念不仅更容易在脑海中呈现，而且会呈现得更快。近期频繁接触某个概念会使这个概念更容易进入脑海。作为一名学生，你可能会经常根据他人的智力而对他们进行分类，这是因为你常常接触"智力"的概念以及对智力的测量。当

可及性：某个概念在我们意识中的活跃程度。

长期可及：从频繁的和近期的对某种概念的接触中产生的具有永久性的可及性。

阅读以下的陈述并进行评分。
1=非常不同意，2=不同意，3=无意见，4=同意，5=非常同意。

1.在驾驶的过程中打电话的话会导致交通意外。

2.儿童是我们的未来。

3.保护我们的星球是很重要的。

4.努力学习是很重要的。

回答以下问题：

1.你在开车的过程中会打电话吗？

2.你是否在教育儿童上花过时间？

3.你是否会采取有利于环境的行为，如废品回收？

4.你是否任何时候都在努力学习？

你的态度是否与实际行为相符？这让你感觉如何？当你在考虑自己的实际行为时，你是否重新考虑过你对这些议题的态度？

资料来源：Carkenord, D.M., & Bullington, J. (1993). Bringing cognitive dissonance to the classroom. *Teaching of Psychology*, 20, 41-43.

对实际行为的意识和态度转变

个体对自己行为的意识常常能促使他们改变自己的态度，以使得自己的行为正当化（Carkenoid & Bullington，1993）。你会怎么做？

某个概念变得长期可及，我们就会经常使用这个概念去描述他人（Higgins & King，1981）。

态度的可及性将会直接影响其强度。最近的研究表明，当态度通过反复表达而变得可及时，人们将更多地表现出对这一态度的承诺（Holland，Verplanken，& van Knippenberg，2003）。通过增加其强度，态度将更可能转变为实际行动。上述法齐奥和威廉斯（Fazio & Williams）于 1986 年进行的研究显示，可及性能增进针对态度对象的行动。在 1984 年的总统选举过程中，有研究者调查了人们对罗纳德·里根（Ronald Reagan）和沃尔特·蒙代尔（Walter Mondale）这两位候选人的态度。态度的可及程度通过计算人们回答问题的时间进行测量——反应越快则说明可及性越强。随后，研究者评估了这些人就候选人辩论表现而形成的看法，发现更强的可及性预示着人们对其首选候选人更为正面的看法。此外，对首选候选人态度的可及性越强，人们就越可能在选举中投他的票。由此，可及性有助于将态度转化为实际行动。

行为在什么情况下会影响态度？

态度是很复杂的，但我们并非能经常意识到这一点。我们甚至会与自己的态度背道而驰。不过这不是说态度是如此地根深蒂固以至于我们没有办法改变。在这一部分，我们将讨论由自我劝说导致的态度改变。在第7章，我们将会探讨他人劝说的影响，即他人在什么情况下能改变我们的态度和行为。

◎ 认知失调

如果你完成某项任务就能得到许多钱，你是否想过，比起完成相同任务但获得的酬劳较少的人来说，你其实并不会比他们更加乐在其中？虽然这听起来像弄反了，但事实确实如此。研究者要求大学生们完成一项异常乏味的任务，这项任务甚至无聊到会让人感到相当不愉快。紧接着研究者向他们支付了20美元或1美元，并让他们告诉下一位正在等待的被试，说这是个很有趣的任务。在随后的保密访谈中，获得20美元的被试承认任务确实很乏味的，但有趣的是，只获得1美元的被试却认为任务还挺有意思（Festinger & Carlsmith，1959）。

你可以总结出为什么获得20美元说谎的被试承认任务很无聊，但是只获得1美元的被试却认为自己乐在其中吗？答案与名叫"**认知失调**"的概念

> **认知失调**：从行为和所持态度不一致中产生的焦虑。这种焦虑在调整自己的态度以符合自己的行为后可以得到缓解。

有关。认知失调理论认为，人们总是希望自己的行为与信念相符，如果这两者之间存在不一致，人们就会感到不适。毕竟，如果你相信某事是真实的，但你的行为却不能与这种信念保持一致的话，你必定会感到很奇怪。当人们的行为不一致（即与信念不协调）时，他们就会觉得需要证明或合理化自己的行为。在上述的研究中，获得 20 美元的学生可以用这份报酬使自己的谎言合理化，但只获得 1 美元的学生却没有足够的报酬来这样做，所以他们会感受到更多的不适，于是他们很可能会改变自己的态度，使之与行为相符。在行为外部正当化理由不足的情况下，个体会在内部调整自己的行为以减少失调。（如对自己说："其实这任务也没有那么糟糕嘛！"）

人们并不愿意将自己看成骗子，因此得到低报酬的被试决定认为自己确实乐在其中，以使得自己的谎言正当化。值得注意的是，没有任何一位被试引用也许是最为真实的正当理由，即他们只是在扮演被试的角色，是迫于研究者的要求才去完成任务的。由此可以看出，人们可能并不知道自己行为的真正原因，而为了补上这个空白他们会"填上"自己信以为真的答案。

这些关于认知失调的发现被用来尝试通过让年轻人意识到自己的态度和行为并不相符来倡导健康行为。在一项研究中，研究者要求性活跃的大学生向其他同样性活跃的大学生提倡使用避孕套（Stone，Aronson，Crain，Winslow，& Fried，1994）。有的学生要在摄像机前发表演讲，而且他们被告知这段录像将会用宣传；而有的学生则只是写了讲稿，但没有人让他们相信讲稿会用于宣传。此外，有的学生被要求阅读一系列年轻人不使用避孕套的原因，使他们知道了个中的缘由，而其他的学生则没有阅读。然后学生被问及在过去使用避孕套的频率以及他们打算在日后使用避孕套的频率。最后，学生都有机会慎重考虑是否要购买避孕套。

得知他人不使用避孕套的原因，并被要求发表提倡使用避孕套演讲的学生是所有学生中最有可能购买避孕套的，而且他们购买得最多。事实上，这组中 94% 的学生都作出了一定的努力，如购买避孕套或把知识小册子带回家。认识到自己过去的行为违背了他们现在的观念的学生采取了行动使自己的行为

认知失调可以使人们更加言行一致，如进行安全性行为。

与观念相符，从而降低了认知失调。

在另一项试图通过诱发虚伪的感受（即说一套做一套）来改善行为的研究中，研究者向关心环境的人们询问了他们洗澡时的用水量（Dickerson，Thibodeau，Aronsonl，& Miller，1992）。相比起没有意识到自己的用水量，同时也没有作出节水承诺的人，意识到自己使用了过量的水并且公开承诺缩短洗澡时间（由此如果洗澡时间过长，他们就会觉得自己很虚伪）的人明显缩短了洗澡的时间，因为他们希望摆脱由于自己的环境意识和洗澡时间过长之间所造成的认知失调。

有时候我们需要做的仅仅是让事情看起来有价值。当我们花费了大量的时间和精力去让事情变得可能的时候，我们往往会觉得这件事情是有意义的，即使事实并不真的如此。为什么呢？因为努力取得成就后却发现付出并不值得会造成认知失调。为了解决这个问题，我们要将所付出的努力正当化，这也就是所谓的"努力正当化"（effort justification）。

一项对减肥人士的研究很好地说明了这一概念。被试被要求完成需要高度认知努力的任务或者是不需要认知努力的任务，但是事实上这两种任务都无助于减肥。完成高度认知努力任务的被试平均减掉了8磅（1千克约为2.2磅），而完成不需要认知努力任务的被试则没有减掉重量（Axsom & Cooper，1985）。

正如前文所说，认知失调不仅能改变我们的行为，它也会影响我们对所作决定的态度。设想一下你要在两张海报之间选择一张来装饰宿舍。两张你都喜欢，但只有足够的空间挂一张海报。可是在你作出决定之后，你也许会发现自己更喜欢选中的那张而不再喜欢落选的那张。**决策后失调**源于我们必须在同样具有吸引力的选项中作出选择的情境。为了消除这种失调，我们会强化对所选对象的态度以使得自己的选择正当化。

在最近一项研究中，研究者要求被试先是为一系列的照片打分，然后再在两两照片中进行选择后再次打分。结果被选中的照片在第二轮打分中的得分更高，而没有被选中的照片则在第二轮打分中得分更低。值得注意的

决策后失调：由于拒绝了一个很有吸引力的选择而导致的认知失调。

是，即使人们已经忘记自己选中的是哪些照片，这个现象仍然存在，说明评价的改变发生在相对无意识的状态中（Lieberman，Ochsner，Gilbert，& Schacter，2001）。

然而有趣的是，在集体主义文化中失调的影响是有限的。日本人只有在被要求考虑与自己有关的他人的偏好时，才会改变自己的态度以减少认知失调（Kitayama，Snibbe，Markus，& Suzuki，2004）。他们这样做是为了讨好他人并由此使集体主义的理念正当化。通过这种方式，集体主义文化中的人们得以相信自己的选择实际上代表了群体的需求。

自从认知失调理论被建立起来之后，研究者提出了一些修改。其中值得注意的是一个关于态度转变的四步模型（Cooper & Fazio，1984）：

（1）个体必须认识到与态度不一致的行为会导致负面后果。

（2）个体必须对行为负责。

（3）个体必须经历了生理上的唤起。

（4）个体必须把生理唤起归因于与态度不一致的行为。

为了使态度发生转变，这四个因素必须同时存在，但是这一理论并没有涉及认知失调可以改变行为而不仅仅是态度的能力。要使行为也发生改变，一个可能因素是行为在多大程度上能被改变。你是否作出了无法挽回的选择或执行了不能改变的行动？还是你是有可能在将来有所改变的？也许未来的研究能更为精确地为我们勾勒出哪些会发生改变而哪些则不会。

下页图展示的是伊索寓言中的一个场景，故事讲述的是一只狐狸渴望吃到藤卜的葡萄，于是它反复尝试去够着它们。但在几次尝试失败后狐狸放弃了，说："它们肯定是酸的。"认知失调也是同样的道理：让我们相信自己已有的是自己一直希望拥有的，而自己所没有的则是自己不想拥有的。

如果你想阅读更多关于认知失调的材料，卡罗尔·塔夫雷斯和艾略特·阿伦森（Carol Tavris & Elliot Aronson）在2007年出版的《谁会认错》一书也许会让你感兴趣。这本书讲述了很多政坛中认知失调的真实例子。认知失调可以让

认知失调可以让态度发生转变，这样我们就能对自己的生活更为满意。

态度发生转变，这样我们就能对自己的生活更为满意。此外，它还可以改变行为，使人们的言行更加一致。

在前面提到的对认知失调理论的延伸中，社会心理学家乔尔·库珀和拉塞尔·法西奥（Joel Cooper & Russell Fazio，1984）提出了与认知失调的

LE RENARD ET LES RAISINS. Fable LIII.

人们倾向于"吃不到葡萄说葡萄酸"。

唤起和减少的有关的四步模型。首先，不符合态度的行为一定会引发负面后果。还记得那些在收了钱后撒谎说实验很有趣的被试吗？随后，他们对负面结果的个人责任感会随之而生。为了引发这种责任感，个体必须要感到事件确实有选择的余地，并且从某种角度上说负面结果是可以被预见的。收了 1 美元后要为实验撒谎的人会对此感到愧疚——他们知道自己可以选择撒谎与否，也知道撒谎之后会产生负面影响。

四步模型中的第三步是生理唤起。认知失调会引起生理上的不适和紧张，你当然希望减少这种唤起。最后，你一定要把唤起归因于行为。收钱之后向下一位被试说谎的人知道自己不好受是因为这个谎言。

自我劝说的其他方法

认知失调只是态度转变理论中的一种。其他的研究人员提出了行为怎样才能导致态度转变的理论。自我感知论认为我们从观察自身行为中推断出自己的态度（Bem，1967，1972）。例如，如果我们看到自己重新翻开一本已经看过的书，我们可能会认为自己很喜欢那本书。这个理论起源于我们认为可以仅从观察他人的行为就能推断出其真实想法，而无须考究其内心状态的观点。由此，我们也不需要进入自己的内心以推断出态度。同时，情感随行为而来而不是先于行为，情感产生于对自身行为的解读。例如，人们正在观看某物，如果这时让他们笑而不是让他们皱眉，那么他们就更可能认为自己喜欢这个物件（e.g.，Laird，2007）。因此根据自我知觉理论，态度是可以通过改变行动而得到调整的。

斯图尔特·瓦林斯（Stuart Valins）在　项以男性大学生为主体的研究中证明了这个理论。学生们在观看一系列裸体照片的同时被连上电极以测量他们的心跳速率。但事实上是研究人员在"控制"他们的心跳速率。当一名男生在观看一张随机照片的时候，研究者会增加心跳频率，使这名男生认为自己心跳加速是因为观看了这张特定的照片。当他们受邀带其中一张照片回家时，你认为他们会带走哪一张呢？大多数男生都带走了让自己"心跳加速"的那一张，因为他们以为那是自己最喜欢的（Valins，1966）。

自我的概念一旦形成，我们就会千方百计地去维持并再次肯定自我。

自我肯定论（Steele，1988）认为，在面对威胁时，人们会通过再次肯定自身的价值以恢复自尊。但是这跟态度转变有什么关系呢？一般情况下，人们会主动维持现有的信念，以确认他们对自己的理解。然而，如果人们可以通过其他方式来确认自我，如获得能反映其价值观的标志（如他们重视智力的程度），甚至是思考或讨论其自我认同，那么他们就会更加乐意倾听他人的观点，以不偏颇的方式处理信息，并且对态度转变持开放的心态（Correll，Spencer，& Zanna，2004）。

我们不仅关注对自身的理解，我们也在意他人是怎么看待我们的。正如**印象管理**理论所说的，人们必须建构并保持他人对我们的印象与自己所希望的相一致（e.g.，Piwinger & Ebert，2001）。印象管理理论认为，人们总是会在社会互动中有意或无意地控制关于自己的信息的传输，以监控自己在他人眼中的形象。研究表明，公开地执行与态度相反的行为能使由认知失调而产生的态度转变变得更为可能（Gaes，Kalle，& Tedeschi，1978）。我们更关心的是在他人看来我们是否言行一致，因此这种关心可以促使态度发生改变。

在很多时候，态度决定了我们的身份。态度、行为和认知之间存在着相互关系，因此你不能只研究其中一个而忽略另外两者。关于态度的研究有助于我们理解自身的行为以及与他人的互动。事实上，你可以把态度看成社会互动的根基。我们的所言所行源于态度，不管这种态度是消极的还是积极的，又或者是处于两者之中。研究不仅使我们知道态度、行为和认知之间是如何关联的，它也让改变成为可能。我们越是了解自身的态度以及它们如何与行为相连，我们就能拥有越多确保态度和行为能真实反映自我的资源。

自我肯定论：认为如果我们最近得到一个能确认自身核心价值观和认同的机会，那么我们会对态度改变持开放态度的理论。

印象管理：人们在社会互动中有意或无意地试图管理关于自身信息传达的过程，由此当在公共场合中发生与他们态度不一致的行为的时候，他们的态度将更容易发生改变。

运用社会心理学　健康

　　过去当你的父母或祖父母看病时医生很可能只会询问他们的病史、饮食习惯以及是否有遗传疾病。但如今的很多医生已经在生理-心理-社会模型的基础上形成了健康的整体观念，这个模型视健康为一系列因素的结合，如生理特征（如先天遗传）、心理情况（如压力、亲密关系）和社会条件（如家庭支持或文化影响），等等。因此，现在去看病可能就会被询问包含了关于个人生活习惯以及近期导致压力大增的事件等问题。这个生理-心理-社会模型是正在形成的健康心理学的基本概念。

　　在这个节奏飞快的世界里，我们感受到越来越多的压力，即在面对让人倍感威胁或破坏平衡的事件时身体上产生的不良反应。失业、应对家庭成员的矛盾、处理经济危机、离婚或好朋友去世等都是压力产生的常见原因。2008 年美国心理学会的一项调查显示，在美国，金钱和经济在众多导致压力原因中排前两位（Wilbert，2008）。压力产生的原因大致上可以分成三类：危机或灾难（包括自然灾害、交通意外或恐怖袭击等）、重大生活事件（丧偶、离婚或事业等）以及源自日常生活的压力源（如汽车问题、工作问题、排队等候甚至是噪声、炎热和寒冷等环境因素）。为什么有的人能从重大灾难中恢复过来，而有的人却会因为琐碎的日常生活压力而崩溃呢？社会心理学家可以帮助我们理解个中的差异，并协助治疗根源于压力的身体症状。这些知识同样可以应用在健康产业中，以防止健康问题的出现。

　　社会心理学家常常就健康和福祉等问题去研究各种预防措施的有效性。譬如，大多数人会认同降低青少年怀孕率是一个重要的目标，但最佳措施是什么呢？一些学校提倡"禁欲"计划，把重点放在反对婚前性行为上并且回避讨论实行避孕措施。然而研究表明"禁欲"教育并不是防止青少年怀孕的最有效的做法。接受"禁欲"教育的学生和控制组的学生在禁止性行为或推迟过性生活上并没有显著差异（Trenholm，Devaney，Fortson，Quay，Wheeler，& Clark，2007）。相反的，研究表明全面的性教育课程（即提倡"禁欲"的同时也教授关于避孕措施、性病和亲密关系知识的教育）能更为有效地降低青少年怀孕率（Kohler，Manhart，& Lafferty，2008）。

　　除了研究各种预防措施的有效性，社会心理学家也会改变人们对重大的危害健康的疾病的态度以使风险行为最小化。其中一个重要的研究领域是对 HIV 的预防。HIV 是一种通过血液、精液、母乳和阴道分泌物传染的病毒，它可以在体内潜伏多年，但最终会发展成艾滋病破坏人体免疫系统。在过去的 30 年里，美国感染艾滋病的人数已经从 1981 年的 189 人上升到 2007 年底的 470 902 人（Avert，2010）。

> "为什么有的人能从重大灾难中恢复过来，而有的人却会因为琐碎的日常生活压力而崩溃呢？

而在全球范围内，新感染的人数在拉美、北非、中东、东欧以及亚洲的部分地区持续上升。社会心理学家已经发现预防 HIV 和艾滋病扩散的最有效的办法是改变人们有关这一疾病的观念、动机和冒险行为（Gerrard，Gibbons，& Bushman，1996）。通过在四所位于城市的高中里设立预防 HIV 项目，杰弗里·费舍尔（Jeffreg Fisher）和他的同事（2002）证明了这一理论。该项目向学生提供了关于这一疾病的准确信息，激励学生采取预防 HIV 的行动，并告知他们必要的行动技巧（如何使用避孕套等）。费舍尔估计在每位学生身上只要花费 2.22 美元，学生使用避孕套的行为就能持续到一年之后。

研究人员同时发现，认知失调（你已在第 6 章中学习到这种自我劝说理论，这一理论认为同时持有两种相矛盾的想法是会让人产生不适的）也是可以改善人们与健康有关的行为的有效方法。杰夫·斯通（Jeff Stone）及其同事（1994）要求 72 名性活跃的大学生围绕安全性行为对预防感染 HIV 的重要性这一主题写一篇劝说性演讲。一半的被试在演讲过程中被录像，并被告知这段录像会放给高中生观看。然后研究者要求他们写下过去没有使用避孕套的时刻，从而让他们觉得自己之前的行为很虚伪。随后，他们会得到购买避孕套的机会。斯通注意到，比起没有意识到自己虚伪行为的学生，公开提倡使用避孕套并唤起了过去没有使用避孕套记忆的学生会更有可能购买避孕套。类似的利用认知失调的实验已经被用于预防饮食紊乱症（Stice，Trost，& Chase，2003）。发展出可以预防风险行为的技巧仅仅是社会心理学可以被应用于健康产业的众多有效方式之一。

> " 比起没有意识到自己虚伪行为的学生，公开提倡使用避孕套并唤起了过去没有使用避孕套记忆的学生会更有可能购买避孕套。"

劝说的力量

- 什么是劝说信息？

- 研究告诉我们应如何抵制劝说

- 我们在什么时候不应该抵制他人的劝说？

你是怎样庆祝上次母亲节的？你有没有买花、贺卡和饰品送给你的母亲、祖母和其他特殊的女性呢？你有没有请这些女士们到当地众多母亲节广告做得很好的餐厅里吃饭呢？

总的来说，美国人在某一年的母亲节花了将近 140 亿美元（Kristof）。根据尼古拉斯·D. 克里斯托弗（Nicholas D.Kristof），一位《纽约时报》专栏评论家的观点，这笔钱可以使如今世界上 6 000 万名无法上学的女孩接受基础教育——有效地终结了存在女性文盲的时代。数十亿美元被用来购买巧克力、玫瑰和贺卡，这是为了什么？这些物质的东西能能使母亲们更幸福吗？

克里斯托弗认为这笔钱除了可以用来减少文盲之外，他还认为这笔钱有更多更有价值的用处，而不应该花在最终会被扔进垃圾箱的贺卡上。他同时还建议这笔母亲节的花销可以用在能改善全球母亲生活状况的医疗手术上，同时还可以使很多母亲避免患上产后综合征。在克里斯托弗看来，这难道不是纪念母亲节更好的方式吗？

当问题是如此简单地被呈现出来的时候，答案是显而易见的。但是为什么我们还会花费大量的金钱去购买贺卡，而不是用这笔钱来降低产妇的死亡率呢？答案在于劝说。卖贺卡、礼物和鲜花的商店不停地提醒我们："不要忘记母亲节！"他们知道如何让我们绝对不把这笔钱花在真正能改善母亲福利的事情上。

什么是劝说信息？

你身上穿戴着什么？你为什么会买这些物品？你购买它们是因为你真心喜欢鞋子和衬衣的样式，以及它们很适合你吗？还是你在杂志上看到类似的款式然后认为它们很好看？

现在看看你 iPod 里的歌。为什么你会下载这些歌曲？是你自己发现它们的吗？还是朋友推荐的？也许是你在某个电视节目中听到的，就像杰斯·埃弗里特（Jace Everett）演唱的歌曲《坏东西》在成为 HBO 频道电视剧《真爱如血》的主题曲之后，其受欢迎程度迅速上升一样。我们中的大多数人都愿意相信自己是有独立思考能力的人，但事实是我们被劝说信息包围着。它们存在于我们的家庭、政府、学校和媒体中。

第二次世界大战掀起了对**劝说**性宣传力量的兴趣，在第二次世界大战之后，对劝说以及人们是如何通过沟通来影响他人的态度和行为的研究开始成为社会心理学的中心议题。人们对劝说的兴趣持续增长，尤其是过去几年，在 2008 年达到顶峰的经济危机使得美国民众质疑自己是如何以及为何花钱的。

我们并不总会以最讲求实用的方式消费。劝说的力量可能导致非理性消费。你是怎么看克里斯托弗的想法的？他有没有让你放弃送玫瑰花和母亲节卡片的标准做法，取而代之向某个全球性的教育基金捐款呢？也许没有，因为你确信鲜花和卡片具有价值，并且你母亲对鲜花和卡片可能有预期。然而，你（和你的母亲）现在没有被克里斯托弗说服，并不意味着你们永远都不会被他说服。正如你将会在这一章里学到的，劝说的力量不仅仅在于其内容，

性是常用的劝说方式，因为它不仅是在向消费者推销商品，它还向消费者推销理想的生活方式。

劝说：人们通过沟通来影响他人的态度和行为的方式。

还在于它的传播方式，传播的时机以及信息的传播者。

◎ 劝说的路径

我们都想要"正确的"态度和观点，但是能让我们形成观点的潜在事件数量是无限的。当我们试图得出经过深思熟虑的观点时，仔细审查每一条信息或者评估所有的证据几乎都是不可能的，因此在我们寻求"正确的"观点和看法时，我们必须采取折中的办法，更注重其中的某些信息而忽略其他信息。卡尔·霍夫兰（Carl Hovland）及其同事（1949，1953）的一项早期研究形成了"耶鲁沟通模型"，指出基于三大因素（信息的传播者、信息的内容以及信息的接收者）的信息将会被接受。这项研究仅仅是个开始。不过在开始理解人们在什么时候会接受劝说信息之前，先理解使劝服成为可能或者不可能的认知官能是很重要的。劝说的双过程模型认为劝说是通过两种路径——中心路径和边缘路径——中的其中一种实现的（e.g.，Eagly & Chaiken，1993，1998；Petty & Cacioppo，1981）。

中心路径是发生在个体有能力而且有动机去仔细认真听取和评价劝说信息时的加工方式。当人们在为即将到来的假期预订酒店时，使用中心路径的人也许会搜索好评率，会阅读一些旅行顾问的评论，以及评估每个备选项的优点。这是更加具有分析性的方法。理查德·佩蒂（Richard Petty）及其同事（2004）认为，相比起通过边缘路径形成的态度，从劝说的中心路径中发展起来的态度将会持续较长时间，同时对其他的劝说也会有较强的抵抗力，也会对认知和行为产生更大的影响。例如，如果你仔细考虑过把准备给母亲买礼物的钱捐赠给某个妇女慈善机构的好处，在好坏之间权衡后才决定把钱捐出去，那么你就很有可能在来年继续捐款的做法。

边缘路径与中心路径相反。它发生在个体缺乏能力和动机去仔细认真

> **中心路径**：发生在个体有能力而且有动机去仔细认真听取和评价劝说信息时的加工方式。
>
> **边缘路径**：当个人缺乏能力和动机去彻底听取和评价劝说信息，以至于受外部因素（如劝说者的吸引力）所影响时发生的信息加工方式。

听取和评价劝说信息的时候，这时个体仅受外在线索的影响。还是用之前为假期预订酒店的例子，一个采取边缘路径的人也许只会根据酒店网页上的照片、听起来有趣的酒店名字或者其他外部因素来决定预订哪家酒店。这种方式更多地使用肤浅的信息来作决定。例如，如果你看到一束很漂亮的花和一个写着"给妈妈送花作为礼物吧"的牌子，那你也许就会买花送给母亲，而不是以她的名义进行慈善捐款。

边缘路径加工的可能结果是出现一些跟我们直觉相反的效果。如果呈现在我们面前的是一个逻辑薄弱的论证，但这个论证是以一种吸引人的方式呈现的，如让我们去购买一辆华而不实的跑车，这时如果我们采用边缘路径来进行信息加工的话就有可能被说服。此外，如果论证太过强硬，同时我们采取中心路径来加工信息，那么即使消息来源的可信度很低，这个消息仍然可能说服我们。例如，任意一位大学生就某个政治职位提出很有说服力的观点，而在经过慎重的考虑之后，我们就认为其观点是对的。

如前文所说，采取中心路径进行加工后形成的观点更能抵御变化。这是因为当人们有足够的认知资源来考虑事情的时候，他们除了依靠信息之外

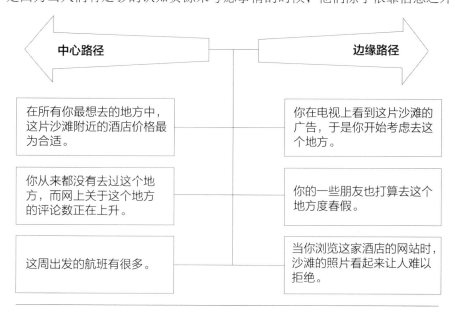

到哪里度春假？
当你在选择春假度假地点时，哪种类型的信息对你影响最大？

还依靠自己的思考。人们越是深入思考某件事，他们由此形成的态度就越能抵御变化，毕竟这件事是经过深思熟虑的。然而，要记住态度和实际行为之间的联系可能受其他因素的影响，正如我们在第 6 章里看到的一样。如果我们一定要快速作出决定，那么即使通过边缘路径获取的信息也能使行为发生改变。例如，如果你要选择一位教授但没有时间去深入研究每一位教授，你会怎样选择呢？也许你会仅仅因为朋友们说"这位教授很有趣"就进行了选择。当然，正如我们在第 4 章里看到的一样，第一印象并不一定准确，所以采取边缘路径加工并不总是最好的。

所以我们在什么情况下使用这种路径而在什么情况下使用另一种路径？这个问题可以用**精致化可能性模型**（elaboration likelihood model，ELM）来解释，其中最为盛行的是佩蒂和卡西奥普（Petty & Cacioppo）在 1981 年提出的模型。精致化可能性模型提供了一个一般性框架，这个框架强调人们是如何对劝说性沟通作出反应的，并由此组织和理解在劝说性沟通效力之下的基本过程（Petty & Cacioppo，1986）。根据这个模型，人们对劝说信息的不同方面进行推敲，用他们对信息的加工能力对劝说沟通作出反应。

◎ 什么因素会影响我们采取哪种路径？

以下几个因素会影响我们在加工信息时到底是采取中心路径还是边缘路径。

信息来源

当我们谈到劝说信息时，信息来源跟信息内容本身一样重要。传播信息的人或者组织被称为信息来源。**信息来源**可能是广告里的演员，可能是某位明星代言人，又或者是某个主要媒体。就像产品的外包装，信息来源的

精致化可能性模型：一种认为劝说有两种路径，即中心路径和边缘路径，并认为个体在处理加工信息时可能采取这两种路径的模型。路径会受到个体认知能力和个体差异的影响。

信息来源：传播信息的人或者组织。

吸引力可以增强信息的说服力。这就是年轻而富有魅力的模特经常是广告印刷品和电视广告主角的原因。苹果公司并不是因为吉赛尔·邦辰（Gisele Bundchen）的电脑知识而请她来为苹果电脑代言的，雇用她是因为其外貌上的吸引力可以说服消费者。研究支持了这个观点，在一项研究中，被试被要求为某个请愿收集签名，研究者发现有吸引力的被试成功收集签名的概率是 41%，而吸引力不强的被试的成功率仅为 32%（Eagly & Chaiken，1993）。我们将会在第 12 章里进一步探索吸引力对社会认知的影响，包括吸引力在某些时候是否反而成了缺点。

　　然而当个体要评估信息来源的可信度时，吸引力的局限性就显现出来了。例如，你会听取大卫·贝克汉姆的意见为学校的球队选择最合适的足球，但是你不会在为电灯接上开关这件事上听取他的意见。如果你是在《纽约时报》上而不是随便一个名人八卦信息版上读到某名人夫妇分手的报道，那么你就会更加相信这个传言。同样的，你更可能听从有资格证书的皮肤科医生的护肤意见，而不是百货公司里的化妆品销售员的意见。信息来源的可信度在劝说过程中是一个重要的变量。在大多数情况下，信息来源的可信度可以增强信息的说服力（see Pornpitakpan，2004 for a review），同时信息来源的权威性等因素可以增强其可信度（e.g.，Kelman & Hovland，1953），我们将会在本章的后一部分继续深入探讨。可信度的下降可能产生重大的影响。

　　然而，可信度的影响是有可能减弱的。研究表明，可信度存在**睡眠者效应**（Hovland & Weiss，1951）。换言之，在你收到某条信息后发现其来源的可信度很低时，当下你会对这条信息不以为然，但是随着时间的推移你会越来越支持该信息的观点。如果一个人在事先就知道消息的来源，而不是接收信息后才发现的话，睡眠者效应发生的可能性就会降低。例如，贾斯汀·朗（Justin Long）是知名的演员，而不是计算机专家。但是当我们越是观看他关于苹果系统好还是微软系统好的广告，我们就越容易接受他关于购买哪种电脑的观点。与我们的直觉相反，可信度低的信息来源在一开始的时候会抑

睡眠者效应：来源不可靠的信息的影响力随着时间而增加的效应。

制态度转变，但随着时间的推移它反而会增加态度转变。

并不是所有的信息来源者都要像梅根·福克斯（Megan Fox）那样有魅力或者像布莱恩·威廉姆斯（Brian Williams）那样有说服力——仅仅是与信息接收者相似就可以很有效。研究表明相比起与接收者差距很大的信息来源，与接收者相似的信息来源更具有说服力。考虑一下这个情景：你更有可能去看谁推荐的电影，是你爷爷推荐的还是你朋友推荐的？你和朋友在关于什么东西有趣、什么东西可怕、什么东西能激发起兴趣等问题上有着相似的观点，所以你很可能接受朋友的建议而不是爷爷的建议。

相似性可以应用于个体的背景、价值观、交际、外貌以及其他众多的因素当中。一项探讨相似性作用的研究要求被试阅读一篇由同校学生或其他大学的学生就环境问题而写的劝说性文章（Mackie，Worth，& Asuncion，1990）。研究者发现，比起其他大学学生的论证，被试更可能考虑同校学生的论证。

信息接收者可以通过不同的途径感知相似性。信息来源也许会直接表达和接收者相似的态度，又或者第三方会指出相似性的存在。甚至同一天生日这种偶然的相似性都能增强说服力（Burger，Messian，Patel，del Prado，& Anderson，2004）。相似性被利用于销售各种各样的日常用品（如洗衣粉、牙膏和麦片）。广告商首先确立目标受众（如小孩的妈妈、年长者或男性中产阶级），然后选择一位看上去属于目标受众群体一员的代言人或者演员来推销他们的产品。护肤品制造商露得清主要的销售对象是被青春痘困扰的青少年女性，所以他们邀请了青少年女演员海顿·潘妮蒂尔（Hayden Panettiere）和凡妮莎·哈金斯（Vanessa Hudgens）来说服年轻的女孩去购买他们的产品。

另一个影响消息来源有效性的因素是来源本身受人喜爱的程度。吸引力和相似性是增强喜爱度的两个因素，不管这种受人喜欢是以什么形式呈现的，它都具有影响力。例如，由于我们通常更喜欢自己群体内部的成员，因此来自群体成员的劝说信息会更有效（Mackie，Worth，& Asuncion，1990）。此外，有魅力的人会更讨人喜欢，由此增强了沟通中的说服力（Chaiken，1979）。

值得注意的是，这些因素中的大部分都属于启发式，即用来形成观点的捷径。启发式涉及劝说的边缘路径，并不是系统的加工。

信息本身

信息本身显然是影响劝说有效性的重要因素。不管是口头上的还是视觉上的信息，它的最终目标都是成功说服他人。信息本身有两个主要的特征：信息的内容和信息构建。信息的内容是指把理念传递给受众的策略，即信息所用的措辞和图像。信息的构建是指信息是如何整合起来的（即信息是怎样通过言辞传递的，信息要有多长，信息的重复频率等）。

在发展信息内容的时候，信息来源必须考虑信息的效价。在心理学中，**效价**是指个体对某个特定物体、事件或想法的喜好或厌恶的程度。这意味着信息来源必须确定信息到底是积极的还是消极的——这个信息是要吸引受众的还是使受众感到厌恶呢？消极的信息通常是通过唤起人们的恐惧来传达的。**诉诸恐惧**通过描述与受众有关的威胁来唤起他们的恐惧感，由此说服人们改变他们的行为。诉诸恐惧的效果因个体差异、最终信息是否让人害怕以及是否能通过采取行动克服恐惧而异。当诉诸恐惧是试图阻止消极的结果（如目的是避免癌症的反对吸烟的广告），而不是为了促进积极的结果（如宣传身体健康）时是最为有效的（Lee & Aaker，2004）。

如果信息诱发出的恐惧感让人觉得无法承受，那么劝说的效果就很可能受到影响。在一项研究中，研究者告诉被试三条关于缺乏良好口腔卫生习惯会导致的危险的信息中的一条。每条信息意指不同程度的恐惧。研究发现，激起轻微恐惧量的负面信息最能有效地改善被试的口腔卫生习惯，而激起最多恐惧感的信息所引起的改善是最少的（Janis & Feshbanch，1953）。这可能是因为人们感到如此恐惧以至于他们选择逃避信息，他们感到如此绝望所以并不觉得自己有能力采取行动。而其他唤起恐惧的方式行不通是因为它们使听众处于防御状态，听众据理反对信息甚至完全忽略它，因为他们相信"这

效价：个体对特定物体、事件或想法的喜好或厌恶的程度。

诉诸恐惧：试图激起受众的恐惧以劝说他们不要做某件事情的做法。

样的事情不会发生在我身上"（Liberman & Chaiken，2009）。

唤起恐惧的方法通常用来引导听众远离有害健康的行为。例如，"这是正常的大脑，而这是吸毒之后的大脑"的宣传旨在通过让青少年意识到吸毒之后大脑会变成像炒鸡蛋那样一团糊来防止他们吸毒。然而这样的信息并不总是有效的。

最近的研究表明个体的脆弱程度会影响他们被诉诸恐惧说服的可能性。对于和有感染乙肝风险的人发生性关系的人来说，读到某人通过正常性行为（有性行为，但不是过分性活跃）感染乙肝的叙述比被告知感染乙肝的统计概率会更让他们觉得自己有风险。值得注意的是，认为自己有风险的人更愿意接受疫苗接种（de Wit，Das，& Vet，2008）。让人们意识到自己有感染疾病的风险能使他们通过寻求疫苗接种来进行预防。同样的，如果诉诸恐惧展示了如何避免引起恐惧事件，同时也提供了解决方案，那么这条信息就可能很有效——如针对破伤风进行预防接种（Leventhal，Singer，& Jones，1965）。

包含积极效价的信息也能带来态度的改变。研究表明，当关于健康的信息中包含了积极的内容时，信息会更有效（Broemer，2004）。例如，如果广告展示的是一群朋友有说有笑地乘坐出租车回家，而不是毁坏的汽车和醉酒司机的验尸报告，那么这个广告就更能说服观众不要酒后驾车。但是就如前文所说的，信息来源必须始终考虑受众。研究表明美国人更可能对积极的信息作出反应，而日本人则更关注消极信息（Noguchi，2006），所以唤起恐惧的方式也许在日本以及其他非西方文化中会更有效。

很多时候重要的并不是说的内容，而是说的方式。因此在传达劝说信息的时候，不管是积极的还是消极的，信息的建构跟信息的内容本身一样重要。甚至简单如信息的长短就可以影响其有效性。信息的长短作为边缘的线索可以导致无根据假设，例如人们会认为信息越长必定越能支持其观点（Petty & Cacioppo，1984；Wood，1985）。当受众作出这样的假设时，长信息比短信息更具有说服力。想象一下，你正在阅读一篇关于吃粗粮的好处的报刊文章。如果这是一个专题报道而不是一篇小短文，那么即使这两者的信息质量是相近的，你也可能会对专题报道更有好感。然而，如果你采取中心路径对信息进行加工，那么信息的长度就不会产生影响了，重要的是论证强度本身。

信息的强度确实有利于它本身的说服力，例如针对某项要求提出具有说服力的理由的人更可能使别人按其要求行事（e.g., Langer, Blank, & Chanowitz, 1978）。此外，为了使自身更具有说服力，虽然貌似你应该只注重自身的这一方并仅仅呈现能支撑自己的论点，但事实上呈现论辩双方的观点并且驳斥对方的观点才是最为有效的劝说方式。这种劝说方式部分依靠信息加工的中心路径，因为它需要深思熟虑论证的同时还需要驳斥对方。也许正是因为呈现了事件的多方面并驳斥对方观点，自身观点的力量才得到了增强。

人们采纳观点的方式也会因手头上的事情而转变。当人们关注某一问题的时候，他们会愿意花心思去深入仔细地加工支持观点或反对观点的论据。换句话来说，他们会采取中心路径。在这种情况下，论证的强度决定了劝说信息的有效性。然而，对于不潜心于某个问题或者不关心某个问题的个体来说，信息来源的特征就会在劝说中占主导地位。在这种情况下，人们采用的是边缘路径（Petty, Cacioppo, & Goldman, 1981）。

对于我们关注的问题，我们会集中地、系统地加工所包含的信息，因此一旦我们形成有关这些问题的观点，这些观点就会抵制他人进一步的劝说（Zuwerink & Devine, 1996）。例如，相比起认为某个问题不相关或者不重要的人，如果针对这个问题的态度（如在军队中公开支持同性恋服役）对于我们来说很重要，那我们就会更为抵触强烈反对这种态度的信息（即与我们认同的观点不同的信息）。

对问题的已有投入只是其中一种动机，而促使我们去理解信息的动机可以增加使用中心路径加工的可能性（Chaiken, 1980）。事件本身的重要性固然能增强动机，但事件与我们的关联程度也不容小觑，因此我们采取中心路径的可能性也会因关联程度的上升而增加。中心路径会花费更多的时间，而且更为困难，因此缺乏动机的人更有可能采取边缘加工路径，因为这种方式简单而且不需要太多的分析（Petty & Cacioppo, 1984；Gass & Seiter, 2003）。

动机的产生可以通过创造"结果–相关投入"（outcome-relevant involvement）高或低的环境来实现。**结果–相关投入**是指由信息产生的经济方面或社会方面的结果对于信息接收者的重要程度（Slater，1997）。例如，债务重组的消息对有着沉重的信用卡债务和学生贷款的人来说有很高的结果–相关投入。当结果–相关程度很高时，人们就会采取中心加工路径。当结果–相关程度低时，人们则可能采取边缘加工路径。

信息的受众

劝说信息的目标受众对如何组织信息有着重大影响，这是因为不同受众受影响的方式不一样。受众通常是由人口学特征如年龄、性别和受教育程度等进行区分的。每一种受众都以他们独特的方式对劝说信息作出反应。研究表明青少年和年轻人是最容易受劝说信息影响的，因此他们最吸引广告商。当与23岁或者年纪更大的成年人相比时，18~22岁的大学生拥有更为灵活的态度，而且更有服从于权力的倾向，因此他们更容易受劝说信息的影响（Krosnick & Alwin，1989）。这就是说，相比起中年人，年轻人和老年人更容易改变态度（Visser & Krosnick，1998）。相比起年轻人，老年人（55~85岁的人）尤其容易被富有情感意义的信息说服（即与爱、关怀等相关的信息）（Fung & Carstensen，2003）。这些发现对于不同种族的人来说也是如此。再一次地，劝说信息的内容和类型很重要。

同样的，虽然男性和女性在面对不熟悉的话题时被说服的可能性是相当的（Eagly，1978），但劝说策略应根据明显的性别差异来进行选择。这些差异源于社会角色的不同。在我们的文化中，男性倾向于使自己独立于他人，而女性则倾向于注重促进与他人的合作。由于男性和女性会对劝说信息作出不同反应，因此对不同性别的人所使用的劝说策略也应该是不一样的。相比起非个人的策略（如邮寄广告或电子邮件广告），女性更容易受面对面劝说的影响（如在实体销售点买车的情况）。而另一方面，男性对个人或非个人

结果–相关投入：由信息产生的经济方面或社会方面的结果对于信息接收者的重要程度。

信息的反应都是相同的（Guadagno & Cialdini，2002）。

虽然信息的传播者会根据受众的性别而采取不用的劝说技巧，但是说服任意人群的公式是不存在的。"每分钟都会有傻瓜出生"的说法强调了有的人就是比其他人更容易受劝说信息影响的事实。然而，对劝说的易感性并不仅仅是因为拥有轻信别人的基因那么简单。几种人格变量在劝说过程中起着作用。

这些人格因素之一是对认知的需求。认知需求是指个体乐于进行认知活动的倾向。有着高度认知需求的个体享受抽象思考，而认知需求低的个体不仅不会寻求甚至还会回避需要深入思考的情境（Cacioppo & Petty，1982）。有着高度认知需求的人喜欢深入分析，他们有理解现象的内在渴望以及对批判性思维的喜好，因此他们会默认采取中心路径而不是边缘路径。

研究表明认知需求也会影响个体对精细化的需求。这意味着相对于认知需求不高的人，有着高度认知需求的个人更可能就某个事件提出问题并要求知道更多的详情（Cacioppo，Petty et al.，1996）。这些有高度需求的个人可能被可以经受住仔细考察的信息说服，因此信息本身的质量是说服这类受众的重要因素。而认知需求低的个人则更可能被次要的信息说服，如信息来源的吸引力和受欢迎程度（Cacioppo & Petty，1982）。

在一项测试个体认知需求差异的研究中，研究者把参与的学生分为两组，并让每组学生各观看一段 20 分的《虎胆龙威》的片段（Gidson & Maurer，2000）。在其中一组观看的片段里，由布鲁斯·威利斯（Bruce Willis）饰演的男主角约翰·麦克莱恩（John McClain）有抽烟镜头，而在另一组观看的片段里他没有抽烟。比起观看了麦克莱恩抽烟并有着高度认知需求的被试，观看了同一段短片但认知需求不高的非吸烟者对吸烟行为更为赞同。另外，相比起有高度认知需求的被试，他们更愿意和吸烟者交朋友。

对劝说的易感性还会受到个人对行为的自我监控能力的影响。在第 4 章里，我们知道自我监控是指当人们在某个特定情境中决定如何呈现自我时注重情景线索或内部线索的倾向（Snyder，1979）。一般来说，大多数人都关心自我呈现（即人们向他人展现自己的方式），但这并不意味着他们关注自我监控（即人们根据不同情境调整自身行为的程度）。高度自我监控的人能

> 高度自我监控的人能应特定情形需求立即改变自己的行为。

应特定情形需求立即改变自己的行为。而低度自我监控的人则不关心改变自己的行为，而且无论情境的需求如何他们都倾向于保持相同的态度和观点。例如，一个人可能在和好朋友在一起时会经常咒骂别人，但是在其父母身边时就会有所收敛。然而，如果这是一个低度自我监控的人，他就可能不管在什么情形下都保持相同的行为，不管是在父母身边还是在神父身边，他都会继续咒骂。

如果态度或行为的转变能使自己更受欢迎，那么高度自我监控的人就会轻易地转变他们的态度或行为。在选择伴侣时，高度自我监控和低度自我监控的人有着相当不同的偏好。在一项检测这两种性格类型的不同之处的研究中，研究者要求男性大学生在两种有着非常不一样的优点和缺点的潜在伴侣中进行选择。一位女性被认为很有吸引力（研究者在以 7 分为满分来评定其吸引力的标度中给了她 5.75 分），但同时她也被描述成在陌生人前会很害羞、以自我为中心并且在某些时候很情绪化。另一位女性则被认为不太具有吸引力（她的分数只有 1.88），但是她具有一些积极的性格特征，如善于交际、外向、情绪稳定、体贴以及具有幽默感。高度自我监控的人更有可能选择具有吸引力但是个性消极的女性。而低度自我监控的人则更有可能选择不具有吸引力但个性积极的女性（Snyder，Berscheid，& Glick，1985）。同样地，高度自我监控的人可能会被说服去购买一辆华而不实的跑车，或者是被说服去选择一位很受欢迎却缺乏经验的政治候选人。

即使一个人受到与自我密切相关、高度自我监控或高认知需求等因素的驱使而进行信息加工，但是如果他缺乏专注于信息的能力，那么他还是会采取边缘加工路径。无法专注于信息可能是因为时间不允许或者存在干扰。例如，电视广告通常不会超过一分钟，这样可以使你依赖于信息的次要方面（如广告的模特、音乐或视觉效果）进行加工。此外，如果你受到干扰，那么集中精力于信息本身以及采取中心路径来进行加工就变得很困难，甚至是不可能的。因此，注意力分散会迫使个体依赖于次要的线索进行信息加工（Petty，Wells，& Brock，1976）。如果人们在加工信息时分心的话，他们就倾向于立刻接受所收到的信息，而在过后才会重新进行审视。

虽然传播者希望人们关注信息本
身，但干扰也可能会有好处。使受众分
心，从而防止他们形成相反的论点来
进行驳斥，由此劝说信息的效力得到增
强。政客也许会使用生动的图像及朗朗

政客也许会使用生动的图像及朗朗上
口的流行用语来转移受众的注意力，使受
众不会仔细考察他的信息、经历和记录。

上口的流行用语来转移受众的注意力，使受众不会仔细考察他的信息、经历
和记录。如果你曾经故意等到父母在看电视、读书或者干别的事情的时候才
向他们寻求帮助，那么你就很可能已经亲身经历过使他人分心的好处。

正如你所想，受众的情绪也会影响他们对劝说的易感性。你是否曾经想
向某人寻求帮助，但却等到他们情绪变好的时候才开口？你这样做是因为你
知道，相比起情绪不好的人，处于良好情绪状态的人更容易被说服。这是正
确的——情绪良好的人通常都希望继续保持好心情，所以他们不太可能仅仅
为了仔细加工信息而破坏这种愉悦。这导致他们在评价信息的时候依靠的是
次要线索而不是主要线索（Ruder & Bless，2003）。信息传播者会试图通过
文字或图像来传达积极的情感信息，从而使受众处于良好的情绪状态。例如
一家洗涤剂公司也许会使用晴朗的天空、清澈的水和沙滩等图像来使消费者
接受他们的产品，虽然这些产品不见得和热带天堂有任何关系。

身体的情绪线索同样也会影响人们接受劝说的意愿。在一项研究中，研
究者要求被试在听一段劝说信息的时候，要么点头表示同意要么摇头表示不
同意（Briñol & Petty，2003）。他们的发现表明，头部动作会显著影响被试
对信息的看法：点头增强了他们对信息看法的信心，而摇头则起了削弱的
作用。

不是每一位受众对关于快乐或者表示同意的身体线索都是一致的，这就
是为什么信息来源有必要去了解他们的受众，尤其是在进行跨文化沟通的时
候。例如，在西方文化中，竖起拇指表示的是积极的情感，似乎在说："嘿，
好！"但是在一些中东国家，这被认为是一个猥琐的手势，相当于西方文化
中竖起中指的动作。所以在如伊拉克等国家里给某部电影"竖两个拇指"并
不能说服人们去电影院。语言同样也会构成问题。当雪佛兰汽车公司向说西班
牙语的国家推销新星（Nova）这款车的时候，这变成了一个笑话，因为"no

你会怎样对这条信息进行加工？你会如何对介绍吃鱼好处的广告作出反应？

va"的发音在西班牙语里的意思是"不能走"。

这些文化差异也许很容易就能被识别，同时传播者也可以相应地改变自己的行为，但更为隐私的问题（如人们是如何认同自己的）就很具有挑战性了。当化妆品公司使用诸如"她的美丽也许是与生俱来的，但也许是因为美宝莲"等口号时，其依靠的是一种可能只适用于西方文化的、个人对强化自我的渴望（Morling & Lamoreaux，2008）。改变外貌使得自己更具吸引力的需求在北美和西欧是很普遍的，但这样的自我观念却有别于世界上的其他地区，尤其有别于东方文化（Heine & Lehman，1997）。

西方人倾向于认为每个人都拥有属于自己的态度和信念。而另一些文化则有着更为宽泛的自我观念，处于其中的个体会认为自己是属于具有共同态度和信念的群体中的一员。在这些文化环境中进行劝说可能会很困难，因为传播者必须以改变整个群体的态度为目标，而不仅仅是个人的态度。这并不是说这些文化中的个体永远不会形成与群体相违背的态度或者不会做出违反群体的行为，只是说要这样做的动机要少得多。这些概念直接与第 4 章中谈到的个体主义和集体主义相关。

在美国，受众倾向于远离集体主义文化。比如像耐克这样的公司会允许消费者定制属于自己的鞋子。NIKEiD 向消费者提供上百种不同的颜色搭配选择，甚至可以让消费者在鞋子上绣上他们的名字或者信息。这种定制鞋子的方式在美国也许是让人垂涎的，但是在如韩国那样的集体主义文化中，这种独一无二反而会让人感到不适。在韩国，正常的、普通的和传统的东西才是最为理想的（Kim & Markus，1999）。当诸如广告商等传播者要向这样的受众传递劝说信息时，他们应该倾向于宣传能代表整个文化价值观的概念。

◎ 西亚蒂尼的"六种影响力武器"

心理学家罗伯特·西亚蒂尼（Robert Cialdini）在他的书《影响力》（1984）中认为，有六种在特定情形下会奏效的劝说技巧，或者说是"武器"。"六种影响力武器"包括互惠、承诺和一致性、社会认同、好感度、权威性以及稀缺性。

互惠

运用互惠技巧突出了我们为了不让自己看起来像是敲诈者或是白吃白喝的人的愿望。我们中的大多数人都不希望觉得自己欠着别人，所以我们通常都会回报他人。这是经典的回报与索取的关系：如果朋友曾经帮你搬过沙发，那么你可能会以帮他照顾他的狗一个晚上作为回报。在某些情况下，这种劝说策略可能产生不平等的交换。

里根在一项实验中证明了互惠的力量（Regan，1971）。在这项实验里，参加艺术展的人在展览开始的时候会享受免费提供的饮料，然后他们被询问是否愿意购买一张 25 美分的抽奖券。结果大部分被试即使没有接受免费饮料也会购买抽奖券，而没有享受免费饮料的被试则很少购买抽奖券。

你也许在生活中已经多次使用互惠作为劝说的策略。你是否曾经帮助同学解决了某个问题，然后期待着如果你有问题的时候，那位同学也会帮助你作为回报？你甚至一直往"人情银行"里"存钱"，暗暗记录自己帮助他人做过的事情，而当你需要帮助的时候就可以讨回来。当慈善机构诸如畸形儿童基金会向潜在捐赠者赠送"免费"礼物然后再询问捐赠事宜时，他们就是在使用互惠的策略。尽管这些慈善机构并没有直接提出请求，他们希望通过使人们接受礼物，让人们觉得自己亏欠他人，从而说服他们进行捐赠。甚至当人们知道最初提供帮助的人并没有想到自己会被报答时，互惠还是会发生（Burger，Sanchez，Imberi，& Grande，2009），意味着这项规范并不是出于想要得到承认的自私欲望，而是基于想要恢复平衡的意愿。

承诺和一致性

在第 6 章里，我们知道人们希望确保他们的态度和行为一致——如果不一致，人们就会感到让人不舒服的张力，即失调。我们的态度包括我们是如何看待自己的——如果我们认为自己是慷慨的人，那么我们就更有可能向慈善机构捐款。同样的，如果我们认为成为好儿子或好女儿很重要，那么花店使用母亲在收到鲜花后感动得泪流满面并拥抱她的孩子的广告来强调孝顺子女会为自己的母亲买花的话，我们就很有可能被说服去买花。

同样，当一个人作出承诺，尤其是口头上的承诺时，他通常会感受到来自内部的和外部的兑现承诺的压力。人们并不希望自己看上去不可靠或意志薄弱。这样他们肯定会以符合承诺的方式行动。例如，如果你想为某个社区拓展项目招募志愿者，你也许会在校园里派发传单或者给朋友们发邮件以邀请大家参加活动。虽然简单地向人们呈现信息可以招募到一些志愿者，但是如果你能通过与朋友同学亲自接触或打电话使他们作出参加志愿者队伍的口头承诺的话，你将会更成功。

承诺和一致性是有力的劝说武器。在一项研究中，当人们被要求竖起一个倡导安全驾驶的大牌子时，只有 17% 的人同意。然而第二组在一开始的时候只是被要求举起一个三英尺的小牌子，而后再被要求举起一个更大的、笨重的牌子时，76% 的人都同意了（Freedman & Fraser，1966）。这被称为

"登门槛技术"（foot in the door）——如果我们先是答应帮个小忙，这就会引导我们去推断有关于自己的事情，在这个例子中即安全驾驶对于我们来说是很重要的。一旦我们形成这样的观念，我们就会相应地行动，即使这样做会很麻烦。我们将会在第 8 章里继续探讨这个方法。

社会认同

社会认同（即认为他人的行为能暗示我们正确行事方式的观点）可以改变我们对这个世界的看法。想象一下你正在开车，正试图左转离开一个拥挤的停车场。在几分钟的等待之后，你终于到达了十字路口，但那里有个禁止左转的标志。你注意到前面的两辆车都左转了。你会怎样做呢？很多人都会选择左转，因为其他司机都这样做了。在广告界里，这被称为"从众效应"。微软在宣传其搜索引擎"必应"的广告中使用了这件武器，他们的口号是"我必应，你必应"。同样的，人们已经对在母亲节买花和巧克力习以为常，以至于消费者都倾向于在母亲节购买这些物品，而不是向妇女慈善机构捐款。此外，在 1992 年的总统选举中，本打算给乔治·布什（Greorge Bush）投票的选民在得知比尔·克林顿（Bill Clinton）在民意调查中领先后，他们改变了投票行为（Morwitz & Pluzinski，1996）。社会认同也会使许多助人行为发生动摇，我们将会在第 13 章里继续探讨。

好感度

我们更容易被我们喜欢的人说服，这很好理解——我们会对喜欢的人的要求说"好"，而对不喜欢的人的请求说"不"。因此如果某人越是喜欢你，你就越有可能说服他／她。例如，设想一下你要买一台新的笔记本电脑，你到当地的一家电子产品店看型号。帮你选购的销售人员很友好，甚至称赞了你的电脑知识。其实你之前还在考虑网购笔记本电脑，因为网上零售商会赠送一个电脑包，但是因为实体店的销售人员是如此友好，帮了你不少忙，而且还称赞你了，所以你决定从实体店购买。称赞有助于增加好感（e.g., Drachman，DeCarufel，& Insko，1978）。

此外，如果卖花的人对你非常热情、和蔼，而且还称赞你给母亲买花的行为，那么你就更可能在母亲节的时候为母亲买花。销售人员深知好感度在说服人们购买商品时的重要性。企业也知道，这就是为什么百思买（Best Buy）要花费工资的 5% 去培训员工，让他们学会如何给顾客留下好印象（Kump，2010）。

权威性

在大多数社会中，人们都被教育要尊重权威，不管这种权威是暗示性的还是真实的。尤其是诸如警察、消防员以及军人等权威人士，如果警察要求你出示证件，那么你很可能毫不犹豫地就拿出你的驾驶证。

但是权威人士不仅仅是穿着制服的公务员，他们有很多不同的类型。家长、老师、牧师、医生、酒店经理、杂货店主管，或任何一个佩戴徽章或名牌的人都可以被看成权威人物。假设你正在公园里的座位上吃午餐。一个穿着朴素的人走过来告诉你这张桌子已经被某个私人派对预订了，所以你需要到别的地方去。你也许会很犹豫，因为她看起来一点都不像有权进行管理的人。但是如果她拿出一个徽章并表明她是公园的部门主管，难道你会不换地方吗？在这种情景下，你行动的动机并不在于你认为主管的做法是正确的，而是怕被罚款，不过不管怎样你都会行动。研究显示，即使并不存在对不作为的明显惩罚，人们还是会服从权威人物——甚至是向他人实施致命的电击，我们将会在第 8 章中继续讨论。

稀缺性

人们希望得到他们得不到的东西。钻石比石英有价值并不是因为它们更漂亮，而是因为它们更为稀缺。强调稀缺性是销售产品的流行方式。诸如限量版的鞋子或手表等商品让消费者觉得自己拥有高于售价价值的特殊东西。稀缺性不仅仅适用于商品。在人际关系中也存在着"限时供给"。为了让他人约你出去，你也许会表现得与众不同，突出自己在其他人身上无法找到的独特品质。换句话来说，你是与众不同的。

为了让他人约你出去，你也许会表现得与众不同，突出自己在其他人身上无法找到的独特品质。

曲奇饼也可以产生稀缺效果。即使两个罐子里的曲奇饼是一样的，剩下2 块的那罐也会比剩下 10 块的那罐得到更高的评价。此外，如果同样的一个罐子里只剩下少量的曲奇饼，那么这几块曲奇饼也会比罐子里有很多曲奇饼的时候得到更高的评价（Worchel，Lee，& Adewole，1975）。

2009 年从亚利桑那州立大学退休后，如今西亚蒂尼在研究消费者的能源使用效率行为，用他的劝说"武器"去抵抗能源危机。美国政府资助了西亚蒂尼的研究，以说服人们减少能源消耗。政府过去尝试了激励、补贴、教育以及其他方式，而现在他们希望寻求更便宜但效率更高的方法使人们发生转变。

为了确定他的"武器"在节能运动中是否有效，西亚蒂尼在圣地亚哥的郊区进行了一项研究。他的团队挨家挨户地在房屋的门把手上挂上节能的牌子。一共有四种牌子，在接连一个月中的每周里，每个家庭都会随机收到一种牌子。第一种牌子鼓励屋主为了环境而节约能源，第二种牌子让人们为了下一代节约能源，第三种牌子推广节约能源在经济上的好处，而第四种牌子仅仅是说"你的大部分邻居每天都在节约能源"。

第四种牌子展现的正是西亚蒂尼所说的社会认同。在月末的时候，研究团队检查能量表时发现，只有收到第四种牌子的家庭的能源使用量显著减少了。由此得知，在特定的情境下某些劝说方法比其他的方法更奏效。引

> **承诺和一致性**
> 购物回馈卡："注册免费，而且你在每一次购物后都会得到积分，积分可兑换免费

> **社会认同**
> 广告："想知道你的朋友们都在讨论什么吗？快来试试我们的牛仔裤！"

> **好感度**
> 电视广告："莎拉·杰西卡·帕克（Sarah Jessica Parker）也来这里购物！"

> **权威性**
> 网站标题：《时尚》编辑把我们的牛仔裤选入 2010年的最佳商品！"

> **互惠**
> 购物优惠券："满 50美元享受 9折优惠！"

> **稀缺性**
> 店铺门前告示："限量版紧身牛仔裤！在断货前快来购买吧！"

∧∧ 商店如何让你成为瓮中之鳖？
简单的信息也可以通过"六种影响力武器"来传递。

发负罪感和责任感（正如前两种牌子所示）以及传达从某种行动中可以得到的个人好处（如第三种牌子所示）在其他情境下可能是有效的方法。但是在这种情境下，人们从众的倾向说服了他们减少能源消耗（Rahim，2010）。毕竟他们并不希望自己是唯一没有节能的人，也不希望自己看起来不光彩。进一步说，如果邻居们都在节能，那么这应该是一件正确的事情。我们将会在第 8 章里继续讨论西亚蒂尼的"武器"。

研究告诉我们应如何抵制劝说

现在你知道了信息来源说服人们的不同策略，你一定在想我们是否就会无可避免地成为这些信息的猎物。在面对劝说信息时，我们并不是手无寸铁的。我们抵制劝说的能力受三个因素的影响：预警、反抗心理和接种。

◎ 预警

如果朋友在朝你扔东西前喊了句"小心"，那么比起他不给你任何警告直接把东西扔过来时你更有可能接住他扔向你的东西。当人们被提醒要当心劝说信息的时候，实际上是提前通知他们：他们已有的态度将会受到挑战。**预警**可以使人们建立起防御措施，以准备好抵制劝说信息。例如，如果你提前知道汽车租赁公司正在说服顾客以"最后的优惠价格"选购更多的可选服务，那么当租赁代理向你推销不必要的升级服务时，你就已经准备好说"不用了，谢谢"。在一项检验预警作用的研究中，研究者测量了一场演讲的说服力，这场演讲面向青少年，讲的是"不应该允许青少年开车"。参与的青少年被分成两组。一组在演讲开始前 10 分钟就被告知演讲的主题，而另一组则没有被预先告知。结果是被预先告知的一组很少被演讲说服，这是因为预警和信息传递之间的延迟给予了人们更多的时间去形成与信息相反的论点（Petty &

预警： 预先被告知自己所持有的态度将会受到质疑的过程。

Cacioppo，1977）。

◎ 反抗心理

　　我们有时候会如此抵抗劝说信息，以至于我们反而认同与信息来源所愿完全相反的观点。这经常发生在父母和孩子们的沟通中。你的父母曾反对过你约会的对象吗？你是怎么回应的？你很可能忽略父母的反对意见，甚至因为他们反对而更喜欢你的对象。这种反向作用就是**反抗心理**。由心理学家杰克·布兰姆（Jack Brehm）在 1966 年提出的反抗理论认为，当人们感到自己的自由正在受到威胁时，他们将本能地逆其道而行之，以恢复他们的自由。

　　反抗心理解释了为什么禁毒运动有时候会适得其反。得克萨斯州立大学圣马科斯分校的一项研究认为，禁毒广告也许是在增加而不是在减少大学生的滥用药物行为。在向 53 名大学生展示了政府投资的禁毒广告后，研究者发现四分之三的学生表示在观看广告之后对毒品反而形成了比在观看前更好的印象。研究者解释道，看了广告的学生认为广告的内容言过其实，由此导致了他们对信息来源和信息本身的不信任（Meagher，2004）。因此广告并没有使学生对毒品产生反感，相反，它让学生觉得毒品其实没有那么可怕。反抗心理同样解释了为什么标有暴力警示的广告和电视节目反而有着更高的、不适宜观看这类节目的观众收视率。在一项调查影片分级体系对儿童的影响的研究中，研究者发现如果分级指向暴力、性爱等图像内容时，这样的等级评定对 8 岁以下的儿童可以起到制止作用，但对 11 岁以上的儿童，尤其是男童则具有吸引力（Bushman & Cantor，2003）。

◎ 接种

　　正如我们使用疫苗给自己接种就能获得对疾病的抵抗力一样，我们有时也会希望通过**接种**使自己拥有对劝说的抵抗力。朝鲜战争之后出现了很多关于对

反抗心理：当人们感到自己的自由受到威胁的时候，他们会本能地想要恢复自由。

接种：建立对不必要的劝说的抵抗力的过程。

战俘和平民进行洗脑的报告。这些人相信了与战争之初国家为之而战的理想完全相反的理念，而最让人不解的是，他们居然采纳了敌人的信仰！这被称为斯德哥尔摩综合征，即被掳者反而认同甚至是爱上了囚禁他们的人，采纳了他们的信仰，为他们的利益行事。当心理学家看到这些被洗脑的人时，他们立志研究如何建立起对有害劝说的抵制，以帮助士兵和平民在将来可以防止这样的劝说。

1961 年，威廉·麦奎尔（William McGuire）和他的同事开发了一种名为接种的技术（McGuire & Papageorgis，1961）。要为人们接种以抵制劝说，麦奎尔提出人们应该先暴露在微弱的"攻击"之中。这轮攻击一定要弱，因此人们不至于改变他们的观点。通过防御微弱的攻击，人们能更好地应对将来更为猛烈的攻击（McGuire，1964）。在麦奎尔最初的研究中，为了使被试不受反对刷牙的观点的影响，研究者先是向被试提供一些反对定期刷牙的论点，但这些论点受到大量的驳斥，从而减弱了其论证的强度。而当人们接触更为强烈的反对刷牙的信息时，这些信息反而使人们更为支持定期刷牙的观点（McGuire & Papageorgis，1961）。研究者成功证明了，相比起直接告诉人们他们已经拥有正确的观点进而应该忽视任何劝说，接种是更为强有力的办法（McGuire，1964）。辩护律师也许会在他们的开场陈述中使用接种的策略。他们会告诉陪审团："控方将会试图说服你们去相信，一位重 130 磅的男性可以在光天化日之下扛起 300 磅重的保险柜走了 200 码，并不被他人发现。"控方也许确实握有一些有力的证据，但是辩方会希望在控方呈现最为有力的证据前先指出最站不住脚的部分，以使陪审团建立起对控方论点的抵抗。

然而，这些抵制劝说的技巧并不是万能的。美国心理学会发展了一个专门针对广告和儿童的小组，并发现幼儿没有能力使用这些抵御的技巧，而且他们不具备对广告进行思考的认知能力。例如，麦片制造商通常会在广告中加入免责声明，说麦片是均衡早餐的一部分。然而孩子们无法理解这项声明，所以他们会把麦片等同于均衡早餐本身（Palmer & McDowell，1981）。因此，在一些国家里，针对儿童的广告是受限制的，其中一个例子是欧盟，其视听媒体服务委员会出台了有关这些限制的大纲。

我们在什么时候不应该抵制他人的劝说？

　　我们并不应该总是抵制劝说，在某些情况下，我们需要仔细地考虑这些新选项，甚至因此改变我们的看法。在一项研究中，研究者首先确认被试会抱怨废品回收（即认为废品回收很麻烦），然后他们传达了一条关于废品回收的劝说信息，最后研究者发现他们可以成功说服人们参与到这项有益的行动中来（Werner，Stoll，Birch，& White，2002）。通过"屈从于"劝说，人们可以采纳那些有益于自身的同时也有利于环境的行动。

　　此外，有些行动不仅仅是有益的，甚至是关乎生死的，进行 HIV 检查就是其中一个例子。影响这个行为的其中一个因素是否能勾勒出进行检查的目标。目标可以被看作收益框架（即采取某种行动后所能得到的）或者损失框架（即不采取某种行动后可能的损失）（详见 O'Keefe & Jensen，2007）。以 HIV 检查为例，当人们坚信结果会呈阴性时，收益框架（即提醒人们在检查后将会得到的心灵安慰）更具有说服力；而当人们并不确定时，就应通过损失框架（即提醒人们不检查可能导致的问题）去劝说人们进行检查（Apanovitch，McCarthy，& Salovey，2003）。同样，冒险行为会因损失框架得到遏制，而低风险行为则会因收益框架而变得可能。在一项研究中，提醒人们使用安全套（低风险行为）的好处和不使用安全套（高风险行为）可能造成的风险都提高了人们进行安全性行为的概率（Kiene et al.，2005）。收益框架也能对戒烟（Tasso et al.，2005）以及定期进行乳房检查等行为产生影响（Meyerowitz & Chaiken，1987）。

　　不管怎样，劝说都可能是强有力的，当它使你戒烟，使你改善健康以及使你在母亲节给母亲买花时，它都在影响你的态度和行为。在第 8 章里，我们将会探讨更多社会影响的策略——如因权威人士或他人要求而导致的态度、行为改变。我们还会深入研究对群体规范的迎合所产生的对态度和行为的影响。当你在学习第 8 章的时候，谨记你到目前为止所学到的知识，以及劝说技巧可以怎样运用到从众的情境中去。

阅读材料　　　**不雅的影响：劝说中污秽言语的积极效应**

作者：柯里·R.谢勒（Cory R.Scherer）、布拉德·J.塞格林（Brad J.Sagagrin）（来自美国北伊利诺伊大学）

发表于2006年《社会影响》第1卷，第2期，第139～146页。

　　　　这项研究的目的在于检验在赞成某种态度的（pro-attitudinal）劝说演讲中适当使用咒骂措辞的影响。被试会听到一段关于降低学费的演讲，演讲有三个版本，其中"该死的"这个词出现在不同的地方（演讲的开头、结尾或者不出现）。结果显示，在演讲的开头或结尾使用污秽言语可以显著地增强演讲的说服力，同时提高受众对演讲者演讲力度的感受性。但是污秽言语对演讲者的可信度则是没有影响的。

　　　　1939年，《乱世佳人》的制片人戴维·塞尔兹尼克（David Selznick）被好莱坞制片规范委员会处罚5 000美元，因为他把瑞德·巴特勒的著名台词改成了"坦白说，亲爱的，我一点儿也不在乎"（Frankly, my dear, I don't give a damn）（Vertres，1997）。65年之后，美国副总统迪克·切尼（Dick Cheney）在跟佛蒙特州民主党参议员帕特里克·莱希（Patrick Leahy）对话时用了更为过分的措辞，引用《华盛顿时报》的报道，副总统让参议员"进行即使是在解剖学上也不可能的性交"（Simms，2004）。虽然这样的言语并没有被处以罚金，但是切尼也没有致歉。事实上，在切尼接受福克斯新闻的记者尼尔·卡夫托（Neil Cavllto）的访谈时，他没有表现出任何悔意，反而解释说他"事后觉得好多了"（FOXNews.com，2004，101）。

　　　　无疑，近年来社会对咒骂的反对立场已经变得越来越宽松。公众对咒骂持续上升的接受度使以下情况的可能性也得以提升：演讲者使用污秽言语会对公众对演讲者的感知产生积极影响。事实上，切尼的污秽言论使他更受某些人的欢迎。就像博客写手莱文伍德（Ravenwood）所说："我越是听到副总统迪克·切尼让参议员帕特里克·莱希去操他自己，我就越喜欢切尼。"（Ravenwood's Universe，2004，1）。与此同时，有一条在Promote Liberty.org的电子公告栏上的发言认为切尼的言论"说明了他作为一名副总统所受到的巨大限制，但他仍愿意坚决维护自己个人的荣誉和信念"（FMeekins，2004，4）。

　　　　以下实验是为了检验污秽言语对受众对演讲者的感知以及演讲说服力的影响。然而，正如公众对切尼的反应所显示的那样，当言论针对的是与其

当你在第11章学习关于攻击的知识时，回过头来看看这篇报道。语言是如何被用做攻击武器的？你会用污秽言语进行咒骂吗？

志趣相投的听众时，污秽言语能产生最为积极的效果。鉴于此，以下实验检验的是出现在赞成某种态度的演讲中的单一咒骂词对劝说的影响。实验同时也检验了污秽言词在受众对演讲者的接受度和可信度方面的作用。

咒骂与劝说

咒骂对影响他人的过程有什么作用呢？过去的研究表明有两种可能性：（1）增加受众对演讲者的接受度；（2）降低演讲者的可信度。

强度

汉弥尔顿、亨特和伯贡（Hamilton，Hunter，& Bur-goon，1990）把强度定义·为通过情感和特异性表达的、语言风格方面的特征。情感强度是指信息来源者所使用的言词的情感程度。污秽言语可以被看作一种强烈的措辞方式（Bradac，Bowers，& Courtright，1979）。

一项检验人们咒骂动机的研究让女性大学生和男性大学生们完成了一份问卷调查，这份问卷询问了他们认为自己使用污秽言语和他人使用污秽言词的常见动机（Fine & Johnson，1984）。这项研究检验了十种可能的动机：表达愤怒，强调情感，习惯，同伴压力，舒缓紧张和挫败感，因为污秽词汇是被禁用的，表现得酷一些，博取关注，因为污秽词汇是被人们接受的，以及缺乏其他的词汇。结果显示，男性和女性都认为表达愤怒和强调情感是最为重要的因素。[1]

范恩和约翰逊的研究结果（Fine & Johnson，1984）显示，强调情感是人们咒骂的重要动机。此外，人们也意识到其他人咒骂的部分原因是为了强调情感。关于这点，穆拉克（Mulac，1976）发现，演讲者确实可以通过使用污秽言语来强调某个话题，但是这样的言语会使受众对演讲者的感受转移到其他方面。尽管如此，范恩和约翰逊的研究结果认为，如果演讲者在就某个话题进行演讲的过程中进行咒骂的话，听众会推断演讲者是为了强调情感。对这点的认识使得听众尤其注意演讲者的论证，而且他们很可能会受到演讲的影响。

实际上，研究支持以下的观点：演讲者可以通过强调言词来增强劝说

演讲中的污秽言语使用的是劝说的中心路径的特征还是边缘路径的特征？

的效果。根据布拉达克等人（Bradac，Bowers，& Courtright，1980）基于强化期望理论（reinforcement expectancy theory）建立的因果关系模型，语言强度影响态度改变是通过两步实现的：先是语言强度影响人们对信息源的评价，然后人们对信息源的评价会影响态度改变。如果咒骂可以充当激烈的言语，那么污秽言语也许可以像其他形式的激烈言语那样增强说服力。然而，不同于其他形式的激烈言语，咒骂也许会通过降低信息源的可信度而影响受众对信息源的评价。

你可以想出其他取代咒骂的激烈言语吗？咒骂的效果如何根据信息源、信息本身和受众的不同而发生变化呢？

可信度

在《美国社会中的咒骂》这本书里，杰伊（Jay，1992）认为不合时宜的咒骂将会降低演讲者自身的可信度、说服力和专业性。因此，杰伊提醒道，只有在演讲者已经无计可施的情况下才应该出于增强说服力的目的而采取咒骂的方式。

过去对污秽言语和劝说的研究支持了杰伊的担忧（1992）。例如，波斯特罗姆等人（Bostrom，Baseheart，& Rossiter，1973）研究了人们对咒骂者的反应。该实验关注三类污秽言语的说服力：宗教类的（如 damn）、排泄类的（如 shit）和性交类的（如 fuck）。被试听了有关某个话题的访谈录音，并且在听录音之前和之后都对话题进行了评价。从总体上来说，波斯特罗姆等人（1973）并没有发现能支持污秽言语可以增强说服力的证据。另一项由汉弥尔顿进行的研究（Hamilton，1989）发现，污秽言语引起听众对信息的厌恶之情，增加他们对信息源的负面看法。

然而，这些研究中说服力的缺失也许是由话题的原因导致的，因为这些话题对于大多数被试来说都是反对某种态度的（counter-attitudinal）。对于这种话题，听众也许会把咒骂作为拒绝信息的借口。而另一方面，咒骂可能可以增强人们持赞成态度的话题的说服力。不过考虑到杰伊的警告（1992），我们的实验也会检验污秽言语对演讲者可信度是否存在不良影响。

研究者复制了之前的研究，在前人发现的基础上建立污秽言语和劝说之间的关系，这是你在第2章中学习到的研究方法。复制这一想法的其他方式有哪些？

当前实验

当前实验研究的是咒骂对演讲的说服力、演讲者的强度和可信度的影响。由于关于污秽言语能增强说服力的证据不足，当前实验在演讲开头或结尾处使用了一个相对温和的咒骂词"该死的"。

方法

（1）被试：来自中西部某所大学 88 名正在学习心理学导论的学生参与了研究，参与研究同时也是课程要求的一部分。

（2）研究设计与步骤：被试被随机分配到三种情境当中（演讲中没有出现咒骂词汇，咒骂词汇出现在演讲的开头，以及咒骂词汇出现在演讲的结尾）。在得到被试的知情同意之后，研究者让被试坐到电脑前并指示他们根据电脑屏幕上的指令行事。

电脑会播放一段关于在不同的大学里降低学费的五分钟视频，这对于被试来说是相关度较低的赞成态度话题。在被试看完视频之后，他们需要完成一份测量他们对话题的态度以及对演讲者的看法的量表。完成量表之后，研究者会测试被试对研究的怀疑度并对他们进行事后解说。

（3）材料：有三段长度相仿的演讲。这些演讲都讨论了在不同的大学中降低学费的话题。演讲中都包含了强论述和弱论述。强论述包括学生在择校时应如何考虑学习的花费以及所选的学校是否能省钱的。弱论述包括学校把低学费作为卖点，以及整个社区将由于学生有更多的钱可供消费而吸引众多的商家。相对来说没有那么冒犯人的词汇，如"该死的"被用来作为适当的咒骂词。这个词可能出现在演讲的开头（"……降低学费不仅是个好主意，而且该死的对于所有相关人士来说都是合理的"），也可能出现在演讲的结尾（"该死的，我认为降低学费是个好主意"）。而控制组所听的演讲则是不包含咒骂词的。[2]

> 为什么这样做对于实验的有效性来说是很重要的？如果论述全都很强烈或者都很弱的话，实验的结果会出现什么问题？

演讲通过使用 Medialab 实验软件在电脑上以视频的形式传递给被试（Jarvis，2002）。男性演讲者位于中性背景的前方，只能被看到胸部以上的部分。演讲者试图在不同的演讲中都保持相同的语调。

研究者准备了两份问卷来测量被试对演讲者和演讲的态度。第一份问卷包含有关演讲者的九个问题，三个问题关于演讲的强度（演讲者看起来有多么激昂、多么强硬以及多么热情），以及三个关于演讲者可信度的问题（觉得演讲者有多么可靠、多么值得信任以及多么知识渊博）。此外还有三个关于演讲者和被试在多大程度上相似的问题，以便进一步的研究。第二份问卷包含关于被试对降低学费的态度的四个问题（被试在多大程度上赞同降低学费、他们对学校实行这一计划的态度如何、他们是否会在自己的学校里推行这项计划、演讲让他们更同意还是更反对这个计划）。所有问题的答案都有七个维度，每个维度的含义都被明确标出（如，一点都不可靠、不可靠、有点不可靠、中立、有点可靠、可靠、非常可靠）。

结果

这一实验的目的是研究咒骂在被试对有关演讲者的感知以及演讲说服力方面的作用。所得数据被用来进行一系列的单因素方差分析，对比三种条件下的因变量（演讲的强度、演讲者可信度以及对话题的态度；详见下页表7–1）。三个因变量都有着良好的一致性（强度：$\alpha=0.87$，可信度：$\alpha=0.83$，对话题的态度：$\alpha=0.82$）。演讲的强度与演讲者的可信度相关（$r=0.28$，$p=-0.009$），同时也与被试对话题的态度相关（$r=0.35$，$p=0.001$）。但演讲者的可信度与被试对话题的态度不相关（$r=0.12$，$p=0.267$）。

咒骂对被试就降低学费的态度有着显著的影响，$F(2, 85) = 3.751$，$p=0.027$。跟踪对比显示，开头或者结尾出现咒骂的演讲都比没有出现咒骂的演讲更具有说服力（详见表7–1），但咒骂出现在开头或者结尾这两种情况并无显著差异。咒骂同时也对被试关于研究者的感知产生显著作用，$F(2, 85)=3.473$，$p=0.035$。跟踪对比显示出与降低学费态度相似的结果：开头或者结尾出现咒骂的演讲都比没有出现咒骂的演讲更能让被试感受到演讲的强度。然而咒骂并没有对演讲者的可信度产生显著影响，$F(2, 85)=0.052$，$p=0.945$。[3]

对中介作用的分析是为了检验咒骂对劝说的影响是否可以被强度全部或部分影响，过去的研究进行了三个回归分析（Baron & Kenny，1986）。在这三个回归分析当中，三种情况被两组对比向量代表。对比向量1（CV1）把咒骂出现在开头和结尾的情况与控制组相比较，对比向量2（CV2）把咒骂出现在开头的情况与控制组进行比较。CV1是为了进行对比，CV2被包括进来是为了全面代表回归等式中的三种情况。

在一个回归当中，强度和对比向量进行回归。与以上方差分析结果相吻合的是，CV1是强有力的预测，$B=-0.395$，$SEB=0.152$，$\beta=-0.270$，$t=-2.599$，$p=0.011$。在第二个回归当中，对降低学费的态度和对比向量进行回归。结果同样与方差分析相似，CV1也是态度的有力预测，$B=-0.938$，$SEB=0.352$，$\beta=-0.276$，$t=-2.661$，$p=0.009$。在第三个回归当中，对降低学费的态度和对比向量以及强度进行回归。CV1仍旧是有力的预测，$B=-0.067$，$SEB=0.031$，$\beta=-0.228$，$t=-2.131$，$p=0.036$，但β值有所降低，说明中间存在部分的调解作用。演讲强度靠近显著水平，$B=0.075$，

想想你在第5章中学习到的首因效应和近因效应。从实验的结果你可以得出关于这两种效应的什么结论？

$SEB=0.046$，$\beta=0.174$，$t=1.628$，$p=0.107$。然而要注意的是，即使实验设置允许我们作出咒骂与强度和说服力的因果推断，但强度和说服力之间是相关关系，同时数据也符合其他可能的因果关系。

讨论

这项实验的目的在于检验适当的咒骂对已持赞成态度的演讲的作用。结果显示，在演讲开头或者结尾进行咒骂都可以使得听众对话题的态度更为积极，同时使他们对演讲者的感受更为强烈。这是第一个对污秽言语的说服力的证明，说明适当的污秽言语确实可以提高说服力，至少在赞成态度的演讲中如此。

如果污秽言语被大量使用，你认为结果还会一样吗？

对中介作用的分析表明演讲强度对于咒骂对说服力的影响有部分的中介作用，虽然劝说的强度在最终的回归等式中并没有统计学上的显著性。这也许是因为缺乏统计功效。额外的研究应该进一步检验这一中介作用。这些发现与认为语言强度可以使态度改变的观点是一致的，同时它们表明咒骂可以像其他形式的激烈言语那样被使用。

在当前的实验中，咒骂对演讲者的可信度并没有影响。关于这一点，情况可能是咒骂对可信度同时产生正面的和负面的影响，由此导致总体的零效应。污秽言语对可信度产生正面影响是因为这样的言语可以使可信度高的演讲者变得更通人情。与此一致的是，昂和菊池（Aune & Kikuchi，1993）发现在接收与赞成态度相关的信息中，措辞的强度可以增加信息源的可信度。然而，污秽言词对可信度也会产生负面影响，这是因为污秽言语对于可信度高在演讲者来说是不合适的。将来的研究需要梳理清楚咒骂和可信度在不同方面（即专业性和值得信任的程度）的关系。同时，也许可信度对于反对态度的演讲来说更为重要，因为听众有动机通过贬损演讲者的资格来拒绝

这个观点适用于第7章中所讨论的西亚蒂尼的影响力武器中的哪一项？

表 7-1 单个咒骂词对演讲的说服力和听众对演讲者感知的影响

	无污秽言语（控制组）	污秽言语出现在演讲开头	污秽言语出现在演讲结尾
对降低学费的态度	4.14 $SD=0.40$	4.42[a] $SD=0.45$	4.34[a] $SD=0.41$
演讲的强度	4.40 $SD=1.03$	4.89[a] $SD=0.81$	5.02[a] $SD=0.98$
演讲者可信度	4.91[a] $SD=0.73$	4.91[a] $SD=0.75$	4.98[a] $SD=0.76$

注：量表的分值从 1 到 7，分值越高表示说服力越强、强度越强以及可信度越高。同一行中的均值上标并无显著差异。

接受演讲的观点。

局限性以及将来的研究方向

正如以上所述，当前实验是在经过优化的设置中检验污秽言语的说服力，即只在赞成态度的演讲中包括了一个相对温和的咒骂词。将来的研究应该探讨这是否会限制污秽言语的说服力。污秽言语是否能增强持反对态度的演讲的说服力呢？论述的强弱对污秽言语的作用是否有影响？使用更为强烈的（因此更冒犯人）咒骂词的结果会怎样？增加咒骂词的数量可以增强说服力吗？咒骂对说服力的影响也许是呈曲线状的；只有当额外的咒骂词被认为是适当的时候，它们才能增强信息的说服力。一旦咒骂变得过度，它们就会产生事与愿违的后果。

1　虽然人们进行咒骂确实是为了表达愤怒，但是他们也会用这种方式表达其他的情感，如高兴。在2003年格莱美奖颁奖典礼上，摇滚乐队U2的成员博诺（Bono）在自己乐队获奖后也使用了污秽的言语来表达他的兴奋。
2　实验其实还包含咒骂词出现在演讲中间的情况。但不幸的是，这样的安置反而混淆了咒骂词本身的用法（"……然后校友们也许就会觉得这该死的学校已经从他们身上榨取了足够的经费"）。这种情况与控制组在演讲说服力、演讲强度或可信度等方面都没有区别，但考虑存在着混淆，因此无法知道效果的缺失是由咒骂词本身还是它的用法导致的。
3　当分别分析可信度的专业程度和值得信任程度这两个构成部分时，结果都是不显著的——专业程度：$F_{(2, 85)}=0.184$，$p=0.832$；值得信任程度：$F_{(2, 85)}=0.224$，$p=0.800$。

社会影响：我们应该抵制吗？

- 社会角色和社会规范怎样影响我们的行为方式？

- 哪些因素影响和推动从众行为？

- 人们以何种方式使他人顺从自己？

- 权威人物是如何让我们服从他们的？

春假，

你去朋友杰克的家乡参观——那是一个你此前从来没有去过的地方。一天晚上，你们一起去看电影。在进电影院之前，你买了一些点心。此时，你已经有了糖果和爆米花，还想要一杯饮料。于是，你开口点了你想要的饮料，然而售货员奇怪地看着你，就好像你有两个脑袋一样。

你很疑惑，于是将头转向杰克，他却突然笑了起来。这是为什么？点东西喝为何如此可笑？对于你来说，你点的东西是完全合情合理的。原来，是因为杰克和售货员已经习惯用别的名称来称呼这些碳酸饮料。实际上，在不同的地方，这些饮料有不同的名字。在美国中西部，碳酸饮料叫 pop；在西北部叫 soda；在佐治亚州和亚拉巴马州叫 co-coler；在新英格兰叫bubbler；在路易斯安那州叫 cold drink；在苏格兰叫 scoosh；在英格兰叫 fizzy drink；在南非叫 cool drink……不论你去哪，人们都用别的名称称呼碳酸饮料（von Schneidemesser, 1996）！

令人惊讶的是，这些区别恰恰是许多讨论和调查的主题。人们兴奋地争论哪一个是"正确的"。假如把这个问题在学校食堂提出来，看看会发生什么？如果你有来自世界不同地区的朋友，你会发现自己处在争论的中心！

不同地区的人们使用其特定的饮料名称，这一事实是关于社会影响的一个例证。社会影响的概念将会在本章中被详细地讨论。下次和杰克一起去看电影时，你会采取哪种行为？——是继续用你习惯使用的词汇来点（饮料），还是会服从于这个陌生城市里的人们的预期？

社会角色和社会规范怎样影响我们的行为方式？

你和朋友们正在参加一个聚会，这是一个很好的观察人际互动的场所。于是，你决定坐下来观察周围会发生什么。你坐在角落里，看见你的朋友马克和他喜欢的珍在交谈。你注意到珍和马克说话时，有摩擦手臂的习惯。当你再观察他们时，你发现马克也开始在说话时摩擦手臂了。

如果你没有学过社会心理学，你可能不会在观察他们的行为时注意到这一点。然而，这种行为让你感到了疑惑。马克是有意模仿珍的行为吗？为什么呢？

马克不可能有意识地摩擦自己的手臂。实际上，他可能没有意识到自己正在做的事，甚至没有注意到珍在摩擦她的手臂。其实，马克的例子印证了**变色龙效应**。在塔尼娅·查坦德（Tanya Chartrand）和约翰·巴赫（John Bargh）（1999）提出这个概念后，这个术语指"个人对互动对象的姿势、举止、表情以及其他行为的无意识模仿，以这种被动的无意识的改变与当前社会环境中他人的行为匹配"。

查坦德和巴赫（1999）在一项实验中证明了这个效应。实验中，同谋和学生进行了 10 分钟的互动，假装探讨另外一项实验中使用的照片。每一个学生都在不同的时间段和不同的伙伴进行互动。在互动过程中，同谋不断变化言谈举止，他微笑、摇脚或者摩擦自己的脸；第二个同谋则展现与第一个同谋不同的言谈举止。研究者发现学生在和爱笑的同谋互动时，每分钟笑的次数相对更多。当同谋展现摇脚和摩擦脸的行为时，学生做这些动作的频率

变色龙效应：个人对互动对象的姿势、举止、表情以及其他行为的无意识模仿，以这种被动的无意识的改变与当前社会环境中他人的行为匹配。

也更高。

你也许认为学生是在有意模仿同谋，查坦德和巴赫（1999）起初也是这么认为的。在每个步骤结束后，他们都问学生另一个被试是否有什么特别的地方。没有一个学生指出这些特定的言谈举止，这就证明变色龙效应是无意识的。

变色龙效应背后的机制是什么？哪些因素为人们带来了像变色龙一样匹配周围环境的能力？查坦德和巴赫指出了知觉-行为联系，通过这种联系感知到某个行为正在被他人做出，从而使某些人更可能做同样的行为。按照查坦德和巴赫的观点，变色龙效应可能暗示出了一个重要的社会功能，与他人在行为和言语上"同步"使得人们之间的互动更加容易。在第二个实验中，他们发现同谋模仿一些被试的行为，而不是其他人的行为。这些被模仿的被试表现得更加喜欢模仿他们的同谋，而不喜欢那些没有模仿他们的同谋。这可能是当我们想被喜欢或者感觉有点不合适时，我们模仿他人。这也解释了为什么马克的确在摩擦他的手臂，不是吗？

你是否疑惑过这个问题：当你看见他人打呵欠时，为什么你也经常跟着打呵欠？心理学家罗伯特·普罗文（Robert Provine，2005）曾经通过一个实验回答了这个问题。在实验中，他让人们看一段一个男人反复打呵欠的五分钟的录像。正如他所预期的，55% 的观察者也跟着打呵欠了。他发现，看别人打呵欠会刺激个人脑中的"反映神经元"（Rizolatti & Craighero，2004）。这些神经元对我们目击的行为作出模仿的反应。"打呵欠"效应可以看作是变色龙效应的一个例子。

变色龙效应是我们在日常生活中遇到的施加在我们身上的社会影响中的一种。当我们的态度、认知、行为等被另外的人或群体影响时，社会影响就会发生。社会影响能在说服（在第 7 章中你已学习过）、从众、顺从和服从中被发现。我们将在这一章的最后三小节中讨论这些。首先，我们必须阐释社会影响赖以生根的一些概念——社会角色和社会规范。

◎ 社会角色

莫妮卡是一个 21 岁的女孩。她是一名心理学专业的学生，同时她也在塔吉特百货做兼职，并且每周还在本地动物庇护所做一次志愿者。她是一对七岁双胞胎男孩的姐姐，并和父母住在一起，大多数的周末她都和她的女性朋友在沙滩度过。即使所有这些角色组合在一起使她成为一个独特的人，你认为当她度过人生的各个阶段后，她的行为和习性会保持完全一致吗？

当然不是。当她在沙滩上和她的朋友们混在一起时，你会看到莫妮卡穿着泳衣，尽情嬉戏。当她照看她的兄弟们时，她不能表现出同样的行为——她必须做一个负责任的大姐姐。工作时，她穿着从来不会在班上穿的衣服，她和顾客进行互动的方式也和她在沙滩上和朋友们互动的方式很不一样。虽然在所有这些场景下她都是莫妮卡，但是她必须在她的生活中扮演不同的角色，这些角色规定了哪些行为是可以被接受的。回顾你一天的全过程，你的**社会角色**或者你在特定情境下被预期的行为方式可能会改变很多次。想想你作为一个学生、一个家庭成员、一个雇员等不同的情况。当你扮演不同的社会角色时，你如何采取不同的行为方式？

在工作中	在学校	在玩耍中
• 乐于助人 • 高兴 • 穿制服 • 帮助顾客、打扫店面	• 礼貌 • 专注 • 打扮得体 • 完成作业和提问	• 积极 • 吵闹 • 穿着随意 • 听音乐、放声大笑

莫妮卡的社会角色
在一天的生活中，我们通过改变自己的行为以符合不同社会角色的预期。

由社会角色的预期所施加的社会影响是根深蒂固的。我们希望在特定角色中的人们以特定的方式行动。如果你看到一个教授在本地的俱乐部里跳舞，你会有怎样的反应？这可能会让你感到不适应，因为你希望他的行为在"教授"的社会角色中进行。记住，虽然他像你一样有许多其他的社会角色，但是你不会以那些角色的要求来看待他。这解释了为什么我们在看见一些人的行为"脱离情景"时会产生一种奇怪的感觉。就像斯坦福监狱实验所证明的那样，满足社会角色的预期也可能带来严重的结果（Zimbardo，1971；

社会角色： 人们对在特定情境中个体行为的预期。

Haney & Zimbardo，1998）。该实验让大学生志愿进入斯坦福心理学系的模拟监狱，学生被分为两类，一类学生扮演守卫的角色，另外一类扮演囚犯，"守卫"可以使用警棍，并被允许对"囚犯"实施管制。很快，学生们进入他们的角色，并且承担相应的角色预期。"守卫"想出使"囚犯"卑躬屈膝的惩罚。有一些"囚犯"奋力反抗，有一些对这个情形变得无动于衷。学生全身心地投入他们的角色中，以至于研究者不得不在仅仅六天以后就停止了这个原本计划进行两周的实验。这项研究中的教训如何被应用于实验室以外的社会角色中？

◎ 社会规范

想象一下你正在巴黎拜访朋友奥利维。当她把你介绍给她的家人时，每个家庭成员都热情地欢迎你，每人都轻轻地吻了一下你的面颊。你发现当你和奥利维的朋友们共进午餐时，这一举动又被重复了。你不习惯和不熟悉的人做如此亲密的接触，但是你知道这种欢迎的方式在法国是很正常的，所以你试图让自己放松，并接受这些热情的举动。

你希望午餐能够快点结束，最好不要超过一个小时。但是，三个小时过去了，没有任何人离开餐桌。你感觉有一点坐立不安，因为你不习惯拖延这么久。但是对他们来说这似乎是正常的，所以你也只能待在餐桌上。

和社会角色并列的概念是**社会规范**。社会规范是指在特定群体和文化中被认为是正常的，并且期望个体去服从的行为模式。你可能将它们视为指明你被希望如何行为的规则。这些规则会被明示（便利店门上一条标语写着："禁止 T 恤，禁止皮鞋，禁止服务"）或者被暗示（你知道你被希望别和使用取款机的人站得太近）。

在很多方面，社会规范是内化的。你会因为违反社会规范而感到不舒服，我们通过遵守群体规范以使我们不显得太突出。实际上，在一个新环境（比如你在巴黎拜访奥利维及其亲友的情形）中，人们更可能通过观察周围的人来模仿被期望的行为，从而快速学习规范。当然，这不限于在外国城

社会规范： 在特定群体和文化中被认为是正常的，并且期望个体去服从的行为模式。

市中度假时——想想你最近开始的新工作或新学期。你如何学习那些社会期望你采取的行为方式？我们渴望被社会接受，所以我们也接受社会规范的影响。但是这些规范是如何形成的？在 20 世纪上半叶，社会心理学的奠基者之一，穆扎费尔·谢里夫（Muzafer Sherif，1937）着手回答了这个问题。他想知道规范是如何形成的，以及它们的影响有多大。

在研究这些问题时，谢里夫做了一个实验，他将人们置于一个黑屋子，并且让他们看见一个静止的光点。在这个情境中，大部分的人觉得这个光点正在移动，因为在一个完全黑的房子里没有别的参考点可用来定位或者测距。移动的感知被称作自动现象。

这和社会规范有什么关系呢？谢里夫知道人们感知到静止的光移动的距离不同。通过把这些人置于同一个屋子里，他发现当被问及这个光点在做什么运动时，一些人影响了另外一些人。被试之间不存在争论或者讨论，但是经过一些尝试之后他们就开始遵守某种群体规范。然后，当人们独自看光点时，他们继续坚持用群体规范的方式来描述光点的运动。谢里夫证明了规范能改变人们通常相信的东西。

描述性规范和强制性规范

社会规范描述"正式的"行为，但是这个单独的定义是否符合所有的情况？回想大学生喝饮料的例子。一个"正常的"学生应该喝多少和一个"正常的"学生喝了多少之间是否存在区别？一项 2007 年的研究分析了社会规范如何影响大学生喝饮料的行为（Lee et al.，2007）。这些研究者发现大学生倾向于高估他们的啤酒酒量，并且这种高估是与喝酒行为积极联系的（意味着酒量的增加）。他们也发现大学生倾向于接受他们喝的啤酒比实际上含有更高的酒精含量，并且这种估计也与过量饮酒相关（Lee et al.，2007）。这项研究证明了两种不同的社会规范的影响：描述性规范和强制性规范。

描述性规范指在某个特定的群体或者情境中，人们通常如何行动。这种

描述性规范： 在某个特定的群体或者情境中，人们通常如何行动。

规范很容易被人理解。这种现象是一种天然行为，没有什么值得分析的。你可能认为描述性规范像鸟群中的鸟或者鱼群中的鱼跟随着那些它们身旁的同类而行动一样。另一方面，**强制性规范**包含对于什么行为是可接受的或不可接受的认知。强制性规范是在某个特定的群体中或情境下人们往往赞成或者反对的行为。同意这些规范是基于对社会道德法则的理解。这两种规范激发着人类的行动。每一天你都会看见人们做被社会广泛赞成的事或只是简单地随大流！

一个完美的例子是扔垃圾，在这里强制性规范指的是一个人不应该乱扔垃圾。1994年，罗伯特·西亚蒂尼公布他研究描述性规范在如何影响扔垃圾上的研究成果。几年以前，他和他的团队设计了一个实验，他们希望掌握影响人们是否扔垃圾的规范。在人们发现汽车挡风玻璃上有垃圾之后，他们就要做出是否扔掉垃圾的选择。

被试所处的环境分两种——干净或者十分脏乱——研究者让一个同谋乱扔垃圾或者把垃圾扔进垃圾桶以此增加另外一个变量。通过引进这些变量，他们想掌握被感知的描述性规范。他们发现当人们看到同谋乱扔垃圾，特别在已经完全弄脏了的区域时，人们也更可能乱扔垃圾。西亚蒂尼和他的同事（2004）还发现当看见一个同谋在一个干净的环境下扔垃圾时，人们却较少乱扔垃圾。他们猜测这是因为同谋的行动引出了由干净环境反映出来的禁止乱扔垃圾的描述性规范（Cialdini，2004）。

描述性规范经常出现在公共服务宣传中。西亚蒂尼批评这种方式，认为在公共服务宣传中运用强制性规范会更加有效。为了证明这一点，他在亚利桑那州的国家森林公园进行了一项实验（Cialdini，1994）。为了努力制止猖獗的公园偷盗，他们设置了一个显著的标语呼吁这个问题，上面写着：每次游客移走很小的一部分木材，每年有就14吨重的石化木材被游客从公园里带走。西亚蒂尼认为通过指出这个问题的严重性和普遍性，这些标语树立了公园的描述性规范。

相反，他建议公园使用强制性规范（人们没有从国家森林公园偷东西）

> **强制性规范**：在某个特定的群体中或情境下人们往往赞成或者反对的行为。

来解决这个问题。一个新的标语诞生了——"为了保护森林公园的原貌，请别从公园带走木材"，并且配了一张专题图片，上面画的是一位手臂上有红色袖标的护林人员抓住了一个独自偷木材的游客。这唤起了人们对抗规范的行动。最后，第二种标语取得了成功。采用新标语之后，森林的偷盗行为仅仅只是以前使用描述性规范标语时的五分之一（Cialdini，1994）。

多元忽视

　　正如之前所陈述的，人们倾向于接受超出自己可接受范围之外的社会规范。当我们渴望被他人认可的愿望是如此强烈以至于我们尽管私下里拒绝它们，却仍然在表面上附和这些社会规范时，会发生什么情况？当群体里的每一个人都表面接受而私下拒绝，并相信其他每一个人接受这些社会规范时，会发生什么？

　　这种现象可能已经在你的听课经历中得到了证明。假设你正在听一堂难度很大的数学课，你刚好没有听懂。数学教授问大家对上课内容是否有疑问。"是！大约有一百个！"你心里想，但是在你举起手之前，你看看教室周围。所有同学都直直地盯着前方，并且没有一个人的手举起来。你不想被看成是愚蠢的——毕竟，看起来好像每一个人都听懂了——所以你也将手放了下来。仅仅过了一个星期，当教授丢弃原本的课程计划，决定基于班上糟糕的测试成绩复习课程内容时，你是否明白了其实每一个人都和你的感觉一样：听不懂！当然，大部分时间，我们得不到任何多元忽视已经在发生作用的线索。

　　多元忽视是规范错误感知的一种类型，它发生在群体中每一个人在内心拒绝群体的规范，但是却相信他人接受这些规范时。它也经常出现在浪漫关系的建立（或没有建立！）过程之中。由于担心被拒绝，你可能不去追求你喜欢的那个人，担心这个人不喜欢你。然而，那个人也同样是这种感觉，并且不主动和你接触，这恰恰成为你认定他不喜欢你的证据。你不理他也同样

多元忽视： 是规范错误感知的一种类型，它发生在群体中每一个人在内心拒绝群体的规范，但是却相信他人接受这些规范时。

成为他的证据。最终，你们两个错过了一段未来可能的关系。

描述性规范、强制性规范、多元忽视——是什么使我们遵从这些社会影响的规则？

 # 哪些因素影响和推动从众行为？

让我们假设你正在杂货店排队，你很着急。在你前面有三个人，每一个人的篮子里都有 15～20 件商品。队伍里的第二个人已经把手伸入钱包，拿出一个支票本。你感觉排队好像永远不会有尽头。既然如此，你为什么不插队到这个拿着支票本的女人的前面，进而继续你一天的生活呢？这个建议听起来似乎是疯狂的，对吗？人们不会做这种事情。但是为什么人们不会这么做呢？

从众是使你跟随社会规范的驱动力量，例如耐心地在杂货店里排队等待。这是社会影响的一种类型，我们通过改变自己的行为来与这些规范保持一致。20 世纪 50 年代早期，这个概念在一个古典研究中被所罗门·阿希发现。阿希想探索社会影响的力量，尤其是那些当我们自己的判断或者行动与他人不匹配时发挥作用的规范。

阿希要求被试回答一系列的问题，他们被要求选择三条绳中哪一条是与标准绳一样长度的。每一个被试周围都有其他一些被试，这些被试是不相识的。其实，有一部分被试是阿希的同谋，也就是说他们是研究团队中的人。对于许多问题，在被试给出答案之前，这些同谋大声说出不正确的答案。所有的同谋都给出了同样的错误答案。

记住，这些问题是十分简单的，所以被试必然对于其他人一致同意一个明显错误的答案感到奇怪。这个被试会怎么做？他是选择不做"怪人"，并

> **从众**：一种作用于个体的社会影响，这种影响会促使个体改变自己的行为以符合社会规范。

给出正确的答案？还是会附和群体，尽管知道其他人给出的这个答案很有可能是错误的？

阿希（1951，1955）发现大部分人选择了后者。虽然他指出，许多被试经历了可观察到的对公开从众的抗拒，但是有37%的被试选择了从众。面对提问时，一些人曾经表示"我错了，他们对了"。值得注意的是，尽管75%的被试在12次尝试中至少有一次从众，被试仍然在有些时候拒绝从众。在这部分被试中，95%的人确实提供了至少一次与群体相反的正确的答案。

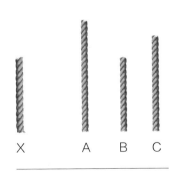

在阿希的实验中，被试被要求指出右边的三条绳子哪一条和左边的一样长。

阿希实验的许多被试展示了**公开从众**，这发生在当我们感觉到遵从群体规范的压力时。当公开从众发生的时候，人们会假装同意群体意见，但是私下却认为群体意见是错的。另一方面，**私下从众**发生在当我们真的相信群体是正确的时候。这种从众类型甚至发生在群体成员缺席时。

有两种不同的社会影响都能导致从众。当你向你的群体成员去了解精确信息时，你正在证明**信息性社会影响**。这种社会影响会在许多情形下发生。比如当情况不是很明确，并且你不确定怎么做时候，或者当果断的行动在紧急中是必要的时候。在这类案例中，我们依靠他人来决定自己怎么做，从而减少自己的担心。信息性社会影响经常导致人们对于群体观点的私下从众。这种影响在谢里夫的移动光点实验中得到了证实——被试继续遵从群体的一致答案，甚至当他们随后单独遇到这一情形时也是如此。

公开从众：当人们由于感到要遵守群体规范的压力时发生的从众现象。当这种情况发生的时候，人们会假装同意群体意见，但是私下却认为该群体意见是错的。

私下从众：当人们真心相信某个群体意见是正确的时候发生的从众现象，这种从众甚至在该群体的成员不在场的时候也会发生。

信息性社会影响：当个体向其所属群体成员获取确切信息时产生的影响。

另一方面，当你因为想被接纳而附和群体观点时，**规范性社会影响**便会发生。这种影响和由此引起的公开从众在阿希的绳子实验中得到了证实。尽管被试们感觉群体是错的，他们仍然很有可能将群体的答案作为他们自己的答案。有时候，我们宁肯犯错也不敢冒险遭到社会反对。

<table>
<tr><td>

信息性社会影响

· 矛盾的立场
· 即刻需要信息
· 当直接的行动是必要的
· 当我们担心并且需要消除担心
· 导致私下从众

</td><td>

规范性社会影响

· 当见到陌生人时
· 在聚会中
· 当我们想被他人接受时
· 当我们寻求支持时
· 导致公开从众

</td></tr>
</table>

⌃ 社会影响：信息性的还是规范性的？寻找信息还是努力被他人接受？

◎ 影响从众的因素

最近的研究已经展示了从众行为在大脑中的反应（Klucharev，Hytonen，Rijpkema，Smidts，& Fernandez，2009）。通过功能磁性回响镜像，科学家证明从众是基于与强制学习相联的大脑的机制。当预期结果和实际结果之间存在区别时，他们发现与群体观点的对立使"预言错误"信号活跃起来。这种反应集中在喙带区域（这对控制行为结果起着重要的作用），以及阿肯伯氏核（它涉及预期和奖励加工）。大脑里的回报加工部分的行动解释了我们为了跟随大流所做的自动调整（在这项研究中，是关于面部吸引力的主流观点）。当我们犯错误时，我们的大脑似乎会发出警告，正如一位研究者所说的："与其他人太不同了。"

群体特征

为了明天的大考，你已经准备好安下心来学习。你的排名在班上比较靠

> **规范性社会影响**：当个体因为希望被某个群体接纳而支持这个群体时，群体对个体产生的影响。

后，如果明天早上你考得好，你可能刚刚得到一个 A。你已经自我承诺不会分心，并将自己的注意力集中在复习上。突然，你的室友推开房门，大声喊道："晚上有一个惊喜派对！来吧，我们只会去大概一个小时，你仍然有大量时间来学习。"

通过向室友承诺下周一起去或者解释说你的排名取决于这次考试，你很轻易就能拒绝他。你独自留下来，打开自己的课本。尽管对于没能参加派对有一点点失望，不过你还是为坚持了自己的安排而感到骄傲。

让我们回到开始的部分。现在，不是你的室友推开门，而是你的室友和你的四个朋友一起。突然，你变得很难说"不"了，对吗？随着群体规模的增加，从众的影响开始发挥作用。阿希的实验证明了这一点。当被试面对他们的任务，并且仅有一个同谋在场时，几乎每一个被试都坚持了他／她的原初答案，而没有被同谋影响。当两个同谋在场时，14% 的被试受到了群体的影响，给出了至少一次错误的答案。当同谋的人数增加到三个时，32% 的被试遵从了群体规范（Asch，1951，1955）。然而，能够持续增加从众等级的同谋人数是有限制的。在阿希的工作中，增加三个同谋导致了从众的增加。但是，此在之后，再继续增加同谋的人数不会显著地影响从众的等级（Asch，1956；Gerard，Wilhelmy，& Conolley，1968）。思考本章开头的例子，下一次你去这个城市看电影，相对于只有你和柜台后面的售货员两个人，如果你的周围还有其他的排队者，你也许更可能使用当地的饮料名称。

这种效应能够被**社会影响理论**解释（Latane，1981）。这一理论认为社会影响有赖其强度、直接性以及与目标人群相关的人数。人们对他人的影响的强度来自于其地位、能力，以及与对象之间的关系。你更有可能服从来自于你视为有能力的或者比你地位高的人的影响。直接性是指人们和对象之间的亲近程度。你更有可能在柜台使用碳酸饮料的本地名称，而不会在千里之外的家乡使用那个名字。最后，随着人数的增加，人们的影响也起作用了。再一次思考在你身后排队的人。如果在你的后面仅仅只有一个人，你可能不

> **社会影响理论**：认为社会影响有赖其强度、直接性以及与目标人群相关的人数的理论。

会使用碳酸饮料的本地名称。

人口统计学变量

人们在特定情况下遵从社会影响的程度是不能够直接预测的。从众的可能性取决于很多因素，例如年龄、性别和文化。你可能已经从自己的经历知道，随着年龄的增长，对于由父母制定的规范的遵从减少，而对于由同伴制定的规范的遵从增加。一个对于三、六、九、十一和十二年级学生的经典研究确证了这一点（Berndt，1979）。学生们对假设的情形作出回应。在这些情形中，同伴鼓励他们做出反社会、亲社会或者中立的行为。对于所有这些类型的行为，遵从同伴的高峰出现在六年级或者九年级。在由同样的研究者所做的第二个研究中，他们通过观察那些同样年级的儿童对情形的回应，来测试其遵从同伴或者父母的程度。正如你可能根据你自己的经历已经猜到的，对于父母的遵从随着年龄的增长而稳定减少，并且与对同伴的遵从呈现负相关。回想你在第2章学过的关于统计中相关关系的内容。在这个例子中，当一个变量增加时，另外一个变量减少了，也就是说，当对父母的遵从减少时，对同伴的遵从增加了。

让我们设想你正在和一群朋友谈论星期五晚上的计划。群体中有三个人想去朋友组织的一个聚会，但是有一个人不感兴趣。她更想去城里看一个同学的乐队演出。经过十分钟的讨论，持不同意见者已经开始屈服，说："好吧，也许聚会会更加有趣，尽管我也不确定。"又过了五分钟，她已经完全同意和大家一起去参加聚会。假设这个持不同意见者是一个男生，你认为这个从众行为会更有可能还是更不可能发生？这听起来是一个奇怪的问题，但是性别在一个人从众的可能性有多大的问题上发挥着作用。

传统上，女性倾向于比男性更加在意人际关系。如此说来，女性真的更加容易被从众行为影响吗？研究者爱丽丝·意格丽（Alice Eagly）和卡罗尔·察瓦拉（Carole Chrvala）（1986）通过指派被试加入已经包含两个男性和两个女性的群体来探索这个问题。被试们了解了这些群体成员的观点，而这些成员的观点与被试之前所接受的观点是不同的。

在了解群体成员的观点以后，被试被要求再一次给出他们自己的观点。

在这期间，被试的同伴群体成员会在一旁监督或者不监督被试给出新观点。男性的从众趋势没有受到监督的影响，而女性在监督的情况下比在没有监督的情况下更可能与群体成员的观点保持一致。年龄也是一个影响因素——对于 19 岁以下的被试，监督没有起到影响从众行为的效果（Eagly & Chrvala，1986）。

这似乎说明在群体压力情况下，性别是影响从众行为的一个因素，但是这不包括私下的情形。如果没有人在周围监督人们的态度和行为，女性不会比男性更多或更少地从众。既然女性不会私下从众，那么为什么她们却更有可能屈从于群体压力？一些研究者认为这在一定程度上可以归结于社会对于女性的期望。女性经常被预期在一个群体中培养人际关系和促进群体和谐，而这经常需要通过屈从于群体来实现（Wood & Stagner，1994）。

这些性别差异确实存在，然而，是否从众也取决于对问题领域的熟悉程度，因为这决定人们对给定问题的熟悉程度。在一项研究中，男性和女性被试被要求回答问题，这些问题是关于刻板化的女性气质、男性气质，或者性别中性的话题。他们也知道了人们对于每一个问题同意或者不同意的比例。女性被试在关于男性气质的问题上更多地跟随大流，而男性在关于女性气质的问题上更多地随大流（Sistrunk Mcdavid，1971）。面对不熟悉的问题领域，人们更可能跟随群体。在另外一项研究中，男性在有关刻板化的男性气质话题上抵制了错误答案的从众影响，而女性在有关刻板化的女性气质的话题上坚持她们自己的立场，这表明对话题的熟悉可以减少从众行为（Cacioppo & Petty，1980）。

文化差异在影响个人的从众可能性上也起着重要的作用。在对与阿希经典实验相关的从众研究进行元分析之后，研究者们发现相比于那些更注重个体主义文化的国家，注重集体主义文化的国家倾向于展现更高程度的从众（Bond & Smith，1996）。这是为什么呢？在集体主义的国家，从众经常被视为保持社会团结的"黏合剂"，然而在个体主义文化里，从众经常被视为应该被避免的现象。

当然，这些是不难理解的。一般情况下，来自女性和集体主义文化中的个体也许更有可能做出从众行为，但是这取决于特定的情形和任务。

◎ 抗拒从众行为的影响

2010 年 6 月，冰岛首相约翰娜·西于尔扎多蒂（Johanna Sigurdardottir）第二次开创了历史。2009 年，她成为世界上第一个公开同性恋倾向的国家首脑。而在 2010 年，她和她相伴七年的伴侣利用冰岛的完全婚姻平等法规，顺利结婚了。尽管冰岛是世界上为数不多的承认男女同性恋者婚姻平等的国家之一，但这个国家中仍然存在一些对同性恋的偏见（Melloy，2010）。

冰岛没有类似美国抵制同性婚姻平等运动那样激烈的运动，不过同性婚姻仍然没有被完全接受。想想处在权力位置上的人一定能感觉到的从众压力：所有的眼睛都在盯着她们，而且公众也会对其进行评判。西于尔扎多蒂也许同样非常想按照一位国家首脑所应该遵循的规范那样来行事，但是她最终仍然按照她和她的家庭所坚持的价值观来选择自己的生活。从众的影响往往是非常强大的，但是有时候从众能够、也应该被抵制。

寻找同盟者

让我们假设你不同意学校的一项政策，你会勇敢地表达自己的观点吗？独自抵抗从众是挺可怕的，对吗？这个时候，拥有一位同盟者的重要性就体现出来了。在阿希的绳子实验中，他发现引入一位同意被试观点的同谋后，能够将从众发生的概率减少大约 80%（Asch，1951）。

来自弗农·艾伦（Vernon Allen）和约翰·莱文（John Levine）的研究团队（1969）的两个实验证明了拥有一名同盟者的力量。在第一个实验中，他们发现当一个同谋没有与主流观点保持一致时，人们就更少地遵从群体。在第二个实验中，他们进一步发现，甚至一个似乎没有太多能力的同盟者都能够减少从众行为的发生（1971）。仅仅拥有一个敢于站在主流对立面的人，就能取得明显的效果。

动机

从众的问题是非常复杂的，特别是在一个像美国这样注重个体主义的社会。在这里，尽管个人自由被看作极其重要的，但人们仍然在很大程度上被期望遵从社会规范。对于有些人来说，他们看不起盲目附和社会的缺乏主见的人。其实，并没有那么简单或那么绝对。实际上，我们每个人都在一定程度上从众，并且从众行为也可以是积极的。你能想象如果我们全都拒绝遵守社会规范（例如，在杂货店前面排队或者遵守交通规则），将会产生什么样的后果吗？

对从众的抵制由对个体主义的强烈渴望来驱动，特别是当人们感觉他们是这个群体中仅有的独特个体时。这种情形激发他们采取与众不同的行动。表现出对于独特性的强烈渴望的人较少屈服于从众的压力，也更少赞同主流观点（Imhoff，2009）。

尽管"非从众者"的形象在主流文化中是一个拒绝任何"正常规范"的阴郁的十几岁的少年，抵制从众仍然能带来深远的影响。在历史上的很多故事中，我们要感谢非从众者对于改变不合理社会秩序所做出的努力，尤其是对于非从众者的惩罚有时候是非常严厉的。没有抵抗从众行为的关键人物的意志，公民权利运动能够开展吗？女性主义运动会崛起吗？西于尔扎多蒂能够公开地过自己想要的生活吗？抵制从众行为的动机经常来自一个深层次的信仰，即大规模的社会变迁是必需的。

少数人影响

在大多数情况下，从众的社会影响是由大众来完成的。然而，有时候我们看到了**少数人影响**的案例，即群体中的少数人引导了群体的态度或者行为改变的过程。这是如何实现的？当少数人非常坚信他们的信仰，不愿意屈从于来自主流观点的压力时，群体中的其他人就会开始相信这部分少数人的观点也许真的是正确的。

研究已经显示，当一些人公开反对一个不正常的观点时，少数人影响能够导致伴随观点改变而出现的私下从众（Wood，Lundgren，Ouelette，

少数人影响： 群体中的少数人引导了群体的态度或者行为改变的过程。

Busceme，& Blackstone，1994）。这实际上能促进人们的思考，因为一个强大的反对观点的出现促使了人们在认知上的努力，并且促使人们进行了更加根本性的思考（Erb，Bohner，Schmilzle，& Rank，1998）。

当然，从众也能够成为积极的力量。正如我们之前讨论过的，对于不乱扔垃圾的强制性规范和另一个最近出现的循环利用的强制性规范的遵从，已经带来了更有效地管理环境的工作方法。从众能够帮助我们关心自己和自己周围的人。想想你们学校的规范。遵守校园价值（例如，拒绝欺骗和剽窃）的预期保护了学生。这些也许会被非从众者抵制，但是这些人经常不去思考从众的整体图景是如何造福社会的。

人们以何种方式使他人顺从自己？

你的妹妹刚刚从商场回家。她一踏进门，就把购物袋扔到你的腿上。"我无法相信我居然买了这条裙子。"她抱怨道。你从袋子里拿出一条连衣裙。尽管不算太丑，但是这条裙子确实不适合她。你问她为什么买。她回答说："我试穿了一下，并不是真的喜欢，但是那位女售货员说它看起来真的很不错。在我看见这条裙子之前，我正准备买我手里的另外一条裙子。我明天就把它退回去！"

你是不是经常仅仅因为有些人要你去做，就同意做一些事情？为了取悦朋友，让他们在排队时在你前面插队；因为一个售货员一再劝说你买下来，就买了一些你不是真的想买的东西。这些都是**顺从**的例子。顺从是社会影响的一种形式，包括一个人对另一个人的直接要求。

这种要求一个人做出特定行为的效应已经在不同情形下被研究过，包括有关图书馆复印机的研究。在实验中，实验人员为了插队，使用了三种不同的请求方式（Langer，Blank，& Chanowitz，1978）。第一种方式，被

顺从：一种顺应他人的直接要求的社会影响。

试被问道："打扰一下，我只有五页纸。我可以使用复印机吗？"第二种方式，"因为我正在赶时间"这句话被增加进要求中。第三种方式，被试被问道："打扰一下，我只有五页纸。我能使用复印机吗？因为我不得不现在复印。"

第二种和第三种方式包括"因为"这个词，这提示了一个不得不插队的原因。再看看第三种方式，尽管你会发现没有给出任何确切的理由，然而这似乎无关紧要。尽管当要求被合理地提出时，更多的被试同意让他人先复印（94% 顺从第二种要求，相比之下，只有 60% 顺从第一种要求），但说明理由并不一定是必需的。在第三种请求方式中，实验人员没有给出合理的理由，93% 的被试仍然顺从了要求。还记得第 3 章的自动加工的概念吗？听起来确实像自动加工在这里起了作用，不是吗？

对于顺从来说，言语甚至不总是必需的。布莱诺（Brinol）和佩蒂（Petty）2003 年进行的研究证明了这一点。有时候，人们所需要做的仅仅是让一些人同意地点一下头。在一系列的实验中，要求被试在听劝说时点头或摇手，然后回答他们被这些信息影响到什么程度。当信息的说服力很强时，点头比摇手带来更好的说服效果；当信息的说服力很弱时，则是相反的情况。像头部运动这样简单的动作都能够对一个人关于信息的看法产生很深的影响。

◎ 劝说的六个原则

20 世纪 90 年代中期，社会心理学家罗伯特·西亚蒂尼着手研究顺从现象。她觉得最好的研究方式是研究依靠其说服他人的能力来谋生的人们。他把这些人称为劝说专家，例如销售员、广告行业从业者、资金募集者、政客等。这些人的谋生之道直接和他 / 她的说服能力相关。

为了研究这些人和他们进行说服的方式，西亚蒂尼去募捐行业工作过，还做过销售员，也在其他依靠说服的领域工作过。他发现尽管人们也许使用许多不同的方法来加强劝说，不过所有这些方法都基于六项原则。这六项原则是好感度、承诺和一致性、稀缺性、互惠、社会认同、权威性（Cialdini，1994）。我们已经在第 7 章里讨论过这些"影响力武器"，现在我们将更加深入细致地考察每一项原则。

好感度

让我们设想你的朋友要你看电影时给他占个座。没有问题，对吧？现在让我们假设同样的要求是一个陌生人或者你不喜欢的人提出的。突然，你顺从的可能性变得相当低了，对吧？这似乎相当地明显——我们更加喜欢遵从来自我们喜欢的人的要求，而不愿遵从来自我们不喜欢或者不认识的人的要求。

利用这个原则的说服技巧被称为**奉承技术**，这是一种让他人喜欢我们，以使他人更有可能遵从我们的要求的技巧。奉承是一个典型的例子——还记得你的妹妹最终买了她不喜欢的衣服吗？

甚至仅仅一个熟悉的感觉就能影响人们顺从的程度。研究者已经发现，当要求来自一个与被试有同样的姓氏或者生日的陌生人时，被试更有可能同意给慈善团体捐款；而当被试和陌生人之间没有任何相似点时，被试一般不会答应捐款要求（Burger，Messian，Patel，del Prado，& Anderson，2004）。与友谊或好感一样，这些也能提高遵从的动力。

承诺和一致性

你走在去上课的路上。这时，有一个同学向你走近，请你在禁止学校实验室进行动物实验的请愿书上签字。如果你之前就同意他／她的立场，你会远比在你不同意的情况下更有可能签字。这证明了顺从的承诺和一致性原则。一旦你已经承诺了一个立场，你更加愿意遵从反映这个立场的要求。

登门槛技术是一个依赖这一原则的说服技巧。这一策略从提出一个小要求开始。一旦要求得到满足，要求者会提出更大的要求。如果你到过一个大

奉承技术：让他人喜欢我们，以使他人更有可能遵从我们的要求的技巧。

登门槛技术：一种让人顺从的技巧，请求者先是提出小请求，当得到同意后，再提出一个大请求。

"仓库"商店（像"好市多"公司或者 BJ's），你应该就已经见识过这一策略了。拿到一个免费的样品是很容易的，对吗？请求者知道一旦样本在你的手里，说服你遵从更大的要求就会更加容易：买下全套的产品。研究显示，这种策略确实导致顺从的增加（Freedman & Fraser，1966）。

另外一个基于承诺和一致性原则的技巧是**低价策略**（lowball technique）。在这种策略中，一旦人们同意一个请求，请求者就增加额外的请求，使得这个请求比较麻烦。目标对象为什么没有就此拒绝请求？这就是承诺意识在起作用。一旦最初的承诺已经做出，说"不"就变得很难了，即便此时报价已经改变。举一个例子，你的朋友要你载他 / 她去飞机场，这样他 / 她能飞回家去看望他 / 她的父母。就在你已经同意这个要求之后，他 / 她告诉你，他 / 她的飞机是早上 7 点起飞，因此你必须早上 5 点就载他 / 她出发。如果你的朋友在你同意其要求之前提到了起飞时间，你也许不会答应这个安排。早上 4 点起床开车去飞机场是毫无吸引力可言的，但是你不会反悔，因为你已经做出了承诺。

稀缺性

如果有些东西是很难得到的或者如果供应比较紧张，那么你更可能遵从要求。供不应求的商品似乎是更加合意的，我们不想感觉自己被忽略。想想在每一个学年结束的寒暑假期间发生的事情。一些热门的新玩具或者小玩意经常是这一年里"必须拥有"的礼物。在你已经看到的新闻故事中，有多少是关于父母为了这些玩具而陷入抢购的？这是稀缺性原则在起作用。

一项经典研究确证了被感知的稀缺性的有效性。沃切尔（Worchel）、李（Lee）和阿德沃尔（Adewole）（1975）要被试评估饼干的吸引力，以及他们愿意为饼干付出的费用。他们发现当仅仅只有两个饼干在罐子里时，估价显著偏高；而当有 10 块饼干时，估价则显著降低。

低价策略：一种让人顺从的技巧，目标接受了一个低成本的提议之后才被告知存在额外的隐藏费用。

互惠

当你向他人提供帮助时，你也希望他 / 她在下次你提出要求的时候也愿意帮助你，对吗？互惠的原则起了作用，因为当之前帮助过你的人提出要求时，你会更加愿意遵从这一要求。

互惠原则的核心是**留面子技术**。使用这种方法时，请求者先提出一个比目标请求大得多的请求，然后再提出目标请求，以使得目标请求在目标人物看来是请求者做出了让步。这种技术在一项由西亚蒂尼和他的同事进行的经典研究中被发现（Cialdini，Vincent，Lewis，Caralan，Wheeler，& Darby，1975）。他们问大学生是否愿意承诺在未来两年里，每天为少年违法者无偿地当两个小时的指导老师，没有一个人同意。然而，当要求修改为请求学生在去动物园的两小时的旅途中当少年违法者的陪伴监护人时，有一半的学生同意了。而在指导老师没有提出原初提案的情况下，当去动物园的要求被提出时，仅有 17% 的学生表示同意（Cialdini，Vincent，Lewis，Catalan，Wheeler，& Darby，1975）。最后，结果显示研究者提出互惠请求——使得请求变得更加可接受时，大学生们更愿意帮助少年违法者。

另外一个依赖互惠原则的技术是**折扣技术**（that's-not-all technique）。在使用这一技术时，原初要求被附加了一些使得这一请求更加有吸引力的东西。专题广告片就是因为使用这种技术而臭名昭著的——实际上，在电视广告里，"折扣"这个词是经常被使用的。

这种技术之所以能起作用，部分是因为它似乎是一种协商，即使它被用于被要求的目标对象没有机会来回应请求的情况下。当一个销售员增加附加产品或者诱人的东西时，消费者感到似乎有一种购买产品的义务，因为这似乎表示销售员做出了让步。其实，这只是再一次利用了互惠的原则。这种技术的效果已经在卖烘面包实验中被证明（Burger，1986）。在这一实验中，

留面子技术：一种让人顺从的技巧，请求者先是提出一个比目标请求大得多的请求，然后再提出目标请求，以使得目标请求在目标人物看来是请求者做出了让步。
折扣技术：一种让人顺从的技巧，在提出请求时，增加一些让请求更具有吸引力的额外条件。

杯形蛋糕和两块饼干一起卖 75 美分，或者杯形蛋糕单独标价 75 美分，并"免费"附赠两块饼干。第一种销售方式的成功率是 40%，而采用折扣技术的销售方式的成功率是 73%。

社会认同

社会认同的原则有赖于我们遵从请求的意愿，这个要求是与我们认为我们应当遵守的社会规范一致的。我们想和群体保持一致（社会规范的力量又一次在起作用！），于是我们赞同似乎整个群体所一致认可的观点。

实际上，社会认同的原则是西亚蒂尼在他进行顺从研究期间经常遇到的原则（2001）。想想你见过或者听过的所有广告，在这些广告里，做广告的公司往往声称它的产品是最畅销的或者是市场上最流行的——这是社会确认的原则在起作用。

权威性

在和一名医生约定之后，你很有可能将遵从他／她的建议，或者按照她开的药方去买药。当你看见身后有一辆拉着警报灯的警车时，你更有可能靠边行驶。我们一般更有可能遵从来自权威人物的要求。这种影响经常来自我们认为权威人物是专家的感知。在下一部分，你将会阅读关于这种服从能持续多久，以及过度遵从权威人物可能带来的危险。

 寓学于行　　**使用顺从技巧**

你是否认为，如果有来自朋友或者群体成员的帮助，你能做一些重要的事情？既然你已经学习了许多基于西亚蒂尼六原则的顺从技巧，为什么不运用它们并最终得到你所希望的支持？

打开电视，你将看到顺从原则和技巧被用于努力使你成为一个消费者。研究证明顺从技巧在很多高尚的行为中也是有用的。在布朗斯坦和卡茨夫

（Brownstein & Katzev，1985）的研究中，研究者在使用了三种技巧中的一种后，89 个被试被要求给博物馆捐献 1 美元。使用登门槛技术，研究者首先要求被试在一个支持博物馆的请愿书上签字。研究者通过降低原初要求的 5 美元捐献来使用留面子技术。最终，被试接受了低价策略——他们被要求捐献 75 美分，然后被要求增加额外的 25 美分来支持博物馆的儿童项目。

一般来说，低价策略被发现是三种技巧中最有效的，而登门槛技巧是最没用的（Brownstein & Katzev，1985）。在你看来，为什么顺从技巧在这个场景的有效性是多样的？在这些顺从技巧中你认为哪一个能有效地帮你得到支持？

对于这次活动，选择一个你希望获得社区支持的原因。为了测试顺从技巧，应该向你的潜在支持者提出一些要求。以下是一些可能的要求：

1. 你想为一个组织筹钱，通过售卖面包，或者直接要求捐赠（例如，你的心理学俱乐部，本地的一所儿童学校，或者某个流浪者庇护所）。

2. 你想借用社区场地作为学校学生会的活动场所。

3. 你想为一项研究基金筹款。

4. 你想提出来的其他要求。

选择三种顺从技巧（原则）（例如，登门槛、留面子和稀缺性）并写下你关于它们如何起作用的评价。在你的社区里接近社区成员，并且要求他们遵从你提出的要求之一，在不同的人身上使用三种技巧。评价这些技巧中哪一个是最成功的——它们都一样有效，还是有一个比其他的更有效？是否存在其他附加的因素可能影响顺从的比例？

从这次活动中你将学习到什么？

1. 解释三种顺从技巧是如何起作用的。

2. 使用顺从技巧来要求人们向你提供支持。

3. 评价哪个顺从技巧在寻求支持时是最成功的。

权威人物是如何让我们服从他们的？

　　在第 2 章里，你已经知道了斯坦利·米尔格拉姆有关**服从**的臭名昭著的实验，这是一种权威人物能够通过简单的命令就使人们做特定事情的社会影响的形式。在实验中，他让被试们相信只要目标对象对问题做出错误的回答，被试们就可以对目标对象施以电击（Milgram，1963）。他的实验震惊了社会心理学界，并且把道德关怀带到了讨论研究方法的前沿位置，因为被试相信他们正在操纵有可能导致他人丧命的电击。尽管米尔格拉姆坚称他询问了所有被试，并且一个调查显示对于参与这个实验，84% 的操纵有可能产生"高兴"或"非常高兴"的情绪，然而道德关怀仍然阻止了这类研究。

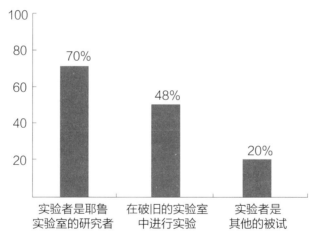

资料来源：Milgram, S.(1963).Behavioral study of obedience. *Journal of Abnormal and Social Psychology, 64*(4).

抗拒的程度
正如米尔格拉姆的臭名昭著的实验所证明的，我们是否服从取决于被感知的权威等级。

服从：社会影响的一种形式，某个个体命令另一个个体去做某事。

在导致服从中发挥作用的权威性原则是服从的核心因素。米尔格拉姆的调查有赖于被试对权威性的感知。一位科学家在耶鲁大学的实验室里进行了类似实验，这项实验使得 70% 的被试将电击提高到了发电机的极限。当米尔格拉姆在与耶鲁没有关系的破旧不堪的实验室里进行他的研究时，被试的服从比例下降到 48%。相比于实验者被看成一名科学家，当实验者没有被认为是科学家时，服从比例下降到 20%。

我们可能想当然地认为像米尔格拉姆这样的实验在今天不会得到同样的结果。尽管受到道德限制，但将近 50 年以后，研究者最近已经成功复制米尔格拉姆的实验（Burger，2009）。圣克拉大学的教授杰瑞·伯格（Jerry Burger）是这些研究者中的一个。伯格已经发现很多人认为实验结果在今天将会有所不同，有关大屠杀的课程和对盲目服从的危险的意识会导致人们抵制权威人物的压力。

为了遵从道德准则，伯格实施了一些防护措施。他把发电机的上限降低到 150 伏特。在米尔格拉姆的研究中，在这个水平上几乎每一个被试都想停止电击，或者表示不愿意继续。在伯格实验中的被试被告知他们至少有三次机会退出，并且仍然能拿到 50 美元的报酬。相比于米尔格拉姆的实验，伯格实验中的被试们尝试到的电击力度力更低（这是为了展示发电机是真的）。

他的研究没有直接模仿米尔格拉姆实验，但是仍然是有用的。他的发现也许会让人觉得有一点点沮丧。尽管我们假设对盲目服从的危险的意识和恐怖的历史事实会让人们抵制权威人物的压力，可是比起米尔格拉姆原初实验中的结果，伯格的实验中的服从水平仅仅稍微降低了一点点（Burger，2009）。

◎ 实验室以外的服从

你会立刻吃掉一大罐蠕虫吗？如果把你锁在一个装满蛇和蟑螂的玻璃密室中，你会有什么感觉？当然不行，对吗？做这类事情的想法看起来完全是疯狂的。现在，要是你能通过做这些事情中的其中一件，就能赢取去拉斯维加斯旅游的机会或者一辆新车，你会去做吗？要是你的节目会在电视上播出，你会去做吗？

像"谁敢来挑战"（Fear Factor）这样的真人秀节目就是以上述情形为噱头来看看参赛者是否愿意做一些他们平常不会做的事情。参赛者是为了钱吗？对，但是许多人认为真正的动机来自于上电视。当然，我们不能仅仅只看到由上电视带来的服从的潜在危险。现实世界中有大量的例子能作为对抗盲目服从的警示。

想想"仅仅遵守命令"的阿布哈里卜监狱的士兵虐待过的囚徒。当 2004 年审判开始的时候，萦绕在每个人心中的问题是：是什么使得好人做出这么坏的事情？津巴多进行了我们之前讨论过的斯坦福监狱实验，并且作为专家亲眼目睹了对一些士兵的审判。他认为社会模仿和群体从众，再加上群体压力和责任缺失，共同导致了士兵骇人听闻的服从行为（Dittman，2004）。

在肯塔基州华盛顿的一家麦当劳餐厅，发生过一起噩梦似的审问事件。尽管这只是个小规模事件，但是绝不意味着当事人感到的恐惧更少。遵从着一个"警察"在电话里给出的指示，店主迫使一个害怕的雇员服从"检查"，并且由店主的未婚妻对其实施性虐待。当然，电话里的这个人并不是真的警察。实际上，这是一个有窥阴癖的监狱守卫打的一系列恶作剧电话中的一个（ABC News，2005）。店主对致电者的权威性的感知，以及其所处的特殊情境共同导致他的盲目信任，并且服从电话里的命令。

把米尔格拉姆带到电视节目的黄金时段

2010 年 3 月，法国一个全新的电视节目正在筹备当中。八个竞争者在一个游戏节目中签下了合同。在这个合同上，他们同意给其他的竞争者施加电击。他们被告知不会有奖金，因为这是一个新节目，而且现在还处在测试期间，但是他们会因为参与而得到一份很小的酬金。

这个方案和米尔格拉姆实验非常相像。当某竞争者给出错误答案时，其他竞争者被要求对给出错误答案的竞争者施加电击，而且电击的上限是 460 伏特。绝大多数的人服从了，尽管他们也听到了痛苦的尖叫声。当最后的 460 伏特电击被施加时，被电击的人沉默了——他大概已经昏厥甚至死亡。

80 个竞争者中只有 16 个人在最后一次电击前停止了。是什么驱使人们服从命令直到他们可能杀死了一个人？

结果，原来这只不过是一个游戏节目。被施加电击的竞争者是一个演员。当"电击"施加在他身上时，他装作尖叫和挣扎。这是一个名叫《死亡游戏》的纪录片，它将批判的目光投向真人秀电视节目。在这类电视节目里，要求竞争者完成伤害性的或者羞辱性的任务。节目里的许多"竞争者"后来说他们想停止，但是节目主持人说服他们继续下去。有一个参与者承认她后悔持续施加电击，尽管她的祖父母曾经是犹太人大屠杀的受害者。

难道电视已经变成一个终极权威了吗？《死亡游戏》的制作人尼克（Nick）认为在电视节目的指导下，你能让人们做任何事。即使你的同伴在尖叫，你仍然会在节目中继续施加电压。在一次关于这部纪录片的采访中，他说节目中的规则是扭曲的。一个参与这个节目的心理学家说结果是一个重要的教训，那就是必须将规则解释给孩子，而不是简单地强加在他们身上，并且当出现一个要求他们服从的情况时，必须教育他们学会抵制（Chazan，2010）。

膜拜团体与服从

人民圣殿教兴起于 20 世纪 50 年代中期，是一个在印第安纳州印第安纳波利斯的类似膜拜团体的组织。20 世纪 70 年代中期，其总部移往旧金山。当这个群体变得更有政治活力的时候，他们遭遇了旧金山的对手，从此开始了又一次迁移。这一次，他们去了圭亚那的一个被称为琼斯敦的遥远移居地。

这个群体一直生活在那里，直到 1978 年，当加利福尼亚州的众议员里奥·赖安（Leo Ryan）来到圭亚那进行调查，以回应来自人民圣殿教的成员的一些亲戚的关心。他有节制地接受了礼遇，但是事情很快失去控制。团体中有一些成员表达了叛变的愿望，并希望和赖安一起回到美国。当这部分人试图离开时，其中三人被枪杀。由于担心被关押以及膜拜团体被解散，琼斯（Jones）命令他的追随者承诺集体自杀。大桶氰化物被掺入葡萄糖饮料中。尽管有一小部分人逃离，但是群体中的大部分人服从了。有一些人在他们自己服毒之前帮助他们的孩子喝下氰化物，这是他们对教主最后的服从行为。

◎ 抵制服从的策略

尽管权威人物施加了压力，不过仍然有一些抵制服从的办法。这能通过改变权威或者改变接近性来实现（Milgram，1963）。

改变权威

抵制服从的方式之一是降低权威人物身上被感知到的权威等级。记得当鼓励被试按下按钮的人被感知为是另一个被试，而不是代表权威的研究者时，米尔格拉姆（1963）没有使得一样多的人遵从命令。我们经常相信权威人物愿意为他们的命令所导致的行动后果负责。如果被感知到此人没有足够高的权威等级，人们就更加不愿意服从他的命令。

改变接近性

这是一个经典悬疑电影的脚本。你能够阻止三个事件中的一个，而且你必须在它们之间做出选择。一个将导致你最好的朋友死亡，第二个将导致你们镇上的 20 人死亡，第三个将会导致外国的 200 个人死亡。如果你的本能是拯救你的朋友，你就不会孤单。接近性是一个强大的因素。因为你更加接近你的最好的朋友，你自然更加倾向于想救他。

在米尔格拉姆的研究中，他发现被试和被电击的人离得越近，服从程度就会显著性地降低。当被试被要求去触摸被电击对象时，最低程度的服从出现了。权威人物的接近性也是一个因素。相比于当面下达命令，当实验者用手机或者录音磁带发出指示时，服从的等级变得更低（Milgram，1963）。

根据米尔格拉姆的发现，我们经常用我们不愿意的方式行动。社会角色和社会规范在限定我们如何看待我们的行动，以及我们如何行动上发挥着很大的作用。有时候这导致服从和遵从，但是这也帮助我们按照我们所希望的方式说服他人遵从。这些社会影响技巧能被用于损害和帮助两个方面。所以下次你改变自己的态度或者行为时，考虑一下他人对你的决定所施加的影响。

群体的力量

- 定义群体的要素有哪些？

- 群体如何影响个体的行为？

- 群体如何进行决策？

- 群体的冲突如何解决？

1986 年

1月28日，挑战者号航天飞机在发射升空数秒后爆炸。整个世界震惊了。虽然飞机失事本身是一个令人难以置信的悲剧，可是更加让人遗憾的是这场悲剧本来可以避免。报告表明，工程师和其他工作者事前已经发现航天飞机上的装置有问题，但是没有一个人站出来指出这些问题。虽然已经有人发现了问题，但是为飞机发射而工作的群体却拒绝承认问题，也不同意延迟发射。这是一个被称为"群体盲思"现象的反面例子，它表明群体如何改变个体的行为。虽然一些人发现了错误，可是集体的回应却是完成最后的致命发射。"挑战者号"的悲剧是一个群体如何消极地影响个人行为的例子。不过，幸运的是，群体互相作用并不总是导致消极的结果。

人们因为多种多样的原因而加入群体。有一些人加入群体仅仅因为他们在同一段时间处在同一个位置，即使这些人是互不相干的。有些人积极地寻求加入群体，因为他们想结交新朋友，而另外一些人加入群体则是想通过合作来完成一个共同的目标。有些人也许独自居住，从而渴望群体提供社会互动，也有另外一些人则喜欢从日常生活的压力中脱离开。

大部分人至少是一个群体中的一员，每一个群体承担不同的目的。一个群体既能包含两个或三个人，比如说学习群体，同时可以像政党一样包括成千上万名成员。有时候我们在群体里的成员资格是短暂的，比如参加一个校内的体育小组；而有的时候它也许是终生的，比如一个教堂的成员资格。对于我们个体来说，群体可接受的行为成为规范，这些规范决定了当身处其他成员之中时我们如何行动。不管我们是作为家庭的一名成员，还是作为一个社会的一分子，群体的影响导致我们走在我们无法独自行走的轨迹上。

这一章将帮助你理解什么是群体，群体如何影响个体行为，以及影响群体决定形成的因素。此外，我们还将讨论"冲突"主题，了解冲突的原因和解决冲突的方法。

定义群体的要素有哪些？

　　群体被定义为两个或以上的人被看作一个单位，人与人之间存在互动（Shaw，1981）。一些群体——比如说体育团队或者工作群体——有互相认识的成员，并为了达到一个共同的目标而一起工作。这些群体的成员们视他们自己是群体的一部分。另外一些群体则包括互相不认识的人们，并且仅仅因为相似的兴趣或者特点而组成群体。你的性别、文化和种族也把你置于一定的群体之中。举一个例子，相比于和你讲不同语言的人，你可能与那些和你讲同样语言的人联系更加紧密，而不论你是否与他们有同样的个人兴趣或者与他们有关系。你加入这些群体只不过是因为你们拥有一些共同的东西。

◎ 凝聚力

　　不同群体有不同程度的**凝聚力**，即群体联系的紧密程度。群体也许由随机选择出来的彼此之间没有什么共同点的人组成，但是在同一时间处在同一个地点的人不是群体。举一个例子，如果你正在赛百味排队等着买三明治，那么，无论你前面的人还是后面的人，都没有理由假设你和他们有任何同样的特点或者目标。可是你们因为同样的理由而在这里排队——你们饿了！这是使得你们凝聚成为一个群体的唯一因素。

　　另一方面，群体也可以由亲密，或有历史或者背景的人们组成，比如宗教群体或者家庭。在这些群体里，人们倾向于与其他成员进行深入的交流并了解对方，也有对于群体来说非常重要的共同目标和共享信念。这些群体也有高度的凝聚力，同时也经常遭遇刻板印象。这是因为群体的行为随着

群体：两个或两个以上的人被看作一个单位，人与人之间存在互动。
凝聚力：群体联系的紧密程度。

时间的推移会趋向一致。此外，群体经常被刻板化，一个群体内的成员因其鲜明的特点而与其他群体成员之间的区别非常明显（Yzerbyt，Corneille，& Estrada，2001）。

大部分健全的群体具有共同动机和共同目标，也有规定的角色和地位；反过来，这也使得群体中形成了社会等级。群体成员也因为他们接受的规范和价值而具有了某些特点。当这些规范被遵守或者被违背时，也有相应的、清晰的奖惩规定（Sherif & Sherif，1956）。

为了完成群体的多样目标，人们承担着不同的角色。有些时候，角色是指派的或者投票表决的，比如班长的产生。而在另外一些时候，人们因为自身的特点而获得角色。回想你在其中花费了大量时间的朋友群体。有的朋友常常在为群体作出决定时表现得更好，而当冲突发生时另外一个朋友则擅长帮助平息事件。想想我们已经在第2章讨论过的斯坦福监狱实验（Zimbardo，1969）。被选为囚犯的学生很快进入角色，表现出从反抗到悲痛的多样行为。监狱里的"守卫"采取了不同方式来使用他们的新权力：有一些严厉地处罚"囚犯"，而另外一些用较轻的处罚来补偿和帮助"囚犯"。虽然学生本来只是志愿者，但是他们很快接受了被指派的角色。不管我们所属何种社会网络，群体经常影响我们的个人行为。我们不是单纯地在一个群体中，我们更是群体的一部分。我们自己的行动经常是他人在场的结果。这包括我们在家里或者工作场合的经历，以及我们和朋友的关系。

实际上，最近的研究表明你的朋友几乎能像你的家人一样影响你的健康。在一项对 12 067 名被试的长期调查中，研究者发现一个人的社会网络能影响他的酒精摄入量。设想这种情况：如果你的朋友在周末晚上去喝酒，那你也可能跟着去。这项研究还显示一个长时间和嗜酒者相处的人饮酒过量的可能性比常人高出 50%。如果他的朋友的朋友是酒鬼，这个人都有比常人高 36% 的过度饮酒的可能性。当试图认定一个人酒精中毒时，他的社会网络应该被看作对于保持清醒的可能的阻碍因素（Rosenquist，Murabito，Fowler，& Christakis，2010）。这仅仅是群体影响个人生活的一个例子。

群体如何影响个体的行为？

他人在场能通过特定的方式影响一个人的行动，不论是消极的还是积极的。你是否曾经在课堂遇到过教授迟到 10 或 15 分钟的情况？这时，可能有学生提议在教授到来之前，提前离开教室。最初，离开的想法也许只是两个学生的建议；然而，当另外一些学生和这些同学讨论这个想法之后，离开的建议成为对学生来说更加有吸引力的和可接受的建议。群体影响使得这些学生作出了他们独处时不会作出的决定。

群体确实能影响我们的行为。如果你曾经参加过体育比赛或者摇滚音乐会，你就会意识到随着群体的形成，你的行为有加剧的倾向。相反，群体也使得我们在特定场合选择保持沉默。你是否曾经因为怕群体里的其他人不赞同你而没有说出你的观点？在意别人对自己的看法是人类的本性之一。你很快将看到，这既有好处也有缺点。他人在场影响个人行为的三个例子包括社会助长、社会懈怠和去个体化。

> 群体确实能影响我们的行为。如果你曾经参加过体育比赛或者摇滚音乐会，你就会意识到随着群体的形成，你的行为有加剧的倾向。

◎ 社会助长

你也许具有某种别人不具有的天赋或者技能。如果你是一个有天赋的、有信心的歌手，你可能在观众面前表演得更加熟练。对于许多熟练的表演者来说，相比起他们独自一个人的时候，"上台"的感觉甚至促使他们表演得更加精彩和有激情。当他人在场时，这种更想表演的倾向被称为社会助长。

在一个影响巨大的社会心理学研究里，诺曼·崔普利特（Triplett，1898）发现纯粹的他人在场就能影响人们的行为，并且普遍提高人们的表现水平。他发现，相比于和钟表竞争，当骑自行车的人们相互之间竞赛时，他们骑车的速度更快。为了支持这个发现，崔普利特通过让许多十几岁小孩比赛给玩具鱼上发条来验证自己的看法。他发现当更多的人都在上发条时，被试上发条的速度更快（Triplett，1898）。

查荣茨（Zajonc）随后将这个观点发展成为社会助长理论。然而，当证明了他人在场能助长表演后，也有一些研究显示他人在场有时候也会阻碍表演（Zajonc，1965）。想想你不得不给你的同学们作一个口头报告。如果对于你来说公开讲话是那么的不自然，或者会吓到你，你也许不会表现得如你所想的那样好。当他人在场时，被阻碍的表演倾向于发生在个体认为相对困难的活动中。

查荣茨指出当我们有一个观众时，我们被刺激要成功完成手头上的任务。此时，我们因观众放大了我们的支配反应而经历生理学的唤醒（1965）。如果任务是熟悉的，我们的支配反应将更加可能带来较好的表演。然而，如果任务是不熟悉的，较差的表演就会经常发生，因为我们支配的倾向没有如在熟悉的任务里那样被建立。依靠我们对于特定任务的支配反应，一个观众的在场对于我们的成功也许有一个积极的或者消极的影响。然而，我们停止作出反应，我们会发现身处在一个观众前面能强烈地影响我们。

什么导致唤醒？

当一个观众在场时，我们显然经历增强的唤醒。这是为什么呢？研究表明有三个因素导致增强的唤醒：纯粹在场、评价理解和分心。

纯粹在场是指他人的在场足够引起我们的生理唤醒，不管是消极的还是积极的（Zajonc，1965）。在一个利用蟑螂所做的研究中，查荣茨等人（Zajonc，Heingartner，& Herman，1969）发现自我意识不是人们在群体面前表现不好的必然的唯一原因。查荣茨和他的团队把蟑螂放进通道清晰的迷宫，并且用两种不同的方案记录了每一只蟑螂到达迷宫终点的时间——有别的蟑螂在场和仅仅只有它们自己。当在更加复杂的迷宫被测试时，在其他蟑螂在场的情况下，相比于当只有它们自己时，这些蟑螂花费了更多时间到达终点。这项研究显示虽然蟑螂不像人一样有自我意识，但是在有其他蟑螂在场的情况下完成困难任务时，它们也表现得更差。

评价理解是指一个人的表现将会因为别人的赞成或者反对而被削弱或者

评价理解：认为个体的表现会因为他人的赞成与否而得到增强或者减弱的观点。

提升。当我们意识到自己将被别人评判时，我们变得更有自我意识，进而担心我们的能力，这些感觉会消极地影响我们的表现。

一项关于评价理解的经典研究的发现能在体育团队在赛季中大部分重要比赛期间"令人窒息"的场面里面看到。在 2004 年美国联盟冠军系列赛中，纽约扬基队赢得了对阵波士顿红袜队的七场系列赛中的前面三场比赛，在第四场比赛的最后阶段，扬基队领先一分，但是最后输给了波士顿红袜队。波士顿红袜队继而赢得了剩下的三场比赛，成为整个系列赛的冠军。这是一个历史上有名的"令人窒息"的情境，扬基队成为历史上仅有的在先赢三场的情况下输掉系列赛的球队（Krupa，2009）。

在其他的许多体育运动中，研究显示有些团队在他们自己的主场有更明显的输掉重要比赛的倾向——比如说冠军争夺赛（Baumeister & Steinhilber，1984）。对这种倾向的一个解释是当压力提高自我意识时，在支持的观众面前急于表现，将导致对于危险思考得过多。自我意识会对团队产生有害的结果，并且导致失败（Wallace，Baumeister，& Vohs，2005）。

社会助长也能被**分心冲突论**解释，这种理论是指一个在别人面前完成某个任务的人处理在观众和手头的任务之间的注意力的冲突（Baron，1986）。当一个人正在应付一个简单的任务时，这能增加他获取成功的动机，因为他意识到自己正在被关注。但是如果任务是困难的，研究显示，伴随着他人的关注，完成任务的时间会增加，使得我们更难集中注意力（Baron，Moore，& Sanders，1978；Groff，Baron，& Moore，1983）。举个例子，你是否曾经发现相比起你独自一个人在车上时，如果车中有乘客，平行泊车变得更加困难？

◎　社会懈怠

差不多在诺曼·崔普利特进行骑车研究的同时，马克斯·林格尔曼

分心冲突论：认为当个体在他人面前完成任务时会经历一种注意观众还是注意手上任务的冲突，由此使个体成功完成简单任务的动机增加的观点。

（Max Ringelmann）也正在进行群体影响的研究。然而，相比于崔普利特的研究，林格尔曼发现他人在场确实降低了人们在个人贡献不被认可的群体任务中的表现（Ringelmann，1913）。这个发现被称为社会懈怠，指的是完成群体任务的人们比他们独自完成任务时付出更少努力的倾向。

这一现象的原因是当人们知道别人将会松懈时，人们感受到较少的发挥其最大能力的压力。在群体里工作的人们感觉更少的向群体付出所有的责任感，因为负担不仅仅是他们个人的。所以，他们更少关心别人的观点。社会懈怠也在当群体成员感觉他们的贡献不是那么重要时发生。为了扩展社会懈怠理论，拉坦纳、威廉姆斯和哈尔金斯（Latane，Williams，& Harkins，1979）进行了研究，结果显示作为群体的一分子时，人们的鼓掌和欢呼更疲软和更缺少力量；而当他们被要求独自鼓掌和欢呼时，人们的掌声和欢呼声会更热烈。研究者测量个体鼓掌和欢呼时的噪声等级，以此与身处群体中时的噪声相对比。当人数增加时，其噪声等级没有与群体中的人数成比例地增加。最后，很显然，群体中的人们不会像他们单独鼓掌欢呼时那么卖力。

社会懈怠是成人和小孩都具有的特点。实际上，它甚至发生在五岁大的小孩身上（Smith，Kerr，Markus，& Stasson，2001）。在有好几个小孩的家庭里，一群孩子中最小的那个有时候学走路和说话将比大一些的兄弟姐妹更晚一些。这是由于稍大一些的孩子有完成任务的倾向，比如说得到一个她想要的玩具或者要求父母做一些事情。

社会懈怠是一个能在全世界找到的特点；然而，它在某些特定群体里面比在其他群体里更加普遍。相比于集体主义文化，个体主义文化里（像美国和大部分欧洲国家）更加有可能出现社会懈怠。在集体主义文化里，比如说在东亚国家，人们的联系普遍更加紧密，所以他们倾向于理解每个人对群体作出贡献的必要性。这些文化更加意识到社会懈怠能给群体带来什么。由于有这种意识，社会懈怠就不那么普遍了（Karau & Williams，1993）。

在个体主义文化中，社会懈怠的普遍性进一步由性别决定。一般来说，男性比女性更倾向于个体主义，这使得男人更有可能社会懈怠（Karau & Williams，1993）。

值得注意的是，有一些因素会影响社会懈怠的等级，比如说，认知需求上的差别。如果你需要理解和获得来自群体任务的技能或者知识，你便不容易惰化，因为你做的贡献对于你和你的未来更加有价值（Smith，Kerr，Markus，& Stasson，2001）。

在你的学术事业里，你可能已经被迫进入很多的群体。依据你的经历和你自己的工作习惯，你也许有了关于群体动力的不同观点。你喜欢独自工作还是和群体一起工作？如果你不喜欢和群体工作，你的理由是什么？你可能意识到有些学生在群体里做较容易的工作，而把困难的工作留给更加有动力的学生。通常情况下，如果个体表现不被评定，或者如果所有学生被给予同样的成绩，社会懈怠也会发生（Aggarwal & O'Brien，2009；North，Linley，& Hargreaves，2000；Comer，1995）。

部分成员可能对群体目标作出更少的承诺是不可避免的，然而，在三种情况下社会懈怠会较少发生。第一种是当群体成员相信他们的个人工作将被评定者承认。当一个成员知道他的个人贡献将被认可，他倾向于作出更多努力，因为对于他个人来说存在更多风险。威廉姆斯、利达、巴卡和拉坦纳（Williams，Nida，Baca，& Latane，1989）通过他们的研究证明了这个观点。特别是，他们发现当个人时间被记录时，相比于当个人的时间被算在整个群体中时，接力游泳者能游出更好的成绩。

另外一个减少社会懈怠的因素是每一个群体成员的承诺水平的增长（Karau & Williams，1993）。如果每一个人的贡献对于成功完成任务都是必需的，那么就会减少社会懈怠。这种一个人的个体工作将对整个群体的表现有积极影响的信念使个体更加努力工作，并且更加稳定地朝向共同的目标努力。

减少社会懈怠的第三个因素是任务的重要性。当对于团队成员个人来说存在更多危险时，他们更加有动力去付出更多的个人努力。举个例子，在办公室里，为可能使得他们升职的群体任务而工作的人们将视这个任务有更高的重要性。在有可能提供报酬的情况下，个体更有动力去努力工作，尽管团队中的其他成员可能缺乏努力的热情。

布里克纳、哈金斯和奥斯特罗姆（Brickner，Harkins，& Ostrom，1986）所做的研究显示当提议不会影响个人自己的学习，但是或多或少会影响其他学生的学习时，被指派去评估一个需要考试来理解的计划的学生更加倾向于惰化。知道提议将在下一年直接影响他们自身的学生在提议的评估群体中工作更加努力。提升任务对于个人而言的重要性使得学生更加有动力去付出努力并且不会出现惰化。

寓学于行　　减少社会懈怠的实践

你是否曾经因为承担了比群体平均水平更多的任务而感到受挫？你是否曾经发现自己站在一边，把更多的工作责任让给别人来承担？哪些因素影响了你在这些例子中的选择？

下一次你和其他同学一起完成群体任务时，你试着运用这个行动学习设计。考虑社会懈怠可能对你的群体所造成的潜在影响。向你的同学们解释什么是社会懈怠。好在他们已经知道了群体里有人在偷懒，但是他们不知道这种现象是社会心理学所研究的。让其他同学知道有一些解决社会懈怠的方法：将每一个群体成员的分工明确化，提高个人的承诺水平，提高任务的重要性。

为了确保你们的群体工作是有成果、有意义的，你和其他群体成员一起进行一次头脑风暴，讨论如何在这个行动学习设计中具体运用这三种消除社会懈怠的方法。一旦行动学习设计完成，赶紧写一个总结，并且评估你使用过的策略的效果。和班上的其他同学一起分享你的结论。

从这个行动设计中你将学习到什么？

1. 运用社会心理学的原理来提高工作团队的效率。

2. 让他人了解解决与群体工作相关的问题的方法，丰富他人的相关经验。

3. 实践这些策略有助于你在未来的群体工作中成为一名有效率的领导者。

◎ 去个体化

群体能使我们失去自我感，并且使我们投身到平时不会单独去做的事情中吗？当然能，这种事件被称为**去个体化**，它是当一个人放松自我意识和控制，并且做群体在做的事情时——经常伴随消极的目标或者结果——发生的。

当个体感觉到在群体里匿名时，去个体化发生，并且因为匿名，个体也感觉到行动的某种授权。暴徒，特别是体育暴徒，是去个体化的典型例子。1992 年，芝加哥公牛队击败波特兰开拓者队进而蝉联 NBA 总冠军时，芝加哥公牛队球迷陷入一场暴乱。超过 1 000 人因为抢劫、暴行和其他一些指控而被拘捕（Abramowitz，1992）。在庆祝他们的球队赢得冠军期间，他们的行为产生了混乱。是什么导致人们采取这样的行动呢？

津巴多（1969）认为有三个先决条件与去个体化相连：唤醒、匿名和降低责任感。在公牛队和开拓者队的冠军之战之后，公牛队球迷很兴奋，或者说被胜利唤醒，再加上人群中为数众多的球迷让个体产生匿名的感觉。因为人们感到兴奋和匿名，所以他们对自身的行动感觉到较少的个体责任感。这解释了为什么宗教团体或者暴徒群体会摆脱自我限制的约束，结果做出他们通常不会独自做出的行为。

去个体化的理论在一项涉及纽约大学两个女学生群体的实验中被验证（Zimbardo，1970）。其中，一个群体戴着头巾遮住脸，只露出眼睛，而另外一个群体则没有戴头巾。女学生们被要求决定给被试施加多大的电击。研究者们发现，尽管她们有选择的余地，但是蒙面的学生向被试施加的电击程度是没有蒙面的学生的两倍。值得注意的是，被施加的电击并不是真的。研究者仅仅试图了解匿名将会对女学生的行为造成什么影响。迪纳（Diener）、弗雷泽（Fraser）和凯勒姆（Kelem）所做的研究发现，相比于那些可能被认出名字或者偷东西会被知道是谁的孩子，穿着统一服装（为了造成匿名性）并处在群体中的小孩更加频繁地选择偷糖果和钱。偷糖果和钱最多的是那些在群体中的穿着统一服装，又不会被认出名字的孩子们；很明显，在实验中是匿名和群体行为的联合激起犯罪倾向。

对人类行为的这一理解能解释为什么在类似宗教团体中的人们变得易于进行暴力犯罪活动——去个体化促使人们更加活跃地参与群体行动。正如我

去个体化：群体中个人的自我意识和克制的丧失，盲目参与群体行动的倾向。

们在这两个实验中看到的，经历了越高去个体化程度的女性和儿童，越有可能选择更加暴力或者越让人难以接受的行为。对于这些成员来说，如果他们周围的每一个人都做这些事情，并且他们不会被认出来，那么跟随着群体的心智就成为可接受的选择。

宗教团体天堂之门在 1997 年 3 月进行了一次群体性自杀，这是一个很有名的群体成员经历去个体化的例子。团体的头领马歇尔·阿普尔怀特（Marshall Applewhite）使信徒们相信自杀是将他们的灵魂推向下一个精神境界的唯一途径。尽管他们的年龄从 20 多岁到 70 岁不等，然而团体里的所有成员都参与了自杀。他们对于群体的认同和行为是典型的去个体化的表现。另一个更加普遍的例子是士兵加入新兵营地时。士兵被要求脱去能使他们区别于其他人的所有东西，并且剃同样的发型。他们被要求穿统一的制服，并严格按照军队制定的标准行动。这引起了自我的丢失，最终导致一个更强的对于精心策划这一丢失的群体的认同。

正如我们在第 4 章中学习过的，一个人认同他自己的方式与他的行为相连。回想第 4 章最后关于自我意识的讨论——如何与去个体化的概念联系起来？正如穆伦、米格达尔和罗泽尔（Mullen，Migdall，& Rozell，2003）在他们关于自我意识的研究中所发现的，当一个人感觉到处在匿名状态时，他会经历自我意识的下降和社会认同的下降。研究者要求被试在四种不同的情形下填写关于认同的调查表：在一面镜子前面；戴着头巾；填写完一个家庭树表格之后；在一个不带附加变量的受控制的环境里。结果显示了自我意识和社会认同之间的联系，那些戴着头巾的被试感觉到更少的自我意识和更少的社会认同。头巾引起了认同的缺失，并且导致去个体化发生。

最近的一项研究已经提出了去个体化的 SIDE 模型——社会认同去个体化（Postmes，Spears，& Lea，1999）。这个模型认为去个体化的发生不是因为认同的缺失，而是因为发生了从个人认同到群体认同的转移。一旦人们完成了这个转移，就会导致他们遵从群体的规范。不论一个人放弃他的自我意识并遵从群体，还是真的产生了对群体的认同，总之，去个体化导致人们像群体里的其他成员一样行动，而不是像他独自一人时那样行动。

群体如何进行决策？

想想你所属的某个群体。最近是否要作出什么关乎整个群体的决定？也许在你工作的餐馆，管理人员决定将工作人员的小费进行平分，而不是让每个人保留他挣得的小费。也许你所在的班级投票改变一项任务的截止日期，这样使得它更符合大家的日程安排。如果近期将作出某个决定，你同意吗？你认为这个决定是公平的吗？接下来的这部分将呈现影响群体决定的三个因素：风险转移、群体极化和群体盲思。

◎ 风险转移

风险转移（Stoner，1961）现象是群体中的人们倾向于比个体成员采取更加冒险的决定。其依据是被分摊的风险使得每一个人的个体风险似乎变得更小。

风险转移与社会懈怠相关，社会懈怠中包含更少的个体责任。沃勒克、科根和贝姆（Wallach，Kogan，& Bem，1962）发现处在一个群体环境中，人们更加愿意采纳具有更大风险的方案，因为责任感在成员们中被分散了，他人的支持减轻了对于冒险选择的焦虑。风险转移的另外一个原因是群体中高度自信的风险采纳者倾向于说服缺乏信心的群体成员接受更大的挑战（Collins & Guetzkow，1964）。

更进一步，群体成员的社会地位经常在一定程度上由他们是否敢于冒险来决定，使得人们为了维持在群体中的高地位采取更加冒险的决定（Brown，1965）。巴特森（Bateson，1966）给出了一个另外的解释，他认为当群体当成员越来越多地将注意集中于风险行动，直到他们变得习惯于这个想法，以至于被感知的风险变小了，偏移就发生了。

> **风险转移**：比起个体成员单独采取行动时的情况，处于群体中的人倾向于承担更高的风险。

原初风险转移似乎指的是人们在群体环境中倾向于作出更加冒险的决定，但后续的研究已经发现群体环境也能导致群体作出一个更加保守的决定。这类例子是一种被称为群体极化现象的结果。

◎ 群体极化

群体极化（Moscovici & Zavalloni，1969）是指作为一个整体的群体讨论一个问题之后，群体成员的态度或信念被放大的倾向（Isenberg，1986）。当人们讨论他们的感受之后，群体成员中占主导地位的态度变得更强势——无论是对于特定主题的赞成还是反对（Brauer，Judd，& Jacquelin，2001）。在其 2001 年关于社会刻板印象的研究中，布劳尔（Brauer）、贾德（Judd）和雅克林（Jacquelin）发现当低度偏见群体的学生谈论种族问题时，他们变得越发能接受其他种族的人。然而，当在高度偏见群体中的学生讨论同样的问题时，他们对其他种族变得越发有偏见。

假设你的一些邻居近来突然遭遇了一系列的入户盗窃，你和与你有共同想法的邻居们谈论这些事件。作为一个群体，你们会变得更加倾向于感受到威胁，并且想采取措施来保护你们自己。因为群体的支持信念，所有成员的观点都将得到进一步的强化。对于群体成员来说，一个共同的倾向就是因为别人的情绪而使自己对这个问题的态度变得更加鲜明。

麦考利和西格尔（McCauley & Segal，1987）的研究发现，在全球的恐怖组织中能够发现群体极化现象。这项研究显示人们不是天生的恐怖主义者，也不是某一天醒来就开始进行谋杀和自杀恐怖袭击。其实，恐怖主义在心理上是在具有相似意向的群体成员中增长的极端主义信念的产物。即使不是全部，大部分自杀式袭击者都是一个大型组织中的一员。群体形成的最初原因也许是为了让成员们讨论他们的委屈。然而，在分享观点和感受后，群体成员的观点变得越来越极端。

群体极化也经常在陪审团进行判决时发生。在一项研究中，陪审团对一

群体极化：在群体成员讨论某件事后，群体的态度或信念变得更加极端的倾向。

起谋杀案进行二次审判，结果，陪审团深思熟虑的结果证明了群体极化。在商讨之前，大部分陪审团成员倾向于有罪的裁决。但是商讨之后，相比于在与其他陪审团成员讨论之前的态度，他们感到不仅仅应该认定嫌疑人有罪，而且应该判处更加极端的刑罚（Hastie，Penrod，& Pennington，1983）。布雷和诺布尔（Bray & Noble，1978）进行的一项研究也显示工作中的群体极化。肯塔基大学的学生在听了一个谋杀审判的录音之后，要做出（假定是有罪的）判决。倾向于更加严厉判决的学生在商讨之后普遍加长了囚禁年限，那些倾向于更短囚禁年限的学生在和其他陪审团成员商讨之后，倾向于减少囚禁年限。还有另一种群体极化现象。当被告一审被宣判无罪，并且证据证明被告没有涉罪时，陪审团经常会在商讨之后明显更加倾向于宽大的判决（MacCoun & Kerr，1988）。如果陪审团中的少数人倾向于无罪判决，或者有一个人倾向于无罪判决或者涉罪证据较少，陪审团成员将倾向于一个更加宽大的判决，而不总是倾向于严厉的判决（如果群体中有一个主张宽大的异议之声）。

无论哪一天上网，你都能发现群体极化现象。网络上有大量的群体论坛、留言板、聊天室和游戏室，而这些虚拟空间可以让无数用户共享他们的想法和感受，或者移情、怜悯他人。举一个例子，网络给有相似兴趣和关注的群体（比如说酗酒者或者军人妻子群体）提供互相鼓励和互相支持的平台，并为这些自助群体提供现实的见面机会。卡斯·桑斯坦（Cass Sunstein，2001）探讨了人们选择和那些与他们有共同偏见和思想的人们进行互动的现象。这种排除异己观点的做法对于扩展对话和获取新观点来说都是不利的。一项研究发现极端主义的网站通过与其他类似网站的链接，使得已经在网站上呈现的歧视和偏见逐步升级（Gertsenfeld，Grant，& Chang，2003）。

正如我们所知的，大部分网站不支持种族主义或者散布贬低外群的信息。社交网站 Facebook 上有很多群体和粉丝网页，这些用户因为共同的兴趣聚集在一起。许多真实的群体给无数人提供与有共同信念的人一起相互安慰和分享生活的机会。

1985 年，工程师们因为过低的温度所引起的潜在危险而反对发射挑战者号航天飞机。然而，群体的压力最终压倒了这些工程师的警告，导致航天飞机失事，七名航天员全部罹难。

想想你在互联网上访问过的网站。这些网站是否赋予了你群体成员资格，不论正式的还是非正式的？在社交网站中你所属的是什么样的群体？你们共享的信念是什么？你是否感觉到这样的倾向：在和你所属的群体里的人们交流之后，你的观点变得更加激进？

对于群体极化的解释主要有两种。第一种是社会比较理论，它发生在当人们意识到别人如何感知他们，并且为了在群体里讨人喜欢而相应地调整自己的观点（Isenberg，1986）。这种解释认为，在接受群体规范后，人们会持续地评估群体的规范，然后重新调整他们自己的观点来符合群体动态。另外一个解释是说服或说服性论点理论，这是我们在第 7 章讨论过的。在这两种解释里，影响的结果都是群体极化。

◎ 群体盲思

群体盲思是一种思考方式，它发生在当群体成员们面对一个重要决定时，他们将注意力过多集中于决定被平稳地通过以至于忽视其他的、可能更加优化的选择（Janis，1982）。群体的思维方式确实能产生消极的结果，因为群体对于和谐的渴望取代了对其他解决方法的实践评估。正如我们在开篇所学到的，过于遵从群体目标能使决策制定发生偏斜，并且引发非预期的后果。

在考察 1961 年猪猡湾入侵事件以后，贾尼斯（Janis，1982）提出了群体盲思这个概念。猪猡湾入侵在历史上被认为是一次彻底的失败。约翰·F.肯尼迪（John F.Kennedy）总统和他的智囊团成员毕业于美国最顶尖的大学，却赞成让古巴流亡人员入侵古巴。美国犯下的最大错误是盲目设想不会实现的情况，这些情况从一开始就不可能发生，比如他们假设流亡人员可以在附近山区运用游击战。然而，最近的山区在 80 英里之外，并且需要流亡人员穿过一个巨大的沼泽地才能到达。卡斯特罗的士兵很轻易地俘获了流亡人员，并且此事最终牵连了美国政府。看起来似乎正确的计划很快带来灾难性

> **群体盲思：**一种在决策过程中发生的思考方式，它发生群体对和谐的渴望大于对现实性评估或者解决方案的渴望的时候。

的后果。肯尼迪的智囊们疑惑问题出在哪里。贾尼斯认为肯尼迪内阁对这个计划如此地自信和热心，以至于他们没有考虑这种计划中任何可能的问题。为了维护新选举上来的总统的权威，群体压制了所有的持异议者。

群体盲思经常发生在以下两个因素出现时：群体成员之间有很强的联合，紧急的群体规范发生作用。**群体规范**是群体成员力图去遵守的行为规则或者预期。群体规范决定成员的行为，以此来维持群体内的和谐。不想引起争吵或者受群体批判的人们受维护和遵从群体规范的动机所影响。

群体盲思的解决

贾尼斯（1982）认为践行一些简单的对策，就可以预防和避免群体盲思，其内容包括：对批评意见持宽容态度，和不同的人工作（包括群体外的成员），训练群体成员进行决策制定。

一项研究发现，群体规范对建设性批评意见持宽容态度的群体更可能作出较好的决定（Postmes，Spears，& Cihangir，2001）。愿意接受其他观点有助于防止群体盲思的发生。另外一个防止群体盲思的方法是确保群体外的成员参与决策制定。一项包括不同人种以及不同背景的人的研究发现，更加多样的群体带来更加多样的观点和明显更少的群体盲思（Antonio et al.，2004）。另外一个根除群体盲思的关键点是提醒群体成员有关作决定时偏见和群体盲思带来的后果（Stewart & Stasser，1995）。最后，研究者发现信息共享有助于带来更优的决定（Larson，Foster-Fishman，& Keys，1994）。

猪猡湾入侵灾难之后，肯尼迪反思了他在一年后的古巴导弹危机期间的决策制定过程。当时，美国和苏联之间的关系是极度紧张的。当肯尼迪知道苏联正在古巴布置核导弹后，通过听取来自不同领域的领导者和专家的建议和行动方案，他采取措施避免群体盲思，并且让委员会讨论最终的解决方案。为了防止更多的导弹被布置在岛上，美国决定隔离古巴。最终，苏联从古巴和平撤回了导弹。

群体规范：要求群体成员执行应有行为的规则或期许。

◎ 领导类型

影响群体决策制定过程的另外一个因素是群体领导者的类型。优秀的领导者拥有相似的特点，他们被分成两个类别：变革型和事务型。事务型领导奖励好的行为，但是最终仅仅当事情出错时才采取行动。**变革型领导**致力于在他们的领导期间建立关系和群体目标。两种领导类型都是有效率的，但是变革型领导倾向于在群体中做出更好的表现，因为他们培养成员们之间的信任，建立对群体的认同感，并且使成员为崇高的群体目标而兴奋。变革型领导欢迎解决问题的新途径，并且激发群体成员的内在动机（Charbonneau，Barling，& Kelloway，2001）。

有魅力的变革型领导往往相信当人们被有激情、有远见的领导激励时，他们将会由于真心的敬仰变得更加服从领导者。此外，他们相信激励跟随者的最好方法是用热情和干劲来促使他们完成手头的任务。变革型领导力求不仅仅将群体凝聚成一个整体，也将成员们编织进社会网络。他们相信成员们将会通过为群体做贡献而提升自己。这种领导视他们的跟随者是变革的产品。然而，当群体和它的成员乐于现状并且不想被改变时，变革型领导有可能受挫。你可能知道一些变革型领导的名字，例如维珍集团创办人理查德·布兰森（Richard Bramson），苹果公司创始人史蒂夫·乔布斯等等。

变革型领导风格的缺点之一是跟随者会误解领导对于真实发生的事情的激情和自信。领导的激情和勇气并不必定意味着群体一定会取得成功。虽然充满激情的领导可能完成了伟大的事业，但是成功的结果并不总是会发生。

由于变革型领导拥有为了完成目标毫不松懈的干劲，他们有时也会变成跟随者的重负。一方面一个领导的干劲是激发人们动力的必要组成部分，另一方面它也可能使人们放弃努力。变革型领导的最后一个缺点是他们倾向于不看过程，而只是关注最后的结果。如果没有人为他们关注过程，这种领导者经常会以失败告终。

相比于变革型领导，**事务型领导**不那么期待成功的结果，但在他们的领

变革型领导：相信能够用精力和投入来鼓舞下属，从而改变群体及其成员的领导。

事务型领导：相信权威的等级的领导，认为低层的人们是从属的，所以要服从管理者发出的指示。这种类型的领导推崇以良好的工作和工作效率来解决问题。

导下团队也会成功。尽管存在很多关于其局限的争论，不过事务型领导风格对于很多负责人来说仍然是一条很常用的风格。这种领导推崇清晰的权威等级，认为在低等级上的人是附属的，所以这些人应该服从管理者的指令。

事务型领导欣赏高质量的、有效率的工作（Burns，1978）。他们认为当人们意识到对于良好表现的潜在奖励和对于不能有效工作的惩罚，人们就会努力工作。尽管低劣的工作成绩不总是明晰的，事务型领导仍然确保被他们指挥的那些人明白跟不上进度将会受到相应的惩罚。

你是否曾经在群体里做过领导者？也许你是一个夏令营管理员，或者是你们家乡的一个青年群体的头儿。或许你计划成为一个领导，比如一个老师或者校长。基于这两种领导类型的描述，你想成为哪一种领导，或者你曾经做过哪一种领导？

特定的特点与伟大的领导者密切相关，男人和女人都能成为成功的领导者。然而，许多人认为女人不能像男人那样成为成功的领导者，过度的压力被施加在那些有能力的成功的女性领导者身上。

1990 年的一项研究发现，相比于在同样情况下说着同样话的男性，当处在领导角色中的女性作出详尽的评论，提出有关特定话题的论点时，她们会受到更多的消极批评（Butler & Geis，1990）。更重要的是，人们倾向于消极地判断和评估表现出愤怒表情的女性领导者的权威；相反，当男人生气时，他们被视为更有力量的、更好的领导者（Brescoll & Uhlmann，2008）。人们也倾向于蔑视采取传统"男性"领导风格的女性，比如说独裁性或指令性的风格，或者女性领导占据了历史上男性通常占据的位置（Eagly，Makhijani，& Klonsky，1992）。

不论男女，强势的领导经常拥有相同的特点。他们通常是聪明的、有统治力的、外向的，并且他们勇于尝试，善于计划和部署。他们也常常是果断的，善于判断，也是优秀的沟通者（Zaccaro，2007）。回想你最喜欢的一个老师，他或她可能拥有大部分的这些特点。男人和女人都有能力成为领导者，并且都能做变革型或事务型的领导者。

群体的冲突如何解决？

领导者不是对群体的成功或失败起作用的唯一因素。我们每天都经历冲突，不论在我们自己内部，还是和外群成员，不论在其他时间，还是在其他事情上。没有一天我们不面对一些需要解决的问题。如果你怀疑这样一天，特别是你可能已经解决或者计划解决遭遇的一些冲突。**冲突**是指被感知到的行动、目标或想法上的不一致。当涉及群体的时候，冲突经常表现得非常激烈。

看一下新闻频道，你会看到大量关于群体之间冲突的新闻。反堕胎运动的支持者经常和主张人工流产的诊所雇员、病人争吵；共和党人经常和民主党人针锋相对；希望有更多隐私的名人经常和狗仔队争执；最近，出版界拒绝了英国石油公司让摄影记者远离墨西哥湾的石油清理场景的要求。冲突是生活中不可避免的一部分。接下来，我们将讨论引起冲突的一般原因和解决冲突的通常办法。

◎ 冲突的原因

人们有大量的陷入冲突的原因。这些原因总的来说是相似的——从最小的争论，比如说配偶或者爱人之间的争吵，到同一国公民之间的种族冲突，到战争国之间的国际冲突。不论多大或多小的冲突，我们陷入冲突的原因都是非常相似的。导致冲突的最主要的因素是现实群体冲突、归因偏差、交流错误和感知偏差。

现实群体冲突

当群体为了资源竞争时，他们进入**现实群体冲突**（Coser，1956；Sherif，

冲突：被感知到的行动、目标或想法上的不一致。

现实群体冲突：一种认为冲突是源于对有限资源的竞争的理论，有限资源包括金钱、土地、权力或其他资源。

1966）。在一项关于引起冲突竞争后果的经典研究中，穆扎费尔·谢里夫将夏令营的男孩分成两个群体，这两个群体是各自独立的单位。一段时间以后，他们被带到一起。这两个群体已经各自形成了纽带，一旦他们互相遭遇，他们对于各自群体的认同就会在与其他群体的竞争中得到增强。这种类型的冲突来自没有办法获取有限资源的威胁，比如说金钱、土地或者权力。即使这些群体中的人来自相同的背景并有同样的生活方式（就像夏令营里的男生），各自对于资源的需求也会迅速使得他们陷入竞争和冲突。

举一个例子，尼日利亚南部为了争夺石油资源而陷入战争。以往，减少贫穷和减少污染是这一地区产生冲突的主要原因；如今不同群体试图获得更多石油，试图将权力施加到其他群体之上成为冲突的主要原因（Harsch，2007）。另外一个例子是塞拉利昂的"血钻石"，被偷运和贩卖的小钻石引起了关于控制钻石开采地的暴力冲突（Harsch，2007）。

归因偏差

当我们基于不完全的证据来判断人们的个性时（比如说偶尔的行动或行为），基本归因错误（在第 5 章中首次讨论）就会发生。如果你曾经目击一个陌生人在超市里对着她的孩子吼叫，你可能认为这个女人是一个对孩子没有耐心的妈妈。你的判断是基于你在一个偶然的情形下所看到的情景。

你可能没有考虑的是那个女人也许那天正好心情很糟，而且她的孩子们也许做了她之前已经警告过多次的行为。她也许是一位非常宠爱孩子的好母亲。处在与这位母亲相似的情况下，我们也许会做出同样的行为。当我们在不知道相关情境的情况下形成这些观点时，我们就证明了归因偏差。

正如你在第 6 章中学过的，在一项关于偏见（Jones & Harris，1967）的研究中，被试分别聆听人们朗读赞成和反对卡斯特罗的文章。虽然被试被告知这些文章是被随机指派给朗读者的，被试仍然倾向于相信朗读喜欢卡斯特罗文章的人真的是古巴领导人的支持者。我们已经了解，被试所处的情境信息引起了他们对于朗读者的归因偏差。那么，归因偏差又是如何造成冲突的呢？

这种偏差的另外一种表现被叫做**敌对归因偏差**（Dodge，Price，Bachorowski，& Newman，1990）。这种类型的偏差发生在当人们假设另外一个人的意图是敌对的，或试图把伤害和压力强加在他们身上时。巴伦和理查森（Baron & Richardson，1994）认为敌对归因偏差引起人们预设他人的敌对意图，即使他人并没有敌意。这种现象一般出现在当被错怪的一方感觉不受尊重或者被威胁时，被威胁或错怪的一方用一种攻击性的方式来回应（Halligan，Cooper，Healy，& Murray，2008）。

在日常生活中，这种偏差会发生在任何地方，比如说在俱乐部。如果你走进一家酒吧点了一瓶酒，有一群人朝着你的方向不断发笑，你也许会认为他们是在嘲笑你。你也可能认为他们对你是有敌意的，并且认定他们是卑鄙的人。反过来，笑声会引起你对于他们的敌意（也许甚至变成与这个群体的暴力冲突）。你不会意识到的是他们其实是因为你身后电视上的有趣的广告而发笑。

为了避免这种偏见和它所引起的后果，对于这种倾向有一个明确的意识是明智的。通过注意对于他人意图的不完全的理解，当这种情境出现时，我们就会减少消极偏见，并且避免作出错误的归因。

当我们没有达到自己的目标时，责怪他人也是归因偏差的一个表现。当我们感觉自己的目标已经被阻碍，我们一般试图找出导致消极后果的原因。设想另外一名当事人妨碍了我们的目标将会引起双方的紧张冲突，即使此人没有真的卷入这件事。因为未实现的目标而引起的归因偏差在冲突中起着重要作用，并且经常导致本不该发生的后果。

在你的生活中是否出现过错误地认为他人阻挠了你实现目标的情况？当我们对别人的意图感到怀疑时，归因偏差就会在我们的生活中出现。

交流错误

冲突的另外一个原因来自交流错误。我们和他人交流的方式经常导致

敌对归因偏差：当人们认为他人抱有敌对意图时发生的偏差。

冲突，因为我们有不同的表达自我的方式。我们每个人都有各自的行为、视角、背景，这些并不总是和我们互动的人的行为、视角和背景相容或者能被他人理解。

如果你在一个成员们用争吵来交流的家庭里长大，你也许随后会与在不会发生争吵的家庭里长大的人陷入冲突。如果你在老师常常表扬你的努力的学校里上学——不论这是否产生了良好的效果——你也许会和一个批评你的工作的大学教授发生冲突，即使你已经尽了很大努力克制自己。

你是否曾经认识用非常直率的方式批评你，而不是用一种帮助的和礼貌的方式来指出你不足的人，似乎他用了一种伤害你，并使你生气的方式来评价你。研究已经表明这种批评会在被错怪的人身上引起报复的心理，并且会导致一系列不必要的冲突（Baron，1990；Cropanzano，1993）。这解释了为什么在你的工作中有人因为一个不好的第一印象而让你感觉厌恶。

感知偏差

冲突的第三个原因来自对别人意图的**感知偏差**。当我们认为我们自己的想法和行动是合理的，但是认为别人的信念和行为是片面的时候，感知偏差就会发生。

用这种方式感知他人经常会放大观点的差异，并且会过度强调群体或者个人之间的利益冲突。研究已经显示感知偏差往往发生在处于权力位置或者控制位置上的群体或个人身上（Keltner & Robinson，1997）。权力群体里的感知偏差经常导致对于持相反观点的群体的偏见。经历感知偏差的权力群体倾向于相信他们的看法比实际上的更加理性或客观（Keltner & Robinson，1997）。研究者所使用的考察社会冲突后果的一种方法叫作"囚徒困境"（Rapoport，1960）。让我们假设亚历山大和杰克在一个大学联谊会的惩罚游戏中被发现肆意破坏新生宿舍的设施。校园保安知道亚历山大和杰克一起

感知偏差： 认为自己的想法和行为都是合理的，而认为他人对他们的思想和行为的认识有偏颇的观点。

"导演"了恶作剧，但是保安只有充足的证据进行较轻的处罚。保安决定在分别审问两个人时，分别给两个人提供激励条件。

保安告诉这两个学生如果他们中的一个承认而另外一个不承认，承认的人将被豁免而不承认的将被联谊会开除——这是一个严厉的惩罚。如果亚历山大和杰克都承认，他们将都被惩罚清扫男生浴室一个学期。但是如果没有人承认，他们将仅仅接受一次记过处分——仅相当于在腕关节上轻轻拍一下。假如你是亚历山大，并且无法和杰克串供，你将会怎么做？你做的选择将可能引起基于你和杰克如何感知各自行动的冲突。

感知偏差的另外一个表现是敌对媒介现象。这发生在当人们把本无偏见的媒体新闻报道视为有偏见的，而不管这些报道持何种观点的时候。在一项关于敌对媒介现象的研究中，研究者发现参与者认定媒介持有偏见，而不管媒介站在什么立场上，不管媒介站在争论的哪一方（Vallone，Ross，& Lepper，1985）。在这里我们看到感知偏差发生在个人对媒介的认识上。

◎ 解决冲突

据说每一个问题都有解决的方法——或者不存在问题，只要有解决方法。解决冲突是一种如此重要的行为，以至于有专门的法律公司来解决群体之间的分歧。拥有强大的协商技巧的人能够通过调解他人的冲突来挣钱。协商可以发生在任何地方，任何一天，既发生在商业活动中和在非营利组织中，同样也在政府部门里，在法律程序中以及在国家之间。它也在个人情况下发生，比如结婚、离婚和养育。

解决群体冲突的两种最常见的形式是讨价还价和一个被称为 GRIT 的过程。这些技术能被用于人际关系，也能用于国际关系。

讨价还价

当你第一次拿到驾照时，你可能试图使犹豫的父母同意在周五晚上借车给你。他们也许不想你把车开出去，并且告诉你他们不愿意的原因。你可能根据自己的理由为什么是合理的来进行反击。最终，他们允许你那天晚上借车，但是你可能不得不作出一些妥协，比如说同意某个特定的时段待在家里，或者仅仅允许你带一个人上车。为了说服你的父母作出一个让每个人都高兴的决定，你经历了讨价还价的过程。

讨价还价，也称协商，是解决冲突的最常见的手段。它发生在当争论的双方聚在一起（无论亲自在场还是派代表），讨论解决分歧的办法。讨价还价一般涉及为了达成解决方案而提出报价、还价、妥协的各方。涉及讨价还价的人们试图与对方建立信任，找出两个群体之间的相似点。他们也力图理解分歧点，并且使对方能够共同商定解决方案。在双方能够提出并且同意这种方案后，冲突就被解决了。然而，有时候也可能没有哪一方愿意接受一致的提案，双方维持僵局导致冲突升级。

讨价还价出现在特定方式下。牵涉到这个过程的人们为了说服对方让步而使用明确的策略，通过降低他们的目标以便满足一些更低的要求。协商是这样开始的：己方首先提出一个让对方满意的极端的建议。然后，试图说服对方作出相对于正常情况下更多的让步。最后，表达如果不能得到他们想要的，己方将停止协商，并且找寻愿意提供更好结果或者同意己方条件的替代者（Thompson，1998）。

协商者认为讨价还价的过程会产生两种可能的结果：一种是有一个赢家和一个输家，另外一种是双赢。后者常常更加可取，因为它使冲突双方都获利。为了从讨价还价的过程中达到"双赢"的结果，每一方必须表现出不仅仅愿意听取对方想要的条件，而且真正关心对方看重的东西。

讨价还价产生一个双方都满意的结果的历史案例是 1803 年的路易斯安那购置事件。为了用 200 万美元从拿破仑一世手中购买新奥尔良的港口和佛罗里达州，托马斯·杰弗逊（Thomas Jefferso）总统、政治家詹姆斯·门罗（James Monroe）和罗伯特·利文斯顿（Robert Livingston）来到法国。然而，法国相反提出以 1 500 万美元卖整个路易斯安那州，但是不卖佛罗里达州。

作为报答，美国得到了许多好处，包括法国和西班牙的商品从路易斯安

讨价还价：解决冲突的方法，包括争议双方的出价、还价和让步。

那进口的关税协定。通过与法国政府讨价还价，门罗和利文斯顿最终将美国的国土面积翻了一倍（The Negotiator Magazine，2005）。

想想当你独自和父母或者你的重要他人进行讨价还价，并引起双赢或者一赢一输的结果时，你和他们都作出了怎样的让步？你们各自使用了什么策略来达到你们想要的结果？什么因素对于最后的决定起了作用？如果你赢得了冲突，你对于你自己和对他人感觉如何？如果你输了，你对他人的印象有什么改变？

逐步、互惠、主动地减少紧张

当双方都有他们各自的立场，缓解冲突几乎是不可能的。即使冲突某一方的个人或者群体想采取终止或者改变冲突的行动，这么做也会给整个群体带来很大的风险。采取措施与对方达成一致的群体中的个人也许会被他们自己的群体视为叛徒。对方的人也可能生气或者对其不信任，甚至拒绝任何调解的尝试。他们还可能误解解决冲突的措施，并且视协商为一种狡猾的或者骗人的伎俩。

试图避免这些缺点的一种方法是使用所谓"降低紧张中的分级和报答主动性"，或者 GRIT，它是降低冲突的渐进准则（Osgood，1962）。GRIT 随后被缩写来代表"紧张的逐步降低"，因为这精确地表达了它帮助人们做什么——通过一个一个措施逐步产生效果，运用妥协来降低对立群体之间的紧张。

使用 GRIT 办法，卷入冲突的一方开始通过向对立方作一些小的让步来降低冲突，然后要求他们也出让一些条件。如果对手接受了让步，并且作出了相应的妥协，然后一方作出第二次让步，形成一个调解措施的循环（Conflict Research Consortium，1998）。这些让步包括对以前的错误承担责任，或者简单地表达同意妥协的愿望（Kriesberg，2003）。

GRIT：即逐步、互惠、主动地减少紧张，这是一种涉及一方作出让步而另一方采取互惠行动的减少冲突的循序渐进的做法。

GRIT 的目标是在对立群体之间建立信任和合作，导致在某一方作出让步的情况下迅速形成互惠。其背后的思想是它增加一方的信任度，并且说服另外一方用相似的作出让步的方式来行动。

当冲突双方使用 GRIT 方法时，冲突变得更加可控、更加容易解决。GRIT 原则使得双方更可能对最终共识感到满意，也同样引起双方观点的转变。关于这种方法的一项研究中，研究者发现 90% 的使用 GRIT 的冲突案例最终以互惠的共识得到解决，相反，仅仅 65% 的没有使用 GRIT 的冲突得到了互惠的解决（Lindskold & Han，1988）。

从历史上看，GRIT 使得卷入冲突的双方都得到满意的结果。涉及冲突的一个例子是 1948 年的埃及宣言，它以官方的名义不承认以色列，不同意与以色列对话。然而，在 1978 年，埃及总统改变了他的立场，他说如果他被邀请的话，他将访问以色列并和以色列领导人交流。相应的，以色列很快邀请了埃及总统，并且热烈欢迎他。双方开始着手解决他们的冲突。当双方陷入僵局时，美国总统卡特（Jimmy Carter）介入，帮助组织了一次双方签署的和平条约，结束了持续 30 年的冲突（Kriesberg，2003）。如果没有埃及和以色列双方共同作出的让步，和平的结果可能永远不会到来。

对于群体的理解能运用于个体层面的行为。有关群体冲突的原因和解决冲突的办法也同样能帮助你处理和他人的冲突。尤其是学习了社会助长、社会懈怠和评估理解能帮助你理解为什么你在他人面前使用特定的行动方式。现在你了解了去个体化、群体极化和群体盲思，你将意识到群体动力如何改变你的观点，引起你作出本来不会作出的选择。通过理解领导类型，学习引起冲突的因素以及解决冲突的方式，你能在不同的群体中运用这些知识来帮助你解决问题。对于人类群体行为的认识能让你明白人们为什么用这种方式行动，并且你开始问如何采取有效的措施来推动群体互动和解决冲突。

刻板印象、偏见和歧视：原因和结果

- 什么是刻板印象、偏见和歧视？

- 如何测量刻板印象、偏见和歧视？

- 刻板印象和偏见的来源是什么？

- 刻板印象会导致什么结果？

- 如何消除刻板印象和偏见？

在营地的第二个星期，两个群体之间的紧张关系已经达到白热化程度。老鹰队已经指责他们的露营同伴响尾蛇队穿得太多，而响尾蛇队也对老鹰队作出对等的消极评价。当响尾蛇队赢得重要的拔河比赛的胜利时，老鹰队通过偷取他们竞争对手的旗帜并将其焚毁来作出回应。被刺激后，响尾蛇队袭击了老鹰队的营地，偷取了老鹰队队长的牛仔裤并且把它们涂成橘色。第二天，响尾蛇队拿牛仔裤作为旗帜，上面嘲讽地写着"老鹰队的末日"。被激怒后，老鹰队对响尾蛇队的营地发起了一次报复性的袭击。他们在响尾蛇队的小木屋周围扔垃圾，并推翻了响尾蛇队队员的床。

老鹰队和响尾蛇队之间的敌对关系也许听起来像《生还者》最近一集的梗概，或者像一个类似的真人秀节目，但可能让你惊讶的是这的确是半个世纪以前的一项社会心理学实验中发生的事。研究者穆扎费尔·谢里夫和他的同事想看看通过形成群体规范和价值，然后把两个相似的群体置于相互竞争的环境之中，在这两个群体之间能否灌输偏见（Sherif，Harvey，White，Hood，& Sherif，1954）。他们把两组 11~12 岁的男孩（有相似的宗教、教育、社会经济和地理背景）带到美国西部，进行了一个为期两周的夏令营。研究者成为夏令营管理员，两个群体——它们的成员都不知道还存在另外一个群体——参加队伍建设活动，比如说建营和做饭。在这一阶段中，每一个群体都建立了一种具有等级和社会规范的内聚群体认同。

正如你可能已经猜到的那样，一旦这两个群体意识到了相互的存在，群体间的敌对暴发了，出现了强烈的"我们"和"他们"的区分。他们互相用不敬的名称称呼对方，并拒绝在一起吃肉。然而，在实验的最后一个阶段，研究者尝试用只有两个团队共同努力才能达到的目标来替代竞争性目标，从而降低群体间的冲突。这一实验被称为偷盗洞穴实验，它展示了刻板印象和偏见迅速形成的过程，也证明通过提出互相依赖的目标能够降低刻板印象和偏见。

什么是刻板印象、偏见和歧视？

2001 年 9 月 11 日，当恐怖分子劫持商业客机撞向世界贸易中心和五角大楼时，大多数人指责造成灾难事件及其严重后果的自杀式袭击者。然而，有些人持不同的观点。关于这次可怕的袭击，浸礼会教牧师杰里·福尔韦尔（Jerry Falwell）在基督徒电视节目《700 俱乐部》中声称女权主义者、男同性恋者和女同性恋者应该对恐怖行动承担部分责任。在热情的演说期间，他陈述道，已经使美国"世俗化"的人权组织（比如 ACLU 和其他组织），已经引起了上帝的愤怒，使得这个国家易于遭受袭击。福尔韦尔用一种不可否认的语气结束了他的演讲："我用手指着他们的脸说：'是你们导致了袭击的发生。'"（CNN，2001）

虽然福尔韦尔随后撤回了他的言论，并且道了歉，但是他的言论唤起了人们对于特定群体的**偏见**。他的陈述表明他对于女性主义者和男女同性恋持消极的态度。偏见经常导致**歧视**——一种直接针对某个特殊群体成员的行为。在本章开头所提到的强盗洞穴实验中，老鹰队营地的成员纯粹根据其所属营地的不同，歧视响尾蛇队营地的成员，甚至偷窃或者有意识地破坏他们的财物。

偏见和歧视跟态度和行为是相关的——偏见是情感或态度的组成部分，而歧视则是实际行为。它们在从自动加工开始的认知组成部分中，有其根据——导致我们清扫被称为刻板印象的范畴化的"捷径"思考。

大部分人可能会强烈地否认自己与福尔韦尔持相似的偏见，或者否认自己会因为人们的种族、性别或者性取向来歧视他们。然而，不论我们承认与否，我们都对形成刻板印象——一种关于群体的普遍的观念——感到内

偏见：对某个特定群体的人所持有的负面的态度。
歧视：一种仅仅依据其所属群体的成员关系而对这个群体采取的针对性行为。

> 偏见和歧视跟态度和行为是相关的——偏见是情感或态度的组成部分，而歧视则是实际行为。

疚。刻板印象包含消极的或者积极的信息——想想所有亚洲人都是聪明的，或者所有的非裔美国人都擅长体育等刻板印象。请记住，即使有些刻板印象似乎说的是关于一些人的好的方面，但这仍然会导致偏见。

你是否在路上被老年驾驶者挡在后面，从而立刻认为超过 75 岁的人不应该在路上开车？或者当你看到穿着连帽运动衫的年轻人群体，就紧张地穿过马路？你是否有过所有意大利人是浪漫的爱人或者"所有白人不善于跳跃"的评价？通过对事物进行分类，我们的大脑为我们节省时间和精力，刻板印象提供给我们关于周围世界的有用的基本信息；然而，这也经常使我们作出关于他人的错误的结论，引起偏见和歧视。遇到穿着连帽运动衫的年轻人群体是导致歧视的刻板印象的一个例子——你选择立刻穿过马路，因为你们不想走在他们附近。刻板印象一旦形成，就很难消除，因为我们有拒绝不支持我们的刻板印象的新信息的倾向，并且仅仅接受支持我们之前观点的信息（Munro & Ditto，1997）。当遇到不符合刻板印象的某群体成员时，我们仍然坚持认为他的出现不能推翻既有的刻板印象，并且认为他并非真正是这个群体的一分子，或者只是一个特例而已（Weber & Crocker，1983）。

虽然刻板印象是很难消除的，但是它们不是一成不变的。刻板印象随着群体角色的改变而改变。刻板印象经常被用来使群体角色合理化，这在 1990 年的一项性别刻板印象研究中得到了证明。研究者发现人们根据刻板印象描述来进行性别之间的劳动分工——"城市工人""儿童抚养者"。他们根据基于性别的个体差异来决定人们的劳动分工（例如，女性更擅长养育，所以她们必须是儿童的抚养者）（Hoffman & Hurst，1990）。群体的刻板印象也随着群体地位的改变而改变（e.g.，Ross & Nisbett，1991）。

你也许认为偏见和歧视是个人层面的问题，但是实际上有些偏见是制度化的。**种族主义**和**性别歧视**是制度化偏见的两个例子，种族和性别会引起

种族主义：由于个人的种族而对其歧视的制度化实践。

性别歧视：一种以个体的性别为基础，从而对其施加歧视的制度性实践。

对于个体的歧视。制度化偏见的另外一种类型是异性恋主义。"不许问、不许说"政策禁止男女同性恋者服兵役。在这里，异性恋主义是政府政策的支柱，使得歧视得以被接受和"正常化"。

　　偏见可能比你想象的更加严重。一份由南部贫困法律中心作出的 2009 年的报告，统计了美国的 932 个活跃的持偏见群体。每一个群体都有攻击或者诽谤特定群体的理念或者实践，通常是因为这些特定群体的种族或者种族渊源。虽然有一些群体约束其成员在网上散布攻击性信息，但是仍然有一些群体积极地推动对于移民或者少数族群的暴力行动，在敏感的社区制造恐怖气氛（SPLC，2009）。偏见能导致毁灭性的后果，这已经被 20 世纪三四十年代的大屠杀所证明。

◎　种族主义

　　想象你在一家餐馆里仅仅因为自己的肤色而被拒绝点餐。在美国的法律中，种族隔离直到 20 世纪 50 年代仍然存在，黑人在学校、公共设施和公共交通方面得不到平等。虽然现在种族隔离不再存在，但**种族偏见**——因为某个人的种族背景而对其持敌对态度的倾向——仍然保留着。

　　在著名的最高法院案例布朗诉教育委员会案中，瑟古德·马歇尔（Thurgood Marshall）和他的团队参考社会心理学家肯尼斯·克拉克（Kenneth Clark）和玛米·克拉克（Mamie Clark）的研究作为证明种族隔离造成破坏性结果的证据。克拉克夫妇拿出黑人和白人小孩的绘图和玩具，要求一些学前或者小学的黑人儿童展示他们的偏好。他们也要求儿童用和他们的肤色相近的彩色蜡笔来给绘图涂色。结果显示黑人儿童经常偏好白色玩具和绘图，经常涂比他们的皮肤更浅的颜色。这些儿童的反应表明他们认为白色是"美好的"和"漂亮的"，而黑色是"差劲的"和"丑陋的"。这使得研究者得出结论：黑人儿童在六七岁时，已经接受了他们在社会中的次等地位（Clark & Clark，1947）。通过阐明"分开但是平等"（separate but equal）制度如何强化消极的刻板印象，并使黑人儿童产生低人一等的感觉，"玩具测

种族偏见： 由于某个人的种族背景而对其抱有敌对态度的倾向。

试"促使美国终止了种族隔离政策。在 20 世纪 50 年代初期的布朗诉教育委员会案中，这些研究被用来有力地证明儿童会从混合学校中受益。布朗诉教育委员会案在 1954 年 5 月 17 日得到裁决，最高法院全体一致裁定学校隔离政策违背了第十四条修正案。

虽然种族隔离政策已经被废止了半个多世纪，但美国公开的种族偏见在持偏见的群体和个人态度中仍然根深蒂固。有趣的是，许多美国人认为别人是有种族偏见的，但却不认为他们自己有种族偏见。在 1997 年的盖洛普民意测验中，白人美国人估计他们的同辈人中有 44% 是有高度偏见的（在 10 分量表中得到 5 分以上）；然而，仅仅 14% 的被调查者给他们自己打了相似的高分（Whitman，1998）。偏见和偏差也发生在种族群体中。调查显示，相比于辨认其他种族群体的成员，我们能够更加稳定地认出家族其他成员的脸，包括那些我们自己种族群体中的人（Meissner & Brigham，2001）。这种倾向甚至已经在三个月大的婴儿身上得到了证明（Bar-Haim, Ziv, Lamy, & Hodes，2006）。这反映在大脑活动中：相比于不同种族的人，人们在认出同种族的人时，大脑的不同区域变得更加活跃（Golby, Gabrieli, Chiao, & Eberhardt，2001）。当白人学生看见深色肤色的人（黑人或者深色肤色的白人）时，他们大脑的杏仁核显示出更高的活跃度（Ronquillo et al.，2007）。

研究显示，允许种族玩笑和工作场合歧视的态度可能导致人们产生对整个群体实施可怕行动的集合心智。在大屠杀期间，欧洲发生了种族灭绝的悲剧，在卢旺达，图西族受到迫害，在制度化偏见的作用下，历史上出现了多次对特定群体的暴行。图像和言词得以传播，直到人群已经将偏见内化，从而导致他们参加如此没有人性的行动。

像刻板印象一样，对于群体的偏见也随着时间的改变而改变，它取决于特定群体的关注点、意识形态和时事。在最近几年，有的群体对于移民的偏见增加了，例如德国对于土耳其人怀有更多的偏见，英国人对于印度西部的人和巴基斯坦人、美国人对于拉丁裔美国人的偏见也在增加（Pettigrew & Tropp，2006）。在最近几年，作为民兵运动的一部分，美国市民群体已经承担起墨西哥和美国的边界的巡逻任务，他们搜寻非法进入美国境内的墨西哥人。成百上千志愿者被运动的言词所鼓动，参加了这项巡逻任务——

巡逻有时候会导致移民死亡，比如，一个 10 岁的女孩和她的父亲被射杀了（McKinley，2009）。

◎ 性别歧视

当莎冈·图丽医生作为一个合格的神经外科医生进入哈佛医学院时，她希望自己能得到同其他教职人员一样的对待。但相反，作为哈佛唯一一位女性脊柱神经外科医生，图丽被她的男性同事们骚扰、嘲笑和恫吓了好几个月。在 2007 年的外科手术期间，神经外科系的系主任评论道："你是一个女孩儿啊。你确定自己能做这件事吗？"在赢得一次性别歧视诉讼之后，图丽被判定获得 160 万美元的赔偿（Kowalczyk，2009）。

不幸的是，像这样的案例并不少见。男人和女人都会在工作场所成为性别歧视或者**性别偏见**的受害者。因为人们对于两性的态度不同，因此不同性别的人会受到不同的待遇。这些偏见产生于**性别刻板印象**——人们根据社会和文化的观念认为男性或女性应如何行动的想法。性别刻板印象不同于其他的刻板印象，因为它们是约定俗成的——换句话说，它们表明特定文化中的人们认为男人和女人应该是怎么样的。这些刻板印象被一些俗语所强化，比如"男子汉不许哭"和"女孩不能玩卡车玩具"。随着性别角色在社会中的演变，性别刻板印象也随之改变（Eagly，1987）。

研究显示，性别刻板印象在生命过程中形成得非常早。举一个例子，研究者给 24 个月大的儿童看关于男性和女性从事在传统上被认同的活动的成对图片，这些图片包括具有男性气质的（捶打、清除垃圾）或者具有传统女性气质的（化妆、喂小孩）或者中立的（阅读、开灯）。结果显示，当活动具有传统女性气质（例如，一个男人化妆）时比当活动具有传统男性气质（比如，一个女人清除垃圾）时，儿童会把更多注意力放在性别与行为不一致的图片上。这与家庭中的角色分工是一致的——相比于男人从事具有典型的女性气质的活动，比如化妆，女性更有可能从事具有典型的男性气质的活

性别偏见：因为个体的性别而对其持有敌意态度的倾向。

性别刻板印象：人们根据社会和文化的观念认为男性或女性应如何行动的想法。

动，比如清除垃圾。所以，相比于相反的情况，当婴儿看到男性从事具有女性气质的活动时会更加惊奇（Serbin，Poulin-Dubois，& Eichstedt，2002）。

与对于种族的偏见态度一样，人们对于女性和性别角色的态度也在过去几十年发生了改变。1967 年，56% 的大一学生同意已婚妇女应该把活动限制在家里；到了 2002 年，持这种态度的学生的数量已经下降到 22%（Sax et al.，2002）。在 2008 年美国总统年大选中，选民对于民主党候选人希拉里·克林顿的广泛支持又一次清晰地反映人们对于女性角色权力地位态度的改变。2007 年盖洛普民意测验发现，88% 的美国人愿意投票给合格的女性候选人——1967 年，这一数据为 57%，而 1937 年仅为 33%（Jones，2007）。

尽管态度有所改变，但性别偏见在美国和在世界上的其他地方仍然是一个普遍的问题。在亚洲的许多国家和地区，儿子比女儿受到更多的宠爱，这导致了性别选择性堕胎的数量上升。自然性别比大约是 1.05 比 1，意味着大约 100 个女婴出生就有 105 个男婴出生。但是在中国，这一比例大约是 120 个男孩比 100 个女孩，并且在有些地区比如广东和海南，这种不平衡已经达到 135 比 100（Jacoby，2008）。结果是，亚洲有成百上千万的年轻男性找不到配偶，由此引发了一轮使人震惊的人口诱拐贸易，年轻女孩作为童养媳以高价出售给单身男人（Sheridan，2009）。在其他国家，对于女性的歧视在一定程度上表现为家庭暴力、性暴力以及所谓的荣誉杀害。在全球范围内，超过六成的女性遭受过性暴力或者身体暴力（United Nations，2010）。

在美国，心理学家已经发现性别态度经常是矛盾的。彼得·格里克和苏珊·费斯克（Peter Glick & Susan Fiske，2001）将这种现象描述为**矛盾型性别歧视**。一方面，男人经历敌对的性别歧视，他们对能力强的女性感到愤恨，并且为女性贴上不敬的标签。另一方面，他们又表现出善意的性别歧视，对女性表现出家长作风，而且想表现骑士风度（一种更能被接受的性别歧视的形式，但是导致了消极的女性刻板印象）。在一项对于六大洲 19 个国家的研究中，格里克和她的同事（2000）在全世界发现了矛盾型性别歧视的证据，并进一步指出在两性的经济和政治不平等程度最高的国家，这种现象

矛盾型性别歧视：*包含敌意性别歧视和善意性别歧视的矛盾态度。*

也是普遍的。

 # 如何测量刻板印象、偏见和歧视？

　　偏见意味着什么？偏见是我们有意识作出的决定还是自动的反应？帕特利夏·迪瓦恩（Patricia Devine，1989）的研究表明，刻板印象也许使得我们的认知和反应出现偏差，即使我们在意识中没有同意它们。受媒介的图像或者家庭成员和朋友们讲的故事的影响，当我们遇到这个群体的成员时，对他们的刻板印象会被自动激活。迪瓦恩通过揭示白人被试（他们所持偏见的变化）在电脑屏幕前面的潜意识活动来阐明自动和受控加工之间的区别。第一组被试被要求观看与黑人刻板印象高度相关单词（比如，福利、贫民区、懒惰的、受压迫的），而第二组被要求观看与刻板印象低度相关的单词。这些单词出现在屏幕上的速度如此之快，以至于被试没有意识到他们已经看见了这些单词。迪瓦恩指出看见与刻板印象高度相关单词的被试更有可能激活关于非裔美国人的刻板印象，用一种更加消极和敌对的态度来解释非裔美国人的行为。这个案例中的被试甚至没有意识到他们赞同了问题中的刻板印象，表明激活刻板印象对于人们来说是自动的，不论他们真实的信念和价值是什么。

　　如果刻板印象是自动生成的，那么是否意味着刻板印象是不可避免的？刻板印象能被阻止吗？答案是复杂的——刻板印象不是灯光开关一样能被打开和关闭的东西。正如迪瓦恩的研究所证明的那样，刻板印象的确能被自动激活。然而，存在一些因素使得激活更可能或者更不可能发生。

　　对于某些人来说，有些刻板印象能更快、更容易地进入其心理。这取决于一个人的环境。相比于居住在海边的人们，墨西哥人更容易激活有关居住在墨西哥和美国边界的得克萨斯人的刻板印象。此外，刻板印象甚至能在没有表达太多偏见的人们那里被激活，而在已经对特定群体持有明显偏见的人身上，这种激活就会表现得更强。

　　因为刻板印象是自动生成的，克服它需要更用心地控制过程。你将会在随后的关于消除刻板印象的部分读到关于这方面的更多的内容。

在非裔美国人的案例中，研究者已经指出**陈腐的种族主义**（公开地表达反感行动或者感受）和**现代种族主义**〔更加内在化地认为黑人应该"被强硬、快速地赶往偏远的地方"（McConahay，1986），认为歧视已经不存在之类的态度〕之间的差别；所以，积极的种族政策没有取得理想效果。麦康纳海（McConahay）使用陈腐的种族主义量表和现代种族主义量表来分别测试人们的态度。这两种李克特（Likert）形式的量表都包括关于种族主义的问题，使被试在回应例如"在过去的几年，黑人已经接受了比他们所需的更多的经济来源"的陈述时从强烈同意、同意、中立、不同意和强烈不同意等五个选项中进行选择。正如麦康纳海预言的，人们在现代种族主义量表上打的分比陈腐的种族主义量表高。

珍妮特·斯卫（Janet Swim）和她的同事发现在**陈腐的性别歧视**和现代关于女性的观念之间的类似差别，她因此指出虽然公开的种族主义在今天是不常见的，但**现代性别歧视**——表现为对持续的性别偏见的否认、对女性要求的对抗，以及不支持旨在帮助女性工作和教育的政策——是活跃的。斯卫和她的同事进行了一项比较陈腐的性别歧视量表和现代性别歧视量表的研究。沿着麦康纳海测试的研究路径，斯卫发现男人在现代性别歧视量表上的打分比在陈腐的性别歧视量表上的分高，他们在两种测试上都比女人打的分更高。

但是这些态度转换成现实世界中的行为了吗？一些研究表明的确如此。一个研究团队采访了 90 个芝加哥地区的汽车销售商，他们使用结构化访谈试图在买新车上砍最低价，他们发现销售商按照买主的种族和性别改变他们

陈腐的种族主义：基于群体的种族而产生对其公开的、压制性的行为和情感。

现代种族主义：基于群体的种族而产生对其否定的情感，表现出更间接微妙的种族主义形式。

陈腐的性别歧视：公开的性别主义，以认可传统的性别角色、对男性和女性的区别对待以及认为女性能力有限等刻板印象为特征。

现代性别歧视：基于群体的性别而对其表现出内化的否定情感，表现为对持续的性别偏见的否认、对女性要求的对抗，以及不支持旨在帮助女性工作和教育的政策。

的"最佳价格"。在一辆花费了销售商大约 11 000 美元成本的车上，白人男性得到的最终价格平均是 11 362 美元，白人女性得到的平均价格是 11 504 美元，黑人男性得到的价格是 11 783 美元，黑人女性得到的则是 12 237 美元——相比于白人男性，差不多高出了 8 个百分点（Ayres，1991）。其他的研究指出警察在公交车站对待白人、黑人和拉丁裔的差异。当黑人、白人和拉丁裔的司机在同样情况下被警察叫停在路边时，黑人和拉丁裔相比白人司机更有可能被搜查或者拘捕。相比于对待他们的白人同胞，警察也更可能威胁或者使用暴力来对付非白人的平民（Associated Press，2007）。

◎　隐秘的测量

对于种族和性别的无意识偏见测量似乎支持了迪瓦恩的理论，那就是偏见经常是无意识的和无意图的，但确实是存在的。在安东尼·格林沃尔德（Anthony Greenwald）和他的同事（1998，2000）进行的一系列实验中，研究者证明许多白人学生更快地将显示白人脸的照片与积极的形容词相连，将显示黑人脸的照片与消极的形容词相连，这表明了一种内隐的种族偏见。

在内隐关联测试（IAT）中，被试被要求将褒义的或者贬义的单词与脸部相连（举个例子，将白人的脸与褒义的词汇配对，将黑人的脸与贬义的词汇配对）。IAT 表明大部分人对于与他们自己不同种族的人持一种内隐的消极刻板印象。研究者库尔特·希尔根伯格和盖伦·波登豪森（Kurt Hugenberg & Galen Bodenhausen，2003）分析 IAT 的结果后证明，相比于对模糊的白人的脸，有比较强的内隐偏见的人更可能对一张模糊的黑人的脸表现出厌恶。神经学的研究表明，人有一种将他人分为种族"内群"或者"外群"的自然倾向。通过跟踪监测与偏见相关的大脑区域活动（ERPs），研究者观察到当人们感知种族内群和外群成员时的大脑活动情况。研究表明，在遇到一个被污名的外群成员时，人们在不到 100 毫秒的时间内就会激活与刻板印象相关的大脑活动（Ito，Thompson，& Cacioppo，2004）。

这种偏见在特定情形下会带来一系列后果。比如说，约书亚·康奈尔（Joshua Correll，2002）和他的同事也和安东尼·格林沃尔德（2003）一样使用实际刺激进行了一项实验。在这项实验中，他们要求学生被试来选择是否"射击"所显示的男人的图像。这些图像突然出现在屏幕上,图像上的男子手持一把枪或者一个无害的东西(比如手电筒或者瓶子)。这些学生必须在一秒内对每一个人物作出反应,他们(主要是白人或者亚洲人)在 35% 的时间里会错误地射击黑人目标,而错误射击的总体比例是 26%。基思·佩恩(Keith Payne,2001)、查尔斯·贾德(Charles Judd)和他的同事们(2004)做了相似的研究,认为相比于看到白人的脸,当看到的黑人脸时,人们更有可能将无害的东西误认为一把枪。这类研究可能有助于解释为什么无武装的黑人男性 [比如史蒂丈·尤金·华盛顿(Steven Eugene Washington),他在2010 年 3 月的洛杉矶韩国城被警察射杀],仅仅因为当遇到执法人员时把手伸进口袋摸了一下腰带而丧命。

◎ 偏见在减少吗?

在 19 世纪初期,女性应该有权投票的观点似乎对于很多美国人来说是荒谬的;今天,女人在世界上某些地方还没有投票权则似乎同样是令人难以置信的。其他的一些偏见态度甚至改变得更快。1942 年,大部分美国人认为黑人和白人在有轨电车和公交车上应该被隔离开(Hyman & Sheatsley,1956)。到了 20 世纪 60 年代,白人对于黑人的公然的敌对态度已经在下降。到了 20 世纪 90 年代,这种敌对态度已经到达了历史低点(Schuman,Steeh,Bobo,& Kyrsan,1997)。曾经引起严重社会隔离的问题——白人和黑人是否应该被允许喝来自同样水源的水、居住在同样的宾馆,或者去同样的学校上学——现在则变得十分可笑,因为美国人已经选了一位黑人总统来管理他们的国家。

虽然人们的态度在总体上已经毋庸置疑地被改变了,但是偏见仍然以多种形式存在。最近的研究显示,20% 的男女同性恋者和双性恋者因为他们的性取向而受到过歧视(Herek,2009)。宗教群体也是不断遭受偏见的群体——在"9·11"恐怖袭击事件八年之后,58% 的美国人感觉有很多对于穆斯林的"歧视"(Pew,2009)。2008 年,美国的执法机构报告说总共有7 780 名歧视罪犯,其中 51% 是基于种族动机的,20% 是由宗教偏见所推动的(FBI,2009)。尽管奥巴马赢得了 2008 年的总统大选,可是一项关于选民的种族和政策态度的研究表明，如果没有白人的种族偏见，奥巴马的支持率将会提升 6 个百分点（Fournier & Tompson，2008）。

有些心理学家相信偏见没有被消除，而是转换成了一种更加微妙的形式，因为人们不愿意承认其对待自己和他人的真实态度。有人认为许多白人已经学会说正确的话，但是不会真正地内化这些非种族歧视的观念（Jackman & Jackman，1983）。心理学家萨缪尔·多维迪奥和约翰·盖特纳（Samuel Dovidio & John Gaertner，2000）使用**逃避型种族主义**这个术语来描述这种白人公开支持平等主义，实际上却采取一种微妙的方式进行歧视的现象。他们调查逃避型种族主义在十多年内的变化，发现表示自己存在偏见的人的数量在 1998—1999 年比 1988—1989 年更低，但是当黑人求职者和白人求职者之间的实力差别很小时，白人主考官会显示出对于黑人求职者的歧视（Samuel Dovidio & John Gaertner，2000）。

偏见和歧视没有消失，而仅仅是被更加微妙地表达，这一观点被大量关于行为偏见认同的社会实验所支持。在一项实验中，麻省理工学院的研究者寄出 5 000 份简历来应聘 1 300 个招聘广告中的工作。在被随机指派为典型的"白人"名字的申请人中，比如说艾米莉或者格雷，每 10 份简历就收到一个回复。而在被随机指派为典型的"黑人"名字的申请人，比如说拉奇莎或者贾马尔中，每 15 份简历才收到一个回复——远远低于名字像白人的申请人的成功率（Bertrand & Mullainathan，2004）。

 # 刻板印象和偏见的来源是什么？

加利福尼亚大学的学生圣迭戈用"康普顿野餐"的说法来讽刺 2010 年 2 月的"黑人历史月"事件，引起了多方面的反响。有些人视这个事件是一种无害的娱乐，而另外一些人则非常愤怒，并且在司法官办公室前面进行

逃避型种族主义： 一种白人持有的观点，这种观点公开赞同平等主义的观点，但是只要他们能使不平等合理化，他们就会实施歧视。

抗议。

但是，是什么决定了人们对于诸如"康普顿野餐"事件的反应？布兰德沙·泰纳斯和她的同事苏珊娜·马科（Brendesha Tynes & Suzanne Markoe，2010）的研究表明，对于种族主题的聚会的反应取决于人们的种族和他们对待种族多样性的态度。她们向 217 个来自不同种族的大学生展示种族主题聚会的图片（例如，穿着黑人装扮参加"黑帮"聚会的人们的照片），然后让他们在社交网络上写一位朋友的简历。他们发现 58% 的黑人学生和 21% 的白人学生被图片干扰，即使那些持后公民权时代的"色盲"种族态度的大学生也受到图片的影响。然而，泰纳斯和马科也指出这种"色盲"观点通常被白人学生所认可，这种观点认为种族和种族主义被认为是不存在的，所以不应该被考虑，这对于大学校园里的种族关系是不利的。许多白人学生都在表面上表现出对朋友发布在社交网络上的照片的赞成，但是私下里觉得这些照片是令人厌恶的。刻板印象和偏见有不同的来源：我们如何被抚养大，我们的大脑将人们分为内群和外群成员的方式，动机因素（例如群体竞争和个人情感地位等）。

◎ 社会习得

设想你成长在一个允许对吸烟者、女同性恋等使用不敬的词汇的家庭中，相比于成长在一个使用这些词汇会被惩罚一周内不允许看电视的家庭里，你对于同性恋群体的态度将会非常不同。儿童经常通过观察父母的言行来形成对于不同群体的态度。举一个例子，如果儿童听到父母对于持其他宗教信仰的人表达消极观点，或者看到父母避免和持这些信仰的人接触，儿童更有可能形成关于这个群体的消极观点（Towles-Schwen & Fazio，2001）。类似地，被胖妈妈抚养的儿童倾向于表现出对胖人的更积极的态度；相反，被瘦妈妈抚养的儿童显示出内隐的对于瘦人的偏好（Rudman，Phelan，& Heppen，2007）。

父母不是唯一能影响我们的态度和行为的人——同龄人也可以作为测量我们的社会反应的标尺。当一个朋友或者同学表达出一种偏见，或者因一个唤起刻板印象的笑话而发笑，再或者参加歧视活动，都能促使我们形成和坚持刻板印象（Crandall，Eshleman，& O'Brien，2002）。举个例子，研究已经显示，相比于没有接触过种族偏见评论的人，当听到有人表达一种种族主义的观点时，他们比较不可能持强烈的反种族主义的立场。相反，听到过谴责种族主义言论的学生在随后被问及他们的学校应该如何处理有关种族主义的问题时，更有可能表达反种族主义的观点（Blanchard，Crandall，Brigham，& Vaughn，1994）。

与社会习得有关的另外一个来源是**权威人格**，这一概念首先被特奥多·阿多诺（Theodor Adorno）和他的同事（1950）理论化，指的是一种赞成服从权威而对下层民众不宽容的人格。在一项试图找出导致纳粹德国杀害数百万人的心理学根源的研究中，研究者发现对于犹太人显示出敌意的人也同样对其他少数民族显示出敌意。这些人也都有服从权威和不能容忍弱者的特点。这些人们通常像儿童一样接受严厉的纪律约束，并且将他们的恐惧和敌意发泄在别人身上。

◎ 认知来源

许多人认为自己对于刻板印象是免疫的，但是大量的日常经历告诉我们事实并非如此。设想你正在开车去看望一个朋友，这时另外一辆车在十字路口处插在你前面。你将头伸出窗外盯着这位

> 我们都倾向于认为自己没有刻板印象，不过不同性别的司机之间的互动常常证明并非如此。

司机，发现他 / 她是一位异性。你会怎么说？大部分人倾向于大骂一番，接着是说一番关于他 / 她是一位多么差的司机的评论。这种现象为什么如此常见？这种现象发生的部分原因是因为我们的大脑将人和物进行分类（e.g.，Bar-Haim et al.，2006；Sherman et al.，2009）。

正如生物学家将动物进行分类一样，人类也同样按照种族、性别和其他共有的属性将他人划分在不同群体里。**社会分类**的过程帮助我们快速形

权威人格：一种赞成服从权威而对下层民众不宽容的人格。

社会分类：将人们按照种族、性别和其他共同的属性进行分类的过程。

成印象，并且使得我们能使用先前的经历来进行新的互动。举一个例子，假设你经历过和老年人交流的障碍，因为他耳朵不好，你也许会形成一种当你见到年龄大的人时，对他们缓慢而大声说话的倾向。研究显示将人们进行分类的实践在人的幼年期就已经开始了。小婴儿能区分不同种族群体的人，并显示出对于属于他们自己种族的面孔的偏好。在一项对于三个群体的 36 个婴儿——成长在纯白人环境中的白人婴儿、成长在纯黑人环境中的黑人婴儿和生活在混合种族环境中的黑人婴儿——的研究中，研究者耶尔·巴海姆（Yair Bar-Haim）和同事们（2006）发现，当看见配对的黑人和白人的脸部照片时，生活在纯白人或者纯黑人环境中的婴儿明显会花更多时间盯着和他们自己种族一致的面孔。相反的，在混合种族环境中成长的婴儿没有表现出对于黑人或白人面孔的偏好，这表明早期看见多个种族的人也许可以阻止自己形成种族偏好。

将个体分为内群和外群虽然节省了我们大脑的时间和精力，但是并非没有严重的后果。研究者发现，相较于学习少数群体的特点，人们倾向于更多地学习多数群体的特点。当我们学习少数群体时，我们关注那些他们不同于多数群体的特点，夸大群体之间被感知的差异（Sherman et al., 2009）。因为我们有一种夸大我们群体和其他群体之间的差异，以及缩小被感知的相似点和夸大被感知的差异的倾向，刻板印象得以形成并且得到强化。这种认知习惯能够用两种现象解释——**外群同质效应**和**内群偏好**。

外群同质

回想你曾经参加过的一项体育赛事。你也许是团队中的一名重要成员：头号得分手、最快的队员，或者最强悍的防守者。你团队的其他成员可能在场上有他们自己独特的能力，你经常在训练以后和他们交往，于是你熟悉他们的喜恶、家庭背景，以及目标和抱负。现在想象你的对手球队的一个成员。你是会把这些选手看成有独特品质的个体，还是仅仅看成一个必须被打

外群同质效应：认为外群成员都是相似的，但内群成员却互不相同的倾向。

内群偏好：相对于外群成员更偏好内群成员的自然倾向。

败的整体？十有八九，你会持后一种观点，即视竞争对手团队是一个缺少个性的同质性群体。

外群同质效应指我们认为外群成员都是相似的，而内群成员却互不相同的倾向。这种效应在世界上的大量情境中得到了证实。年轻人经常被分类为鲁莽的、轻率的和野蛮的，而老年人经常被认为是固执的、无助的或者过时的。对于内群成员来说，外群的人们甚至在外表上看起来似乎都是一样的。举一个例子，当要区别和辨认其他种族群体的面孔时，我们的区分会变得不那么精确，特别是在我们对这些群体非常不熟悉的情况下（Chiroro，Tredoux，Radaelli，& Meissner，2008）。跨种族辨认的困难在一些案例中造成了一些悲剧性的后果——古巴籍美国人奥兰多·柏奎提（Oriando Boquete）在监狱中为一项不是他犯的罪服刑了 23 年，只是因为白人女性错误地将他认成了在佛罗里达州家中对她进行性侵犯的男子。当 DNA 测试结果证明柏奎是清白的之后，他终于在 2006 年被释放（Dwyer，2007）。

研究表明，同种族偏差发生在生命的早期——相比于辨别其他种族的群体，九个月大的婴儿能更好地辨别属于他们自己种族群体的面孔。（Kelly，Quinn，Slater，Lee，Ge，& Pascalis，2007）。这种现象可能是由于和自己种族的熟悉度。不过，如果我们变得和另外的种族亲密起来，结果也许会被颠倒。在一项关于由白人家庭收养的韩国儿童的研究中，研究者发现，当这些儿童在三岁到九岁之间时，相比于亚洲人的面孔，他们能更好地认出白人的面孔（Sangrigoli，Pallier，Argenti，Ventureyra，& de Schonen，2005）。相反的，相比于白人的面孔，在韩国长大的韩国儿童能更好地认出亚洲人的面孔。

为什么我们倾向于感觉外群是同质的呢？原因之一是对他们的不熟悉。如果我们没有和某个特殊群体的人有私人的接触，我们不可能发现他们之间的细微差别，并且更倾向于把他们全部归并为一个群体。当我们第一次加入一个群体的时候，我们会感觉我们自己的内群是同质的，但是当我们和其他群体的成员更加熟悉以后，我们的观点会随着时间而改变（Ryan & Bogart，1997）。举一个例子，在偷盗洞穴实验期间，两个营地里的男孩没有一个人之前认识同营地的其他人。到了第一周的周末，每个群体都建立起了对于领导者、群体规范和等级的集体认同。对其他群体——外群——的不熟悉会引起刻板印象和歧视，因为每个群体对另外一个群体只会作出笼统的归纳。

内群偏好

群体一旦形成，人们就自然形成了喜欢内群多于外群的倾向。这种偏好是如此的强烈以至于我们甚至用更加亲切的词汇称呼内群（比如"我们"），而使用"他们"这样的词来称呼外群（Otten & Wentura，1999）。内群偏好经常导致歧视行为。举一个例子，当被指控者是同种族群体的成员时，陪审员经常对于那些被指控犯罪的人做出较轻的判决（Sommers & Ellsworth，2000）。为什么会发生这种情况？内群偏好的原因之一是自我兴趣，我们更可能喜欢那些在我们内群中的人，因为他们也更加有可能喜欢我们（Vivian & Berkowitz，1992）。在偷盗洞穴实验期间，相比于对他们来说没有实用价值的响尾蛇队营地的成员，老鹰队更可能支持他们自己营地的成员，这些人能为他们提供食物、奖品和做杂务的帮助。正如这两个营地里的强大的群体纽带所阐明的，内群偏好更加可能发生在人们强烈地认同他们的群体时，以及当群体规范是群体心智的主要部分时（Gagnon & Bourhis，1996）。

有时候，人们认为他们自己的群体天然地优越于其他群体。这被认为是一种**社会支配取向**（Pratto et al.，1994；Sidanius & Pratto，1999）。他们认为社会群体应该按照价值来排序，并且优势群体应该有更多的财富和权力。有这种取向的人们经常对其他群体持消极刻板印象和偏见，经常莫名地担心"优势"群体的地位会受到威胁。

归因偏差

在第 5 章中，我们讨论了我们对于他人行为的归因错误。基本归因错误是对于个人行为的意向性的解释的倾向，而不考虑情境的因素。同样的，归因错误还可以被运用于整个群体。由于我们喜欢内群多于外群，因此我们可

社会支配取向：自然地视自己所在的群体优于其他群体的看法。

能面对**终极归因错误**的风险——在解释群体行为时以群体的内部特质因素为根据，而不考虑情境限制的倾向（Pettigrew，1979）。如此一来，消极外群行为被归因为整个群体的意向的属性（例如，你读了一篇关于黑人枪杀人的新闻报道，作出结论认为这是因为所有黑人都是暴力的），而积极的外群行为被归因为特例或者好运（例如，你读到一篇关于一个女人接管一家公司的新闻报道时，作出结论认为这肯定是因为她和公司所有者有特殊关系）。一些研究支持了佩蒂格鲁的分析。例如，研究者发现，当猛推这一行为来自黑人而非白人时，白人学生更有可能认为这一行为是暴力的（因为意向的因素）（Duncan，1976）。就终极归因错误来说，性别偏见也是明显的。当回顾了 58 个独立实验之后，研究者发现相比于女性成功者，完成传统上有男性气质的任务的男性成功者更加可能被认为是因其能力而成功。同时，相比于女性失败者，男性失败者更可能被归因为运气不好或者不够努力（Swim & Sanna，1996）。

　　另外一个归因偏差是**公正世界假设**，即人们相信厄运的受害者是罪有应得的。按照这个假设，我们有一种很强的需求认为这个世界是可预测的，人们会得到他们应得的报应的。为了得到幸福和令人满足的生活，我们不得不假设我们的行动将会有一个预定的后果。结果，当我们遇到证据表明这个世界不可信赖或不公平公正时，我们试图通过使自己相信没有不公平的事发生来重建平衡。例如，一项针对 1 000 名伦敦市民的调查发现，10 个被访者中就有一个相信大部分的强奸索赔"可能是错的"，超过一半的女性被访者认为存在强奸受害者应对强奸负责的情况。差不多 20% 的人认为如果受害者去了强奸者的家中，强奸受害者应该部分地为强奸负责（Bindel，2010）。通过认定女性也做了一些"不该做的"事情（比如和被告喝酒或者穿着性感的衣服），强奸案的女性陪审员会消除疑虑，认为如果她们没有做类似的事情，强奸将不会发生。我们都在使用公正世界假设，例如，我们告诉自己一个无

终极归因错误：在解释群体行为时以群体的内部特质因素为根据，而不考虑情境限制的倾向。

公正世界假设：人们相信这个世界是公平、公正的倾向，因此发生在受害人身上的不幸是他们应得的。

家可归的人是懒惰的并且需要一份工作，艾滋病人肯定是性放荡的或者是瘾君子，一个因为不是他／她犯的罪而被投进监狱的人肯定在作案现场做了一些引起怀疑的事。

◎ 动机因素

设想你和朋友或者家人周末在野外露营。当你们到达野营地点时，发现淋浴的热水供应是有限的，并且只有很少的木柴可用来点燃营火。另外一个群体在下午稍晚到达，并且在你们旁边支起了帐篷。你们是更有可能欢迎新的到来者，还是突然变得对于木柴和热水有占有欲？按照**现实群体冲突论**，不同群体的成员在竞争资源时会倾向于团结一致，偏袒内群成员，同时歧视外群成员（Esses，Jackson，& Armstrong，1998）。根据对于土地、财富，甚至经济衰退时的工作的竞争，不同种族群体和不同性别之间的敌意竞争是个人为实现自我利益的结果。在偷盗洞穴实验中，竞争的因素一被引进到夏令营，响尾蛇队和老鹰队就变得对他们的营地和棒球场有占有欲。

许多美国人抱怨大量移民到美国"抢饭碗"，同时他们希望加强对边疆的管控。一项研究发现，当美国人比较他们内群和墨西哥移民之间的与工作有关的相似的特点时，他们更感到受威胁，而当他们评估两个群体的差别时，他们没有这种感觉。换句话说，墨西哥裔美国移民也许和美国工人一样是有技能的和努力工作的，从而使得美国人感觉移民在职场更有竞争力。如此一来，墨西哥裔美国移民是一个巨大的威胁。这种威胁引起了美国人对于墨西哥移民的高度偏见（Zárate，Garcia，Garza，& Hitlan，2004）。我们认为和其他群体的成员比起来，我们自身的情况很糟，从而引起不满的现象被称为**相对剥夺**。举个例子，如果你被告知作为一个美国人，你不能被你所选择的大学录取，原因是这所大学优先接收外国学生的申请，你更有可能对外国学生持偏见的态度，并且支持在你的大学内实行限制非美国学生人数的

现实群体冲突论：一种认为不同群体的成员在竞争资源时会倾向于团结一致，偏袒内群成员，同时歧视外群成员的观点。

相对剥夺：相比起其他群体的人，我们认为自身的情况很糟，从而引起不满。

政策。

相对剥夺描述了一种被另外一个群体所威胁的感觉。同样的道理，我们想成为一个成功群体的一员。根据社会认同理论，我们的部分自尊来源于我们所属的群体——当我们和成功群体互动时，我们的自我价值感会增强（Tjifel & Turner，1986）。例如，当奥巴马总统在 2008 年竞选成功时，你也许听到有人说（或者你自己的评价）这是一个令非裔美国人自豪的时刻。2008 年大选也激发了位于政治光谱末尾的女性的自豪感，她们庆祝民主党参议员希拉里·克林顿和共和党人萨拉·佩林的开创性的成就。体育事件经常唤醒人们正面的自我价值感，当目睹美国游泳冠军迈克尔·菲尔普斯（Michael Phelps）在 2008 年奥运会期间赢得八枚金牌，或者目睹了西班牙国家足球队赢得 2010 年世界杯的冠军时，你也会欢呼。

有时候，认同一个群体并不用花费太多成本。这一点通过"最简群体范式"显示出来。群体成员被随机分配到各个群体，在这个群体里成员们互相不熟悉，但其成员感觉到彼此是有联系的，并显示出对其他成员的喜爱。在一项研究中，学生被随机分配到两个群体，但是学生却被告知这个分配是基于对克里（Klee）的作品或者康定斯基（Kandinsky）的作品的偏好。当学生给同学打分时，他们给那些和他们有同样群体标签的人分数更高，即使他们在私下里不认识这些人（Tajfel & Billig，1974）。

社会认同论的另一方面也指出虽然属于一个特定群体也许有助于建立自我价值感和自尊感，但是它经常是以贬损外群为代价的。贬损外群成员导致自尊的上升，特别是当内群对于我们而言很重要时（Branscombe & Wann，1991；Hodson，Dovidio，& Esses，2003）。例如，在一项关于佛罗里达州奥兰多地区的黑人和白人高中生黑帮成员的研究中，研究者发现对比于他们非黑帮的同龄人，这两个种族的黑帮成员具有较低的自尊水平，并且几乎没有角色模型（Wang，1994）。其他的研究发现，人们的任务失败的经历会来伤害人们的自尊从而自动地增强他们对于外群的刻板印象。相比于接受积极的或者无反馈的被试，当白人学生从实验者那里接受消极的反馈时，他们变得更有可能完成与黑人刻板印象相关的造词（例如，他们将更有可能完成词干——ITOR 作为 JANitor 而不是 MONitor）。这似乎表明，对那些被刻板印象化的群体中的人们进行消极评价不幸地被我们用来重建我们被伤害的自尊（Spencer，Fein，Wolfe，Fong，& Dunn，1998；Fein & Spencer，1997）。

从逻辑上推论，你也许会下结论认为自尊度高的人不会偏好内群，然而，事实恰恰相反。研究表明，相比于那些自尊度低的人，自尊度高的人在一定程度上更加喜欢他们所属的群体（Aberson，Healy，& Romero，2000）。

哪些因素影响人们贬低外群和强烈偏好内群的倾向？偏好内群和贬损外群的实例更可能发生在三种特定的情形下：身处小群体之中，在群体中处于边缘地位，为整个群体感到自卑。

相比于大群体中的成员，小群体中的成员能激发更强的群体忠诚，因为成员们感到自己是独一无二的（Brewer & Pickett，1999）。你是否听说过"白人学习俱乐部"或者"异性恋历史协会"？显然不存在这些群体，因为在大群体中的人不能通过其肤色或者性取向将自己和大众区分开来。然而，你可能在你们当地看到过"亚洲学生联合会"，女同性恋者、男同性恋者、双性恋者、变性人社区中心，等等。

人们在群体中的地位也能影响其贬低外群成员的可能性的大小。那些处于群体边缘地位的人更有可能贬损他人，特别是在内群成员面前。诺埃尔、万恩和布兰斯康（Noel，Wann，&Branscombe，1995）所做的研究发现兄弟会和联谊会中的边缘成员在公开场合比在私下场合更有可能贬损外群，可能是因为他们想向兄弟会或者联谊会的核心成员表现他们对内群的认同，以此来博得核心成员的好感。在一项关于联谊会中女性的专门研究中，詹尼弗·克罗克（Jennifer Crocker）和她的同事们（1987）也指出联谊会中有高度自尊感并自认为在内群体中处于低地位的女性会强烈地贬损其他的联谊会；但是，有高自尊度，同时在联谊会中受到尊敬的女性则很少表现出对于其他联谊会的偏见。

最后，当内群成员为整个群体感到自卑时，他们更有可能以外群的失败为乐——这被称为群际幸灾乐祸。例如，在一项关于荷兰球迷的研究中，研究者发现被试更可能以德国队在1998年世界杯足球赛四分之一决赛上的失败为乐，因为荷兰队此前已经在同一赛事中输给了巴西队（Leach，Spears，

Branscombe，& Doosje，2003）。

心情和情感

大部分人可能认为只有好心情才会带来我们潜意识中的偏见，然而，研究表明积极的和消极的情感都能影响我们清晰思考问题的能力，从而导致刻板印象。例如，当我们心情好时，我们相对不会仔细思考事情。可是，消极的情感（比如悲伤）暗示我们需要密切注意我们身边的人；积极的情感（比如快乐）则暗示系统加工是不必要的（Schwarz，1990）。

回想你在第 7 章学过的内容。这就像说服——当我们快乐时，我们不想思考太多。研究者（Bodenhausen，Kramer，& Süsser，1994）通过引导被试群体的心情状态来检验这个理论。有些人被要求写下过去的快乐经历（为了引起一个积极的心情状态），而其他人被要求写下中立的经历（为了引起一个中立的心情状态）。被试拿到涉及一个行为不当的学生的申述（比如他攻击别人或者考试作弊）。当被要求来给学生的错误定级时，心情愉悦的被试比情绪中立的被试更加有可能判定较重的处罚，而非较轻的处罚。另外一项研究发现，相比于处在中立情绪中的学生，处在积极情绪中的学生如果得到关于之前任务的肯定性反馈，则更有可能在电脑游戏中射击穆斯林目标（Unkelbach，Forgas，& Denson，2007）。

消极情绪也能影响我们采取刻板印象的倾向。唤醒我们的情绪（例如生气或者害怕）会减少我们可用的认知资源，并且限制我们清晰地、有逻辑地思考问题的能力，从而增加产生刻板印象的可能性。威尔德尔（Wilder，1993）的研究表明，焦虑的人们更难区分群体中的成员，并误将一个外群的成员当成群体中的一员，而不是承认其是刻板印象的矛盾个体。有些情况下，当外群成员的行为不符合刻板印象时，内群或员仍然用老眼光看待他们。例如，假设一个青少年礼貌地为一个焦急的老年妇女打开门，这时，青少年的朋友们粗鲁地冲撞过来，这位老年妇女不太可能记得除了一群少年粗鲁地从她身边挤过去以外的任何事。其他的情感状态也许同样影响我们的判断——正如之前指出的，当我们感到自卑时，我们更可能贬损他人。

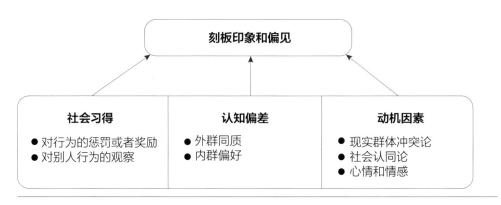

刻板印象和偏见的来源

刻板印象和偏见有多种来源。

 # 刻板印象会导致什么结果？

刻板印象是否真的会带来危害？大部分心理学家的回答是肯定的，对他人进行特定分类会影响我们对于他人的认知，影响我们的行为，甚至会影响被刻板印象化的群体的行为。为了阐明第一点，研究者达利和格罗斯（Darley & Gross，1983）要求被试给一个名叫汉娜的小女孩的学术能力进行评价。被试观看了一段关于她参加成就测试的视频。被试被引导相信汉娜来自一个较高或者较低的社会经济学背景的家庭。相比于那些认为她具有较低社会经济学家庭背景的人，那些相信汉娜具有较高社会经济学家庭背景的被试认为她明显有更强的动力和认知能力。虽然视频上显示的资料是含混的（汉娜有些问题回答得正确，有些问题回答得不正确），被试关注了她的表现中的特定部分，以此来作为证明她的能力等级的"证据"。

寻找能支持我们原初观点的信息的倾向被称为确证偏差。例如，在之前提到的"汉娜"实验中，被试已经相信具有更高社会经济家庭背景的孩子相比于具有较低社会经济学家庭背景的孩子更有能力，并且寻找视频上的信息来支持他们的观点。每当我们在超市柜台前面被一个特别慢的妈妈和孩子卡在后面时，我们会下定论认为所有带着小孩的妈妈都会耽搁我们排队。在现实中，出现这种情形的次数也许用一只手能数得过来，但是我们的本能是记住与刻板印象一致的信息，忘记或者忽略与刻板印象不一致的事实，例如，有些时候我们在柜台前面会遇到一个效率高的家庭、一个懂礼貌的青少年，或者一个敏捷的老年司机（Lyons & Kashima，2003）。

刻板印象不仅仅影响我们对于他人的认知，也能最终导致我们用能影响人们行为的方式和他们进行互动。这种情况被称为自证预言——导致预测自身成为现实的一种信念。例如，在一项研究中，研究者罗伯特·罗森塔尔和莱诺尔·雅各布森（1968）给小学儿童进行了一项测试，她告诉老师有些学生有不平凡的高智商。实际上，这些学生是被随机挑选的，而且并不比班里其他学生拥有更高的天赋。虽然如此，当被挑选出来的学生在学年末再度接受测试时，罗森塔尔发现他们的智商得分真的上升了 10~20 个点。

虽然在这个例子中自证预言带来了积极的影响，但是在许多案例中，它作为对他人的消极预期能造成负面后果。例如，研究表明来自面试官的非言语提示可以导致求职者较差的表现（Word，Zanna，& Cooper，1979）。研究也表明位高权重的人派给下级女性工作人员相比于他们的男性同事而言更少的工作任务，并且常常对于她们在工作场所的表现有更低的预期（Vescio，Gervais，Snyder，& Hoover，2005）。结果，在低级位置的女性感到更加不自信，由此她们的表现就证实了老板的预期，即她们不像她们的男性同事那样有能力。每当我们贬低其他种族的人时，或者认为老年人是脆弱的和没有能力的时，抑或以高人一等的态度对待身体残疾的人时，我们都在创造一个自证预言。

◎ 刻板印象威胁

刻板印象更进一步的后果是**刻板印象威胁**，或者处于印证对一个群体的消极刻板印象的危险中。例如，虽然你也许不相信，但来自底层社会经济群体的人也许对于事业前途的预期是极端低的——人们一般不会预期在贫民窟长大的人将来会成为高级公司的 CEO。结果，当那个人参加一个工作面试时，他也许感觉到额外的压力，并且给他在面试期间的表现带来消极影响。

刻板印象威胁：担心自己符合他人对自己所属的特定群体的刻板印象。

克劳德·斯蒂尔）和乔舒亚·阿伦森（Steele & Aronson，1995）在研究中使用 GRE 的动词来对斯坦福大学的黑人和白人学生进行一项测试。一组学生被告知他们在测试中的表现将用来证明他们良好的潜在智力，而另外一组被告知测试仅仅只是一个一般性的练习，而且不涉及对能力的判断。结果显示当测试结果无关智力水平时，黑人学生和白人学生表现得同样好，但是当黑人学生认为测试结果表明他们的智力水平时，他们表现得较差。斯蒂尔和阿伦森下结论认为，和白人学生一样，当黑人学生的种族认同被凸显时，他们表现得更差。

相似的结果也出现在另外一个被刻板化的群体中。研究者给大学男生和女生（所有人都擅长数学）看了一组六个电视商业广告后，要求他们完成一项很难的数学测试。根据她们看到的商业广告上的内容，女性大学生在测试中的表现是不同的。那些看到包含女性刻板印象（比如，一个广告显示一个女人为了一个粉刺产品感到如此兴奋，以至于从床上跳了起来）的商业广告的女性相比于男性被试在测试中得到了较低的分数，而那些看到反刻板印象（比如，一个广告显示一个女人表现了对于自动工程方面知识的详细掌握）广告的女性得到了与男性同样高的分数。男性的测试分数则是前后一致的（Davies，Spencer，Quinn，& Gerhardstein，2002）。

如何消除刻板印象和偏见？

有人能对刻板印象免疫吗？最近的研究显示，特殊群体的人们也许能避免形成种族刻板印象。一项对 20 位有神经学失调威廉斯综合征（WS）的儿童的研究（Santos，Meyer-Lindenberg，& Deruelle，2010）发现，这些孩子并不存在对于其他种族群体的种族偏见。20 个患威廉斯综合征的儿童和 20 个没有威廉斯综合征的儿童被要求将浅肤色和深肤色的人的照片跟故事中的人物匹配起来。没有威廉斯综合征的儿童倾向于将正面人物和浅肤色儿童的照片匹配，将反面人物和深肤色儿童的照片匹配；而患威廉斯综合征的儿童没有显示出种族偏见的迹象。由于患威廉斯综合征的儿童与其他儿童一样保留了性别刻板印象，研究者猜测种族偏见可能来自于不同的大脑加工。患威廉斯综合征的儿童显示出杏仁核——大脑中涉及回应社会威胁，以及引发对不同种族人们的无意识消极情感的部分——中的反常活动。所以，种族刻板印象很有可能是与社会恐惧相联系的。

虽然威廉斯综合征的结果也许给我们提供了有关刻板印象和偏见形成的原因的有价值的信息（这意味着可能有克服它们的办法），但在作出可靠的结论之前，还要在更大的样本和不同年龄群体中重复这一研究（关于研究方法的更多信息请参见第 2 章）。在这期间，我们能尝试用四种技术来克服刻板印象和偏见：增加和小群体成员的同等接触、增加群体之间的相互依赖、更好的教育和提升个人动机。正如本章前述内容所指出的，克服刻板印象和偏见的努力很大程度上依赖于受控加工，因为这要花费大量的努力来扭转大脑进行便利归类和认同的倾向。

◎ 接触假设

正如肯尼斯·克拉克和玛米在 20 世纪 40 年代的玩偶测试（参见本章前面部分所证明的），种族隔离强化了歧视，引起黑人儿童发展出自卑和自我憎恨的感觉。相反，**接触假设**认为在不同种族群体之间增加交流和接触能降低偏见和歧视的水平。例如，在一项关于 20 世纪 40 年代纽约的两个公开公寓的研究中，研究者发现相比于居住在隔离公寓的家庭主妇，被随机选择的白人主妇能包容她们的有较高自尊的黑人邻居，并且更加喜欢交叉种族居住（75% 对 25%）（Deutsch & Collins, 1951）。然而，其他研究则表明有些案例显示了偏见的微弱降低，还有一些案例中的偏见甚至不降反升。在 1998 年，托马斯·佩蒂格鲁回顾了所有关于接触假设的已有文献，得出结论认为可以培

> 可以培养友谊的接触更加有可能减少偏见，因为友谊倾向于产生积极的取向（比如说移情），并且减少消极情感（比如说焦虑）。

接触假设：认为在不同种族群体之间增加交流和接触能降低偏见和歧视的水平的假设。

养友谊的接触更加有可能减少偏见，因为友谊倾向于产生积极的取向（比如说移情），并且减少消极情感（比如说焦虑）（Pettigrew，1998）。

◎ 群体相互依赖

在1954年，戈登·奥尔波特创建了相关理论指出在少数族裔群体之间增加接触并不是减少偏见的充分条件，但是偏见的降低可能在四种情形下发生：当两个群体拥有同等的地位时，当它们有制度支持时（例如法律、权威或者习俗的支持），当存在群体合作时，以及当两个群体有共同的目标时（Allport，1954）。偷盗洞穴实验为后面两种情形提供了有力的例证。当营地的水被完全停止供应后，老鹰队和响尾蛇队不得不共同努力来修复水龙头，成功后，这两个队共同庆祝他们的成功，没有哪个群体为了先得到水而骂人或者争吵。

群体合作的办法在今天的教学中被用来减少种族冲突，提高学习效率。由艾略特·阿伦森和他的同事（Aronson，1978）在得克萨斯州开发出来的**拼图方法**，使得每一个学生在项目的成功完成中都扮演了重要角色。

◎ 教育

刻板印象可以通过训练和教育来减少。正如你在第1章中读到的，在1968年马丁·路德·金被刺杀以后，小学老师简·艾略特决定给她所有的白人学生上一次关于歧视的课。她告诉学生蓝眼睛的人是聪明的、敏捷的和更有可能取得成功的；而褐色眼睛的人是不值得信赖的、懒惰的和愚蠢的。然后，她将学生分成蓝眼睛的和褐色眼睛的两类，并且制定了一系列的规则。在这些规则中，优势群体有很多特权。艾略特发现儿童的态度很快发生了变化——蓝眼睛的学生变得傲慢，并在操场对褐色眼睛的学生作出有攻击性的行为，而褐色眼睛的儿童则变得胆小和畏惧。过了一些天，当艾略特告诉学生们她把优势群体的眼睛颜色弄错了，于是，交换了两组学生的地位，同样

拼图方法：把重点放在小群体上，注重培养合作氛围而不是竞争氛围的教学技巧。

的情形又反向发生了（Tozer，Violas，& Senese，1993）。

研究显示，参与消除歧视的训练（比如之前描述的例子），是一种减少偏见的有效方法，然而，真正参与到实践中对于人们来说是重要的。纯粹看看演说或者录像不会真的使人们改变偏见态度（Byrnes & Kiger，1990）。其他类型的教育包括让我们知道自己如何经常错误地把两个事物配对。在一个电脑模拟任务中，警察最初更有可能射杀没有武装的黑人嫌疑人，而更少射杀没有武装的白人嫌疑人。但是，在重复的电脑训练之后，显示嫌疑人的种族和他/她拿有武器的可能性之间的联系消失了，警察的种族偏见减少了（Plant，Peruche，& Butz，2005）。另外一项研究表明，多种形式的训练能减少内隐的种族偏见。研究者发现证据证明被试的认知过程的确会随着刻板印象的减少而改变（Rudman，Ashmore，& Gary，2001）。

◎ 动机

我们仅仅通过做这些就能减少偏见吗？刻板印象（在一定程度上）是自动反应，减少对于刻板印象的信赖是减少偏见的关键点。例如，在一项研究中，被试被要求判断和黑人脸孔或者白人脸孔同时呈现的一个物体是否与体育相关。研究者发现，虽然被试倾向于错误地将中立物体识别为与体育相关的。但是，当黑人脸孔被呈现时，这种偏见能通过训练被消除。研究者也指出动机强烈的被试在消除偏见方面收到了很好的效果（Peruche & Plant，2006）。

有时候，当人们意识到自身的刻板印象态度时，他们会作出有意识的努力来改变其信念和行为。蒙泰斯（Monteith，1993）的研究表明意识到自己有偏见的低度偏见的人感到强烈的内疚和自责，并随后作出努力来禁止种族主义和同性恋玩笑。甚至当遇到作出偏见评论的高度偏见的人时，这些人不会支持其观点。然而，他们的动机经常是防止被别人认为自己是有偏见的人，而不是为了消除偏见本身（Plant & Devine，1998）。一般来说，通过有意识地反思我们使用的语言和作出的评论，能减少刻板印象的出现，特别是当我们有减少刻板印象的需求时。

在本章的开头，你阅读了关于偷盗洞穴实验的内容，在这个实验中，心理学家在两个群体之间制造了紧张和偏见。重要的是，这个实验也表明了消除偏见的一种方法——通过创造营地成员的共同目标来迫使他们一起工作。"现实世界"比营地情景更加复杂，可是它也提供了一个重要的经验——尽管刻板印象、偏见和歧视这么强大，它们也能被克服。大脑对于自动加工的偏好非常明显地导致人们对于内群的快速判断和偏好，它能引起我们甚至完全没有意识到的偏见。然而，一些方法能帮助我们克服导致对他人产生的歧视和偏见的刻板印象。大部分方法有赖于受控加工（意味着需要花更多努力去客观地看待世界），而不是作出简单的、快速的评价的自动加工。

 阅读材料　关注婴儿的歧视行为

作者：波·布朗森（Po Bronson）、阿什利·梅丽曼（Ashley Merryman）
发表于 2009 年 9 月 5 日

六个月大的婴儿会根据肤色来判断他人。父母对他起了什么作用？

在得克萨斯州立大学的儿童研究实验室，一个数据库记录了奥斯汀地区加入学术研究的家庭的数据。2006 年，伯基特·维特拿普（Birgitte Vittrup）（以下简称维特）从数据库中招募了大约 1 000 个家庭，它们都是有五岁到七岁小孩的白种人家庭。

维特的研究目标是了解典型的带有多元文化色彩的儿童录像对于儿童的种族态度是否有良好的效果。她的第一步是对儿童进行一个"种族态度测量"，其中问了这样一些问题：

有多少白人是好的？

（几乎所有、很多、一些、不多、没有一个）

有多少黑人是好的？

（几乎所有、很多、一些、不多、没有一个）

在测试期间，描述性的形容词"好"被 20 个以上的其他形容词所替换，如"不诚实"、"漂亮的"、"古怪的"和"势利的"。

维特给三分之一的家庭送去了多元文化主题的录像，并给他们一个星期的时间观看。例如有关非裔美国人家庭的《芝麻街》中的片段，以及《小比尔》中的片段。在《小比尔》中，所有邻居聚在一起清理当地的公园。

实际上，维特没有预期儿童的种族态度仅仅通过观看录像就会发生太多的改变。较早的研究已经显示，学校中的多元文化课程的影响力远远低于我们的预期。这在很大程度上是因为含蓄的信息（例如，"我们都是朋友"）对于小孩来说太含糊，以至于他们不能将其理解为是在指示肤色。

维特也指出，和父母的直率对话能改变这一点。所以，第二组家庭得到了录像，维特告诉这些父母们可以使用这些录像作为和孩子们讨论种族间友谊的切入点。而且，她给家长们提供了一份有关节目主题的切入点的清单。"我真的相信这能起到作用。"维特说道。

第三组家庭也得到了话题清单，但是没有得到录像。这些父母连续五个夜晚和孩子们讨论他们自己关于种族平等的观点。

就在这时，一件有趣的事情发生了。第三组中，有五个家庭突然退出了研究。其中两位家长直接告诉维特："我们不想和孩子们进行这样的对话。我们不想谈及肤色。"

维特被迫妥协了。这些志愿参加研究的家长完全知道这项研究是关于儿童的种族态度的。但一旦他们意识到这项研究需要公开谈论种族，他们就开始退缩了。

在像奥斯汀这样的自由城市里，每个父母都是热情的多元文化主义者，并且对多样性持积极态度，这并不让人感到稀奇。可是，根据维特的调查，几乎没有白人家长直接和孩子谈论过种族问题。他们仅仅只是维护一些含糊的原则，像"人人平等""上帝造就了我们所有人"，或者"肤色之下，我们是完全一样的"，但是他们几乎从来不谈及种族的差异。

他们希望孩子在成长过程中忽视肤色。但是，维特对孩子们的第一个测试显示，他们没有忽视肤色。当被问及多少白人是吝啬的时，这些儿童普遍回答"几乎没有"。当被问及多少黑人是吝啬的时，许多孩子回答，"有一些"或者"许多"。甚至在混合学校上学的孩子们也是这样回答问题的。

更加烦人的是，维特也问了所有孩子一个很直接的问题："你们的父母喜欢黑人吗？"有 14% 的孩子立刻说："不，我们的父母不喜欢黑人。"有38% 的孩子回答："我不知道。"在由父母制造的种族真空中，孩子们只能自己得出对于肤色的看法，许多孩子的看法与其父母的期望是格格不入的。

维特希望被要求谈论种族的家庭能坚持下去。在观看了录像之后，这些家庭回到儿童研究实验室接受再测验。让维特吃惊的是，三个小组的孩子

基于你已经在第10章中学过的内容，还有哪些潜在的变量能够影响这种关系？

你是在一个人们公开讨论种族的环境中成长的吗？你认为第6章中的认知失调对于父母感到不适起到了什么作用？

如果这些孩子没有习得种族刻板印象，也没有对其他种族持消极观点，那么就说明种族歧视不完全是社会习得的结果。如果孩子们持了消极观点，你认为这些孩子们为什么会得出这样的结论？

们在统计结果上是一样的。没有一个组在种族态度上有太大改变。乍一看，这项研究是失败的。

查阅父母们的研究日志，维特明白了其中的原因。日记显示，父母们很少提到清单中的内容。许多父母没有谈论种族，并且很快回到含糊的措辞，例如"人人平等"上。

在所有那些维特要求公开谈论跨种族友谊的家庭中，只有六个家庭真的做到了。这六个家庭的孩子们引人注目地在一个星期内就改善了种族态度。直接谈论种族是明显的关键环节。维特说："许多父母后来来找我，承认他们不知道怎么如何对小孩说，他们不希望错误的话从他们的孩子嘴里说出来。"

我们都希望自己的孩子不被种族差异所影响，并且拥有应对多元世界的必要的社交能力。问题是，通过关注种族，我们是让情况变得更糟糕了，还是变得更好了？

奥巴马总统的当选标志着美国种族关系新纪元的开始，但是它没有帮助我们解决应该如何跟孩子讨论种族问题。许多父母明确给孩子指出了奥巴马的棕色肤色，为的是强化任何人都能成长为领袖的观点，以及任何人（不论肤色）都能成为朋友，都应该被关爱和被赞美。

其他人认为最好不要谈说任何关于总统种族的话题，因为说起这些就不可避免地要告诉小孩种族构成。他们担心即便一个积极的陈述（"黑人能成为总统真是太好了"）仍然会让孩子们看到社会中的分割。他们认为，我们至少应该在孩子早年时让他们感觉到，肤色是不重要的。

父母说的话很大程度上取决于他们自己的种族。《婚姻与家庭》杂志在2007年的一项研究发现，在17 000个以上的有孩子的家庭中，非白人父母比白人父母讨论种族问题的可能性高三倍；后者中有75%从不，或者几乎不讨论种族问题。

在我们的新书《培养震动》（*Nurture Shock*）中，我们认为许多培养孩子的现代策略是事与愿违的，因为科学中的关键的结点已经被忽视。我们思维中的微小改正能转变社会的特质。白人家庭给他们的孩子介绍种族概念的方式是一个重要的例子。

几十年来，我们想当然地认为只有当社会把种族指给孩子们看的时候，他们才会关注种族。然而，儿童发展研究者已经开始质疑这个假设。他们认

你的观点是什么？和孩子展开这个话题的最佳方式是什么？在学习了第10章中的刻板印象威胁之后，你认为讨论奥巴马总统的种族会如何影响黑人小孩和白人小孩？

为儿童视种族的差别和粉红色与蓝色之间的差别是一样的。但是，我们告诉孩子们"粉红色"是指女孩，而"蓝色"是指男孩。"白色"和"黑色"则是我们留给他们自己去搞清楚的神秘的东西。

对孩子们来说，发展出内群偏好是很容易的。维特在得克萨斯州立大学的顾问瑞贝卡·比格勒（Rebecca Bigler）在三个学前班进行了一项实验。4~5 岁的小孩被排成一行，并且得到 T 恤。半数小孩随机拿到了蓝色 T 恤，另外一半则随机拿到了红色的。儿童持续三周穿着这些 T 恤。在这期间，教师们从未注意他们的颜色，从未通过 T 恤颜色给孩子分组。

孩子们没有在其行为上有所区别。在课间休息时，他们一起自由地玩耍。但是当被问及哪组颜色的同学更好相处，或者哪一组会赢得比赛时，他们选择了代表他们自己颜色的组。他们都相信自己比另一种颜色组的同学更加聪明。"穿红色 T 恤的小孩从来没有显示对穿蓝色 T 恤的孩子的憎恶，"比格勒说道，"更有可能的是，穿蓝色 T 恤的同学也不错，但是比不上我们。"当红色 T 恤小组的孩子被问及有多少穿红色 T 恤的小孩是优秀的时，他们回答："我们所有人。"而当被问及多少穿蓝色 T 恤的孩子是优秀的时，他们回答："有一些。"有一些穿蓝 T 恤的同学是小气鬼、是愚蠢的，但穿红 T 恤的孩子绝不是。

比格勒的实验似乎显示儿童们如何使用你给予的标准来制造区分，这似乎证明了只有我们把种族当作一个问题时，它才变成一个问题。为什么比格勒认为在孩子们三岁大的时候和他们谈论种族是重要的？

她的理由是孩子们已经有形成内群偏好的倾向；他们会自己形成这些偏好。孩子们本能地试图将任何东西进行分类，他们所依赖的标准就是那些最明显、最常见的东西。

我们自认为正在给孩子们创造忽视肤色的环境，但是肤色、头发或者体重的区别就像性别的差异一样，它们都是清晰可见的。即使教师或者父母不提及种族，孩子们仍然会用他们自己的方式来对待肤色，就像他们对待 T 恤颜色的方式一样。比格勒声称，通过相信那些看起来和他们相似的人和他们一样喜欢同样的东西，孩子们进一步扩展了他们共享的外表。孩子不喜欢的东西则属于那些和他看起来最不像的人。这种猜想你的群体共享同样的特征（例如，美好或者聪明）的自发倾向被称为本质论。

在过去 10 年中，发展心理学已经开始着手进行关于儿童何时发展出偏

如何把这项研究与简·艾略特的蓝眼睛/褐色眼睛的实验作对比？

见的历史研究。在科罗拉多州立大学的菲利斯·卡茨（Phyllis Katz）教授进行的一项实验中，她的团队跟踪调查了 100 个黑人小孩和 100 个白人小孩，直到他们年满六岁。在这六年期间，她对这些小孩和他们的父母进行了多达九次的测试，第一次测试是在孩子们六个月大时。

研究者如何测试六个月大的小孩呢？他们向婴儿展示人的面部照片。卡茨发现婴儿将明显地较长时间盯着其他种族面孔的照片，这表明他们发现这张脸是不平常的。种族自身没有民族的意义，但是孩子们的大脑注意到了肤色的差别，并试图理解这些差别的意义。

当孩子们三岁大的时候，卡茨给他们展示了一些其他小孩的照片，并且要求他们选择他们愿意和谁成为朋友。86% 的白人小孩选择了他们自己种族的小孩。当孩子们长到五六岁时，卡茨给了这些孩子们一小副卡片，卡片上面是人的图像。卡茨要孩子们按照任意的方式将卡片分成两堆。仅仅 16% 的孩子使用性别来分类。但是，在没有任何刺激的情况下，有 68% 的孩子使用种族来分类。在汇报她的发现时，卡茨下结论说："我敢公正地说，在这项研究中的任何一点上，孩子们都没有展示出大人所希望的忽视肤色的结果。"

卡茨强调的一点是孩子们生活的时间段，我们想当然地避免和孩子们谈论种族的时期，正是孩子们形成其最早的种族观念的时期。

一些研究指出了成长窗的可能性，即孩子们的态度最容易被改变的时期。在一个实验中，孩子们被放进跨种族的学习小组，然后被观察是否多种族儿童的教室会使多种族儿童课间在操场上一起玩耍。研究者们发现一年级孩子中的跨种族学习小组表现得很好。但是，三年级中的跨种族学习小组并没有表现出和其他小组之间的差别。可能是到了三年级，父母通常认为谈论一点种族是可以的，但此时成长窗已经关闭了。

现代父母所持有的另一个很深的假定被阿什利和我称为多元环境理论。如果你让孩子在一个较多接触其他种族或者文化的环境中成长，环境就变成了信息。因为在 20 世纪 70 年代，我们上的都是综合性学校（阿什利在圣迭戈，而我在西雅图），我们已经接受了这个理论原则：多元孕育包容，谈论种族问题本身就是一种种族歧视的扩散。

但是在我们的儿子卢克出生后的这些年里，我的妻子和我对此有了不同的看法。当他四个月大时，卢克开始在旧金山上学前班。这所学校的好处之一就是其明显的种族多元化。这些年我们的儿子从来没有提起过任何人的

联想第 1 章中讲过的先天和后天的争论，这带给了我们哪些启发？你认为这个实验的结果是否给了我们支持某一方的有力证据？

想想你在第 10 章中学过的接触假设，布朗森和梅丽曼的多元环境理论在哪些方面是与其相似的？

肤色。我们也从没有提起过肤色。我们认为我们做得很完善。

在他还差两个月就满五岁的时候，学校迎来了马丁·路德·金的纪念日。卢克在周五从学前班放学回来后，指着每一个人，骄傲地宣布："那个人来自非洲。她也来自非洲！"尴尬的是他居然那么大声。"棕色皮肤的人是来自非洲的。"他重复道。他还没有被告知种族的名称，他还没有听到"黑人"这个词汇，他称我们自己是"桃红色和白色皮肤的人"。他给班上每一个棕色皮肤的孩子取绰号，而这些孩子在班上占据半数。

我儿子的渴望已经显露出来。很明显这是他已经疑惑了一段时间的东西。他最终知道了关键点。肤色是祖先留下来的根的印记。

第二年，我们开始偶尔听到他的白人朋友谈论他们的肤色。他们仍然不知道如何称呼自己的肤色，所以他们使用短语"像我们一样的皮肤"。这个我们与他们相对的概念开始承担它自身的意义。当这些孩子们寻找他们的认同时，肤色变得很重要了。

你认为孩子们迫切需要区分内群和外群的原因是什么？这会产生怎样的潜在结果？

很快，我偶然听到一个白人男孩告诉我的儿子："父母不喜欢我们谈论我们的肤色，所以不要让他们听到。"

作为父母，我明确地对儿子的评论作了处理。我告诉儿子基于肤色来选择自己的朋友，或者选择"喜爱的人"是错误的。我们告诉他，如果我们按照肤色来选择朋友，那么特定类型的朋友就不会出现在我们的生活中。随着时间的推移，他不仅接受，而且信奉了这些教诲。现在，他公开地谈论平等以及歧视的错误性。

不难理解我现在所做的事了，我花了很长时间来理解我儿子的原初冲动。卡茨的工作帮助我意识到卢克从来没有真的忽视肤色。他没有在五岁以前谈论种族，是因为我们的沉默已经无意地表明种族是他不能问的话题。

今天，多元环境理论是学校废除种族隔离背后的核心原则。像大部分人一样，我假定废除种族隔离 30 年以后，需要一个科学研究中长期的跟踪记录来证明多元环境理论的作用。于是，阿什利和我开始跟进行这项研究的学者接触。

2007 年的暑假，在公民权项目的指引下，一些学者给美国最高法院写了一封建议书，支持在路易斯维尔和西雅图的学校废除种族隔离。当建议书到达法院时，553 名科学家签名支持。然而，虽然积极支持废除种族隔离的科学家很多，但这个意见书是异常小心谨慎的：废除种族隔离的好处被这些词语——例如，"将导致"和"能提高"——修饰。而实际上，"单纯地建设混合学校并不是万灵药！"建议书警告道。

比格勒是深度涉入这一历史性过程的学者之一。比格勒是废除种族隔离的坚定的拥护者。"社会隔离是一种巨大的退步。"她说。然而，她也承认"结果，我对社会心理学所采集的证据感到失望。进入混合学校上学给了你同样多机会去学习刻板印象，就像你在隔离学校中没有机会学习它们一样"。

混合学校的不幸结果是，它们没有必然地带来更多的跨种族关系。而且，常常与此相反。杜克大学的詹姆斯·穆迪（James Moody）是一名研究青少年如何形成和维持社会网络的专家。他分析了全国每个区域的 112 所学校的 90 000 名以上青少年的数据。这些学生被要求写出他们最好的五个男性朋友和五个女性朋友的名字。穆迪把学生的种族和每一个朋友的种族进行匹配，然后将学生的跨种族友谊的数字和学校的整体多样性进行比较。

穆迪发现，越是多样化的学校，学生越是在校园里通过种族来进行自我隔离。于是，不同种族的两个小孩做朋友的可能性下降了。

想想你现在身处的学校和你以前的学校，你看见过同样的现象吗？为什么会这样？它表明了哪些含义？

穆迪对于活动、体育、学术讨论，以及校园中其他引起隔离（或不隔离）学生的校园制度进行了统计控制。这个观点仍然是成立的：越是多样化，学生越是分割。多样化增加了互动的机会，也同样有效地增加了拒绝彼此的机会。这就是正在发生的情况。

结果，混合学校的初中和高中小孩经历了两种完全相反的社会线索。第一条线索是鼓舞人的，即许多学生拥有一个其他种族的朋友。第二条线索是悲剧性的，即更多的小孩只喜欢和自己种族的同学交朋友。随着学校生源多元化的不断深化，第二条线索变得越来越明显。当一个孩子在学校里转一圈后，她可以看见更多她没有资格参加的群体，更多她不能坐的餐厅，更多她不能穿越的隐含界限。即使她拥有其他种族的朋友，这仍然是不可避免的。"甚至在多元种族的学校，一旦年轻人放了学，很少有跨种族的交流发生，因为渴望联系自己的种族群体经常会抑制群体间的互动。"伊利诺伊州立大学的布兰德沙·泰纳斯（Brendesha Tynes）写道。

在美国，白人高中生最好的朋友是其他种族的可能性仅仅只有 8%。这种可能性在第二、第三和第五好朋友中也很少提高。对于黑人来说，情况也不会更好：85% 的黑人孩子的最要好的朋友也是黑人。跨种族的朋友们也倾向于分享单一的活动，而不是多元活动。结果，当孩子们从初中向高中转变的过程中，这些友谊更有可能随着时间而丢失。

我无法不疑惑，如果父母引起重视，而不是保持沉默，废除种族隔离的跟踪记录是否会更好一些？相信因为他们这代人是多元的，今天的小孩长大之后知道如何和每个种族的人相处。这种观点当然是很有吸引力的。但是大量的研究表明这更像是幻想，而不是现实。

当孩子非常小的时候，和他们谈论种族真的有那么困难吗？菲利斯·卡茨在她的一项关于200个黑人儿童和白人儿童的研究中表明，父母非常从容地和孩子讨论性别，他们花了很大努力来克服孩子们的性别刻板印象。这应该作为我们谈论种族的样板。我们用同样的方式提醒女儿："妈妈能像爸爸一样成为医生。"我们应该告诉所有小孩医生可以是任何肤色的人。说什么并不复杂。这仅仅关乎我们的重视程度。

当孩子们作出不合适的评论时，我们会制止他们。这是天生的反应，但是这经常也是错误的举动。由于分类的倾向，孩子的大脑不得不尝试从他们看见的例子中概括规则。当一个小孩脱口而出，"只有棕色的人能在学校吃早餐"或者"你不能打篮球，你是白人，所以你只能打棒球"，这当然是令人尴尬的。但是制止他们仅仅只会让他们知道这个话题是被禁止的，这使得正确谈论种族变得更加不可能。

研究者已经发现，为了达到应有的效果，关于种族的对话必须是明晰的，必须使用儿童能理解的概念。我的一个朋友反复地教育她五岁大的儿子："记住，人人平等。"她认为她已经把信息传递出去了。最终，七个月以后，她的儿子问道："妈妈，'平等'是什么意思？"

比格勒进行了一项儿童阅读著名的非裔美国人简短传记的研究。例如，在杰基·罗宾逊（Jackie Robinson）的传记中，他们读到的是他是美国棒球协会的第一个非裔美国人。但是，只有一半人读到了他之前如何被降级去了黑人联盟，以及他如何遭受白人球迷的嘲讽。而那些事实在给另外一半孩子阅读的版本中被删除了。

在历史课之后的两个星期，比格勒调查了孩子们的种族态度。相比于那些得到删节版的孩子，得到关于历史歧视的完整故事的白人小孩对于黑人有明显更好的态度。明确性起作用了。"这也使得他们感到一些内疚，"比格勒补充道，"这打破了他们认为白人值得赞美的观点。"他们无法为内群的优越性辩护。

> 在第10章中，你已经学了陈腐的和现代的种族歧视与性别歧视，这两种不同的种族歧视和性别歧视如何在卡茨的观察中起作用？

少数族群父母更倾向于帮助他们的孩子在幼年形成一种种族认同。阿普瑞·哈里斯 - 布里特（April Harris-Britt）是美国北卡罗来纳州立大学的一位临床心理学家和教授，他发现所有少数民族父母在某些方面告诉他们的孩子："歧视就在那里，但是你不应该让歧视阻止你成长"。对他们而言，这是好事吗？哈里斯 - 布里特发现对偏见有所准备是有益处的，并且是必要的。八年级的非裔美国孩子中，有 **94%** 的孩子向哈里斯 - 布里特报告，称在开学的头三个月他们感觉被歧视了。

但是如果孩子们经常听到这样的提示（而不是偶尔），他们明显更不会将成功和努力相连，并更有可能把失败归咎于老师——他们视之为对他们施加偏见的人。

哈里斯 - 布里特警告对于未来歧视的频繁提醒讽刺地带来像真实歧视一样的消极后果："如果你过于关注那些事情，你给孩子们传达了这个世界是敌意的信息，即你不会被尊重，而这个世界就是这样的。"

然而，对偏见的准备不是少数族群的大人和孩子们谈论种族的唯一方式。在哈里斯 - 布里特的分析中，另外一种宽泛的谈话策略被称为种族骄傲。从幼年开始，少数族群的孩子被教育要为他们的族群历史而骄傲。她发现这对于孩子们树立自信心有极大的益处。在一项研究中，听到种族骄傲信息的黑人孩子更加用功学习，并且更加可能将成功归因为他们自己的努力和能力。

这导致了每个人疑惑但是很少人敢问的问题。如果"黑人骄傲"对于非裔美国儿童来说是有益的，那么将白人小孩置于何地？想象一下，孩子以"作为白人而自豪"是令人恐惧的。许多学者也认为这就是小孩的大脑已经在计算的东西。正如少数族群的孩子意识到他们属于一个缺乏地位和财富的种族群体，大部分白人孩子也本能地认为他们属于拥有更多权利、财富和社会控制力的种族，这带来了自信和安全感。所以，自豪的信息不仅仅是可恶的，而且是多余的。

在我们的整个研究过程中，我们听到许多关于人们（从父母到老师）如何努力和孩子们谈论种族的故事。对于一些人来说，在孩子公开做了令人尴尬的种族评论之后，这样的谈话才开始。因为跨种族婚姻或者跨国收养，才使这个问题摆在他们面前。另外一些人仍然疑惑什么时候把孩子送到一个多元环境，以及孩子的疑惑时机是否是正确的。

这在何种程度上阐明了你在第 4 章中学过的向下比较？哪些影响会被施加在少数族群或种族的儿童身上？

但是对我们影响最大的故事来自俄亥俄州农村地区的一个小镇。两个一年级的老师，乔伊·鲍曼（Joy Bowman）和安哥拉·约翰逊（Angela Johnson）已经同意让来自俄亥俄州立大学的教授简·科彭哈弗-约翰逊（Jeane Copenhaver-Johnson）对他们所教的班级进行为期一年的观察。33 个孩子中，大约三分之二是白人，而其他的是黑人或者是混血儿童。

12 月时，老师们已经决定让他们的学生阅读一本与圣诞老人有关的宗教普及读物。当老师们开始阅读时，孩子们对于书上一段关于一个家庭等待圣诞老人到来的描写很感兴趣。然而，一部分小孩感到十分烦躁。他们似乎困惑这个故事书是奇怪的：在这个故事中，舒舒服服躺在床上的是一家黑人。

然后，屋顶响起著名的"哗啦声"。孩子们争着看圣诞老人和雪橇，当约翰逊翻页时——他们看见圣诞老人是一个黑人。

"他是黑人！"一个白人小女孩惊叹道。

一个白人男孩喊道："我认为他应该是白人！"

立刻，孩子们开始不停地大声争论起来。在六七岁的年龄，孩子们毫不怀疑真的存在圣诞老人。他们非常确信这一点。但是，突然出现了一个巨大的问题：圣诞老人可以是黑人吗？如果可以，这又意味着什么？

尽管有一些黑人小孩因为圣诞老人可能是黑人而感到高兴，还有一些黑人小孩则对此不能确定。两个白人小孩拒绝这个观点：黑人圣诞老人不可能是真的。

但是，甚至坚信真的圣诞老人一定是白人的小女孩，也转而接受黑人圣诞老人代替白人圣诞老人的可能性，因为白人圣诞老人可能受伤了。

最后，她仍然高兴地和黑人圣诞老人 一起喊："祝大家圣诞快乐！"

还有小孩提出了圣诞老人是"黑人和白人的混合"的观点，就像中东（比如印度）的一些人一样。一个男孩还想出了两个圣诞老人的假设：白人圣诞老人和黑人圣诞老人是朋友，他们轮流来看望孩子们。当老师明显犯了一个巨大的错误，说她从来没有见过圣诞老人时，孩子们全都迅速更正了她的话：我们每个人都在商场看见了圣诞老人。

在憧憬学校聚会的过程中，争论持续了一个星期。所有孩子们都知道了真的圣诞老人将是聚会的尊敬客人。

> 黑人小孩和白人小孩都很难接受这个观点。你在第3章中学过关于图式的内容，这是一个当人们深信的图式受到挑战时，其所需要花费的认知努力的例子。

然后，圣诞老人来到了聚会——他是黑人，就像书中所画的那样。

一些白人小孩说黑人圣诞老人太瘦了：意味着真的圣诞老人是在卡马特零售店里的胖胖的白人圣诞老人。但是一个白人女孩反驳说她看见过这个圣诞老人，并且确信他是真的，圣诞老人是皮肤黝黑的。

自从证明了圣诞老人是黑人以后，大部分黑人孩子感到欢欣鼓舞。但是其中一个黑人小孩布伦特仍然存在怀疑，尽管他真的希望黑人圣诞老人是真的。所以，他勇敢地走到圣诞老人面前。

"不存在黑人圣诞老人！"布伦特坚持说。

"看看这里。"圣诞老人卷起一条裤腿。

布伦特非常兴奋。"是黑人圣诞老人！"他喊道，"他有黑色皮肤，他的黑色靴子跟白人圣诞老人的靴子一样。"

一个黑人圣诞老人的故事书不足以击溃所有刻板印象。当约翰逊随后要孩子们画圣诞老人时，甚至因黑人圣诞老人而兴奋的黑人孩子们仍然将圣诞老人的皮肤和胡须描绘得像雪一样白。

但是，圣诞老人故事书的冲击是这些一年级孩子谈论了整整一年种族问题的催化剂。老师们开始有规律地在他们的读物中加上直接涉及种族主义问题的书。

当孩子们正在读一本关于马丁·路德·金和民权运动的书时，黑人和白人孩子注意到白人没有出现在故事中。于是，他们决定找到两种人都存在的历史故事。

攻击行为

- 攻击行为的本质是什么?

- 关于攻击行为的理论有哪些?

- 影响攻击行为的因素有哪些?

- 如何减少攻击行为?

2009 年

的秋天，15 岁的菲比·普林斯（Phoebe Prince）和她的家人从祖国爱尔兰搬到了马萨诸塞州的南哈德利。作为南哈德利高中的一名新生，菲比很快和一位很受欢迎的绅士开始了一段恋情。她的受欢迎招致了其他女孩的忌恨。为了恐吓她，这些女孩和她们的一些男性朋友装作无意中在走廊上遇到菲比，向她传递威胁性信息，并且当面用一个贬损的外号称呼她。尽管菲比的妈妈抱怨过，但是学校官员并没有干涉。于是，骚扰升级了。2010 年 1 月 14 日，菲比自杀了。虽然学校官员和辩护律师对于菲比的死因存在争论，但导致她自杀的最初的动机很可能是她不能容忍同学们的不断欺凌。六个年轻人（四个女孩和两个男孩）因为跟踪和违反民权而被判处了重罪。菲比的案例和其他与欺凌相关的大量死亡案例已经推动 41 个州制定反欺凌法（Hampson，2010）。对菲比的死亡事件的调查仍然在进行之中。

教育心理学家发现一种欺凌情形。与过去人们在刻板印象中认为的针对男性的欺凌不同，这种欺凌的对象一般是漂亮的、爱运动的、成绩好以及受权威人物喜欢的学生（Hampson，2010）。青少年欺凌的方式也已经改变了。互联网已经将欺凌带出校园而进入虚拟空间了，同时，借助移动通信设备可以一天 24 小时进行骚扰。虚拟空间骚扰包括使用短信、即时通信工具、互联网、电子邮件来威胁、恐吓、羞辱一个人。青年人中十分之四的人经历过虚拟空间欺凌，女生成为这种骚扰方式的受害者和行凶者的可能性是男生的两倍（University of Gothenburg，2010）。虚拟空间欺凌的教唆者经常被沮丧、生气、报复的情绪驱动，有时候，仅仅无聊也会引发欺凌。大部分在网上被欺凌过的青少年并没有告诉他们的父母，因为他们担心将因此失去上网的机会，而且他们害怕即使告诉了父母，他们的处境依然不会改变，或者他们担心父母不会理解他们（Mishna，Saini，& Solomon，2009）。成年人经常误解欺凌的概念，并且将它归咎于青年人之间单纯的口角。他们不理解的是欺凌是一种表明力量和权力之间失衡的攻击行为。如果管理者和父母能更好地理解这种在变化的现象，也许如菲比·普林斯这样的死亡悲剧就会避免了。

攻击行为的本质是什么?

请设想以下情景:(1)晚上,一个在回家路上的女人被人用木棒击倒,并且被性侵犯。(2)一个等在红灯前的男人。当红灯变成绿灯时,在他身后的汽车中的人猛按喇叭,朝着这个男人大声喊叫。(3)一个年轻人边开车边发短信,当他的车追尾另外一辆车后,撞死了前面车上的一家四口。(4)一个宠物的主人用卷起来的报纸打了他的狗,因为这条狗不服从他。

哪一个例子可以被认为属于攻击行为? 你的回答有赖于你对于攻击行为的定义。许多人假设攻击行为应当会对另外一个人造成伤害,但是,如果这种伤害是无意识的呢? 例如在年轻人的案例中。要是没有造成身体伤害呢? 比如在等红绿灯的男子的例子中。要是目标并不是一个人,比如在宠物主人的例子中,又如何呢? 攻击行为有多种形式,能造成多种后果,因而特别难以进行界定。**攻击行为**一般被定义为这样一种行为,即故意伤害别人的行为,不管这种行为是语言上的还是肢体上的。

攻击行为似乎是许多人试图释放情绪或者挑起冲突的方式。如果你收看新闻或者打开报纸,你会读到关于强奸、谋杀和武装袭击的内容。有多种你也许会将其与攻击行为相联系的行为。你没有意识到的也许是那些日常生活中的攻击行为,比如和同事的口头争吵,来自朋友的一封措辞严厉的电子邮件,或者以沉默来对待重要他人。这些行为也许貌似不是明显带有攻击性的,但是当你考察这些行动的目的时——伤害别人——隐含在它们背后的攻击性就显露出来了。社会心理学家们对攻击行为的原因感兴趣,并且试图通过研究来理解攻击行为的本质。社会心理学家们认为我们越是更好地理解人类的本质,就越有能力来阻止攻击行为。让我们梳理一下社会心理学家已经做过的关于攻击行为的研究。

> **攻击行为**:故意伤害别人的行为,不管这种行为是语言上的还是肢体上的。

攻击行为有多种形式，能造成多种后果，因而特别难以进行界定。

攻击行为有两种形式：敌意性的和工具性的。**敌意性（情感性）攻击行为**发生在当愤怒导致攻击行为和行为的主要目的是使受害者遭受痛苦时。参加敌意性攻击行为的个人仅仅试图伤害或者损害他们的攻击目标。2008 年，佛罗里达州青少年的野蛮打斗是敌意性攻击行为的一个例子。一个来自佛罗里达州波克郡的年轻女孩被六个女孩和两个男孩毒打，他们踢打她直到她晕厥过去。打人的女孩用手机的摄像机记录了他们的攻击过程，并将视频传到了 YouTube 网站上（CBS/AP，2008）。

相反，**工具性攻击行为**发生在当行动的主要目的不是使受害者遭受痛苦，而是达到一个非伤害性的目的时。参加工具性攻击行为的个体将伤害他人作为一种获得回报的方式，例如控制局面或者提升自尊。芝加哥熊队（棒球）的后卫球员布里恩·厄拉克（Brian Urlacher）突破了防守线并敲打场上的四分卫球员就是一种工具性攻击行为。他行动的背后动机不是为了对四分卫球员造成身体伤害，而是建立他对球队的统治，并使得对手为了赢得比赛所作的最终努力付诸东流。

工具性攻击经常被用于作为施压的一种方法来帮助一个人"达到他的目的"。表露内心情感的行动，比如威胁伤害或者要求控制他人，能够证明行为者试图提高攻击行为的等级，并伤害他人。一个愤怒的顾客冲着服务员大叫，并且因为对服务不满意而要求赔偿，这表现了工具性攻击行为。有时候，这种攻击行为的主要目的是很难发觉的（比如当涉及一个人的自我感觉时）。当人们为了提升自尊而参与工

	身体的	语言的
直接的	打人	辱骂
间接的	拒绝握手	传播谣言

攻击行为的类型
攻击行为可以是直接的、间接的、语言的和身体的等方面的结合。

敌意性（情感性）攻击行为：一种主要目的是让受害者遭受痛苦的行为。

工具性攻击行为：一种主要目的不是让受害者遭受痛苦，而是为了达成非伤害性目的的攻击行为。

具性攻击行为时，他们试图通过打压别人来提升自己。菲比·普林斯的案例是工具性攻击行为的例子。有些人经常通过取笑别人来让自己感觉更好。

◎ 性别差异

当我们考察敌意性攻击行为时，我们通常认为攻击者是男性。这来自男性比女性更富有攻击性这一非正式的假定。这种观点得到了新闻媒体报道和研究中压倒性的男性攻击行为的支持。当被问及他们是否参加过任何形式的攻击性行为时，男性比女性报告了更高的攻击行为发生率（Harris，1994）。而且，男性也比女性更可能成为攻击行为的目标（Buss，2004；Daly & Wilson，1989）。

尽管这些研究支持了我们已经相信的观点，但是关于攻击行为中性别差异的进一步研究则揭示出这个问题其实相当复杂（Hyde，1984；Bettencourt & Miller，1996；Lightdale & Prentice，1994）。元分析和文献回顾表明性别差异其实没有那么大（Hyde，1984；Bettencourt & Miller，1996），男女之间在攻击行为上的差别依赖于如何对攻击行为进行定义。研究发现男性相对来说更加倾向于身体攻击行为，而女性更加倾向于关系攻击行为（Crick & Grotpeter，1995；Anderson & Huesmann，2003）。换句话说，女性的攻击行为更可能表现为通过致力于传播八卦消息或者说谎来破坏人们之间的关系，将一个人从群体中排除出去（Tapper & Boulton，2004，2005；Huesmann et al.，2003；Crick & Rose，2000）。

是否存在挑衅非常影响这种差别。当男人以任何方式被挑衅时，他们比女性更加显著地采取攻击行为。然而，当并不涉及挑衅时，差别似乎消失了（Bettencourt & Miller，1996）。类似地，在某些情形下，攻击行为是被要求或被预期的，此时，性别差异就凸显出来。"雄起"这个术语被用在男性被期望采取攻击行为的情形中，这验证了这种社会预期的存在（Baron & Richardson，1994）。

攻击行为也影响这种差别。研究表明男性比女性更可能参与**直接攻击行为**。

直接攻击行为：直接针对挑衅者或者目标人物的明确行动或行为。

直接攻击是直接针对挑衅者或者目标人物的明确行动或行为——例如，拳打、推搡、吼叫、使用攻击语言。而女性更可能参与**间接攻击行为**。间接攻击行为是一种不是由攻击者明确作出的行为，被攻击的目标也是不明确的。这种行为包括散布谣言和闲话，制造社会隔离，或者用一些不存在的东西来陷害别人。因此，男人更可能野蛮地和人陷入打斗，而女人则更可能散布恶毒的谣言（Eagly & Wood，1991）。

研究表明，男性和女性在对待攻击行为的态度方面也有不同。相比于女性，男性较少地表达对于攻击行为的内疚或焦虑，而女性更多地表达对于其攻击行为可能造成的对他人安全的威胁的关心。研究也表明男性和女性在关于攻击行为所代表的意义上有不同的看法。女性倾向于持一种**攻击行为的表现观**。在这里，攻击行为被看成表达愤怒和减轻压力的方式。另一方面，男性倾向于持一种攻击行为的工具性的观点。在这里，攻击行为被用于增加声誉或者物质奖励（Campbell，Muncer，& Gorman，1993）。

研究者已经研究了导致攻击行为中性别差异的原因。一种解释认为人们身体中睾丸激素的水平影响他们攻击行为的等级（Mazur & Booth，1998；Olweus，Mattson，Schally，& Low，1988）。男性自然有更高的睾丸激素水平，于是他们更富有攻击性。一些相关研究表明在年轻男孩（Chance，Brown，Dabbs，& Casey，2000）、成年人（Banks & Dabbs，1996）和女性中（Dabbs & Hargrove，1997）睾丸激素含量和攻击行为等级之间存在某种关联。

然而，需要指出的是，进一步的研究表明睾丸激素水平并不是引起攻击行为增加的唯一因素。有研究比较了不同收入水平的人，发现高收入水平的男性不管其睾丸激素水平如何，进行不法行为的比例都较低，而低收入的男性进行不法行为的比率会随着睾丸激素水平而变化（Dabbs & Morris，1990）。还有一些关注社会化和性别角色的研究者发现男性和女性在接受关于攻击行为的投入和回报的教育方面是不同的（Eagly & Steffen，1986）。关

间接攻击行为：攻击行为不是明确地源自攻击者，攻击目标也不明确，即目标本身也不知道自己已经成为受害者。

攻击行为的表现观：攻击行为的一种方式，在其看来攻击行为的目的在于表达愤怒和减轻压力。

于攻击行为中的性别差异不存在一个唯一的解释；荷尔蒙水平、性别角色和社会化的方式都对两性表现攻击行为的方式起作用。

◎ 文化差异

我们通常认为攻击行为是由他人的行为引发的，其实它也能通过文化因素引发。有特定价值、信念和规范的文化系统可能认为在某些情形下采取攻击行为是适当的，甚至是必需的。相比于像中国这样的集体主义文化的国家，像美国这样的个体主义文化的国家有不同的思考和行为方式，再加上一般信念和价值，这些差别促成了在不同文化中攻击行为表现的不同方式。

在法律式微和人们需要保护自己的文化中，暴力行动或者暴力威胁被认为是非常重要的。在这些情形下，任何一种对于个人或其财产的威胁将会遭遇反击，否则个人将被视为可欺凌的目标，他的生存也将处在危险中。社会心理学家将这些类型的文化称为**荣誉文化**（Nisbett & Cohen，1996）。在荣誉文化中，强大的规范指明攻击行为是对于侮辱和威胁荣誉的行为的恰当回应。

美国南部是社会心理学家研究荣誉文化的聚集地点之一。尼斯贝特和科恩的研究（Nisbett & Cohen，1996）发现在这些地区有更多的暴力事件。另外一项研究指出，南部的人比北部的人更可能用攻击行为来回应威胁，并且当他们的荣誉受到侮辱时他们更可能会展示身体上的伤痕（Cohen et al.，1996）。你也许在电影中目击过这种文化。在古老的西部，一个牛仔可能因为这个长官侮辱了他的谋生之道而与之决斗。在日本的某些地区，你会看见一个年轻的武士出去找侮辱他家庭的人报仇。尽管这些情形在屏幕上表现得更加夸张，但在现实世界中确实有其事。

荣誉文化经常存在于法律强制力微弱或者缺失的环境中，也出现在缺乏财产安全的环境中（Cohen & Nisbett，1997）。这种文化似乎随着西大荒的消失而消失，但是世界上仍然存在一些荣誉文化的例子——包括美国和其他

> **荣誉文化**：一种文化，这种文化强烈地认为攻击行为是对侮辱或威胁个人荣誉行为的恰当回应。

发达国家的内陆城市，也包括欧洲和亚洲的那些偏远地区。居住在底特律保障房中的人发展出了一种荣誉文化，因为这些地区的法律强制力几乎无效，居民拥有很少的财产和很低的财产安全感。这种文化下的市民也许会被迫表现暴力威胁，或者参加暴力行为，以此作为保护他们自己的手段。炫耀手中的枪、加入黑帮，或者口头威胁也许能达到保护自己的目的。

荣誉文化中的人们有时候会进行荣誉杀害，这已经变成一个热门的人权问题。荣誉杀害是指一个家庭成员杀害另外一个成员，仅仅因为这个受害者以某种方式"羞辱"过这个家庭。这种行为通常由父亲、兄弟或者丈夫作出。荣誉杀害基于这样的观点：女人是家庭的财产，她们的身体是家庭荣誉的象征（Amnesty International，2010）。如果女人或者女孩受到指责，甚至被怀疑参加了损害家族名誉的活动，她很可能受到来自其他家庭成员的残酷的报复。这种报复会导致严重的身体伤害，甚至是死亡。

1997 年，来自开罗的瓦匠马尔祖克·阿伯德·拉辛（Marzouk Abdel Rahim）残忍地杀害了自己 25 岁的女儿，然后肢解了她的尸体，原因是他感到她和她男朋友的关系侮辱了他们的家族。拉辛对于自己的行为没有表现出悔意，他在对媒体的陈述中说："荣誉比我的血肉更有价值。"他在监狱中仅仅服刑了两个月（Jehl，1999）。荣誉杀害在阿拉伯国家是非常流行的，这与这些地方的传统紧密相关。这些国家的领导人对于这个话题的态度经常是沉默的。但是，一些政府，比如国王阿卜杜拉（King Abdullah）统治下的约旦，已经解除了关于公开讨论荣誉杀害的禁令。他们已经将现代和传统的观点结合，用合适的敏感度来回应这个问题。

阿拉伯人声称对于荣誉杀害中的社会角色的关注是因为西方世界希望他们退步。在美国，当一个男子因为怀疑妻子欺骗他而杀害她时，这被视为激情犯罪。或者当一个黑帮成员因为对立帮派的侮辱或者对自己帮派成员的"无礼"而杀死一个对立黑帮的成员时，这被视为城市生活的不幸结果。但是当相似动机的犯罪发生在阿拉伯世界中时，他们被认为是未开化的或者不可理解的（Jehl，1999）。尽管存在这些争论，但事实是西方国家不注重惩罚谋杀者的动机，而许多阿拉伯政府照旧选择睁一只眼闭一只眼，或者当遇到荣誉杀害时选择纯粹的铁腕镇压。

关于攻击行为的理论有哪些？

通过正式的和非正式的观察，我们知道人类频繁地参加攻击行为，但是我们仍然不知道确切的原因。攻击行为的本质、它发源的驱动力和影响它发生的因素都是在社会心理学界有争论的话题（Baron & Richardson，1994）。攻击行为的理论一般可以分成三种主要的类型：本能与进化、挫折和社会习得。

◎ 本能与进化

研究**本能理论**的心理学家相信攻击行为是天生的和不可避免的。西格蒙德·弗洛伊德和孔拉德·诺伦兹（Konrad Lorenz）是这一理论的两名旗手。弗洛伊德认为攻击行为根源于一种自我破坏性冲动，为了减少愤怒和回到冷静的状态，人类必须表现出那种冲动——一种弗洛伊德称为"死亡驱动"的行为。诺伦兹也同意攻击行为是天生的和普遍的，但是他从进化的视角来看攻击行为。他认为通过进化，人类发展出一种类似动物的斗争的本能。经过漫长的演化，我们的祖先发现攻击行为能够作为一种增加资源、减少竞争、威胁对手、自我防卫的方式从而使他们受益。根据本能理论，人们对于攻击行为的天然需求随着时间推移变得更强。

本能理论并不是没有缺点，它没有考虑在不同社会中的攻击行为的差别。如果所有人对攻击行为的需求是一样的，我们如何解释为什么从历史角度看有些社会是较为和平的，有些社会有更多暴力倾向，或者为什么不是每个人都公然地表达他们的攻击行为需求（Hornstein，1976）？本能理论必须承认人类表达他们的攻击行为是一种习得行为，不管这种表达是身体的还是语言的，直接的还是间接的。例如，你和你的朋友也许都有进行攻击行为的本能需求，但是你也许已经学会通过言语发泄来作出对他人的攻击行为，而你的朋友也许学会通过身体暴力来释放攻击行为。本能理论的另外一个问题

本能理论：认为攻击行为是天生的，并且是不可避免的。

是它在逻辑上的循环论证。当一个人问为什么人们攻击时，答案是这是由于本能。当进一步追问我们如何知道攻击是本能的表现时，本能理论又回到人类确实有攻击性这一简单的事实。

另外一个关于攻击行为的解释的相关理论是进化理论。这一理论假设生存是进化的动力，又进一步指出，人们为了生存而采取攻击行为。一项研究表明，为了获得满足生存需要的必需资源，人们发起了适应性的攻击行为（Tooby & Cosmides，1988）。仅仅因为需求提升，攻击行为才变成进化过程的一部分。记住这一点是很重要的，因为这意味着并不是每个人都是攻击性的。

遗传学

解释攻击行为中个体差异的另外一种方式是考虑生物因素。我们的个体生物组成被认为是影响我们行为的一个基本因素。像蓝色的眼睛或者分开的耳垂一样，极端攻击行为的倾向是能遗传的。在周期性暴发攻击行为的荷兰人家庭的研究中，荷兰的研究者发现了一种遗传变异。由于这种现象仅仅影响家庭中的男性，它很有可能与 X 染色体中的隐形基因有关。多年的研究发现，这种现象是基因领域的特例（Morell，1993）。研究者不能断言基因是否与这些特殊家庭之外的个体问题有关。过度推论基因研究的结果是危险的，因为人们会因为攻击基因而强烈要求查看胎儿期的资料。然而，这些信息使回答攻击行为的来源这一核心问题又进了一步。

当试图分析攻击行为时，研究者能直接考察大脑。科学家已经使用单光子发射计算机断层成像技术系统（SPECT）来辨认与攻击行为有关的大脑区域。SPECT 生成一幅血液流动和大脑活动的彩图（Hirono，2000）。在左侧的脑叶中，与攻击行为相关的大脑活动显著增加或减少。在这一控制人类行动能力的区域，有攻击性的人们倾向于作出更多或者更少的活动。辨认反常区域使医生能开出定制的药物治疗的药方，从而为个体平衡大脑中的活动。

生物化学的影响

冲突研究已经显示遗传不能单独决定一个人是否会有攻击行为。个人的血液也影响攻击行为的习性。如果你曾经看过 MTV 的电视剧《泽西海岸》，而且看过剧中角色陷入酒吧争吵的场面，那么你就知道当个体被激怒时，酒精可以释放攻击行为。实验室的实验和法律上的统计支持这一观察。在 55% 的室内攻击和 65% 的谋杀中，攻击者和（或）受害者都喝了酒（American Psychological Association，2004）。当人们将注意力集中在刺激性的来源上时，酒精通过减少人们的自我意识和自我控制能力，有提高攻击行为倾向的作用（Bartholow & Heinz，2006）。尽管攻击行为并非发生在每一个喝酒的人身上，不过它确实和过量饮酒有很大的关系，特别是在那些已经失去控制力的人的案例中。当摄入过量酒精时，他们将变得更富有攻击性。2006 年，一项包含 212 个男女样本的研究的结果显示，在那些希望用酒精增加攻击行为或者生性富有攻击性的醉酒者当中，酒精能增加攻击行为（Barnwell，Borders，& Earleywine，2006）。

人类荷尔蒙，特别是睾丸激素，也是影响攻击行为的关键的生物因素。来自佐治亚州立大学的研究者研究了 692 名囚徒的睾丸激素水平与犯罪、不端行为之间的关系，发现犯下暴力或者性侵犯罪行的男性囚徒有更高的睾丸激素水平，而犯下盗窃罪、持有毒品和夜盗等罪行的囚徒的睾丸激素水平较低。他们也发现那些有更高睾丸激素水平的囚徒违反较多的囚徒规则，特别是涉及对抗的规则（Dabbs，Carr，Frady，& Riad，1995）。与攻击行为一样，即便睾丸激素通常是与男性相联系的，它也同样影响着女人。在一项研究中，女性被给予了少量睾丸激素，于是，她们的荷尔蒙水平变得和男性持平，这些女性变得很容易产生生气、害怕和厌恶等面部表情，使得她们更加容易采取攻击行为（van Honk & Schutter，2007）。一个被注射睾丸激素的人（男性或者女性），将不会自动富有攻击性。但是一般来说，当一个人被激怒时，更高的荷尔蒙水平是和较多的攻击行为相关的，低荷尔蒙水平同样和较少的攻击行为相连的。

研究者也能直接看到人们的大脑活动。低水平的神经传递素血清素在前额叶中能引起折中的刺激控制，血清素在情绪和社会功能的管理中起着重要作用。研究已经显示，在人类和灵长类动物中，易于发生暴力的孩子和成年人具有较低含量的血清素。然而，正如遗传学一样，仅仅认为生物化学组成就能造成个体的攻击行为是不准确的。没有证据支持有独立于人们的环境和情景而起作用的"暴力大脑"。因此，我们必须明白环境因素也和自然因素一样能影响攻击行为。

心理变态-攻击行为的另一个影响因素，常常与大脑中控制道德、情感的相关区域中的反常情况相联系，就像前额叶的皮层中活动的减少一样（Blair，2001，2007；Glenn & Raine，2009）。心理变态影响人们的心智，从而使人们采取攻击行为。心理变态者缺乏阻止攻击行为的敏感性，和那些被注射了睾丸激素的女性相似，他们很少对于这种信号做出反应。关于攻击行为的研究是相互关联的，尽管它们没有揭示导致攻击行为的原因。这些研究有助于我们了解攻击行为，当然还存在其他作用于攻击行为的变量。

◎ 挫折

作为一名学生，你对挫折的感触也许很深刻。你花了很长时间来准备一次测试，但是却没有得到一个令人满意的分数。你急需去教室赶考，但是你到处都找不到你的笔记本，而你需要它来进行一门开卷考试。这些类型的情景都会导致典型的**挫折感**，这是一种由于没有能力达到一个目的或者完成一次活动，而产生的难过和恼火的感觉。

挫折攻击论（Dollard et al.，1939）表明挫折先于攻击行为。这一理论指出挫折引发攻击行为，因为当我们目前的行为被打断，或者我们无法达到目的时，我们采取攻击行为的动机就会增加。当你不能找到丢失的笔记本或者其他错放的东西时，你会怎么做？你会胡乱地将周围的东西翻来翻去，还是自言自语？一项关于挫折攻击论的经典研究出现在 1941 年。研究者给一群小孩展示了满屋子的玩具，但是没有允许所有小孩立刻玩这些玩具。研究者发现被推迟了玩玩具时间的小孩随之变得受挫。一旦他们被允许玩玩具，他们在玩耍时会采取更富有攻击性的行为（Barker，Dembo，& Lewin，1941）。然而，随后的研究没有进一步支持这一理论。因此，不能

挫折感：因为无法达到目的或者无法从事某种活动而觉得难过或者恼火的感觉。

挫折攻击论：一种认为挫折先于攻击行为的理论，它认为当我们目前的行为被打断或者我们无法达到目的时，我们采取攻击行为的动机就会增加。

就此下结论认为挫折单独导致了攻击行为，或者认为攻击行为总是由挫折引起的（Burstein & Worchel，1962）。1989 年，伦纳德·博考维茨（Leonard Berkowitz）修正了挫折攻击论，他发现挫折产生愤怒，愤怒能导致攻击行为，但也并非总是如此。

相对剥夺（Merton & Kitt，1950；Crosby，1976；Bernstein & Crosby，1980）是能导致挫折的一个重要原因。当我们将自己和他人进行比较，并且感到某些东西被剥夺时，我们会经历相对剥夺，进而导致挫折感。1992 年，四名白人警察因疯狂殴打超速行驶的黑人青年罗德尼·金而被起诉，无罪释放后引发洛杉矶骚乱，这场骚乱就是被相对剥夺所激起的（Brush，1996；Miller，2001）。这一地区的经济衰落引起了人们的紧张情绪和受挫感，尤其对于这一地区遭受经济衰退冲击的低收入家庭来说更是如此。在案件的最终裁定被公布后，洛杉矶的居民被深深地刺激了，这与他们不断恶化的经济状况一道让他们感到不公平。

最后，有一个更著名的攻击行为的理论——**认知新联结理论**。这一理论假定一个人经历了一些消极的事情（比如说痛苦或者不适后），在这些经历被唤醒时攻击行为会更容易发生（Berkowitz，1998）。这个理论也指出，一个人在与攻击行为相关的客体在场的情况下，更有可能采取攻击行为（Berkowitz & LePage，1967）。

◎ 社会习得

社会习得理论表明人们的攻击行为在很大程度上是通过观察学习别人的攻击行为而获得的，而且攻击行为因所得到的奖惩而强化。20 世纪 60 年代，心

> 根据社会习得理论，相比于在较平和的家庭里成长的小孩，看到过父母激烈争吵的小孩更有可能采取类似的语言攻击行为。

认知新联结理论：认为当个体在经历负面感受（例如疼痛或不适）后，攻击行为会伴随那种经历而被唤醒。

社会习得理论：这种理论认为人们的攻击行为主要是在观看他人的攻击行为后学习而得的，而且攻击行为会因所得到的奖惩而强化。

理学家阿尔伯特·班杜拉提出了社会习得理论，也被称为社会认知理论。

榜样

班杜拉进行了一些有关观察学习或者模仿的研究。**榜样**是人们模拟他人行为的一个过程。班杜拉认为儿童能通过观察攻击行为，从而在现实生活和媒体中学习如何进行攻击行为（Bandura，Ross，& Ross，1963）。班杜拉著名的波波娃娃研究展示了模仿在儿童攻击行为方面的作用。在这项研究中，一个由学前儿童组成的样本观看一段成年人用力地扔、踢、打一个充气娃娃的录像，这个娃娃被研究者称为波波娃娃（一个带有受力按钮的五英尺高的娃娃，当娃娃被击倒时，按钮会"砰砰"响）。录像中的成年人展示了非常详尽的身体和语言的攻击行为，包括用木槌击打娃娃、坐在娃娃上、打他的鼻子、把他扔到空中，并且重复这些短语："狠狠打他"、"踢他"、"打他"、"把他扔到空中"和"砰"。儿童被置于一个轻微的受挫情景中。他们先拿到了一些他们喜欢的玩具，但仅仅几分钟之后实验者就将玩具拿走。

之后儿童拿到了波波娃娃，同时还有其他的玩具（比如填充的动物玩具、婴儿玩具和彩色蜡笔）。研究者在没有让儿童发觉的情况下观察了儿童20分钟。研究者发现观看了成年人打波波娃娃录像的儿童更有可能打他们自己的娃娃，而没有观看录像的控制组没有表现出这种倾向（Bandura，Ross，& Ross，1961），这显示儿童学会了表现攻击行为。波波娃娃研究——有关观看录像带的攻击行为的研究，是关于电视暴力和实际暴力的系列研究中的一个。我们将在本章随后部分更加细致地讨论这种联系。

强化

社会习得理论的第二个组成部分是强化。**强化**是加强某种行为的行动或过程，是我们在第 6 章讨论过的条件反射的一部分。强化可以是积极的（加进去一些快乐的或者痛苦的东西），也可以是消极的（移除一个不快乐或者

榜样：个体模仿他人行为的过程。

强化：加强某种行为的行动或过程。

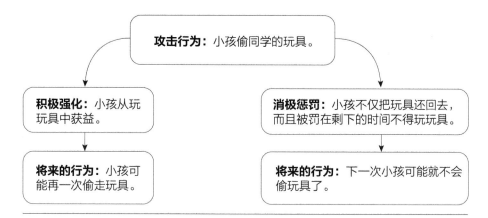

攻击行为： 小孩偷同学的玩具。

积极强化： 小孩从玩玩具中获益。

消极惩罚： 小孩不仅把玩具还回去，而且被罚在剩下的时间不得玩玩具。

将来的行为： 小孩可能再一次偷走玩具。

将来的行为： 下一次小孩可能就不会偷玩具了。

△ 强化链反应

当攻击行为得到积极强化时，个体更有可能在将来进一步引发攻击行为。

快乐的刺激）。

尽管人们通常认为攻击行为是和惩罚相关的（例如，一个青少年因为斗殴被学校开除），不过它也经常和不被注意的积极的强化联系在一起。例如，一个男人把一个女人打倒，并且偷了她的钱包，这个男人的攻击行为被女人钱包里有价值的东西所奖赏。相比于学会把攻击行为和惩罚联系在一起的儿童，学会了将攻击行为和积极强化联系在一起的儿童将更有可能在将来参与攻击行为（Bandura，Ross，& Ross，1961）。

在另外一个波波娃娃实验中，儿童分别观看了三段录像中的一段，分别是攻击行为被惩罚、被奖励和没有后果（Bandura，1965）。看了打击娃娃而被奖励的录像的儿童，对娃娃表现出同样的行为。然而，出现了一个意想不到的结果，观看了引起无后果录像的儿童，也对娃娃采取攻击行为，也许是因为录像表明即使他们致力于暴力也不会受到惩罚。

强化既来自父母和同辈的行为，也来自媒体资源（例如电视、电影和电视游戏）。2005 年，来自艾奥瓦州立大学的研究者们进行了一项研究，被试被要求玩三个赛车电视游戏的版本中的一个：一个版本是所有的攻击行为受到惩罚（分数被扣除），一个版本是所有的攻击行为被奖励（分数增加），一个版本是攻击行为对于选手的分数没有影响（Carnagey & Anderson，2005）。研究结果显示有奖励的暴力游戏增加了被试的敌对情绪、攻击意识和攻击行

为。有惩罚的暴力游戏增加了被试的敌对情绪，然而，它没有增加攻击行为
或者攻击意识。这个结果显示，攻击行为的积极强化能增加攻击性的行为、
认知和影响（Carnagey & Anderson，2005）。

◎ 一般攻击模型

一般攻击模型（GAM）建立在社会习得理论的基础上，通过包含不同

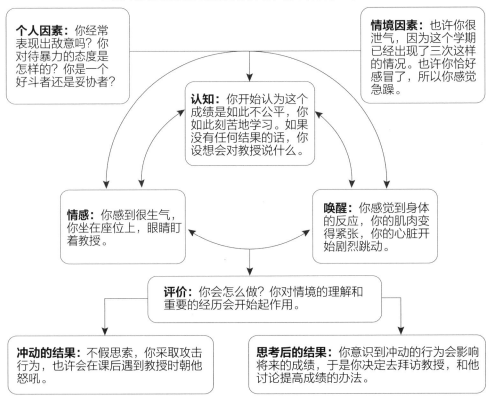

当你得到比预期更低的成绩时，你会有什么反应?

个人因素：你经常表现出敌意吗？你对待暴力的态度是怎样的？你是一个好斗者还是妥协者？

情境因素：也许你很泄气，因为这个学期已经出现了三次这样的情况。也许你恰好感冒了，所以你感觉急躁。

认知：你开始认为这个成绩是如此不公平，你如此刻苦地学习。如果没有任何结果的话，你设想会对教授说什么。

情感：你感到很生气，你坐在座位上，眼睛盯着教授。

唤醒：你感觉到身体的反应，你的肌肉变得紧张，你的心脏开始剧烈跳动。

评价：你会怎么做？你对情境的理解和重要的经历会开始起作用。

冲动的结果：不假思索，你采取攻击行为，也许会在课后遇到教授时朝他怒吼。

思考后的结果：你意识到冲动的行为会影响将来的成绩，于是你决定去拜访教授，和他讨论提高成绩的办法。

资料来源：Based on Bushman, B.J., & Anderson, C.A. (2002). Violent video games and hostile expectations:A test of the General Aggression Model. *Personaltty and Social Psychology Bulletin*, 28,1679-1689.

一般攻击模型

一般攻击模型（GAM）着眼于特定情形下的人们。这一理论认为攻击行为被许多因素影响，例如当下的内在状态、个人的理解和决策制定。

类型的自变量，提供了一个更加综合的关于攻击行为的理论分析的框架（Anderson，Bushman，& Groom，1997）。通过一般攻击模型，两个自变量的主要的类型——与当前情形相关的因素（或者情境因素），与个体卷入相关的因素（或者个人因素）——确定能够引发极明显的攻击行为。情境因素是增加攻击行为的当下情形的因素，例如，口头攻击、展现武器、威胁人物的出现和过度的挫折或者不适。个人因素包含个人的几乎所有因素，例如态度、行为倾向和信念等。甚至生物因素（荷尔蒙和遗传）也被纳入个人因素（Carnagey & Anderson，2005）。

自变量必须在多重水平上影响行为的过程，在这些过程中增加或者减少攻击行为。一般攻击模型表明了三种影响的路径：情感状态、认知状态和唤醒状态。情感状态过滤信息，能引起攻击意识和它们的外在的信号，比如愤怒地瞪眼或者"邪恶的眼睛"。认知状态处理信息，并且能引起攻击性的想法，或者引起关于攻击行为的信念和态度。唤醒状态决定刺激一个人的因素，并且能增加个人的兴奋。这有赖于一个人对于现有情形和相关的环境因素的理解，他／她使用或者思考的行动（例如，限制他／她的愤怒）或者冲动的行动（例如，通过攻击行为减少他或她的愤怒）。事件的链条最终决定攻击行为是否会发生，以及以哪种形式发生（Bushman & Anderson，2002）。

影响攻击行为的因素有哪些？

现在你了解了关于攻击行为的多种理论，让我们考察可能影响攻击行为的特定因素。通过调查、相关研究和实验研究，社会心理学家已经发现负面经历，环境诱因和媒体的影响能为个人的攻击行为调制一杯"醉人"的鸡尾酒。

◎ 负面经历

设想你参加了一个暑期音乐节。这是一年中最热闹的节日之一，方圆 50

在闷热的天气里，你在沙滩边的一个热狗摊前排队。队伍很长，而你只想喝水。在等待的过程中，这个经历变得越来越令人厌恶。哪些因素会引起攻击行为？

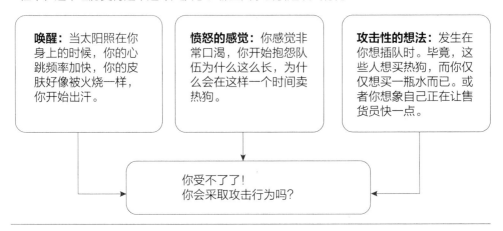

唤醒：当太阳照在你身上的时候，你的心跳频率加快，你的皮肤好像被火烧一样，你开始出汗。

愤怒的感觉：你感觉非常口渴，你开始抱怨队伍为什么这么长，为什么会在这样一个时间卖热狗。

攻击性的想法：发生在你想插队时。毕竟，这些人想买热狗，而你仅仅想买一瓶水而已。或者你想象自己正在让售货员快一点。

你受不了了！
你会采取攻击行为吗？

负面经历
攻击行为可能来源于令人厌恶的情形，这些情形能引起唤醒、攻击意识以及攻击性的想法。

英里的几乎每一个人都出席了。人群是如此的稠密，以至于你很难发现脚下被打破的杯子。当你踏上去主舞台的路上，玻璃碎片扎入了你的脚。切口非常深，你感到非常疼，于是你觉得自己需要找一个急救帐篷来获得帮助。穿过人群向后移几乎是不可能的。你的脚开始抽痛，太阳直射在你身上。此时你感觉如何？你会嘴里咒骂不小心把杯子丢弃在地上的那个人吗？为了在人群中开辟自己的路，你会挤开前面的所有人吗？甚至一个非常温和的人在这样一个负面经历中也会作出攻击行为。

负面经历是一种可能包含痛苦、不适、过度拥挤或者袭击等体验的不愉快经历。疼痛是增加人类攻击行为的强大力量。心理学家伦纳德·博考维茨和他威斯康星大学的同事们进行了一项研究。在这项研究中，学生将一只手浸在或者微温或者非常冷的水中。相比于那些手放在微温的水里的学生，手在非常冷的水中的学生描述了更多的易怒和烦恼的感受。这些学生也更容易把不愉快的感受强加给另外一个被试。这些结果促使博考维茨认为相比于挫折，负面经历是攻击行为的一个更主要的诱发因素。它也许是带给我们最坏

负面经历：一种可能包括痛苦、不适、过度拥挤或者袭击等体验的不愉快经历。

结果的罪魁祸首，因为那些忍受痛苦的人经常让别人感受痛苦（Berkowitz，1983，1989，1998）。痛苦需要陪伴，对吗？

◎　唤醒

我们很容易理解特定的经历如何导致攻击行为，尤其是当我们处在使得我们心情烦躁的情形之中时（例如，身处困在跑道上的很闷的飞机中）。这些使我们遭受打击的经历怎样影响我们？唤醒的类型（比如那些和锻炼或者性兴奋相关的类型）能对我们的攻击行为产生影响。设想你已经在健身房里进行了一次充分的训练，你做了一些锻炼心肺的运动，或者举起了很重的杠铃。当你回到更衣室时，你发现淋浴室里很混乱，因此你不能在计划时间内洗澡。你会怎么做？你会愤怒地扔下你的毛巾吗？你会去柜台前，向健身房的管理员发泄你的不满吗？因为这仅仅是一个假设的情形，你没有真的从健身中接受心理学的唤醒，你不会认为自己会对于这个情形有很强的反应。但是，你也许不会意识到的是你从健身中得到的唤醒也许会引起一些攻击意识。

社会心理学家斯坦利·斯坎特和杰罗姆·辛格（Stanley Schachter & Jerome Singer，1962）进行了一项关于唤醒和攻击行为的研究。明尼苏达州立大学的 184 名参加心理学导论课程的男生参与了这项实验。被试被置于一个私人的房间，并且被告知这项研究是检查维生素摄入对于加强视觉功能的效果。被试们被询问他是否愿意接受 "Suproxin" 的摄入，其实 Suproxin 是实验者随意取的一个名字。同意摄入的学生被摄入的是肾上腺素或者盐溶液，后者是一种安慰物。被注射了肾上腺素的个体被分成三个小组：知情的（被告知 Suproxin 会产生副作用，比如手颤抖和心脏受压，这些人被用来测试肾上腺素的效果）、不知情的（被告知可能经历不会真的由药物产生的效果，比如脚麻木）和无知的（没有被给予任何预期的指示）。被试被置于一个等待室中。在这里，实验者同谋将会通过取悦被试来制造一个很愉快的环境，或者通过惹怒被试制造一个愤怒的环境。

在愉快的环境和愤怒的环境中，知情群体表现出最少的情绪。研究者下结论认为，这种情况的发生是因为被试有一个关于他们为什么被唤醒（注射）的解释。他们认为使得他们的身体有反应的不是实验者同谋的行为——而是药物。另一方面，不知情的和无知的群体在被刺激的情景中表现得更加快乐或更加愤怒，因为他们不能解释为什么他们的感受被唤醒。

这些发现支持了研究者关于情感状态的二因素理论，这一理论被用来解释评价是如何形成情绪的。这一理论认为在不同情感中，心理唤醒是完全相同的。我们仅仅按照我们已经得到的信息给唤醒贴标签（Schachter & Singer，1962）。在这一原则之下，如果你理解心理唤醒已经影响了你的情绪，你会感觉到健身房例子中的愤怒能被减轻。关于两因素理论的证据有很多种（Marshall & Zimbardo，1979；Maslach，1979）。从两因素理论发展出了激发—转换理论（Zillmann，1983，1996）：一个人在某个情形中经历唤醒，并且在另外一个情形发生前这种唤醒没有完全驱散。那么，来自第一个情形的兴奋能转换到下一个事件，同样类型的唤醒（愤怒、攻击等等）也将转换成第二种方式。

其他的研究表明，任何唤醒（甚至是性唤醒）都能增加攻击行为（Cantor，Zillmann，& Einseidel，1978）。知道唤醒可能被错误地理解是有重要意义的。如果一个人在工作中因被训斥而变得心烦，当他回到家后，也许会对着他的家人发泄愤怒，尽管他的愤怒实际上是来自工作场所。最后，我们应该记住唤醒不是情感的必要组成部分（Reisenzein，1983）。

◎ 环境诱因

当你看见一把枪时，你会有什么感觉？安全、危险，还是暴力？按照伦纳德·博考维茨及其他心理学家的观点，看见武器（比如一把枪）是一个能启动攻击行为想法的环境诱因（Anderson，Benjamin，& Bartholow，1998；Berkowitz & LePage，1967；Berkowitz，1993）。在一项由博考维茨和他的同事里佩基（LePage）共同进行的研究中，被试被实验管理者施加电击。随后，被试得到了向管理者施加电击的机会。在实验期间，一部分被试坐在放着电击机器和两个羽毛球球拍的桌子旁边，而其他被试则在机器、12 口径的手枪、38 口径左轮手枪的桌子旁边。所有的物品都被假想是从之前的实验中留下来的。结果显示，坐在有枪的桌子旁边的被试对管理者施加了更强的电击，而坐在放羽毛球拍桌子旁边的被试施加了相对较轻的电击（Berkowitz & LePage，1967）。博考维茨又在儿童身上进行了相似的实验。他发现最近玩过玩具枪的儿童更愿意击倒另外一个儿童的积木塔（Berkowitz，1968）。

这些研究表明环境诱因（比如枪）能制造敌对意识，并且随后激发攻击行为。博考维茨将手枪犯罪的比例和手枪所有权联系起来。虽然与常识矛盾，但博考维茨的观点仍然得到了统计结果的支持。统计结果显示，枪支拥有者被谋杀的概率是常人的 2.7 倍，他们几乎总是被最有可能看到枪支的家庭成员或者亲密朋友杀害（Kellerman，1993）。

有趣的是，另外一项研究表明当枪支被看作一个暴力工具，而不是一个打猎工具时，武器启动效果显示出来了（Bartholow et al.，2005）。这证明打猎者看见一把打猎用的步枪时，没有增加攻击意识，而非打猎者却增加了攻击意识。对步枪的认知决定他们是否会产生攻击意识。

能导致攻击行为增加的其他因素是高气温和饮酒量。研究已经显示攻击行为的增加和高温之间的联系是由于伴随高温而来的身体唤醒的增加（Anderson，Deuser，& DeNeve，1995）。研究也已经发现酒诱因和攻击行为之间的联系。在一项研究中，相比于那些没有摄入酒精的人，已经喝过酒的人更加可能向目标实施一个更高的电击，即使他们并不是为了回应刺激（Bailey & Taylor，1991）。

◎ 媒体暴力

著名的电影导演奥利弗·斯通（Oliver Stone）这样说："电影是一个强大的媒介，是一个毒品，还是潜在的迷幻剂。它走进你的视野，走进你的大脑。它引起刺激，是一个危险的东西。总之，它非常具有颠覆性。"（British Broadcasting Corporation，1995）尽管斯通的评论有点半开玩笑，许多人还是相信媒体暴力对于我们的社会来说是非常真实的威胁。他们觉得从电视、电影、音乐或者书籍中所看到的攻击行为能引起儿童甚至成年人的攻击性行为。这种观点已经得到了研究成果（Bushman & Anderson，2001；Bushman & Huesmann，2001）和健康组织的支持，但是正如你已经在本章中所学过的，攻击行为并不是简单地像"猴子看，猴子做"那么简单。媒体对于攻击行为的影响已经得到了一致认同，但是是怎样的影响和多大程度的影响呢？有一些关于这一主题的相关研究，从中我们仅仅能推断出相关性，此外，有许多实验研究，这让我们找出可能的因变量（复习第 2 章中的研究方法论）。让我们探讨这个问题，但是要记住研究的结果并不意味着所有观看电视的人都将进行暴力行为。

攻击行为的模型

1999 年 4 月 20 日，两个男生走进科罗拉多州利特尔顿镇的哥伦比亚高中，他们身穿黑色的防水短外套，手提半自动手枪、短枪和炸弹。在一个小时之内，这两个男孩杀死了 12 个同学、1 个老师，以及他们自己。从目击者的角度来说，这个事件就像一个电影中的情节，对吗？这场悲剧被归咎于许多因素——父母监管的缺失、学校道德倡议的缺乏，以及枪支容易获得。

但是媒体暴力受到了最多的关注。男孩的袭击方式非常像 1995 年的电影《篮球日记》中一幕荒诞的剧情。在这部电影中，由莱昂纳多·迪卡普里奥（Leonardo DiCaprio）扮演的主角穿着防水上衣走进学校的礼堂，用手枪随机射杀同学。许多人认为，观看了媒体中暴力行为的儿童和成年人会喜欢在现实生活中模仿这些行为。这正如之前的班杜拉的波波娃娃的实验所讨论的那样（Freedman，2002）。虽然这起事件与电影极其相似，但是我们不应该臆断媒体暴力就是导致攻击行为的原因。因为有许多其他的因素在这里起着作用，例如，这些男孩是被社会抛弃的，以及他们受到过恐吓。

电视常被认为是暴力信息的最大提供者，原因是它对于普通美国人来说是最大众的媒体。尽管儿童模仿他们在功夫卡通中看到的踢腿动作，或者一些成年人试图复制他们在军事格斗电影中所看见的格斗动作是常见的，可是这不意味着每个人都会模仿由媒体呈现的暴力行为。如果真是那样，成百上千万的人将会手持武士刀，对于任何得罪过他们的人进行暴力复仇。

从一些特定事情中，我们能看到儿童攻击行为的可能性。道奇（Dodge）的社会信息加工理论是一个勾勒儿童对于问题情形的反应的五阶段模型（Dodge，1986；Crick & Dodge，1994）。儿童既可能成功地通过模型，也可能被偏差阻碍或缺乏加工。不能解决这个问题的儿童更可能出现攻击行为。

这个研究指出认知是如何调节儿童的攻击行为的，以及认识也许最终能帮助儿童减轻攻击行为，前提是他们能学会用不同的方式回应问题。这五个阶段——编码社会诱因、解读社会诱因、搜索回应、评估回应和制定——能被应用于儿童对来自媒体的信息的加工。

启动攻击行为

媒体并不一定能引导出攻击行为，它仅仅能启动人们进行攻击行为的想法和意识，这些意识也许真的会导致攻击行为。暴力电子游戏经常被指责启动了儿童和青少年的攻击性想法和感受。在一项调查暴力电子游戏对于攻击行为影响的研究中，研究者随机将两个电子游戏指派给 43 个被试。他们中的一部分人玩格斗之王（Mortal Kombat，一个暴力电子游戏），其他人则玩泰格·伍兹高尔夫球巡回赛（Tiger Woods PGA Tour，一个非暴力电子游戏）。在被试玩了被指派的游戏角色，他们被要求对实验管理者进行一项报复实验。被试在实验中设定对于管理者的惩罚等级（惩罚的形式是噪声）。研究者发现，当他们处在惩罚者角色中时，玩暴力游戏的被试使用了更高等级的噪音。结论认为，暴力电子游戏启动了被试的攻击性感觉，导致他们对于实验管理者采取攻击行为（Bartholow & Anderson，2002）。

音乐——特别是劲爆的音乐，也是能启动攻击行为的媒体资源。黑眼豆豆的《让我们开始吧》也许使你喘得上气不接下气，并在舞池中最好地表现自己，而这种快节奏的歌也许同样会使你启动攻击行为，2006 年的一项研究中，被试被告知聆听一首表达恐惧的歌曲，或者一首旋律更加中性的歌曲。被试被告知他们是在参与一个音乐调查。被试听到被指派给他们的歌之后，他们被要求为下一个被试准备辣酱汁，下一个被试其实是一名实验研究者。被试听到研究者说他们不喜欢辣的食物，并且，被试还被告知他们能用大量的辣酱汁，而且研究者必须将其全部喝下。

调查的结果显示，听了表达恐惧的歌曲的被试给女性研究者放了更多的辣酱汁，而给男性研究者放得较少。听了中性歌曲的被试没有表现出酱汁量上的差别。调查结果显示，表现恐惧的歌曲能启动女性的攻击意识，使人们模仿歌曲中表达的行为。

反复暴露于暴力之下

就像我们从社会习得理论中学到的，个人的攻击性反应是被其经历或者被对他人的观察所刺激的。电视或者电影的主角成了观看者的榜样，电视剧中超过一半的主角持续地卷入暴力互动，电视很可能是攻击行为最常见的模仿对象。正如我们从班杜拉那里所学的，如果行动者被奖赏或者没有受到惩罚，观看者很可能模仿其攻击模范。对于奖赏的或者不受惩罚的暴力的反复接触也使得观看者以为对他人能连续实施不受惩罚的攻击行为，然后，这一行动也会被他们接受。在最近的分析中，超过 5 000 小时的网络和广播节目的分析显示暴力被奖赏的时间占 15%，未被惩罚的时间占 73%（Federman，1997）。固定电台的《盾牌》和作秀时刻的《德克斯特》是经常展现被奖赏的暴力行为的节目。

对于媒体暴力，尤其是被奖励的暴力的反复接触，能使观看者对暴力变得不再敏感。当**脱敏**发生时，由于反复暴露在暴力中而造成的对暴力的生理反应减少。按照美国心理学会做的关于电视和美国社会的暴力报告，根据儿童小学毕业时的平均年龄，他 / 她将在电视上看到 8 000 个以上谋杀者和100 000 种以上其他类别的暴力行为。电脑和手机上的在线电视节目的出现甚至使更加频繁和极端的暴力行动被呈现在家庭内外。

 # 如何减少攻击行为？

让我们回想一下已经在本章中学过的内容。观察、遗传、生物天性、文化、厌恶经历、唤醒、环境诱因和媒体能潜在地引导我们采取攻击性的行为。虽然所有这些因素都促使我们采取攻击行为，为什么不是每个人都处在持续的敌对状态中？对，攻击行为不是不可避免的。实际上，最近的研究显示美国没有变得更加暴力，而且杀人和其他的犯罪真的在减少（Anderson &

脱敏：由于反复暴露在暴力中而造成的对暴力的生理反应减少的现象。

Huesmann，2003）。通过一些策略，在许多案例中，攻击行为能被减少，甚至被阻止。攻击行为的来源可能影响在特定情形下，哪种阻止手段是最有效的。

◎ 惩罚

正如我们在班杜拉的社会学习理论中学到的，如果儿童看见某一行为被奖励，他们更可能模仿攻击行为。相似的，如果这一行为被惩罚，他们更少模仿攻击行为。举例来说，当波波娃娃实验中的儿童看到录像中的成年人踢打娃娃，结果遭到一顿怒吼时，儿童更不可能模仿这种攻击行为。

不幸的是，惩罚不能完全地单独起作用，因为几种攻击行为的类型根源于冲动反应。一个男人猛击一个快速向他走过来的危险人物。当一个正在开车的女人被旁边的车里的人阻碍时，她会说出带威胁性的谩骂。当人们行为冲动时，他们没有时间来思考行为的后果。让我们使用死刑来作为一个例证。这种刑罚被用来作为对于极端犯罪（比如谋杀）的惩罚手段，但是谋杀者通常因冲动犯罪，并且没有预谋。大量的证据表明死刑作为谋杀的惩罚手段并不比监禁更加有效。在美国，相比于禁止死刑的州，允许死刑的州的杀人犯罪率并没有更低。实际上，1970 年，有死刑的州平均每年每 100 000 人中有 7.9 人犯杀人罪，而没有死刑的州的平均比例是每 100 000 人中 5.1 人犯杀人罪（American Civil Liberties Union，1990）。废止死刑也并没有提高社区中的暴力水平（Archer & Gaertner，1984）。对于非身体攻击，个体甚至可能不去思考可能的结果或者对于他们行为的惩罚。在本章开头中所讨论的菲比·普林斯案件中的攻击者，很可能没有意识到传播谣言和实施侮辱能导致一个人的死亡，并且随后将他们自己送进监狱。

> 你是否经常希望收回自己在争吵中说过的话？我们的很多攻击行为是冲动引起的，以至于我们当时根本不会考虑后果。

◎ 模仿非攻击行为

使用惩罚来减少攻击行为的主要缺点之一是它不能向个体展示可接受的

行为的例子。它没有区分哪些情形适合用攻击行为来处理，哪些情形不适合用攻击行为处理。当人们看到攻击行为时，会加以模仿；而当人们看到非攻击行为时，也能通过模仿增加自我控制和鼓励服从。一个展示主人公通常做着"正确的事"（例如，使用和平的讨论和展示自我控制来解决冲突）的电视节目能作为非攻击行为的样板。在儿童的生活中通过让儿童观看正面的电视节目（例如《大哥大姐》），能帮助儿童学习如何控制他们的攻击行为，并且成长为具有较少暴力倾向的成年人。

◎ 训练

在攻击行为发生之前阻止它是减少攻击行为的最好的方法之一。训练个人学习非攻击行为的冲突解决策略能帮助人们达成这个目标。2006 年，社会心理学家桑德拉·若·威尔逊（Sandra Jo Wilson）和马克·利普西（Mark Lipsey）搜集了 249 个关于学校暴力预防项目的研究数据，他们发现这些项目在减少暴力方面是有效的。在这些项目中，学生学习了解决问题的技巧、解决冲突的技术和控制情绪的策略。在完成了一个给定的项目之后，参与暴力行为或者破坏性行为的学生的比例从 20% 减少到 13%（Wilson & Lipsey，2006）。在菲比·普林斯案中，被控告的孩子是应该参加学校暴力预防项目的主要群体——也许如果人们用非暴力手段来解决与同伴的冲突，像菲比这样的悲剧就不会发生了。

第
12
章

吸引与亲密关系

- 是什么产生了吸引？

- 父母和孩子的早期互动如何影响未来关系？

- 影响和定义浪漫爱情的因素是什么？

- 关系是如何得以保持的？

- 冲突在关系中扮演什么角色？

在拿起

电话之前，杰西卡甚至就知道自己将听到什么。

"嘿，亲爱的，这周过得如何？"

她们把这称为她们的"电话粥"。自从卡伦（杰西卡从六年级开始最好的朋友）不得不搬去亚特兰大工作，"电话粥"至今已经持续了十年时间。每个星期三晚上8点，从不失约——杰西卡的电话按时响起。这两个女人分别坐在位于东海岸两边的卧室中，谈论一周以来发生的每一件事。

在等着这周的电话和熟悉的声音时，杰西卡回想了这段已经走过25年的关系。"我不知道如果没有她，我会怎么样。"杰西卡说。她回忆起当自己的妈妈被诊断为患有乳腺癌时，电话那头卡伦的慰藉的声音，以及当卡伦的女儿降生时她们共同流下的愉快的眼泪。

她们了解彼此的每一件事，并且在这些事情中彼此支持：在课堂上努力与著名的"卑鄙"的历史老师"斗法"，在学车时第一次"灾难性"的尝试，决定去哪里上大学的纠结的过程，以及订婚、结婚、父母生病、孩子出生、离婚等等。

当然，这两个女人在一周中自始至终都在交流，没有哪一天不互相发几封电子邮件。周三晚上的这一固定仪式为这周其他时间提供话题基础，因此，她们保留下来了。不论这周遇到什么样的事情，杰西卡知道有一个人始终在背后鼓励她。

杰西卡陷入关于她和卡伦关系的沉思中，当电话响起时，她惊了一下。她笑了，习惯性地靠在沙发的垫子上，拿起电话，渴望听到另一端她最好的朋友的声音：

"嘿，亲爱的，这周过得如何？"

读了关于杰西卡和卡伦的故事，你是否想起你自己的某段亲密关系？这种关系如何影响你的生活？是什么使得你从一开始就对这个人感兴趣？在本章中，你将探索吸引力如何促进关系（亲密关系和浪漫关系）的建立，以及如何发展和界定这些关系。

有研究已经证明朋友关系在一个人的一生中培养着一种积极的、愉快的感觉。朋友提升我们的自尊，帮助我们学习在群体内让我们成功的社会角色和社会规范（Hartup & Stevens，1997），这似乎是一个明显的结论。

从友情中受益的不仅仅是我们的社会生活。大量的长时间的研究已经显示，相比于那些没有友情的人，拥有亲密朋友的男人和女人确实有更好的健康状况。有牢固的朋友网络的人们似乎也活得更久（Giles，Glonek，Luszcz，& Andrews，2005），并且比那些没有朋友的人更快乐［参见阿盖尔（Argyle）1987 年的评论］。一项 2010 年的研究显示高水平的社会互动也许为我们提升了 50% 的生存几率。实际上，进行这项研究的研究者认为低度社会互动的危害是肥胖的两倍，比缺乏锻炼更坏，几乎相当于每天吸 15 根烟，或者成为一个酒鬼（Holt-Lunstad，Smith，& Layton，2010）。

甚至中度的社会互动的效果或者缺乏社会互动危害也是被证明了的（Eisenberger，Lieberman，& Williams，2003）。研究者假设大脑用一种和身体痛苦相似的方式记录社会痛苦，研究者通过观察玩投球游戏的被试来验证这一假设。被试最终被踢除出游戏。研究者发现，大脑中回应身体痛苦的部分在踢除期间是活跃的，这显示社会痛苦确实和内脏的痛苦相似。

既然友情对我们是有益的。那么，是什么使得我们从一开始就对别人感兴趣呢？我们渴望使自己被他人包围的愿望，是由**归属需求**所驱动的，或者说是对于建立和维持有回报的人际关系的需要（Baumeister & Leary，1995；MacDonald & Leary，2005；McAdams，1989）。当然，对于每个人来说这个动机都是不同的——你也许认为你自己是一个"人缘好的人"，而别人也许认为他自己是一个"孤独的人"——但是通常的趋向是达到一个平衡。

对于平衡的需求在一项研究中得到证明。在实验中，研究者要求大学生在四天时间内带上寻呼机（O'Connor & Rosenblood，1996）。当寻呼机响

归属需求：建立并维持有回报的人际关系的需求。

起，按照研究者的要求，学生记录在那一刻他们是独处的还是和其他人在一起，以及在那一刻他是想独处还是与人共处。一个学生给出的回应经常预示他会在下一次寻呼机响起时所处的情景（例如，说她想独处的学生当在下午1点被呼叫时，会是独处的）。这项研究证明人们如何选择他们是和别人在一起还是独处。

归属动机描述了我们想拥有有价值的人际关系的需求。然而，是什么带来了有价值的关系，以及我们如何定义什么是有价值的？每个人的回答都是不一样的，但是在基本的层面，有一些特定的会产生吸引和亲密关系的特征。

 # 是什么产生了吸引？

"所有的女孩在恋爱期间都变得更加漂亮，啊，她们全都看起来像电影明星……如果我能把她们从1到10进行定级，我认为9或者8是比较合适的。很少会有人滑向5或者4。"（Baker-Knight，1975）

吸引是一个有趣的现象，不是吗？正如半开玩笑的歌中唱的，"所有的女孩在恋爱期间都变得更加漂亮"，它说出了对于爱情游戏的敏锐观察。也许会让你感到惊奇的是这首歌的主题真的被用来作为一个关于吸引的研究的假设。这项研究由詹姆斯·彭尼贝克（James Pennebaker）和他的同事们（1979）进行。人们开玩笑的那些"同辈吸引力"的说法部分是真实的。在一个酒吧度过一个节日的夜晚，男人和女人都被对方看成更有吸引力的（这项研究不考虑潜在的同性配对），这也许和同辈没有关系。可能是，当时间在滴答声中溜走时，希望遇到一个潜在伴侣的人们在调整他们看待周围"配件"的方式。

那么，到底是什么产生了吸引力的感觉？当然，我们讨论的不仅仅是潜在浪漫伴侣之间的吸引，也涉及潜在的朋友。在诸多定义中，吸引从接近开始。

◎ 接近性、单纯暴露和互动

在适应新生活的第一天，布莱恩发现自己身处一个餐厅，周围是一群不熟悉的面孔。他领到午餐后，在被指派的桌子旁边和群体中的其他人坐在一起。他感到如此地压抑，便悄悄瞟了周围的学生几眼。第二天，他发现自己又坐在同一个人旁边，他们互相做了自我介绍。布莱恩和基思交谈了一下如何适应新生活，以及他们将要上哪些课程。一些天以后，英语作文课的第一天，布莱恩发现基思也在同一个班上。他们决定坐在一起——毕竟，很高兴看到一个熟悉的面孔，不是吗？在这个学年的末尾，布莱恩和基思成了好朋友，并决定成为第二学年的室友。

吸引很明显地从接触开始。在没有见面的情况下，你不能了解一个人，也不能决定他是不是朋友或者情侣的合适人选。这是吸引从你周围开始的原因。你所接触的人由你在哪里工作、上什么课程、你居住在哪个宿舍等决定。由这些安排引起的反复接触是以**接近性**为基础的，即两个人之间的身体距离（Festinger，Schachter，& Back，1950）。身体距离越小，重复接触的可能性越大，从而互相吸引。大量的研究已经显示接近是最佳的友情预报器之一（e.g. Festinger，Schachter，& Back，1950；McPherson，Smith-Lovin，& Cook，2001；Back，Schmukle，& Egloff，2008)。

在布莱恩和基思的例子中，你了解了为什么接近是如此的重要。与此相关的是实用距离的概念，它描述了人们和另一个人接触的频率。实用距离对关系的发展有重要作用（Newcomb，1961）。如果你和另一个人住得近或者从事类似的工作，那就更加可能和他变得熟悉并成为朋友。人们也通常更可能和他们经常见面的人建立关系，或者喜欢对方，这就是所谓的"互动预测"效应。研究已经发现，当女大学生们得知两个女人的信息，并被告知她们将会和其中的一个互动，她们更喜欢被告知将要与之互动的那个女人（Darley & Berscheid，1967；Miller & Marks，1982）。

当然，刻板印象也许在这种预期效应中起到了正面的重要作用。例如，

接近性：身体上的亲近；当两人身体上的距离越小时，他们就越有可能发生反复的接触，这将可能导致相互之间吸引的发展。

格威茨和马库斯（Gurwitz & Markus，1978）发现，当女性被试被告知她们将和一个同性恋男性或者异性恋男性互动时，典型的预期效应出现了。然而，当男性被试被告知同样的事情时，相比于那些没有预期的男性被试，他们则认为同性恋男性是较不受欢迎的。

由接近所创造的效应就是所谓的**单纯暴露**。单纯暴露是指仅仅把个体重复暴露于某个刺激物就足以增强个体对这一刺激物的积极反应（Zajonc，1968）。换句话说，你看见一个人的次数越多，你越有可能喜欢这个人。尽管这也许不总是起作用，例如，当起初的反应是消极的——实际上，在这样的案例中重复暴露甚至能导致更强烈的反感！

单纯暴露效应在一项大学课程的研究中得到了证明（Moreland & Beach，1992）。第一名助教整个学期参加了 15 次课，第二名参加了 10 次课，第三名参加了 5 次课，第四名没有参加过任何一次课。没有一名助教真的和学生互动过。在学期末，学生拿到四名助教的照片，并被问及他们对每名助教的喜爱程度。调查结果发现助教出席的次数与他们被喜爱的程度直接相关。

单纯暴露效应甚至对照片也有效。在一项研究中（Moreland & Zajonc，1982），研究者要求被试看照片上的脸，并评估照片中人物的可爱度和同自己的相似度。被试普遍认为看到次数越多的脸是越可爱和同自己越相似的。另外一项研究（Mita，Derma，& Knight，1977）表明，单纯暴露效应假设我们越经常暴露我们的镜中形象，我们的朋友和爱人就越经常暴露我们的真实形象。研究者发现被试更依赖于自己的镜中形象而非真实形象；相反，朋友和爱人则更倾向于被试的真实形象。最近，巴克、施穆克和埃格洛夫（Back，Schmukle，& Egloff，2008）发现，如果学生在一个学期内被随机指派座位，那些坐在一起的学生会感到对彼此更加友好，而对那些坐得远的学生则没有这种感觉。

当然，接近和单纯暴露对于吸引是如此重要，以至于它们导致了吸

单纯暴露：仅仅把个体重复暴露于某个刺激物就足以增强个体对这一刺激物的积极反应。

引。人们仅仅通过互动就能了解关于彼此足够多的信息，从而确定他们是不是好的伙伴。有时候，互动与接近是没有直接关联的。社交网站（例如 Facebook）上的互动不会从地理距离的接近中受益，但是它们能仍然能够取得积极的效果（McKenna，Green，& Gleason，2002）。在一项研究中，被试倾向于表示更加喜欢在线上认识的朋友，而没有对其当面认识的朋友表现出这样的倾向。智能手机的出现拓展了接近的内涵，它允许在地理上相隔遥远的人们在网络中实现接触与了解。接近、单纯暴露和互动仅仅消除了人们关于吸引的一小部分疑惑，另外一个影响人际交往的重要因素是人们对身体吸引的感知。

 寓学于行　　"美的就是好的"

在一项关于"美的就是好的"的刻板印象研究中，研究者发现外表吸引力这一刻板印象的确存在，即假设有吸引力的人也有更好的个性和人生（Dion，Berscheid, & Walster，1972）。研究者也发现外表吸引力在社会互动和社会影响中有更深刻的影响。他们指出有外表吸引力优势的人在约会中比之前假设的甚至更好，因为美丽的人似乎能代表财富和幸福。

研究者承认他们不知道刻板印象如何决定社会互动的类型，但是如果人们不按照刻板印象来行动，或者反将因刻板印象形成的社会互动当作轶事，将会很奇怪。他们指出之前的研究显示，习惯于和各种人打交道的社会工作者甚至都发现认定一个漂亮女人是谋杀犯是很困难的。通常，漂亮女人似乎不会被判有罪（Dion，Berscheid, & Walster，1972）。你同意这些结论吗？或者你是否相信别的东西能解释"美的就是好的"这一刻板印象起作用的方式？

思考在你和他人的互动过程中吸引力的影响。一个人的吸引力水平是否能影响你是否和这个人保持关系？为了显示吸引力水平对我们感知他人的影响，做个研究测试一下"美的就是好的"的刻板印象，给人们展现两个不同的男性或女性目标人物的图片（确保目标个体享有同样的基本人口统计资料）。我们要求 10 个被试给每个目标个体的吸引力水平进行评级。然后问一系列其他的问题来决定是否吸引力影响已经形成了的印象。例如，你也许想要在 7 分量表（1 代表非常低，7 代表非常高）上问人们认为目标个体挣多少钱，或者在同样的量表上问人们认为目标个体的聪明程度如何。

你也许想重读关于研究方法的第 2 章来帮助你成功地计划这个研究，提出一个假设。当你已经完成了你的研究时，就考虑一下关于你发现的其他解释。你的证明是按照计划来的吗？或者是否存在也许影响你的结果的问题？和你的同学分享你的结果，并且讨论"美的就是好的"的刻板印象如何影响你对于他人的感知。

你将从行动项目中学习到什么？

1. 提出一个关于吸引力水平如何影响互动的假设。

2. 准备一个社会心理学的研究来测试这个问题。

3. 分析社会心理学研究的结果。

◎ 外表吸引力的影响

设想你正在公交车站等车，一个人拿着笔记本向你走来，问你是否愿意在反对社区修建沃尔玛超市的请愿书上签名。这个人冲着你微笑时露出整齐漂亮的白牙，你还发现他有一双十分迷人的眼睛和魁梧的体格。这有什么用吗？他的外貌吸引力对于你是否会在请愿书上签下名字有什么影响？你也许认为答案是"不"，因为你将基于如何看待修建超市这个问题本身来选择是否在请愿书上签名。

可是我们不得不承认，一个人的吸引力水平确实影响与他人的互动。请愿书例子的研究发现收集签名的人的外表越有吸引力，他将能得到越多的签名（Chaiken，1979）。这个发现表明，相比于那些在外表吸引力上不及他们的人，有吸引力的个体具有更强的说服能力。进一步的研究显示，有身体吸引力的男女甚至能够赢得比其他同辈人更多的收入（Hamermesh & Biddle，1994）。实际上，哈莫米斯和比德尔（Hamermesh & Biddle，1994）发现那些外表吸引力不强的人承受了大约 5% ～ 10% 的薪水"痛苦惩罚"。

在研究了有吸引力的和没有吸引力的人在薪水上的差别以后，研究者想进一步考察吸引力是否作用于人们对于技巧和能力的感知，而这两者通常被人们认为是出现报酬差距的原因。在 2005 年，哈莫米斯和帕克（Parker）基于六种对于外表的独立测试，研究学生给他们的教授进行的评定。他们发现，那些被认为更好看的教授在教育技巧方面得到了更高的评价。相对女老师来说，这种影响对男老师更大。在男老师中，被认为缺乏吸引力（在吸引力水平上排最后的 10%）和较有吸引力的人（其他 90%）之间的差别是很大的。

　　等一下，既然如此，那么如何解释"情人眼里出西施"的现象呢？既然外表吸引是一个主观测量，那么这个主题如何能被用来进行实证研究呢？身体吸引确实是一个能够被测量和研究的客观特征。人们倾向于假设在不同文化中所认定的吸引力标准是不同的，但是事实证明并不必然如此。

　　将外表吸引力作为客观特征来考察的研究已经发现，吸引的概念在不同文化中的确是一样的。在一项研究中，最近刚刚到达美国的亚洲学生、西班牙学生和白种美国学生一起，评价亚洲人、西班牙人、黑人和白人女性的照片的吸引力（Cunningham，Roberts，Wu，Barbee，& Druen，1995）。他们的评价结果基本相似。同样的事情发生在美国白人和黑人男性对黑人女性照片的吸引力进行评价时。一个比较韩国和美国学生认为怎样的外貌有吸引力的类似研究表明，他们判断吸引力的标准是高度相似的（McArthur & Berry，1987）。

　　另外一项研究还显示，即便不同文化背景中的儿童也在不同种族、性别和年龄的人们的照片中发现了同样的吸引力特征（比如大眼睛和突出的颧骨）（Langlois，Ritter，Roggman，& Vaughn，1991）。这暗示了一种对于吸引力的普遍定义。这也证明人们对于吸引力的偏好不像之前猜想的那样，是逐渐通过社会化而学习的，而是在某种程度上是"天生的"。例如，研究者指出之前的工作显示婴儿倾向于更长久地看有吸引力的女性的脸。

　　有趣的是，社会心理学家已经发现人们显示出一种对于与平均数类似的脸型的偏好。朗格洛瑞斯和罗格曼（Langlois & Roggman，1990）先给大学生展示真实的人物照片，然后给他们看根据 4 到 32 个人物的脸合成的电脑照片。实际上，照片被越多的脸合成，就有越多的学生喜欢。研究者猜测人们的这种偏好也许来自他们对那些合成脸型的感知的熟悉度——因为它们包含了如此多的脸，它们的特色很少，所以似乎对人们来说更加熟悉。

　　在一定程度上，这种对于"平均"形象的偏好效应已经在非人类物种，甚至非动物客体身上被发现（Halberstadt & Rhodes，2003）。虽然大量研究采用了自我报告的方法测试人们对吸引力的感知，但是有些研究已经开始使用社会心理测量了（Winkielman，Halberstadt，Fazendeiro，& Catty，2006），例如不易受偏差反应影响的面部肌电图（EMGs）。关于平均数的面部研究也显示出人们对于对称脸型的偏好。在对称脸型中，左边和右边的脸是互为镜像图形的（见 Rhodes，2006 年的评论）。另一项研究还进一步证明了我们对于对称身材的偏好。被试更容易被身材对称的舞者吸引（Brown et al.，2005）。

吸引力为什么重要？

在之前的研究中我们已经讨论过，吸引力是一个能影响人际关系的因素。在社会互动中，身体外貌是人们最外显的特征，它极大地影响着人际互动。一项 1972 年的实验试图发现人们是否认为有身体吸引力的人也具有令人满意的人格特点，甚至预期这些人有更美好的人生（例如，作为更好的丈夫或者妻子）（Dion，Berscheid，& Walster，1972）。研究者指出，普通心理学早就形成了根据人们的外表足以预测其人格的理论。这个实验的结果发现一种"美的就是好的"的刻板印象的存在，它假设身体有吸引力的人也一定在生活的其他方面表现得"更好"，并且他们的生活更幸福。其他的研究（Eagly，Ashmore，Makhijani，& Longo，1991；Hatfield & Sprecher，1986；Cash，Gillen，& Burns，1977；Watkins & Johnson，2000）已经显示，相比于没有吸引力的人，有吸引力的人被认为是更加成功的、幸福的、随和的和更有优势的工作申请人。这些研究也进一步充当了关于吸引力的普遍标准的证据。因为如果标准的变化很大，那么这一刻板印象就不会在我们的日常互动中（如友情和人际互动中）占据很大的比重。

在社会互动中，身体外貌是人们最外显的特征，它极大地影响着人际互动。

◎ 相似性

反面相吸。这是生活中的事实，对吗？流行文化（多少浪漫剧中的伴侣是从互相讨厌开始的？）中再三重复，这已经变成了那些很明显、很流行的关于约会的真理之一。然而，关于人际关系的研究已经在很大程度上反驳了这种流行的观点。

总的来说，我们倾向于喜欢那些在地理、态度或者经历方面和我们相似的人，这一效应被称为**配对假设**，它是由社会学家欧文·戈夫曼（Erving Goffman，1952）提出的。戈夫曼假设人们更可能和那些社会属性与其相似的人形成长期稳定的关系。这是浪漫关系中的事实，也同样是朋友关系中的事实（Cash & Derlega，1978）。研究已经显示基于互补的兴趣和行为的配对有更好、更长久的持续关系（e.g.，Aube & Koestner，1995）。其他的研究也显示身体吸引程度相似的伴侣对彼此更加喜爱（e.g.，Walster，Walster，Berscheid，& Dion，1971）。当然，夫妻并不总是在吸引力水平上配对的。然而，研究（Buss & Barnes，1986；Byrne，1961；Murstein & Christy，1976；Feingold，1988）已经证明配对的态度、幽默感和依恋风格（Klohnen & Luo，2003）能引起原初的吸引。例如，唐纳德·特朗普（Donald Trump)的外表也许不及他的前妻，但是一致的个人品位和共同观点也许让他们互相吸引。

实际上，和与我们有相似特点的人配对的倾向真的能被看成是一种协调！这是对的——的确存在一个能预测两个人之间吸引力的准则。**相似比**将大量的关于两个人表达相似观点的话题从所有他们已经交流过的主题中提取出来（Byrne & Nelson，1965）。均衡也是一个预测吸引力的准则——相似度越均衡，双方就越喜欢对方。

这种观点已经在罗森鲍姆（Rosenbaum，1986）的**排斥假设**中有了另外的意涵，它指出相似度不是真的对于吸引有实际的影响。相反，罗森鲍姆认为人们其实是对非相似性感到畏惧。尽管他的假设随后被证明是错的（Smeaton，Byrne，& Murnen，1989），但这项研究仍然有价值——非相似

配对假设：认为人们更有可能与跟自身社会属性相配以及与自身身体吸引力相似的人形成长期关系的假设。

相似比：一个公式，将两个人表达相似观点的话题数除以两个人交流过的话题数，用于预测两个人之间的吸引程度。

排斥假设：认为相似性实际上并不会影响吸引力的观点。

性相比于相似性而言，确实对于吸引力有更强的影响（e.g., Tan & Singh, 1995）。

◎ 互惠

相似性仅仅是产生吸引力的因素之一，另外一个因素是**互惠**。互惠是用我们的所得去换取我们所需的交换过程，包括喜欢那些喜欢我们的人（Aron, Dutton, Aron, & Iverson, 1989; Kenny, 1994）。许多人基于这个信念开始朋友或者恋人关系——我们被那些喜欢我们的人所吸引。有一个人喜欢你的事实能使你随着时间的推移对这个人展示自身更多的面向（Collins & Miller, 1994），这有助于双方在关系中建立信任，反过来又会增强关系。我们喜欢和我们分享个人信息的人。在一项研究中（Vittengl & Holt, 2000），大学生与陌生人进行了简短的对话。相比于那些没有展示自我的人，那些更多展示了自身面向的人在对话之后处在更好的气氛中，相比于那些更加闭塞的人而言，他们也更加喜欢他们的对话同伴。

父母和孩子的早期互动如何影响未来关系？

大部分人的第一次人际接触是和父母进行的。从我们第一次呼吸的那一刻开始，我们就已经在和他人互动了。婴儿对于面部表情是高度敏感的，对人们发出的声音与移动也一样，这些已经为人所熟知。回想你看见一个婴儿与成人互动的时刻——成年人也许会教婴儿说话，冲着婴儿咧嘴笑，或者冲着婴儿做其他夸张的面部表情。正如他所做的，婴儿也许会以咕咕地叫或咯咯地笑来回应。婴儿正在被拿来取乐，但是有一项更隐蔽的工作正在进行着。父母和婴儿的互动为婴儿如何在他的一生中经历人际关系奠定了基础。

> **互惠：**用我们的所得去换取我们所需的交换过程，包括喜欢那些喜欢我们的人。

我们的大脑神奇地鼓励着这种互动。当面对来自陌生人的无威胁的信号时，荷尔蒙后叶催产素会被释放，从而使社会认知更便利，这会引起一种值得信赖的感觉（Zak，Kurzban，& Matzner，2005）。这对我们和陌生人建立便利的关系而言十分重要。这一原则也在父母和孩子之间起着作用。

后叶催产素已经与一个被清晰定义的母亲般的连接行为（例如充满深情的触碰和发声法）相联系。后叶催产素和婴儿的例行检查一样，致使一些研究者认为它是一种"连接的荷尔蒙"（Feldman，Weller，Zagoory-Sharon，& Levine，2007）。尽管许多人假设父母和孩子之间最强的连接是存在于母子之间的，但有研究发现一种相似的生物支持也同样存在于父子关系中。实际上，男人和女人都是"天生地"和孩子连接着的（Gordon，Zagoory-Sharon，Leckman，& Feldman，2010）。

心理学教授鲁丝·费尔德曼（Ruth Feldman）发现，和产后的母亲一样，父亲的后叶催产素水平也会增加。荷尔蒙跟感觉平静和联系有关，它促使能够让婴儿感受到积极社会互动的行为发生。费尔德曼博士发现父亲的后叶催产素水平是与母亲相当的。当男人拥抱孩子时，这种荷尔蒙的水平会上升。拥抱得越多，释放的后叶催产素越多，他们就会感觉越好。当然，这全都可以归结为一个原因。这个循环必须从和孩子的积极互动开始（Shellenbarger，2009）。

用发展的眼光看，这些人类互动对于我们形成关于自己、他人和信任的态度是有决定性影响的。在一个孩子学会任何语言技巧之前，他就已经开始发展一种和他人互动的风格。这被称为**依恋风格**（Ainsworth et al.，1978；Bowlby，1969，1973），或者在人际关系中感受到的安全感的程度。

◎ 依恋风格

你也许会惊奇地发现许多我们所知的关于依恋的东西是从把幼小的恒河猴从母亲那里拿走开始的。心理学家哈里·哈洛（Harry Harlow）在 1958 给

依恋风格： 在人际关系中感受到的安全感的程度。

了与母亲分开的小猴子一个替代"妈妈"的选择——一个是由毛巾布做的，另外一个是电线做的。他发现猴子依附着毛巾布妈妈来获得安全和舒适，而仅仅当电线妈妈提供食物时才选择她。研究者还发现在和毛巾布妈妈分离一些天然后再次重聚之后，猴子依附着周围环境中其他的替代物，而不是毛巾布妈妈。通过这些研究，哈洛认为身体接触和喂食的重要性并不像之前所想的那样是连接的最重要的因素。

玛丽·安斯沃斯（Mary Ainsworth）和她的同事（1978）以及约翰·波尔比（John Bowlby，1969，1973）是第一批将依恋研究带到人类主题中的研究者。安斯沃斯提出了一个方法，这一方法和哈洛的陌生情境范式的猴子研究遵循同样脉络。在研究中，母亲和婴儿将被介绍给一个陌生女人。婴儿将被留给陌生女人，然后被单独留下。研究显示，当他们的母亲不在场时，婴儿在探险和玩耍时更缺乏信心。安斯沃斯和波尔比进行了如此重要的工作，以至于他们的发现不仅仅是一篇科学文献，也影响了关于儿童的公共政策（对其工作和影响的评论，见 Bretherton，1992）。

波尔比的研究引出一个假定，即婴儿在早期和成年人的互动中发展出两种基本态度：婴儿的自尊通过其照顾者给予的情感反应得到发展。冲婴儿笑和抱婴儿的照顾者有助于让婴儿体会到被珍惜和被爱护的感觉，而对婴儿行为冷淡的照顾者则奠定了孩子感觉不被爱和不被珍惜的心理基础。婴儿在这个时间开始发展的第二个态度是**人际信任**。在说出第一句话之前，婴儿形成了一种照顾是值得信任和可信赖的（或相反的）感觉。人际信任是一种认为人们是值得信任和可依靠的信念，这种态度是发展依恋风格的基础。研究已经描绘出依恋风格和成年人关系之间的相似之处——年轻的爱人渴望身体喜爱；当分离时，他们会感到痛苦，这种感觉就像婴儿与母亲相处时的情形一样（Shaver & Hazan，1993；Fraley，2002）。

依恋风格基本上能被归结为描述自尊水平和人际信任的准则。对于个人来讲，可能出现两者都很高，两者都很低，或者一高一低的情况。这些依恋

人际信任：是一种认为人们是值得依赖和可依靠的信念，这种态度是发展依恋风格的基础。

风格在生命中如此之早就得到塑造，并且对我们的成年生活有很大的影响。波尔比（1988）认为婴儿期的依恋风格和人们后来生活中的关系类型之间存在关联，其他的研究已经支持了这个论点（Feeney & Noller，1990；Hazan & Shaver，1987）。雷纳·班斯（Rainer Banse，2004）的研究显示，通过了解两个伴侣的依恋风格，也许能预测其婚姻的稳固和前景，这对于异性和同性关系都适用（Ridge & Feeney，1998；Robinson，1999）。关于风格类型的数量存在一些分歧，但是根据以上的原则，我们可以划分四种基本的依恋风格。

安全型依恋风格

如果一个人在自尊和人际信任两个方面都很高，他/她就属于**安全型依恋风格**。十个婴儿中有七个显示出这种依恋风格类型，成年人大致也是如此（Baldwin et al.，1996；Jones & Cunningham，1996；Mickelson，Kessler，& Shaver，1997）。这是最成功的依恋风格。这种风格的人倾向于在他们的人生历程中建立持久的和满意的关系。

恐惧回避型依恋风格

处于光谱末尾的、在自尊和人际信任两个方面都低的人被描述为**恐惧回避型依恋风格**。这种风格的人通常不能建立亲密关系，或者说，他们的关系不是令人满意的。一些研究已经证明这种依恋风格的人倾向于关注他们与朋友之间如何相似或者如何不同，这强烈地影响了关系的本质（Gabriel et al.，2005）。

谦卑型依恋风格

低度自尊但是高度人际信任的人们显示出**谦卑型依恋风格**。这种风格也

安全型依恋风格：最为成功的依恋风格，以高度自尊和高度人际信任为特征。

恐惧回避型依恋风格：最缺乏安全感的依恋风格，以低度自尊和低度人际信任为特征。

谦卑型依恋风格：一种充满冲突的、缺乏安全感的依恋风格，以低度自尊和高度人际信任为特征。

被称为"焦虑-矛盾"风格。当这种风格的人渴望他人的亲密和赞成时，他们很容易建立关系。谦卑型依恋风格可以说是带有一点自我破坏性的。这种风格的人预期他们对亲密的渴望会遭到拒绝，因为他们认为自己不值得关注或者爱护。相比于那些安全型或者恐惧回避型依恋风格的人，这一风格的人的情感充满起伏（Davis，Shaver，& Vernon，2004）。这种风格的人觉得他们的伴侣对他们不够支持，这一点也得到了证明（Campbell，Simpson，Boldry，& Kashy，2005；Collins & Feeney，2004）。

遗弃型依恋风格

高度自尊和低度人际信任的混合形成**遗弃型依恋风格**。高自尊导致人们相信他们能够并且值得建立好的关系，但是低度的人际信任意味着他们以最坏的预期揣测别人，所以害怕和别人亲近。

依恋风格能够改变吗？

依恋风格一旦形成，并不意味着它必然不能再改变。许多社会心理学家确信它会保持不变（e.g., Klohnen & Bera，1998）。然而，存在确定的证据表明我们的关系经历（包括好坏两个方面）能导致依恋风格的改变（e.g., Brennan & Bosson，1998；Baldwin & Fehr，1995；Keelan，Dion，& Dion，1994；Scharfe & Bartholomew，1994）。例如，有过让他们变得敏感的关系经历的人（例如，一个痛苦经历的结束）改变了他们的依恋风格（Davila & Cobb，2003）。当然，存在两种不同的改变轨迹。特别积极的关系经历也同样能导致安全型依恋风格的增长（Ruvolo，Fabin，& Ruvolo，2001）。

尽管依恋风格在婴儿时已经成形，但它们继续在我们的余生中影响我们与朋友、爱人的互动方式。它们在我们如何处理和定义浪漫爱情上起着重要作用——当然，依恋风格并不是这些处理方式和定义的唯一因素。

> **遗弃型依恋风格**：一种相冲突的、缺乏安全感的依恋风格，其特征是高度自尊和低度人际信任。

安全型依恋风格

高度自尊、高度人际信任，是最成功的依恋风格，可形成长久的和令人满意的关系。

恐惧回避型依恋风格

低度自尊、低度人际信任，不能形成亲密关系，关系是不令人满意的。

谦卑型依恋风格

低度自尊、高度人际信任，自我破坏，渴望亲密，预期被拒绝。

遗弃型依恋风格

高度自尊、低度人际信任，以最坏的预期揣测别人，害怕过于亲密。

资料来源：Ainsworth, M.D.S., Blehar, M.C., Waters, E., & Wall, S. (1978). Patterns of attachment: A psychological study of the strange situation. Hillsdale, NJ: Lawrence Erlbaum.

Bowlby, J.(1969). Attachment and loss: Vol.l: Attachment.New York: Basic Books.

Bowlby, J.(1973). Attachment and loss: Vol.lI: Separation: Anxiety and anger. New York: Basic Books.

Bowlby, J. (1988). A secure base: Parent—child attachment and healthy human development. New York: Basic Books.

依恋风格

自尊和人际信任之间的关系决定了你的依恋风格。

 # 影响和定义浪漫爱情的因素是什么?

保罗和玛利亚从去年开始上学以来，一直和同一群体中的朋友混在一起。他们确实互相喜欢，但是随后的事情变得不同了。当他们不和朋友们在一起的时候，他们发现两个人越来越多地紧挨在一起坐。最重要的是，玛利亚有时候发现保罗在看着她，然后转过脸去，她敢说她看到他脸红了！

这两个人明显是互相吸引的，但是，是什么因素将这种吸引转为恋爱关系呢？就绝大部分情况而言，浪漫爱情同样能被影响其他关系的因素所影响。自从处在同一个朋友群体中，保罗和玛利亚被接近和单纯暴露所影响，他们享受同样的活动——在这里，你会看到相似性和配对假设起了作用。

◎ 性别角色

当保罗和玛利亚朝着恋爱关系发展时，他们可能在寻找这种关系的不同之处。这在很大程度上和他们的个性有关，但也在一定程度上可以归因于他们的性别。对于异性恋关系中的男人和女人而言，他们所看重的潜在伴侣的特质是不同的。进化心理学家认为，无论我们是否有兴趣成为父母，我们的基因历史和我们的祖先传递其基因的驱动力在我们选择浪漫伴侣上扮演着重要的角色。这些心理学家讨论，我们对首选伴侣的考量是基于繁殖潜力的，它在男性和女性身上的表现不同（e.g., Geary, Vigil, & Byrd-Craven, 2004）。例如，这一理论认为男人已经发展出一种对于多样的性伴侣的强烈需求，对此的解释是更多的伴侣意味着有更多的机会来成功地进行繁殖（Buss, 2002）。

进化也许提供了一种解释男人看重潜在女性伴侣的身体吸引的理由。美丽也许和繁殖能力相连，因为在早期，男人也许已经和按照身体吸引来选择的女性伴侣有了更多的成功繁殖结果。而女性的身体吸引力体现在年轻和健康方面——这在繁殖和产子的过程中都被认为是重要的。它们也是男人偏爱"美丽"长发和对称面孔的进化上的原因（Jacobi & Cash, 1994; Hughes, Harrison, & Gallup, 2002）。即使一个男人不能和每一个他约会过的女人建立家庭，他仍然倾向于寻找看起来漂亮的女人（Buss, 2002）。

当然，正如本章前面所论述的，女人也被有身体吸引力的潜在男性伴侣所吸引。进化心理学家们认为女人不过多地关心男人的身体吸引力，因为男人的繁殖年限不像女人那样受限制，所以，年轻不是选择伴侣的重要因素。相反，他们认为女人更加被拥有资源的男人所吸引，因为那些资源能转化成一种保护和照顾家庭的能力（Buss, 2002; Kenrick, Neuberg, Zierk, & Krones, 1994）。

现在，在你抱怨着自己不能明确归纳出男人和女人到底在浪漫伴侣那里寻找什么，而把本书扔到角落里之前，你应该知道不是每一个人都同意这种观点。研究显示女人和男人都倾向于选择富有和健康的伴侣（Miller, Putcha-Bhagavatula, & Pederson, 2002）。文化影响现在也许比进化影响更加强大，关于繁殖潜力是浪漫的关键因素的论点并没有得到普遍接受。

更何况，当个体被问及长期关系目标时，性别差异并没有那么大（Kenrick，Sadalla，Groth，& Trost，1990）。当选择长期伴侣时，两性都更加精心地进行选择（Stewart，Stinnett，& Rosenfeld，2000）。对于进化视角的另外一个批评是它缺乏对于男同性恋的解释。然而，新的研究（Vasey & Vanderlann，2010）确实认为男性同性吸引能被亲属选择假设所解释。按照这种假设，同性恋男人也许通过作为"鸟巢中的帮助者"，帮助照顾侄女和侄子，从而使家族基因永存。

◎ 激情式爱情

当保罗和玛利亚互相爱上对方时，他们的关系是崭新的和令人兴奋的。他们发现这种感觉是如此强烈，有时候甚至势不可挡。他们花费所有的空闲时间在一起。当对方靠近时，自己的心似乎在猛烈地跳动。保罗和玛利亚痛苦地享受着激情式爱情——伊莱恩·哈特菲尔德（Elaine Hatfield，1988）将之定义为个体强烈渴望与另一个个体结合的状态。哈特菲尔德和她的同事苏珊·丝柏奇（Susan Sprecher）还制作了一个激情式爱情量表，来评估从"极度激情"到"极度冷漠"的感觉。这一量表被运用于青少年的家庭治疗中，他们第一次经历这些感觉，不知道如何处理激情式爱情带来的压力。研究者声称激情式爱情和青春期同时到来（Hatfield & Sprecher，1986；Hatfield，1988）。

哈特菲尔德将激情式爱情理论化，她将这种行为描述为一对伴侣凝视着对方的眼睛，感觉他们处在一个情感的"巨浪海船"上，这种"处境"使他们从唤醒状态转变为情感状态。她认为唤醒状态无论在何种状态下都是一样的。设想这样一个情境，当你的心灵遭受重击时，你的身体会颤抖，此时，你也许在经历害怕、生气或者愉悦，但是你的身体反应是同样的。根据这个理论，任何形式的唤醒都能增强激情的感受——只要存在激情的可能目标。那么，害怕能带来爱情的感受吗？

害怕能带来激情式爱情吗？

这是一个经典的电影场景：一个漂亮的女人处在危险之中。也许她被绑架了，或者和一只饥饿的老虎一起被锁在笼子里，或者被疯狂的歹徒悬吊在摩天大楼的边缘。不管这个情景是怎样的，英雄都会横空出世，拯救了美女。然后发生了什么？他们疯狂地陷入了爱情中，这是理所当然的！

英雄和美女的配对很容易吸引眼球，这样的关系反映了激情式爱情的基本原理。有一些非常有力的证据显示，当人们处在一种强烈的情感状态中时，性吸引发生的频率会增加。**兴奋转移**表明由一个刺激诱发的唤醒（一部可怕的电影或者一个在巨浪中的海船）能转移到另一个人身上（Zillmann，1971）。这些证据包括研究，例如由杜登和阿伦（Dutton & Aron，1974）进行的一项实验：在一个诱发恐惧唤醒的吊桥上，或者一个没有诱发恐惧唤醒的桥上，男性路过者接触了一个有吸引力的女性访谈者。男性被要求使用知觉测试图片来填写问卷——知觉测试图片被认为能发现主体的无意识的压抑感受。对于和诱发恐惧唤醒的桥接触的男人来说，他们所写的故事中的性的成分明显更多，被试错误地认为他们的唤醒（更快的心跳和更重的呼吸）来自访问他们的女人，而不是桥。相比于那些在没有诱发恐惧唤醒的桥上见到女性访谈者的人，这些男人更可能给女人打电话。这些不同在接触男性访谈者的被试身上并没有体现出来。

尽管难以置信，但是那些动作片真的包含一些现实因素！

◎ 伴侣式爱情

保罗和玛利亚的关系也许发展到了结婚的程度。在一起很多年以后，他们的激情式爱情的状态转变为一种不同的爱情。激情式爱情是紧张而刺激的，而伴侣式爱情则更加稳定和冷静。这是我们对与自己的生活深深交织在一起的人的爱恋。伴侣式爱情的特点是分享观点、价值观和人生经历，以及对对方的深深的信任感。

激情式爱情是令人兴奋的，但是其实所有兴奋必将走到终结。然而，这不意味着关系结束或者爱情停止，它仅仅变成了更持续的和使人舒服的伴侣

兴奋转移：由一个刺激诱发的唤醒转移到另一个人身上的过程。

式爱情。

　　有时候，这种激情式爱情的冷却经历了一个转型期。当兴奋和新鲜渐淡，人们变得不再抱有幻想，特别是那些认为浪漫对于婚姻的持久很重要的人。一些社会心理学家认为，离婚率的上升能部分归因于强烈的积极情绪经历的重要性的上升，例如激情式爱情的"高潮"。保持这种情绪状态是很难的，但是这没有使一些人从抓紧梦想的脚步中停止下来（Simpson，Campbell，& Berscheid，1986）。

　　更多的最新研究表明，处在一个长期关系中不必然意味着一个人不得不放弃激情式爱情，而作出向伴侣式爱情的完全转变。浪漫爱情能存在于长期婚姻中，实际上是长期婚姻关系中的一个幸福和高度自尊的信号（Acevedo & Aron，2009）。

激情式爱情

以渴望成为某个人的伴侣为特点；兴奋；情感的波澜；青春期的第一次经历；由紧张和胆小的经历所激发，常常是浪漫关系的开端。

伴侣式爱情

冷静和稳定；以共享的价值观和人生经历为特点；以深深的信任为标志；经常出现在已经结婚多年的夫妻身上。

激情式爱情和伴侣式爱情
随着时间推移，激情褪去，一种更冷静的爱情开始出现。

◎ 爱情三元论

　　保罗和玛利亚之间的关系发展并且转型，我们称之为爱情，但是什么是爱情？爱情有哪些组成部分呢？罗伯特·斯滕伯格（Robert Sternberg，1986，1997）发现了通过他的爱情三元论来解释这个问题的方法。他认为存在构成爱情的三个组成部分：亲密（亲近和纽带的感觉）、激情（身体吸引和性和谐）和承诺（一个人爱另一个人并且保持这种爱情的决定）。人们感受的爱情很大程度上依赖于这些组成部分的强度。

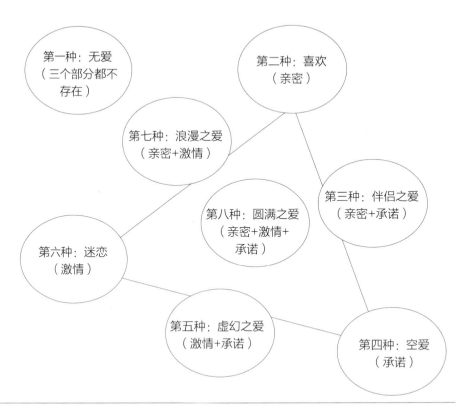

斯滕伯格的爱情三元论

通过对爱情的三个基础部分（亲密、激情和承诺）进行不同的组合，可以得出八种不同的爱情类型。

我们已经讨论了激情式和伴侣式爱情，但是斯滕伯格的三角模型可以推导出八种不同的爱情类型，人们可以完全经历这三个组成部分，也可以经历其中的两个组成部分，或者仅仅其中的一个，甚至不经历任何一个部分（Sternberg，1986）。激情式爱情和伴侣式爱情（斯滕伯格将其作为浪漫爱情来描述）位于模型的什么地方？思考那些爱情类型的特点，三个组成部分中的哪一个是最重要的？

◎ 跨文化的浪漫爱情

如果保罗和玛利亚在诸如中国或者印度成长，他们会对其所形成的关系看得如此之重吗？他们会互相将对方视为潜在伴侣，而和其他人结婚吗？

浪漫爱情的定义是随着文化而变化的。一项探索个体主义文化和集体主义文化中浪漫爱情的差异的研究发现，两种文化中的爱情观是十分不同的（Dion & Dion，1993，1996）。相比于在集体主义文化中，浪漫爱情在个体主义文化中似乎是婚姻最重要的基础。同样的，个体主义文化更加看重浪漫伴侣之间在社会心理学意义上的亲密感。这项研究也讨论了个体主义对于浪漫爱情的影响，特别是个体主义如何使得社会心理学意义的亲密感出现裂痕。

其他研究已经证明不同文化给爱情所做的定义存在一些相似之处。例如，在一项研究中，中国香港和英国回答者都显示出对于预定角色和关系发展中的命运因素的适度的信念，（Goodwin & Findlay，1997）。不过，相比于英国的回答者，中国回答者明显更加赞同那些信念。

不是所有的浪漫关系都基于原初的激情式爱情。例如，印度一项关于包办婚姻的研究（Gupta & Singh，1982；Myers，Madathil，& Tingil，2005）发现，尽管这些联合不是双方选择的，然而与自主选择的婚姻比起来，这些关系中的长期满意度并没有什么不同。

◎　婚姻是浪漫爱情的最终归宿吗？

想象保罗和玛利亚走过了关系的各个阶段，我们假设他们已经结婚了，但所有的浪漫关系真的都以结婚告终吗？有些人视婚姻为浪漫关系的"归宿"，但真的是这样吗？分析婚姻是否有积极效果的研究是复杂的。一些研究显示婚姻有益于个人的经济福利、子女的福利和他们总体的健康（e.g., Lerman，2002；Schoenborn，2004）。其他的研究显示，婚姻不能单独地带来更好的健康和福利，人们必须对他们的婚姻感到满意才能收获这些好处。这些研究表明单身的人一般比处于不满意婚姻状态下的人有更好的健康状况（e.g., Holt-Lunstad，Birmingham，& Jones，2008）。

婚姻满意的问题还在一定程度上与文化因素有关。在美国，许多人不能想象为包办婚姻而结合，但是一些研究显示，相比于那些自主选择他们伴侣的人，包办婚姻中的人们确实有更高的满意度（Xiaohe & Whyte，1990）。然而，其他的研究显示，在包办婚姻和自主选择爱人的婚姻之间在满意度上不存在任何差别（Myers，Madathil，& Tingle，2005）。

同样必须指出的是，大部分关于婚姻和长期关系的研究都是指异性配偶。部分原因是由于同性婚姻多被法律禁止。然而，我们能假设同性配偶也将经历同样的益处和婚姻的挑战。实际上，《美国公共健康杂志》2010年的一项研究表明，对于同性婚姻的禁止已经对男同性恋、女同性恋和双性恋的心理健康造成了消极影响（Mustanski，2010）。这项研究发现，生活在禁止同性婚姻的州的男女同性恋和双性恋之中，心情紊乱者的数量在增长。其中包括心情焦虑者和过度饮酒者。值得讨论的是，除了证明使人们远离婚姻的副作用以外，这项研究明确表现了制度歧视的消极效果。最近，其他关注公民协会或者长期关系中的同性配偶的研究对这个观点予以支持，即就像异性夫妻所做的那样，同性伴侣能从长期关系中获取同样的益处（Balsam，Beauchaine，Rothblum，& Solomon，2008；Gottman，Levenson，Swanson，Swanson，Tyson，& Yoshimoto，2003）。库德克（Kurdek，2004）所作的一项长期研究显示，相比于异性夫妻，同性夫妻最起码能感受到相同的快乐（参见 Peplau & Fingerhut，2007 年关于同性夫妻的研究）。

关系是如何得以保持的？

到目前为止，我们已经讨论了友情和浪漫关系如何开始的问题，但是人们如何保持这些关系呢？有一些理论能够预测一段关系能被维持得多久和多好。

◎ 社会交换论

首先就是**社会交换论**（Thibaut & Kelley，1952，1959），这是一种关于人类行为的经济学理论，它认为人们在关系中基于最小成本和最大收益而

> **社会交换论：** 一种关于人类行为的经济学模型，认为人们在关系中基于最小成本和最大收益而采取行动。

采取行动。按照这种理论，相比于那些花费更多成本和得到更少收益的关系，提供更多好处和付出更少成本的关系（包括用来保持这种关系的工作）会持续得更久，更加令人满足。回报增加的频率和比例也起作用（Berg & McQuinn，1986）。在维持关系的过程中，经历了回报增加的夫妻倾向于更长久地在一起。同样的效应不仅存在于异性夫妻中，在同性夫妻中也是如此（Kurdek，1991）。

当然，时机是一切。社会交换论常常不会用于关系的早期阶段。在激情的第一次痛苦或者蜜月期间，人们不倾向于担心关系的成本（Hays，1985）。除了时机以外，另一个重要的要考虑的事是报酬如何真的满足各个伴侣的需要——社会交换不仅仅关乎数量，而且关乎质量（Lawrence et al.，2008）。

◎ 公平理论

你是否曾经处在一段关系中，在其中你感觉你付出得比别人更多，他／她只付出举手之劳却得到更多？通常情况下，这种关系并不会持续太久。这能通过**公平理论**来解释（Walster，Walster，& Traupmann，1978），这一理论认为当付出与回报对于双方而言基本上是一致的时候，双方的关系才最让人满意（这一理论的综述，见 Sprecher & Schwartz，1994；Van Yperen & Buunk，1994）。

这一理论不是没有批判者，他们认为存在与这一理论相矛盾的证据。然而，范·伊伯伦和邦克（Van Yperen & Buunk，1990）认为在公平的重要性方面存在个体差异。例如，如果夫妻将交换看得非常重要，那么他们对公平的感知对于对关系是有关键意义的。

◎ 投资模型

一旦你把特定的东西献给关系——时间、自我暴露、精力——而没有办

公平理论：认为当付出与回报对于双方而言基本上是一致的时候，双方的关系才最让人满意。

法得到回报，这些不能被收回的资源就是**投资**（Rusbult，1983，1991）。你在关系中作出的这些投资是直接和你对在关系中感觉到的承诺相联系的。如果你为了维护关系已经投入了很多，就很难脱离它。比较一下你约会过两个星期的人和你约会过两年的人。如果你已经在关系中做了更多投资，你一般会更加愿意解决问题。已有的研究发现支持这种模型（Rusbult，1983）。

◎ 交换和共有关系

看待关系的维持和满足的另一个方式是通过检查交换和共有关系的差别（Clark，1984）。**交换关系**是对互惠有强烈预期的关系，而**共有关系**是期待互相满足彼此需要的关系。

交换关系常常限于陌生人和偶然的熟人，或者是在生意伙伴之间。而强大的共有关系存在于亲密朋友、浪漫伴侣和家庭成员之间。在这些关系中，人们寻求关心另一个人，不期待任何回报（这些关系类型的回顾，见 Clark & Pataki，1995）。

冲突在关系中扮演什么角色？

"我再也不想见到你了！"她怒吼道，在你反应过来之前，门已经"砰"地在你面前关上了。一个完美的平静夜晚不知怎么以激烈的争吵而告终，你甚至不知道你们是如何走到了这一步。

和朋友或者恋人的冲突绝不是有趣的，但确实是常见的。关系可以提升你们的情绪和整体健康，但是它们不是不会面临挑战。所有亲密关系将涉及一些冲突——这是不可避免的。

> **投资**：投入到一段关系中且无法收回的资源。
>
> **交换关系**：一种对互惠有强烈预期的关系。
>
> **共有关系**：期待互相满足彼此需要的关系。

批评	轻视
"你从来没有考虑过我的感受。你只知道凭自己的喜好做事！"	"你是我见过的最懒惰的人。"
攻击自己的伴侣或者关系的某些方面。	表现得好像被伴侣拒绝那样。

防御性	沉默
"你知道我有多忙吗？你为什么不自己打电话叫外卖，而指望我回家做饭呢？"	"我太忙，不想讨论这些。"
通过各种理由全面地维护自己。	在情感上撤退并且拒绝沟通。

资料来源：Gottman,J.(1994).Why marriages succeed or fail...and how you can make yours last.New York:Simon&Schuster.

⋀⋀ 关系中的四骑士
约翰·戈特曼定义了四种能导致关系破裂的冲突类型。

冲突是健康关系中的一部分，并且存在一些特定的十分具有破坏性的冲突类型。实际上，华盛顿大学婚姻研究领域的学科带头人约翰·戈特曼（John Gottman）区分了四种类型，称它们是"四骑士"，因为它们能预示一段关系的结局。这"四骑士"是批评、轻视、防御性和沉默（Gottman，1994）。

批评是指攻击伴侣或者关系的某些方面。轻视是指一个人表现得好像他 / 她被伴侣驳斥了。一个人要保护自己时，会表现出防御性，经常通过道歉来实现，沉默涉及情绪撤回和拒绝交流。它们都听起来像能扼杀一段关系，不是吗？它们能。研究已经显示出现这些行为的关系随着时间的推移，将导致女人的较低的满意度（Huston & Vangelisti，1991）。按照戈特曼的理论，在采取的方式上存在性别差异。例如，男人更可能采取沉默。戈特曼也认为沉默和轻视特别可能预示着离婚。

◎ 归因的影响

当莎拉看见她的男朋友威尔在等她时，她翘了早上的课。他没有说一句话，只给了她两张去看缪斯的演出票——那是她最喜欢的乐队之一。当演出票被售光时，她不得不工作，她对于错过去看演出而感到失望。现在看着这些票，又看看威尔的笑脸，她想："他真是最好的男朋友！他是如此的甜美！"

在第 5 章中，你学习了哈罗德·凯利的归因理论，我们使用"一般感觉心理学"来解释日常的事件。当我们想搞清楚周围发生的事情的意义时，我们将行为归因为内在的和外在的原因。对于那些发生在我们自己和我们的爱人身上的事情，我们经常作出有利的归因。你也许为你同伴的消极行为而找借口，将它归因为外部的因素。积极行为（像威尔给莎拉买缪斯的票），被归因为内部的因素——威尔是一个体贴的男朋友并且关心莎拉。

要是莎拉没有将威尔的积极行为归因为积极的因素又怎样？要是她反而将它归因为一些消极的因素又会怎样？比方说，当看见票的时候，莎拉的第一想法是："这次他都做了什么？"

这里，莎拉陷入了**消极归因方式**。这发生在一个人用消极方式解释伴侣的行为时。我们都熟悉一个经常在戏剧中出现的经典场景：一个男人给他的妻子献花，不料竟让她误以为他做错了事情——他在欺骗她，或者在工作中遇到了困难。这些陷阱导致了较低的婚姻满意度，并且经常因此增加关系中的冲突。

在一项归因研究中，研究者要求夫妻们评估他们对于伴侣的信任度，然后讨论一个常见的关系问题。在讨论之后，被试评估了他们在讨论期间关于伴侣的信念。两年之后，被试观看了他们讨论的录像，并被要求再一次评估他们关于伴侣的信念。在这次后续研究中，在研究的第一部分已经进行了消极归因的人对伴侣更不信任。同样的，在研究的第一部分表现出较低

消极归因方式：个人消极地解释其同伴行为的方式。

信任的人们在研究的第二部分对他们伴侣的行为进行了消极归因（Miller & Rempel，2004）。

"绿眼睛的怪物"

当你看见自己的伴侣在一个聚会中和一个有魅力的人交谈时，你会有什么感觉？对于任何对你们的关系的潜在威胁感到妒忌是很正常的。男人和女人都经历过妒忌，但是他们是否用同样的方式经历？又是否作出了同样的反应？

进化心理学家曾经提出了一个可能的答案。一项研究中的被试被要求想象他们的伴侣在一次聚会中和他人打得火热（Dijkstra & Buunk，1998）。当设想自己的伴侣和有权力的、成功的他人打得火热时，男性被试更妒忌；当设想伴侣和漂亮的人打得火热时，女性被试更可能有妒忌的感觉。

对于不同行为的妒忌的可能性也似乎因性别而不同（Buss，Larsen，Westen，& Semmelroth，1992）。当男人和女人被问及他们的伴侣和别人有性交往或者和别人形成深深的爱慕，哪一个会让他们感到更加烦恼时，60%的男人说他们将对于身体出轨更加烦恼。被调查的女性中，83%的被调查女性说她们对于情感出轨更加烦恼。

进化心理学家认为男人应该害怕身体出轨，因为这可能导致他们的资源用来抚养另一个男人的孩子。相反，女人更容易受情感出轨的困扰，因为这威胁到抚育他们的孩子的资源。

◎　对关系的讨论是否有好处？

有时候人们之间的关系会疏远。这并不是因为发生了什么事情，仅仅是关系按常规发展到了一定阶段。这在友情中是正常的，但是在浪漫关系或者婚姻中通常不是这样的。婚姻的解体是特别困难的，否则夫妻已经投入建立共同生活的所有精力会突然变得好像是在浪费时间。

伴侣用或者积极或者消极的方式处理"触礁"的关系（Rusbult & Zembrodt，1983）。积极的回应表现为终结关系或者努力改善关系。相反，消极的回应则是在一个困难的关系中只是被动地等待和希望它能好转。

我们的自动回应通常倾向于将关系的破裂视为一件坏事。一个人对他人的信任遭到打击，财产被分割，朋友选择不同的立场——很难看到伴随着关系解体而来的好处。然而，为什么这么多的人说"这是出于好意"？

关系的终结会引起人们难过是毫无疑问的，但是也存在一些积极的效应。用这种方式想想：在关系的形成、发展和解体中你学习到的关于自己的任何东西都使得你更好地准备下一段关系。个人成长的标志能被分成几个方面：个人正面、关系正面和环境正面（Tashiro & Frazier，2003）。个人正面的个人成长体现为态度的发展，比如你能更自信地掌控自己的经历。关系正面涉及你与他人关系中的教训部分，比如学习关系技巧或者知道如何不让自己陷得这么深、这么快。最终，环境正面的影响集中于你周围的世界。你可以将关系破裂作为再次关注朋友或者学业的重要途径。

 阅读材料　科学怎样帮助你坠入爱河？

作者： *罗伯特·爱波斯坦*（Robert Epstein）
发表于 2010 年 1、2 月

> 没有什么能比身处一段成功的恋爱关系更让人满足了。我们通常把我们的爱情生活完全归于机遇。也许，我们不必这样。

让学生对科学研究感兴趣的最好的方法是给予他们能让他们兴奋的实用经验。在化学课上，老师们用试管和神秘的液体来完成研究。我最近在圣迭戈的加利福尼亚大学讲授一门关系科学课程，我使用"爱情练习"来激起学生们的兴趣。

起初，我要求八个互不认识的学生来到讲台上。然后，我将他们随机配对。我要求每个人按照其对同伴的喜爱程度（分为喜欢、爱和亲密感三个指标）在1~10的量表中打分。然后，我要双方看着对方的眼睛，我把这项练习称为"灵魂对视"。

起初有人发出傻笑，然后他们开始非常紧张地对视。两分钟以后，我再次要求他们打分。结果如何？"爱"这一方面增加了7%（一对中至少一人增加了1个百分点），"喜欢"增加了11%，"亲密感"令人吃惊地增加了45%。观众中有人惊叹和欢呼。当我要求班上每个人配对进行两分钟对视时，89%

爱波斯坦将这种效应很大程度上归因为人们向另一个人敞开心扉。但是，你认为接近、单纯暴露和互动等你在第12章中学过的因素在这个实验中起着什么样的作用？

的学生说这个练习增加了亲密感。

而这仅仅只是开始……

眼神接触

在美国，大约有 50% 的初次婚姻以失败告终，二婚中有三分之二，三婚中有四分之三。如此之多！我们陷入失败，很大程度上是因为我们带着拙劣的技巧和过高的不切实际的期望来处理婚姻关系。我们也倾向于挑选不合适的伴侣，错误地相信我们陷入了爱情，其实仅仅因为我们被外表吸引力所迷惑。

这两个因素的结合导致了我们失败：常常在 18 个月左右，激情的迷雾已经消失，我们开始重新审视我们的伴侣。我们经常用这样的话回应："你是谁"或"你变了"。在此之后，我们可能要花费很大努力来使得关系维持下去，特别是当孩子来到这个世界之后。但是如果我们和错误的人开始了关系，并且缺乏解决冲突和交流的基本技巧，我们成功的机会将会非常渺茫甚至为零。

多年来，我在仔细关

爱情事实：爱的教程

1. 大约有一半的美国人经历了初婚的失败，二婚失败的比例达到三分之二，三婚更是达到了四分之三。我们陷入失败，很大程度上是因为我们带着拙劣的技巧和过高的不切实际的期望来处理婚姻关系。

2. 有修复我们在浪漫关系中的拙劣表现的方法。这种修复方法是从研究中提取实践技巧，然后教人们如何使用它。

3. 一项关于包办婚姻的研究显示，包办婚姻中的爱情随着时间的推移而增加。这暗示出承诺、沟通、和解是成功关系的关键组成部分。其他的研究表明，共享冒险活动、秘密、个人空间和玩笑也有助于建立和伴侣之间的亲密感和爱恋。

爱的建立：练习

以下是一些有趣的练习，这些练习全都来自科学研究的启发。通过进行这些练习，你可以轻易地增加和伴侣（甚至是陌生人）的亲密感。

1. **拥抱** 彼此轻轻地拥抱，开始感受同伴的呼吸，并且逐渐让自己的呼吸与同伴同步。几分钟以后，你就能感觉到亲密度的增加。

2. **灵魂对视** 彼此相隔两英尺，凝视对方的眼睛，试图去找寻生命的内核。两分钟之后，讨论你们感受到了什么。

3. **模仿** 彼此面对面站立，然后开始用任意的方式移动你们的手掌、手臂和腿。不过，在这个过程中，你们必须尽量模仿自己的同伴。这很有趣，同时也充满挑战性。你们感觉自己好像是自由移动的，但是你们的移动又不得不和同伴的移动联系在一起。

4. **陷入爱情** 这是一个信任练习，可以增加双方对脆弱性的感受。站在一个指定地点，让自己向后倒在同伴的手臂中。然后交换位置。重复几次，并且讨论感受。有时候，做这个练习的陌生人之间会感觉彼此似乎已经相识多年。

5. **交换秘密** 写下一个重要的秘密，并且让同伴也这么做。然后互相交换，讨论你们所读到的内容。持续进行这个过程，直到把秘密说完。或者为下一次留下一些秘密。

6. **心灵阅读游戏** 写下你想传达给同伴的想法。然后试图用非言语的方式把这个想法传达给同伴，同伴要试图猜测你的意思。如果同伴猜的不对，你就自己揭晓答案。然后互换位置，继续游戏。

> **7. 让彼此靠近** 彼此相隔四英尺，互相看着对方。每隔十秒钟，就互相靠近一点点。经过几次移动之后，你们已经进入彼此的私人空间。在没有触碰的情况下尽可能地靠近。我的学生们告诉我，这项练习经常以接吻结束。
>
> **8. 爱的气味** 在没有触碰的情况下，让你的手掌尽可能地接近同伴的手掌。几分钟以后，你不仅仅会感觉到手心发热，而且有时候能够因此擦出"火花"。

注了关于关系科学的最新研究文献，并进行了自己的一些新研究之后，越来越确定有修复我们在浪漫关系中的拙劣表现的方法。这种修复方法是：从研究中提取实践技巧，然后教人们如何使用它。

至少 80 项科学研究向人们揭示了学会珍爱彼此的方法。克拉克大学的心理学家詹姆斯·D. 莱尔德（James D. Laird）和他的同事在 1989 年所做的研究鼓舞我进行"灵魂对视"练习。研究显示，在两个完全陌生的人之间的眼神凝视能迅速导致喜爱感的增加。彼此凝视与目不转睛地盯着看相似，但是有一个重要的区别：对于许多哺乳类动物来说，凝视被看作一种威胁。如果你不相信，可以在纽约地铁上试一下。然而，在相互对视中，人们允许对方凝视自己；换句话说，他们都是自愿的，这是情感纽带中的关键要素。战争区域中营造的易损性能使人们在短时间里建立强大的情感纽带，甚至人质有时候会形成对劫持者的强烈依恋，这种现象被称为斯德哥尔摩综合征。

动物或者人身上的脆弱性使人们有提供关心和保护的倾向。正如社会心理学数十年前的研究所展示的，当一个人感觉脆弱，进而被摇动或者被唤醒时，他／她经常会寻找解释这些感觉的线索。身体在说："我被唤醒了，但是我不确定为什么。"环境则提出一个答案，即你在爱情中。

一种赢得喜爱的技巧

"灵魂对视"是我从关于让人感觉脆弱和增加亲密的科学研究中提炼的练习方法之一。爱的气氛、让我融入其中、交换秘密是其他的一些情侣或夫妻之前可以学习和练习的有趣方法（见前一页方框中的内容）。

通过和朋友、伴侣甚至是陌生人尝试这些技巧，学生们能在我的课程中得到更多的信任。在参加课程的学生中，90% 以上的学生表示使用这些方法成功地提升了他们的关系，213 个学生中 50 个以上提交了关于他们经历的详细的报告。几乎所有报告都表明在一个月后，在喜欢、爱和亲密感这三个指标上有 3% 到 30% 之间的增长。在一些案例中，这些比例是之前的三倍。（学生不用通过提升他们的关系来获得更高的分数，他们需要做的只是记录他们对技巧的使用。）

你如何看待爱泼斯坦的练习？如果你分别和一个重要他人、一个家人、一个陌生人进行这些练习，你会有什么感觉？

个别例外是有意义的。一个异性恋的男性说，当他和另一个男性尝试这些练习后，没有积极效果。而且，这些练习使得他感觉"不舒服"。然而，当他和一个女性尝试后，亲密感上升了 25%——她则上升了 144%！

有一个叫奥利维亚的学生和她的兄弟、妈妈、好朋友和陌生人进行了练习。和她兄弟的"灵魂对视"失败了，因为他忍不住笑起来。当她和她的妈妈尝试"交换秘密"的练习（一项彼此诉说秘密从而使人们更加亲密的练习）后，亲密度增加了 31%。她和朋友们的练习使她们的亲密度增加了 10% 到 19%。但是令人印象最深的结果是她和一个几乎不认识的人进行对视练习后得到的：他们的亲密度增加了 70%。

一个学生和结婚五年的丈夫做了这个练习。这一对夫妻阿萨和吉尔尝试了八种不同的练习方式。尽管他们"之前"的分数已经非常高（9 和 10），但他们做的每一项练习仍然至少使分数提高了 3%。总之，

学习亲密

大量的科学研究阐释了人们如何陷入爱情，并且暗示出建立良好关系的技巧。以下是 10 种有助于启发这些技巧的研究成果。

1. 唤醒 斯托尼布鲁克分校的心理学家亚瑟·阿伦（Arthur Aron）等指出，当人们被唤醒（例如，身处危险的和刺激的情形中）时，他们更倾向于情感上的连接。

2. 接近和熟悉 斯坦福大学的社会心理学家里昂·费斯廷格和罗伯特·查荣茨等人认为，接近一个人，本身就能够让彼此产生积极的感觉。当两个人有意识地让彼此进入各自的私人空间时，亲密的感觉就会迅速上升。

3. 相似性 异性相吸，不过杜克大学的行为经济学家丹·艾瑞里（Dan Ariely）等人指出，人们通常倾向于和与自己相似（在智力、背景和外表吸引力等方面）的人建立亲密关系。一些研究甚至指出，纯粹的模仿他人就能增加亲密度。

4. 幽默 1986 年，婚姻咨询和研究专家珍妮特（Jeanette）和罗伯特·劳尔（Robert Lauer）指出，在长期的健康关系中，双方常常能使对方开怀大笑。其他的研究显示，女性经常会寻觅能够使她们开心的男性伴侣。这或许是因为当笑起来时，人们会感觉到更亲密。

5. 新奇 佛罗里达州立大学的心理学家格瑞·斯特朗（Grey Strong）和阿伦（Aron）认为，当人们做一些新鲜的事情时，人们会变得更加亲密。

6. 压抑 无数的关系从一杯酒开始。压抑限制了亲密的感觉，所以放松能够帮助人们结合。然而，醉酒会使人神志不清。也许可以尝试一下"拥抱"的练习。

7. 友好、调节、原谅 很多研究证明，我们倾向于和友好的、敏感的、睿智的人建立关系。当人们有意地改变自己的行为（例如，戒烟和戒酒）来适应我们的需要时，爱恋的感觉就会迅速出现。原谅能引起共同的感觉，因为当一个人原谅时，他能感到易损性。

阿萨写道："在我们彼此的纽带上，我注意到了一个巨大的改变。我的丈夫似乎比以前更加令人喜爱了，这让我感到很高兴。"她还报告了一个意外的结果：他们关注对方过去的错误的次数大大下降了。作为学习了我的课程

的结果，这个改变的出现也许是因为这对夫妻现在对于改善他们的关系感兴趣。

控制

学习我的课程的学生正在做一些新的尝试——控制他们的爱情生活。我们成长在童话和电影中，在这里，魔法力量帮助人们找到了他们的灵魂伴侣，然后一起无忧无虑地生活着。童话使我们无力，把我们的爱情生活置于命运之手。

但是令人惊奇的是：世界上的大部分人从来没有听说过这些童话。相反，在我们的地球上，超过一半结婚的人被父母或者专业红娘控制着，这些人关心的是长期的适合和家庭和谐。在印度，有95%的婚姻是父母包办的。尽管离婚是合法的，但印度的离婚率是世界上最低的。

印度的年轻夫妻通常有一个关于是否把关系维持下去的选择，选择和指引的结合可能催生了这样的事实：关于印度包办婚姻的研究表明，相对西方的婚姻，他们在长期性、满意度和爱情等方面的匹配更好。实际上，包办婚姻中的印度夫妻的爱情经历甚至比"爱情婚姻"中的人们的经历更令人满意。印度拉贾斯坦邦大学的心理学家乌莎·古普塔（Usha Gupta）和普西帕·辛格（Pushpa Singh）在1982年的一项研究中使用了鲁宾（Rubin）爱情量表（测量西式爱情中的热烈和浪漫），来确定印度的爱情婚姻中的爱情的表现：爱情指数开始很高，然后迅速地下降。但是包办婚姻中的爱情指数开始较低，然后逐渐增加，在五年以后超过了爱情婚姻中的爱情。十年以后，包办婚姻中的爱情的强度几乎是刚结婚时的两倍。

> 正如爱泼斯坦在他的文章中描述的那样，关于爱情的模式在不同文化里应该是有区别的。在第3章中，你了解了乐观主义能在我们的生活中起作用。你认为西方世界中关于爱情命中注定的观念如何使得我们更幸福或者不幸福？

8. 抚摸和性行为 抚摸可以产生温暖的、积极的感觉，抚摸背部会起到更好的效果。即便没有接触，仅仅只是靠近就能有一个很好的效果。伊利诺伊州立大学的社会心理学家苏珊·丝柏奇认为，性行为能够让人们感受到情感上的亲密，尤其是女性。然而，存在一种危险：将性吸引与爱恋混淆起来。你不能在不了解一个人的情况下就爱他，吸引力让人们不去关注伴侣的特点。

9. 自我表露 阿伦和丝柏奇的研究指出，当人们彼此分享秘密时，人们更容易建立关系。而且，这一点也让自己变得让人感觉容易亲近。

10. 承诺 在美国，人们不善于赞赏关系中的承诺，但是普度大学的心理学家西门娜·阿里亚加（Ximena Arriaga）等人指出，承诺在建立爱情关系中是非常重要的因素。在承诺方面摇摆不定的人，其建立起来的关系通常是不稳固的。最近，出现在亚利桑那州、阿肯色州和路易斯安那州的契约婚姻是一种新的婚姻形式。它包含非常重要的承诺：夫妻双方在婚前商定婚姻生活的各个方面。传统的美国婚姻甚至可以在没有合理原因的情况下轻易破裂（即所谓的"无错"离婚）。

你认为答案是什么？你的家族中是否存在包办婚姻？如果你知道自己的伴侣将由父母来选择，你会有怎样的感受？

他们是如何做到的？包办婚姻中的人们如何随着时间的推移自由地建立爱情？我们也能这么做吗？

在过去的几年中，我已经访谈了一些在包办婚姻中感受爱情随着时间增加了的人。这些夫妻中有一对是明尼阿波利斯的凯塞尔和舍利·哈克，他们已经幸福地度过了 11 年的婚姻生活，并有两个聪明可爱的孩子。来自孟加拉共和国的移民凯塞尔一在美国安顿下来，就回到祖国告诉家里他准备结婚。家里包办了剩下的事情。在和舍利仅仅见了一面之后——凯塞尔说，"像一见钟情"——安排就被定了下来。"我们开始相爱，并且随着时间的推移而增进了解，"凯塞尔说，"爱情火花变得更强烈，我认为我们在将来能做得更好。"

凯塞尔和舍利不是特例。在 2009 年 11 月美国的家庭关系学会上，南加利福尼亚大学的学生曼西·撒卡尔（Mansi Thakar）向我提交了一项包括来自 9 个国家和 5 个不同宗教的 30 个个案的研究成果。在一份婚姻 10 分量表上，他们的爱情从平均 3.9 上升到了平均 8.5，平均持续时间是 19.4 年。

这些个案指出了 11 个对于爱情提升起作用的因素，其中 10 个与我在课上所评论的科学研究非常吻合。最重要的因素是承诺，然后是良好的沟通技巧。这些夫妻也指出他们会和配偶分享秘密，以及进行调节（一个伴侣转变自己的行为来满足另一个人的需要）。视配偶处在脆弱状态（由伤害或疾病引起）也是一项因素。有一些对于西方人来说可能有用的经验：展示自己脆弱的一面，让对方感到你需要他 / 她。夫妻们可以尝试经历危险或者令人兴奋的模拟情境。

这些结果仅仅在一个方面和美国的研究相冲突：有几个被试说他们和配偶的爱情随着孩子的出世增长了。美国的研究通常发现，成为父母是对婚姻爱情的威胁，但是也许这种感觉来自于我们对未来的恐惧。抚养孩子的压力会消除那些恐惧，并且最终影响我们对彼此的积极感觉。

创造爱情

将对于包办婚姻的细致研究与关系科学中已有的知识相结合，能为我们在没有实行包办婚姻的情况下，提供实际控制我们的爱情生活的可能。美国人想要这一切——自由地选择伴侣，充满童话和幻想的深切的、持久的爱情。通过学习和实践逐渐培养建立爱情的技巧，我们也能获取那种爱情。当我们的爱情褪色时，我们能使用这些技巧来重建这段爱情。把选择留给机遇是没有必要的。

性别如何影响夫妻中的一方对待处在脆弱状态中的另一方的方式？在第 12 章中，你学到了男性和女性在表达喜爱之情的方式上的哪些差异？

亲社会行为：为什么我们帮助或不帮助他人

- 我们为什么会帮助他人？
- 我们在什么时候会帮助他人？
- 影响助人行为的因素有哪些？
- 如何增加亲社会行为？

2006 年，
在看到一辆奔驰房车和路上无家可归的人之后，14 岁的小女孩对她的父亲说，如果奔驰的拥有者买一辆更便宜的车，差价就可以养活这个无家可归的人了。她继续给父母强调不平等的问题，她希望父母能做些什么。她的母亲问她："你想怎么办？卖掉我们的房子？"

他们确实这么做了。

萨尔文家卖掉了他们的房子，并将一半收入捐给了慈善团体，然后，他们搬进了一个更加简陋的屋子。随着时间的推移，他们为减少加纳的饥饿人口捐赠了 800 000 美元。在《一半力量》(2010) 中，父亲凯文·萨尔文和女儿汉娜·萨尔文用编年史的方式写下了他们的经历，并且鼓励他人和他们一起做——没必要卖掉房子，不过不再以赚了多少来定义生活，而是以给予了别人什么为标准。自从搬进了更小的房子，萨尔文家庭成员觉得他们更加幸福了。他们不仅仅为别人做了好事，而且作为一个家庭，搬家在身心两方面带给了他们更加亲密的关系。

是什么使得一些人如此难以置信地慷慨付出——为了帮助他人而卖掉自己的房子——而不求任何回报？甚至在一个十分微小的层面上，是什么让人们帮助他人——例如，在地铁或者公交车上给年纪更大的人让座——什么时候人们不帮助他人？

心理学的研究已经调查了促进和阻碍助人行为的因素。此外，存在一些关于什么是助人行为的广泛的讨论。换句话说，帮助是否必然是一个利己的行为，或者它是否能被当作纯粹利他的行为？萨尔文家甚至承认帮助他人带给了他们巨大的满足，并且提高了他们的家庭生活质量。大路音乐林荫道 Q 的《钱之歌》有一句歌词，"当你帮助他人时，你也是在帮助你自己"(Lopez & Marx，2003)。如果真是这样，帮助他人真的是一种无私的举动吗？为了回答这个问题，在情感和理智两方面，理解人们帮助他人的原因是很重要的。

在本章中，我们将考察作用于人们的助人行为的许多因素。我们也将探索不同种类的助人行为——自私的和无私的——为了确定区分它们的标准和它们造成的影响。我们将探讨决定人们何时提供帮助和何时不提供帮助的五步骤模型，以及提供和接受帮助的阻碍因素是什么。最后，我们将探索在自己和在他人的生活中，如何增加助人行为。

 # 我们为什么会帮助他人？

在社会心理学的文献中，助人行为已经被证明具有许多形式。广义来说，**亲社会行为**是试图让他人受益的行为，它是社会行动的积极形式（Wispé，1972；Staub，1978）。这种行为方式既可以被认为是**自我中心的**（意味着为了自己的原因），也可以是**利他的**（意味着为了纯粹无私的原因）。人们如何决定帮助还是不帮助他人，决定背后的动机又是什么？你是否能想到在美国历史上很多人都致力于亲社会行为的特殊时刻？

"9·11"恐怖袭击事件之后，人们献血的比例猛涨（Glynn，Busch，Schreiber，Murphy，Wright，Tu，& Kleinman，2003）。实际上，袭击之后不久，捐献中心就不得不拒绝一些合乎条件的献血者——他们没有能力来容纳这么多血量。然而，在这之前，血液短缺几乎是持续存在的，捐献中心常

亲社会行为： 旨在帮助他人的行为。

自我中心的： 出于自私动机而帮助他人。

利他的： 无私地提供帮助。

常极度需要献血者。为什么这么多的人渴求在危机期间献血，但是在平常就没那么情愿献血呢？

一种可能的解释是当人们的秩序感和道德正义感被暴力和令人厌恶的行动（比如"9·11"恐怖袭击事件）威胁时，人们就通过**道德净化**活动来回应，或者重申对其价值观的承诺（Skitka，Saunders，Morgan，& Wisneski，2009）。用这种方式，个体能够让自己安心，即重新确认他们和他们内群的其他成员在道德上是值得信任的，而外群的恐怖分子却不是这样。

在"9·11"之后助人行为增加的另外一个原因可能是袭击对个人的影响使得帮助他人在一定程度上能够抚慰心灵的创伤。实际上，最新的神经生物学研究已经表明慈善捐赠活动激活了同样的大脑区域（中脑缘的奖励系统区域），即在拿到修道院的奖励收据之后大脑的特殊区域被激活（Moll，Krueger，Zahn，Pardini，de Oliveira-Souza，& Grafman，2006）。这表明帮助那些需要帮助的人使得一个人感觉就像她得到了奖励一样。另外一种可能性是，在袭击之后，人们真心帮助受害者和他们的家人摆脱困境。实际上，存在许多可能的原因，所有这些原因在一定程度上对于人们来说都可能是真的。

接下来，我们将讨论一些关于人们为什么帮助他人，以及何时帮助他人的主流理论。记住，不可能只存在一种原因。实际上，更加符合实际的情形是，在任何时间，帮助背后存在的动机是多重的。

◎ 自利模型

一些模型假定自利动机是人们决定帮助他人的核心。具体地说，消极状态缓解模型和成本—收益分析是描述人们如何考虑助人行为的结果的两个模型。

道德净化： 个体头脑中恢复适当道德秩序的活动。

消极状态缓解模型

人们为他人提供帮助，从而让自我感觉更好。亲社会行为对于个体有积极的心理效果，能明显地增加人们的幸福感（Piliavin，2003）。当发现或者想到他人的痛苦时，人们也通过提供帮助来缓解他们自己的消极状态，这被称为**消极状态缓解模型**（Cialdini，Kenrick，& Baumann，1982）。目击他人的痛苦能引起**移情**作用——它包括认知的和情感的组成部分，对他人的同情感，以及通过他人的眼睛看世界（Eisenberg & Miller，1987）。如果一个朋友抱怨他一连三天的紧张课程，你会同情他，你还会设想他被课程作业淹没的感觉。看见他身处痛苦驱使你帮助他努力减少痛苦。于是你花费好几个小时帮助他整理笔记，希望这么做能给他一些安慰。

你可以通过帮助别人来帮助自己，这也适用于这个模型。自利动机（比如来自同辈尊敬的增加使得你感觉更好，或者真的得到奖励）能导致助人行为（Batson，1998）。不管什么原因，动机的消极状态缓解模型确实能导致持久的帮助（Omoto & Snyder，1995）。当研究者调查帮助艾滋病患者的志愿者的动机，并跟踪那些志愿者持续工作的时间长短时，他们发现，出于较多无私原因的人们的确只能保持相对较短的志愿行为。稍微有点出乎意料的是，为了自私原因（比如想交朋友）而做志愿工作的人们，保持志愿行为的时间更长久一些。

成本-收益分析

当人们自己能通过帮助而获益时，他们会更加倾向于帮助他人。他们将依据他们自己的需要来权衡他人的需要，从而决定助人行为是否对他们来说付出得过多。这种决定过程被称为**成本-收益分析**（Dovidio，Piliavin，Gaertner，Schroeder，& Clark，1991；Piliavin，Dovidio，Gaertner，& Clark，1981）。它包括权衡自己的所有潜在损失，包括个人伤害、情

消极状态缓解模型：假设帮助他人的行为是为了改善自身的消极情绪的模型。

移情：同情他人并且能够设身处地为他人着想，产生与被观察者相同的情绪体验。

成本-收益分析：衡量相对的成本与收益来决定是否提供帮助的行为。

感伤害和任何由于和被污名的群体的联系而带来的名誉损害（Batson, O'Quin, Fultz, Vanderplas, & Isen, 1983; Midlarsky & Midlarsky, 1973; Edelmann, Childs, Harvey, Kellock, & Strain-Clark, 1984; Piliavin & Piliavin, 1972; Staub, 1974; Snyder, Omoto, & Crain, 1999）。当助人行为不会伤害自己时，人们会提供帮助。不仅如此，如果助人行为能带给自己奖励，人们也会提供帮助，这些奖励包括金钱（Wilson & Kahn, 1975）、情绪的提高（Gueguen & De Gail, 2003）、技巧的提升（Perlow & Weeks, 2002）、声望的增加和他人的认可（Fisher & Ackerman, 1998; Reddy, 1980）、好名声的维持（Johnson, Erez, Kiker, & Motowidlo, 2002）、个人满足（Smith, Keating, & Stotland, 1989; Utne & Kidd, 1980），甚至一句简单的"谢谢你"（McGovern, Ditzian, & Taylor, 1975）。

除了以上这些动机，人们已有的情绪能影响对于帮助的成本和收益的感知。心情好的人将更有可能关注帮助带来的奖励，而不是成本。这些奖励也更容易回忆起来。甚至发现一个硬币，或者得到一块饼干都能提高一个人的情绪，从而提高帮助他人的动机（Isen, 1970; Isen, Clark, & Schwartz, 1976; Isen & Levin, 1972; Isen, Shalker, Clark, & Karp, 1978）。此外，为了保持他们自己已有的积极情绪——为了避免别人的困境影响自己的心情（Wegener & Petty, 1994），人们也将帮助他人。通过这种方式，心情进一步影响人们提供帮助的倾向。

◎ 帮助的利他模型

2007 年的冬季，一个在纽约地铁站等地铁的年轻人突然开始抽搐，继而倒下。他设法控制自己的腿，但是却滑向了站台的边缘，并最终掉进轨道中。当前进中的火车的头灯打在慌张的人们身上时，平台上有一个人作出了惊人的抉择。50 岁的韦斯利·奥特利（Wesley Autrey）将两个女儿放在一边，跟着跳进轨道中，趴在男子身上，尽可能地将他按到栏杆之间。火车咆哮而过，呼啸而过的五节车厢弄脏了奥特利带黑色油脂的帽子。奇迹般地，两个人都安然无恙（Buckley, 2007）。

对比之前提过的假设帮助是由自利动机驱动的模型，**亲社会行为的移情–利他主义模型**（Batson，1991）表明帮助也能因为利他原因而发生。这个理论还认为如果他人的健康处在危险之中，人们将更可能帮助他人。特别是在帮助者对于他人有养育感时。实际上，即使没有自利动机的存在，保护他人的安全就足够鼓励助人行为（Batson & Oleson，1991）——其至当帮助是对他人的付出时也很明显（Toi & Batson，1982）。这表明人们真的能用无私的方式提供帮助。利他行为的确独立存在，而不是作为利己动机的附属品。

在 20 世纪 80 年代，研究者们（Batson，Duncan，Ack-erman，Buckley, & Birch，1981；Batson，Dyck，Bran，Watson，Powell，McMaster, & Griffitt，1988）发表测试移情–利他模型的研究。他们想证明当人们感到共鸣时，自利动机不能解释助人行为的发生。这一研究让被试看见一个名叫伊莱恩的女人。为了引入移情，被试被告知在价值观和个人兴趣上伊莱恩同他们很像。在观看了伊莱恩两次电击的痛苦反应之后，被试被告知他们可以为她承受剩下的八次电击。一半被试被告知如果他们不为她承受电击，他们可以离开；而另外一半被试被告知他们必须留下来观看伊莱恩承受剩下的电击。可以离开的人们选择替伊莱恩承受电击，因为他们感觉到共鸣的关心。当移情被引入时，它无关人们是否有可以逃脱的选择——人们留下来并且提供帮助。

尽管移情能影响助人行为，巴特森（Batson）的模型也不是没有遭受过批评（Cialdini，Brown，Lewis，Luce, & Neuberg，1997；Schaller & Cialdini，1988）。批评者认为，引起移情的情形也产生一种自我和他人之间更人的重叠感。他们认为这意味着帮助的念头不仅仅是对于受苦的他人的无私反应，也是与自我直接相关的。当这种重叠感在研究中被纳入后，移情的影响消失了。

巴特森和同事们（Batson，1991；Batson，Duncan，Ackerman，Buckley, &

亲社会行为的移情–利他主义模型：一种认为真正的利他主义是同情产物的模型，这种同情可以产生对目标的照顾之情或者增加其福利的愿望。

Birch，1981；Toi & Batson，1982）提出，亲社会行为随着养育感的出现和增加他人福祉的要求而增加，是因为这些情感涉及移情。研究者们发现升高的移情感觉确实预测了利他行为——当没有出现自利理由时仍提供帮助。然而，关于利他人格是否真的存在，也有相当多的争论。即使我们不接受助人行为带来的有形奖励，也有一些确实能补偿我们的无形之物，例如伴随帮助他人而来的良好感觉。

◎ 规范

有两种影响人们何时采取亲社会行为的社会规范：互惠和社会责任。这些规范能在我们意识不到的情况下起作用，并且驱使我们采取特定行为。通过使我们产生对遵从社会标准的需求，或者通过让我们意识到特定行为如何使我们和他人受益，规范能够有选择地激发我们。当然，美国的助人行为存在区域上的差异。一方面的原因是真实人口密度（Levine，Martinez，Brase，& Sorenson，1994）。一个城市的人口密度越大，人们越不可能帮助陌生人。在被调查的 36 个城市中，肯塔基州的路易维尔和纽约州的罗切斯特是亲社会行为最多的两个城市，而加利福尼亚州的洛杉矶和纽约城排在末端。

互惠规范

人们经常帮助那些帮助过他们的人，这种规范被称做**互惠规范**（Wilke & Lanzetta，1970）。为他人提供帮助增加了得到帮助回报的可能性。在一项经典研究中（Regan，1971），被试和同伴进行一系列的互动，他们被鼓励通过目击其好的和合理的行为而喜欢同伴，或者在看到不合意的举动之后对其作出消极评价。然后，每一个被试从同伴或者

人们希望自己曾经帮助过的人在必要的时刻也会帮助自己，而互惠确实是经常发生的。

互惠规范：如果他人帮助了我们，我们就应该帮助他们；同时如果我们帮助了他们，他们也会帮助我们。

研究者那里拿到一瓶汽水，或者没有得到任何东西。随后，同伴要求被试们购买彩票，并完成对于他人态度的问卷。结果显示喜欢同伴没有影响被试买彩票的可能性。相反，相比于其他两组被试，从同伴那得到汽水的被试买了更多的彩票，对问卷的回答显示这是因为有一种被强迫报答的感觉。

实际上，这种对于报答的倾向甚至能在 21 个月大的婴儿身上呈现出来。在一项由邓菲尔德（Dunfield）和库耳梅尔（Kuhlmeier）进行的研究中，婴儿被介绍给两个女演员。其中一个女演员给每个婴儿提供一个玩具，但是由于桌子是倾斜的，玩具滚落，婴儿没能得到它。另外一个女演员只是给婴儿展示玩具，但是没有给他们。在两个案例中，婴儿都没有得到玩具。然后，这两个演员在婴儿面前坐在一起。实验者将一个玩具放在婴儿面前的桌子上。这样，当玩具掉落时，两个演员去抓玩具但是都没能得到它。然后，婴儿能拿到玩具，在捡起来之后，婴儿更有可能把玩具给之前试图给他们玩具的女演员。通过这种方式，婴儿进行了一次关于助人行为的尝试，并且回报了关心。因此，这项研究支持了互惠规范的观点（Dunfield & Kuhlmeier，2010）。

但是要是婴儿能得到玩具又会怎样？积极的结果将会盖过互惠效应吗？像第一个实验中一样，一些婴儿和一个女演员接触，女演员试图给婴儿玩具，但是最终没有给成。和第一个实验不一样的是，研究者用一个成功给了婴儿玩具的女演员取代了第一个实验中不给婴儿玩具的女演员。在第二个步骤中，婴儿没有显示出对待两名女演员的明显差别，即婴儿在回馈玩具的时候没有表现出明显的倾向性。这说明，甚至婴儿都能辨别这两个演员的目的是相同的，都是以积极的态度对待他们，于是他们用互惠来回应这两个演员（Dunfield & Kuhlmeier，2010）。

社会责任规范

影响助人行为的另外一个规范是**社会责任规范**。这一规范是指如果人们感觉到对于社会和社会成员的责任感，那么他更可能帮助别人（Berkowitz &

社会责任规范：认为我们有责任帮助他人的观点，这一规范适用于对待不同文化的外群成员。

Daniels, 1963）。一个重要的例子是对于慈善团体和社会行动主义的捐赠——人们为他们所信仰的东西付出时间和金钱。2008 年，美国人给慈善团体的个人捐款达到了 3 076.5 亿美元，这是一个惊人的数字，尤其是 2008 年是经济大衰退的第一年（Giving USA Foundation, 2009）。2009 年，6 340 万美国人为至少一个组织做过志愿工作（Bureau of Labor Statistics, 2010）。

然而，这种慷慨的付出仅发生在当我们感觉受害者不对他们的遭遇负责时。如果我们把责任归咎于受害者，那么我们就不会提供帮助。研究者对比了人们对于因输血而患艾滋病的患者的感受，和那些因为不安全性行为或者吸毒而患艾滋病的病人的感受（Chapple, Ziebland, & McPherson, 2004；Marlow, Waller, & Wardle, 2010）。甚至受过严格医学训练的医务人员也对于那些其伤害是可以避免的病人提供较少的帮助（Mackay & Barrowclough, 2005）。疾病和伤害的程度——通过增加对那些不能控制病情的病人的同情来证明——能够预测助人行为（Dooley, 1995）。然而，正如你在第 5 章中所学的，人们提供帮助的原因是多种多样的，这种多样性部分是基于他们的道德和思想意识。例如，自由主义者相比于保守主义者更有可能帮助因有可控原因而苦恼的人们（Skitka, 1999）。

此外，人们的帮助倾向在一定程度上是基于特定文化规范而变化的。例如，相比于美国人，印度人更可能为了移植手术而把他们的骨髓提供给广泛的潜在接受者，甚至包括世界另一边的陌生人（Baron & Miller, 2000）。两个文化群体都不太可能帮助外群成员，但是美国人有时候甚至不会帮助本地的内群成员。一般来说，印度人对于十分广泛的人群都能有社会责任感，但是印度人和美国人都有其捐献对象的标准，尽管印度人的标准并不严格。研究者们也发现，除了我们已经提及的基于人口密度的区域差异以外，助人行为更加可能发生在农村地区，而不是城市（Levine, 1997；Steblay, 1987）。

> 人们的帮助倾向在一定程度上是基于特定文化规范而变化的。

◎ 进化原因

一些理论家猜测，我们帮助他人是因为助人行为能促进我们物种的进化和我们遗传基因的延续。研究表明基因"自私地"要求被传递来促进物种生存。于是，在这种情况下，基因创造了个体有机体中的无私行为（Dawkins，1976）。这种想法并不必然与我们之前讨论的文化的、情感的和智力的原因相对立，只是强调遗传是我们多样的助人动机的来源。这个理论的根本出发点是，基因为了其自身的传播和繁衍而影响人类的行为。

这个理论也包含了**亲缘选择**的概念，它指的是人们帮助亲属的倾向，人们甚至愿意为亲属作出很大牺牲。这种行为支持了和他们在基因上密切关联的亲属们的成功繁殖。瓦西（Vasey）和范德兰恩（VanderLann）2010 年关于萨摩亚的同性恋男性的研究证明了这一点。那些男性，在萨摩亚语中称为 fa'afafine，通过为他们的侄女和侄子提供帮助和支持，间接作用于家族基因的生存繁荣。

其他的研究也支持了亲缘选择理论。伯恩斯坦（Burnstein）、克兰达尔（Crandal）和北山（Kitayama）（1994）发现研究被试更可能帮助与其基因相

自利理论	进化理论
安慰心情低落的朋友会使得到更多的认可吗？这种收益是不是高于成本？	朋友是否也与我有血缘上的联系？帮助她实质上是否就是在帮助我们的家族？

利他理论	基于规范的理论
安慰我的朋友是否满足了我的养育本能，并满足了我提升她的幸福感的需要？	当角色在将来反转时，我的朋友是否也会在这里陪我？作为朋友，让她靠着我的肩膀哭泣是不是我的社会责任？

从朋友那里获得帮助

每一种理论都从不同角度对助人行为进行了解释。在一个特定情形中，并非只有一种理论可以作出解释。

> **亲缘选择：**相对于非家庭成员，即使代价高昂，人们也会更倾向于帮助他们的亲属，从而把亲属的成功繁殖置于自己的生存之上。

关的人，尤其是在生死攸关时。别的研究（Korchmaros & Kenny，2001）表明不仅仅基因相似性是重要的，而且情感相似性也很重要。当被试被问及决定捐献器官给哪一个家庭成员时，决定的作出部分基于亲属，部分基于情感相似度（亲缘选择的回顾，见 Stewart-Williams，2007）。

 # 我们在什么时候会帮助他人？

许多理论对我们为什么提供帮助和我们何时提供帮助作出了可能的解释。每一种解释也许在其自身相关的环境中是真实的，但是知道为什么帮助和何时帮助只是研究工作的一部分，理解人们何时帮助也非常重要。从 20 世纪 60 年代早期到 20 世纪 70 年代早期，彼伯·拉坦纳（Bibb Latane）和约翰·达利（John Darley）开创的一个重要理论已经对于这种理解作出了重大贡献。

◎ 旁观者介入的决策模型

1964 年，一位名叫基蒂（Kitty）的年轻女人在她的屋外被残忍地谋杀。报纸所报道的最初故事说她被反复刺伤，并且在 38 人的听力所及范围内哭喊着求救，但是这些人中没有一个做了任何帮助她的事（Gansberg，1964）。袭击者离开现场后又返回，继续对基蒂进行攻击。基蒂继续哭着求救，但是仍然没有人过来。故事的这个版本已经被证明不是完全真实的。实际情况是，不止一个人给警察打了电话，但是基蒂已经消失在人们的视野之内，从而不清楚她是否继续需要帮助。此外，许多人认为这是爱人之间的争吵，而不是残忍的谋杀。有一个人朝着袭击者叫喊，致使袭击者逃走。如果说故事的原初版本对研究促进助人行为的因素有意义，那么故事的真实版本也许为我们显示了人们为什么不提供帮助的核心原因。

基蒂被杀案不是一个孤立的事件。1974 年，在能俯瞰基蒂受袭地点的建筑物里，25 岁的桑德拉·扎勒（Sandra Zahler）被殴打致死。邻居都说他们听见尖叫和"激烈的搏斗"，但是没有做任何事（McFadden，1974）。

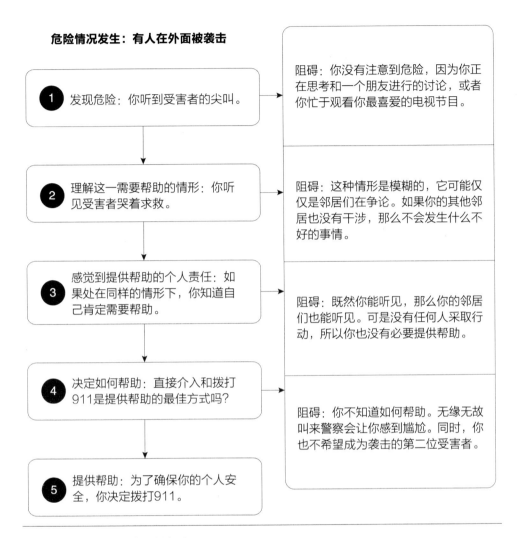

危险情况发生：有人在外面被袭击

1 发现危险：你听到受害者的尖叫。

阻碍：你没有注意到危险，因为你正在思考和一个朋友进行的讨论，或者你忙于观看你最喜爱的电视节目。

2 理解这一需要帮助的情形：你听见受害者哭着求救。

阻碍：这种情形是模糊的，它可能仅仅是邻居们在争论。如果你的其他邻居也没有干涉，那么不会发生什么不好的事情。

3 感觉到提供帮助的个人责任：如果处在同样的情形下，你知道自己肯定需要帮助。

阻碍：既然你能听见，那么你的邻居们也能听见。可是没有任何人采取行动，所以你也没有必要提供帮助。

4 决定如何帮助：直接介入和拨打911是提供帮助的最佳方式吗？

阻碍：你不知道如何帮助。无缘无故叫来警察会让你感到尴尬。同时，你也不希望成为袭击的第二位受害者。

5 提供帮助：为了确保你的个人安全，你决定拨打911。

你在怎样的情况下会提供帮助？

达利和拉坦纳（1968）认为在危机情形下，这些步骤必须被采用，从而促进助人行为的发生。然而，正如基蒂和沃德的悲剧所昭示的那样，也同样存在许多阻碍因素。

1995 年，一个名叫德丽萨·沃德（Deletha Ward）的女人被一个男人多次殴打。在准备跳河逃生之前，她被打死了。在发生袭击的桥上，没有人试图去干涉（Associated Press，1996）。甚至在过去的这些年，也出现过几起没有帮助处在可怕情形中的人们的事件，这些都是令人震惊的故事。2008 年，德怀恩·泰勒（Dewayne Taylor）在费城地铁里被一名不知名的攻击者用锤子袭击。监视录像显示至少 10 个人目击了袭击，但是没有人做任何干预（Associated Press，2008）。2009 年，一个 15 岁的女孩被轮奸，有 10 个人看见了却什么都没做（Huffington Post，2009）。

甚至那些为了救人而把自己置于危险中的人们也不总是能得到帮助。2010 年，一个名叫亚克斯的无家可归的男人冲上去帮助一个正在被袭击的女人。在干涉过程中，他被刺伤。超过 20 个人路过却没有给他提供任何帮助，最终他在路边流血致死（Livingston，Doyle，& Mangan，2010）。人们不救助处境危险的他人并不是个例，而且这类悲剧事件的数量似乎没能阻止它一次又一次发生。那么，我们怎样能保证当我们需要帮助时，别人会提供帮助？

达利和拉坦纳（1968）是努力理解人们何时助人和何时不助人的先驱人物，他们主要使用实验研究和田野调查的方法。他们提出了**旁观者介入的决策模型**，即在危急中提供帮助之前，旁观者的一系列条件必须被满足。第一步，旁观者必须发现有人需要帮助。注意这种需要也会被许多因素影响，例如，为了在约定时间赶到附近的神学院而匆忙赶路的学生遇到一个坐在门口的男人，这个男人明显处在痛苦中。对于那些不太赶时间的学生来说，他们中的差不多三分之二停下来帮助了这个男人。那些时间非常紧迫，匆忙赶路的学生们则几乎没有给这个男人提供帮助，仅仅只有 10% 的被试停下来帮助这个男人而不惜迟到。甚至当这些学生赶路是为了做关于慈善的撒玛利亚人（主张对待别人，就像你希望别人如何对你那样）的报告时，他们也没有停下来提供帮助。

对自己的关心能影响是否注意到别人的帮助需要。其实，过度关心自己生活的某些方面会减少注意他人帮助需要的可能性。换句话说，如果你专注于明天的面试结果，你将会更多地关注自我，而不是关注他人，不会将注意力放在外部线索上。正如一个人所处的环境有许多方面一样，一个人的思想也能因情境而分心。

> **旁观者介入的决策模型**：由拉坦纳和达利提出的模型，这个模型说明了向需要帮助的人提供帮助的五个步骤以及什么因素会干扰这五个步骤的成功实施。

事件的接近性和生动性也会影响人们能否意识到帮助需要。在真实的基蒂案例中，基蒂呼喊求救的行为没有让他人获知她正在被袭击的处境，因此邻居们相信这是爱人之间的吵闹。此外，在她的肺被最初的攻击刺穿以后，呼唤救命对她来说似乎是不可能的。最后，她爬行着尽力逃脱，她也在无意中把自己置身于邻居的视野之外。于是，在她身上究竟发生了什么变得弄不清了。

在第二步中，旁观者必须理解需要帮助的情形。矛盾的情形会让人更加不乐意提供帮助。例如，你是否曾经看见看起来受了伤的人穿过马路？你也许疑惑："那个人需要帮助吗？如果我帮助他，他会被触怒，还是感谢我的帮助？"在类似这种情形中，助人行为是很少出现的。

另外一个作用于在潜在危机中旁观者不作为的因素被称为多元无知（Latane & Darley，1968）。这种情况是，一个人也许心里认为这是一个紧急状况，但是看见别人没有采取行动，从而认为没有帮助的必要。1968 年，在拉担纳和达利的研究中，被试被置于一个房间来回答问卷。正如他们有意安排的，烟雾开始在屋中飘散。当被试是独处时，75% 人的报告了烟雾。当被试被两个不顾烟雾的研究者同谋陪伴时，仅仅 10% 的被试报告了烟雾。当他们被另外两个被试陪伴，两个人都事先未被告知将发生什么，并且两个人都看见了烟雾，仅仅 38% 的人报告了烟雾。

在基蒂的案例中，当邻居认为袭击是爱人间的争吵时，通过每一个邻居看见别的邻居没有做什么，他们的想法部分地得到了确证——至少他们没有看见别人做了什么，比如有人跑到外面阻止袭击者。在这种情况下，他人的不作为确认了他们的没有严重事故发生的想法。

在感受到帮助需要之后，人们必须感觉到提供帮助的个人责任。当更多的人在场时，每一个个体会更倾向于不提供帮助，这种现象被称为**旁观者效应**（Latane & Darley，1968）。每一个个体感觉到更少的提供助人的个人责任，这被称为**责任分散**。实际上，人们甚至因为周围有别人存在而减少助人

旁观者效应：随着旁观者数量的增加，每个人伸出援手的可能性减少的现象。

责任分散：当人们处于群体中时，他们帮助他人的责任感会减少。如果在群体情境中发生紧急事件，任何一个人伸出援手的可能性会小于只有一位目击者的情形，因为处于群体中会降低每个个体帮助他人的责任感。

行为（Garcia，Weaver，Moskowitz，& Darley，2002）。如果一个人感觉到帮助的责任，他更有可能去帮助他人。

达利和拉坦纳在 1968 年的研究分析了旁观者效应，被试听到癫痫发作的学生的声音。这些声音使得发生了什么和有人需要帮助变得很清楚。单独的被试更快地报告了紧急情况，而那些认为有他人在癫痫患者身边的被试没有那么迅速地报告紧急状况——他们不是真的看见了他人，但是相信他们就在附近。有越多的人在场，被试作出反应就越慢。

此外，有时候我们没有承担帮助的责任是因为我们很为难。这也可以解释癫痫发作研究中的不助人行为，因为人们可能对于处理这类情况感到为难。在 1993 年的另外一个例子中，38 个人目击了两个 10 岁大的男孩将一个两岁大的男孩拖出了 2.5 英里。但是这 38 个人都没有干涉，因为男孩们说他们是两岁大的男孩的哥哥。两岁大的詹姆斯·巴尔格尔（James Bulger）就这样被两个年长的男孩残忍地杀害了。看见男孩被拖而没有做任何事的人们将会在余生中后悔，而这是公平的。如果有些事看起来是不能做的，你会犹豫要不要不顾尴尬去采取行动。有时候，暂时把这些感觉放在一边，勇敢地去行动常常是值得的。你也许因此正好救了一个人的性命。

旁观者介入的决策模型的下一步是人们必须决定如何帮助有需要的人。如果有一个明确的解决方案被提出来，人们更有可能提供有效的帮助；然而，如果他们不知道如何帮助或者认为他们的助人行为不会起作用，他们就不大可能提供帮助。例如，红十字会的人更可能给需要帮助的人提供有效的帮助。不仅仅因为他们知道如何帮助，而且他们相信他们的能力可以起到预期的作用，于是他们按照已有的程序施救（Shotland & Heinold，1985）。

这种救助能力也许真的增加了帮助的可能性。如果有人不确定如何帮助，她也许会对行动犹豫，或者畏手畏脚地去尝试行动。例如，相比于没有受训的人，那些受过急救或者心肺复苏术训练的人更可能提供帮助（Cramer，McMaster，Bartell，& Dragna，1988；Shotland & Heinold，1985）。如此，拥有任何关于如何帮助的信息都将有益于助人行为的增加。

男性女性在如何帮助他人，以及在何种情形下帮助他人方面也存在一些不同。男性更倾向于用英雄的方式来提供帮助，例如，挽救一次车祸或者救起溺水儿童（Eagly & Crowley，1986；Penner，Dertke，& Achenbach，1973；Piliavin & Unger，1985）。女性倾向于更加长期的、培育的方式，例如提供情感支持或者收留老人（Aries & Johnson，1983；McGuire，1994）。这些差异的来源不是遗传的，相反是由于男性是英雄而女性是养育者这一性别规范，或者也许因为男性和女性对其自身能力的认识存在差异（Eagly & Crowley，1986）。一个女性也许不相信她有把儿童从水中救起的力量，一个男性也不相信自己知道如何满足老年人的需要。助人行为的这种差异也在跨文化中得到了证明（Johnson et al.，1989）。

旁观者介入的决策模型的最后一步是真实地提供帮助。在提供帮助时，旁观者必须考虑许多因素，包括如何贯彻他们所选择的帮助方式。需要指出的是，帮助者必须也考虑他们自己的安全。如果直接的干涉是可行的，那么旁观者应该这么做。然而，如果提供帮助的人置自己的生命于危险中，也许不会给受害者带来太大帮助。此时，更好的方式是用更加间接的方式来提供帮助，例如打 911。在许多地方，帮助他人的行为被认为是如此的高尚，以至于法律和规范会保护帮助他人的人。美国和加拿大对见义勇为者的保护（Good Samaritan protections）用意在于使因为助人而引起伤害或死亡的人免受检举和起诉。在欧洲，关于见义勇为的法律哲学是十分不同的。在这一法律下，当有能力帮助时，不帮助他人是犯法的。

 寓学于行　　旁观者介入的决策模型

大学校园对于年轻女性来说经常是危险的地方。2010 年，一项对于八所常青藤联盟和麻省理工学院、杜克大学、斯坦福大学和芝加哥大学的研究发现，四分之三的学校和它们周围的地区发生性侵犯的比例，比美国全国的强奸比例平均高 83%（Sullivan，2010）。正如每一个学生有在学校接受教育的权力，每一个学生也有权力感觉安全。你和你的同学能作为一个群体共同努力提高安全环境，但是如果你看见有人正在被袭击，你如何反应？如果你正被袭击，你将如何反应？

使用你已经学过的关于拉坦纳和达利的帮助的五步骤模型，设计一次教学活动来帮助同学们作为受害者和潜在的目击者，使大家对如何在危机中行动更加了解。设想你的学校的网络管理员已经要求你设计一个网页来帮助同学们理解在性侵犯的危机案例中如何做。你将如何向同学们描述和设计五步骤模型？详细地描述每一个步骤，并且不忘记描述所有可能在提供帮助时会出现的障碍。确保在你的校园中做研究的可行性。例如，在讨论第四步（决定如何帮助）时，确保同学们所有可用的资源——校园紧急热线、和校园保安进行联系的方式，最近的紧急电话和安全房间的位置等等。找寻你的学校可以提供的资源。考虑学校的潜在资源。

你将从这次活动中学到什么？

1. 理解如何使用社会心理学研究来增加亲社会行为，考虑如何把你的校园环境变成一个更安全的地方。

2. 学习如何教人们控制他们自己的行为以避免被阻碍帮助他人的因素围绕。

3. 变得有可能在将来的情形中提供帮助。比曼（Beaman）和他的同事（1978）所进行的实验证明当人们学习了关于人们为什么提供或不提供帮助的研究后，他们更可能在他人看起来需要帮助的情形中承担起责任。

◎ 帮助他人的五个步骤

了解人们互相提供帮助的情形后，如何确保当我们需要的时候我们能够得到帮助？一种方法是努力减少情形的歧义，使情况更明确，确实有紧急情况发生时，人们应该作出干涉（Clark & Word，1972）。例如，如果你被抢劫了，用呼喊的方式说明你的处境。这么做是特别明智的，听到你呼叫的人会打 911 报警。表明你不认识袭击者，这也会让你从中受益，因为这样别人就不会认为是爱人间的争吵，正如基蒂的情形一样（Shotland & Straw，1976）。此外，为了避免责任分散，如果可以选择一位旁观者并且指定要求他帮助的话，就一定要这么做，即便你只能用眼神和这位旁观者接触（Moriarty，1975；Shotland & Johnson，1978；Shotland & Stebbins，1980）。通过单独选择一个人并且恳求他帮助，他就成了唯一能提供帮助的人。于是，情况就变得清晰了，他肩负了提供帮助的责任。做这样一个关于帮助的清晰的要求，能增加你得到需要的帮助的可能性。人们经常认为如果他们要求帮助，别人不会提供（Flynn & Lake，2008）。但这不是实情。人们十分赞同直接的帮助要求，特别是在明显紧急的情形中。

 # 影响助人行为的因素有哪些？

除了旁观者介入的决策模型，还有其他作用于增加或者减少人们选择助人行为的因素。

◎ 情绪

在本章的前面部分，你了解到帮助模型如何展示我们通过帮助他人来减少消极情绪。积极的情绪也能影响助人行为吗？研究发现，处在良好情绪中能导致旁观者助人行为的增加（Isen，Clark，& Schwartz，1976；Carlson，Charlin，& Miller，1988；North，Tarrant，& Hargreaves，2004）。在之前提到的一项研究中（Isen & Levin，1972），被试在经历了能引起积极情绪的事情之后（比如接受甜饼干或者发现在公用电话亭落下的 10 分钱），更可能帮助别人。

正如你在第 10 章中学到的有关刻板印象的内容，当你处在好心情中，你不想毁了这种情绪。所以，一些研究者认为我们为了保持好情绪而帮助他人（Isen & Levin，1972；Wegener & Petty，1994）。人们处在好心情中更可能做出亲社会行为的另一个原因是好情绪能够提升自我意识。正如你在第 4 章中所学，提升的自我意识引导我们用行为来匹配真实自我。实际上，当处在一面镜子前面时，我们更可能采取助人行为（Batson et al.，1999）。正如研究展示的，当站在一面镜子前时，我们的自我意识会更强。

◎ 吸引力

另一个影响助人行为的因素是吸引力，不论是由于外表、行为还是其他品质带来的吸引力（Dovidio & Gaertner，1983；Harrell，1978；Kelley & Byrne，1976；Kleinke，1977）。例如，本森、克拉伯尼克和勒纳（Benson，Karabenick，& Lerner，1976）证明甚至当助人行为是匿名的，并且只有非常小的几率再遇见被帮助的人时，需要帮助的人的吸引力会对人们是否提供助人行为产生影响。在他们的研究中，电话亭里的人发现一个附有申请人照片的学校申请书和记载着学校地址的信封。这些申请人的照片在吸引力（有或没有吸引力）、种族（白人或黑人）和性别方面是多种多样的。当申请人的外表有吸引力时，人们更可能走上前去寄申请书。如果申请人的外表缺乏吸引力，人们则不太会去寄申请书。此外，存在种族的效应：相比于黑人，白人被白人被试帮助得更多（关于帮助和种族效应的回顾，见 Saucier，Miller，& Doucet，2005）。不管是基于帮助者的性别还是被帮助者的性别，都不存在性别效应。这个研究显示人们更可能帮助他们视为有吸引力的人。明显的，这些人没有理由相信他们将在现实生活中真的遇到这些申请者，所以他们不是潜在的浪漫关系的候选人，甚至连成为朋友的可能性都极小。因此，被试对这些有吸引力的人的帮助不会引出任何对于帮助者的有形收益，然而，差异仍然出现了。

◎ 相似性

相似性也对人们能否得到帮助起着重要作用。相比于那些不相似的个体，人们更可能帮助那些和自己相似的人（Dovidio，1984）。这种效应甚至在同一天生日的人们身上呈现出来（Burger，Messian，Patel，del Prado，& Anderson，2004）。这也许是实情，部分原因是相似性产生吸引力（Byrne，1971）。相似的东西是熟悉的，而人们喜欢熟悉的东西（Zajonc & Rajecki，1969）。这种相似性能把人们纳入同一群体，即使处在痛苦中的是陌生人。在一项研究中，学生被要求说出他们最喜欢的足球队，由此激活他们作为球队球

如果他人按我们所做的来行动，我们推断他们和我们是相似的。

迷的认同。每一个被试被要求走到另一个建筑去看一段录像。在路上，他们遇到一个受伤的学生。这个学生穿着被试喜爱球队的球衣，或者竞争球队的球衣，抑或没有队名的球队的球衣。当穿着被试喜爱的球队的球衣时，受伤的学生受到了更多的帮助；而穿着其他球队的球衣时，受伤的学生得到的帮助较少（Levine, Prosser, Evans, & Reicher, 2005）。相同球队的球迷形成了一个内群。一般来说，我们更加可能帮助内群成员，而不是外群成员（Levine et al., 2005）。

> 我们不大可能帮助那些看起来与我们缺乏相似之处的人。

当涉及相似性和人口统计学时，事情变得有点复杂。综述显示，种族的影响是特别复杂的（Crosby, Bromley, & Saxe, 1980; Saucier, Miller, & Doucet, 2005）。一般来说，白人和黑人互相歧视。一些研究显示我们更可能帮助同种族的受害者（Benson, Karabenick, & Lerner, 1976; Gaertner, 1973; Sissons, 1981）。这项研究主要由黑人被试或白人被试完成。然而，一些涉及面对面互动的研究发现个体更可能帮助不同种族的受害者（Dutton, 1971; Katz, Sohn, & Zalk, 1975）。而且，最近许多关于志愿主义和种族的研究发现，黑人和白人被试都参加同样训练的情况下，观察者给他们的评分是公平的（Morrow-Howell, Elliott, & Ozawa, 1990）。

其他的因素包括需要帮助的人的性取向。例如，戈尔、托比亚森和凯森（Gore, Tobiasen & Kayson, 1997）发现当一个男性或者女性受害者给被试打电话，要求对方做自己的男朋友或者女朋友时，80% 的异性恋者和 48% 的同性恋者接受了帮助。

◎ 模仿

关于帮助的另一个积极影响因素是模仿。人们倾向于自动地模仿另一个人，甚至模仿陌生人的语言和肢体动作。这种模仿有助于增加亲社会行为（Chartrand & Bargh, 1999; van Baaren, Horgan, Chartrand, & Dijkmans, 2004）。在一项研究中，相比于没有被模仿的被试，被模仿的被试更加乐于助人，或者待人更慷慨（van Baaren et al., 2004）。如你所预期的，并非只有模仿被试的人得到了帮助，在一定程度上，得到帮助的包括被试接触到的其他人。

其他的研究已经显示，模仿者增加帮助的效应，也同样偶尔发生在偶遇的他人身上（van Baaren，Holland，Kawakami，& van Knippenberg，2004）。被模仿似乎增加了亲社会取向；斯特尔、范·巴伦和冯克（Stel，van Baaren & Vonk，2007）的研究发现模仿带来更慷慨的捐赠。一个可能的原因是如果他人按我们所做的来行动，我们推断他们和我们是相似的。另一种可能性是模仿是我们发展互动的常用方式——一个世界共享的观点和"做事情"的方式。研究已经表明和别人建立共享的真实是人们连接和理解世界的一个重要方式（Hardin & Higgins，1996），对这种连接和共享的理解能促进人们之间的助人行为。模仿也导致共鸣的感觉，这反过来又引起了助人行为的增加（Stel，van Baaren，& Vonk，2007；Stel & Vonk，2010）。斯特尔和冯克（2010）指出模仿者相比于非模仿者经历了更多的共鸣，因而出现了更多的助人行为。

在研究模仿时，神经系统科学的成果补充了社会心理学的研究。研究者已经在猴子和人体中辨认出镜像神经元——控制和观察同一行为的脑细胞（Iacoboni et al.，1999）。一些研究者（Ramachandran，2006）认为镜像神经元对于理解模仿的功能来说是关键性的。虽然这个研究仍然在初始阶段，但这些发现提供了看待共鸣的有趣的神经学的视角。

◎ 利他人格

除了所有这些情景因素，还有另一个意向因素——**利他人格**。研究证明人们拥有五个与助人行为相关的人格特征：共鸣、控制的内部所在（人们认为自己能控制周围的情况）、相信公正世界、社会责任感和低度自我中心（Bierhoff，Klein，& Kramp，1991）。一项1991年的研究发现帮助车祸受害者的人们有所有这些特征（Bierhoff，Klein，& Kramp，1991）。依其身份，

> **利他人格**：一种包含以下五种特质的人格：移情、内控、对公正世界的信念、社会责任感和低个体主义。

他们也许可以被用于预测人们致力于助人行为的倾向。

◎ 榜样

　　另外一个提高助人行为可能性的因素是亲社会行为的榜样（Bryan & Test，1967）。正如前面的章节讨论过的，人们通过观察他人的行为来学习如何行为（Bandura，1962，1965）。这对助人行为来说同样是对的。如果人们看到他人采取亲社会行为——不论紧急时刻还是他们生活中的日常情景——他们更可能做出亲社会行为（Bryan & Test，1967）。被试目击了一个有帮助需要的驾驶者被另一个人帮助（Bryan & Test，1967）。一段时间以后，他们碰到另外一个有帮助需要的驾驶者。看见第一个驾驶者被帮助的经历增加了被试帮助第二个驾驶者的可能性（这些驾驶者周围没有人，于是旁观者效应在这里没有起作用）。通过这种方式，人们把他人的行为作为自己应该怎么做的线索。

　　榜样角色不一定需要真实的身体呈现——他们也可以是媒体人物（Forge & Phemister，1987）。在一项实验中（Sprafkin，Liebert，& Poulos，1975），儿童看了三个录像片段中的一个。一个来自《莱茜》，莱茜为了使小狗不被主人带走，把它藏了起来，小狗滑进一个矿井，莱茜的主人冒着生命危险救起了小狗。另外一个片段也来自《莱茜》，但是没有涉及任何助人行为。还有一个片段来自《脱线家族》的片段，它强调了家庭价值和互动。研究者要求儿童用耳机听狗叫的声音——耳机里面发出来自狗窝的声音。他们被告知如果他们听到狗叫，就要按下"帮助"按钮。看了莱茜的主人救小狗的片段的儿童按下按钮的时间更长久，而看其他录像的儿童按下按钮的时间较短。这个结果暗示儿童无须实际体验就能模仿。

◎ 被他人帮助是什么感觉？

　　影响助人行为的最后一个因素是人们对被帮助的感觉。首先，似乎被帮助的那些人应该感激。在一些案例（比如紧急事件）中，他们确实是很感激的。然而，他们不总是感激的。让我们假设你刚刚完成了你的英语文学课程

> 只有在帮助者带有诚意，并且不侮辱被帮助者，不伤及其自尊的情况下，助人行为才会受到欢迎。

的论文。你感觉你从这门课程里学习到了很多，你为你的工作成果感到骄傲。当它被打印出来后，你的室友碰巧拿起来，立即指出了某些可以改进之处。这让你感觉如何？你更有可能感受到的是侮辱。研究者已经发现伤害一个人的自尊是不会受欢迎的（Nadler，Fisher，& Itzhak，1983；Shrout，Herman，& Bolger，2006），如果帮助者流露出某种优越性，助人行为也被视为不受欢迎。如果我们被别人认为很需要帮助，那么我们会感觉很糟糕（Newsom，1999）。敌人提供的帮助（Nadler，Fisher，& Streufert，1974）或者有许多资源的人提供的帮助（Nadler & Fisher，1974）对于受助人的效果是消极的。总之，当被帮助的人相信帮助者是真正在提供帮助，并且不会因此而感到受羞辱和被看不起时，助人行为是最容易被接受的（Ames，Flynn，& Weber，2004）。

如何增加亲社会行为？

既然我们已经了解了产生亲社会行为的原因和阻碍它的因素，我们如何增加亲社会行为呢？正如我们在第 7 章和第 8 章中所了解的，我们是否能得到我们想要的回答常常有赖于我们的提问方式。

正如我们之前看到的，榜样能够提高助人行为发生的可能性（e.g.，Bryan & Test，1967）。研究者们（Mares & Woodard，2005）进行了元分析，回顾了已有的关于电视上被发现的儿童行为的文献。观看亲社会内容的儿童和他人有更加积极的互动，表现出更多的利他行为。这类儿童也表现出较少的刻板印象，以及较少的攻击性倾向。此外，相比于年龄较小的儿童（三岁左右），年龄稍大的儿童（六岁左右）从中受益更多，也许因为六岁儿童已经达到了理解模范行为的意义的智力水平。看了音乐家感谢顾问们的录像的学生，也表示了对于音乐家的亲社会行为的赞赏，并且更可能志愿帮助实验者，而那些看了中立的或者幽默的录像片段的被试则没有表现出这些倾向

（Schnall，Roper，& Fessler，2010）。

我四岁大的儿子在学前班知道了海地 2010 年大地震。之后，他和他的同学花了两周时间做了新鲜的柠檬汽水和烤制食品来卖，以此来筹集捐款。他们也成立了"海地之家"小组，请求每个人为海地灾民贡献 1 美元。当然，他们的筹款努力取得了巨大的成功，这个经历在他们的余生中将是促使他们做出更多亲社会行为的良好起点。看到亲社会行为，并且亲身去实践它，这能引出更多的亲社会行为。

◎　归因

你和朋友正在吃午餐，他偶然问起是否能借用你的笔记。"我不知道该如何做笔记，"他说："我们周五有考试。"你将如何回应他？你会答应他的请求吗？现在，要是他说："我试图把笔记做得有条理一些，但是当我试图学习时，我被这些令人费解的语句弄糊涂了。你愿意帮助我吗？"

一般来说，你更有可能在第二种情况下帮助他，对吗？研究（Barnes，Ickes，& Kidd，1979）测试了非常相似的场景，只是请求是通过电话传达的。当人们声称已经努力过但是失败了时，他们更有可能得到帮助；而当人们承认自己不会做笔记时，他们得到帮助的可能性较小。

当我们考虑帮助他人时，衡量我们是否应对他人负责被我们放在一个特别重要的考量范围内。甚至当求助人所处的情形是较为被动的时候，这个效应也或多或少是相同的。帕梅拉·杜丽（Pamela Dooley，1995）研究了被试阅读艾滋病人的故事对他们的影响。当被试读到某人因为输血感染了疾病时，他们感到更加遗憾并表达了更多的帮助意愿；而当他们读到某人是因为性行为或者吸毒而感染上艾滋病时，被试就没有表现出这么多同情。当我们感觉到情况在一定程度上是在求助人的控制范围之外时，我们似乎更愿意帮助这个人。

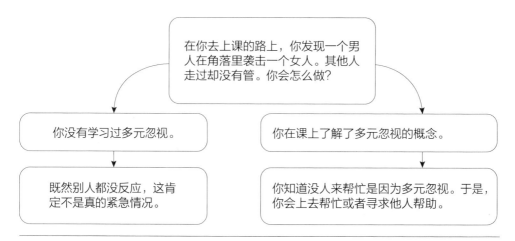

关于多元忽视的启蒙

通过学习心理学理论，你了解到了自己的思维过程和行为，你也学会了克服阻止你做出助人行为的各种障碍。

◎ 学习

　　人们善于学习多种亲社会选择并试图解释这些选择的心理学原则。这种效应是肯尼思·吉根（Kenneth Gergen，1973）所称的**启迪效应**，它表明学习心理学能带来行为的改变。研究已经显示，学习旁观者效应能够促进群体情境中助人行为的增加（Beaman et al.，1978）。因此，通过阅读这一章内容，以及学习促进和阻碍助人行为的因素，你可能会改变自己的未来行为。从现在开始，当你遭遇紧急情况时，你会意识到旁观者效应。你还会进一步意识到因为有他人在周围，可能会阻止你采取助人行为。如果你提供了帮助，也许你将拯救一条生命。

　　这种意识不仅仅教你如何在紧急情况下做出合理反应，而且教会你如何处理日常生活。你也许不会做出什么壮举，就像开篇萨尔文家卖自己的房子那样，但是，你将惊奇地发现在你和他人的生活中，微小的亲社会行为所带来的改变。

> **启迪效应**：了解人类没有伸出援手的原因可以帮助我们在将来采取助人行为，同时这种作用可以延伸到了解人类的其他偏见上。

在紧张的学习之余，我们努力完成了本书的中文翻译工作。现在，这本书终于要跟读者见面了。作为译者，我们自是不胜喜悦。

本书作者达夫是北美社会心理学界的青年翘楚，在科研和教学两方面都有不俗建树。作为一部社会心理学读本，本书在概括了社会心理学重要研究主题的同时，还特别注重吸收前沿文献的最新成果。因此，普通读者可以从中领略到社会心理学的独特魅力，而该学科的专业研究者也可以从书中的引用文献中有所收获。从这个意义上说，本书也算是做到了"雅俗共赏"。

在我们进行翻译的过程中，诸位师友提供了热情帮助。导师方文教授将英文书稿交到我们手中，后来又为我们校对术语，并审阅全文。他的教诲值得我们终生铭记。中国人民大学出版社的龚洪训、翟江虹等老师始终关心我们的翻译工作，并反馈了不少修改意见。没有他们的努力，本书无法付梓出版。向静林和周娜等同学提出了不少好建议，在此一并表示感谢。

我们的分工如下：李颖珊翻译第1章、第2章、第4章至第7章；宋文翻译第8章至第13章；第3章和术语的翻译由两人共同完成。

虽然我们已经竭尽全力，但是仍然避免不了这样的感觉：每次回过头看之前的译稿，总能发现许多不妥之处，始终无法令人满意。可惜我们学识不足，时间有限，只好暂时将本书以现在的面貌呈献给读者。错漏之处，请大家不吝指正。

译者

于北京大学万柳公寓

图书在版编目（CIP）数据

看不见的影响力：社会心理学 /（美）金伯莉·J.
达夫（Kimberley J. Duff）著；宋文，李颖珊译. —
北京：中国人民大学出版社，2022.7
　　书名原文：Think Social Psychology
　　ISBN 978-7-300-28543-6

　　Ⅰ.①看… Ⅱ.①金… ②宋… ③李… Ⅲ.①社会心
理学 – 研究 Ⅳ.①C912.6-0

中国版本图书馆CIP数据核字（2022）第090902号

看不见的影响力：社会心理学

［美］金伯莉·J.达夫（Kimberley J. Duff） 著

宋　文　李颖珊　译

Kanbujian de Yingxiangli: Shehui Xinlixue

出版发行	中国人民大学出版社			
社　　址	北京中关村大街31号	**邮政编码**	100080	
电　　话	010-62511242（总编室）	010-62511770（质管部）		
	010-82501766（邮购部）	010-62514148（门市部）		
	010-62515195（发行公司）	010-62515275（盗版举报）		
网　　址	http://www.crup.com.cn			
经　　销	新华书店			
印　　刷	涿州市星河印刷有限公司			
规　　格	170mm×240mm　16开本	**版　　次**	2022年7月第1版	
印　　张	24 插页2	**印　　次**	2022年7月第1次印刷	
字　　数	368 000	**定　　价**	89.80元	

版权所有　　侵权必究　　印装差错　　负责调换